SER E FAZER:
ENQUADRES DIFERENCIADOS NA CLÍNICA WINNICOTTIANA

TÂNIA AIELLO VAISBERG

SER E FAZER:
ENQUADRES DIFERENCIADOS NA CLÍNICA WINNICOTTIANA

EDITORA
IDEIAS&
LETRAS

DIREÇÃO EDITORIAL:
Carlos Silva
Ferdinando Mancílio

CONSELHO EDITORIAL:
Avelino Grassi
Roberto Girola

COORDENADORA EDITORIAL:
Elizabeth dos Santos Reis

REVISÃO:
Ana Lúcia Leite
Elizabeth dos Santos Reis
Maria Isabel de Araújo

PROJETO GRÁFICO E EDITORAÇÃO:
Marco Antonio Santos Reis

DIAGRAMAÇÃO:
Alex Luis Siqueira Santos

CAPA:
Cristiano Leão

© Ideias & Letras — 2015

2ª impressão

EDITORA
IDEIAS &
LETRAS

Rua Tanabi, 56 – Água Branca
05002-010 – São Paulo-SP
Tel. (11) 3675-1319 - Fax. (11) 3862-4831
Televendas: 0800 777 6004
vendas@ideiaseletras.com.br
www.ideiaseletras.com.br

Dados Internacionais de Catalogação na Publicação (CIP)
(Câmara Brasileira do Livro, SP, Brasil)

Ser e fazer: enquadres diferenciados na clínica winnicottiana / Tânia Aiello Vaisberg.
Aparecida-SP: Ideias e Letras, 2004.

(Coleção Psi-atualidades, 3) Bibliografia

ISBN 85-98239-16-X

1. Pesquisa psicológica 2. Psicanálise 3. Psicologia clínica
4. Psicopatologia 5. Winnicott, Donald W., 1896-1971 I. Título. II. Série.

04-2383   CDD-150.198

Índices para catálogo sistemático:

1. Clínica winnicottiana:
Sistemas psicanalíticos: Psicologia 150.198

Este volume é composto por textos escolhidos a partir de um conjunto de publicações que vieram à luz durante os últimos cinco anos. O critério de seleção foi basicamente o de sua utilidade para aqueles que se interessam pela leitura ser e fazer do pensamento winnicottiano, pela realização de pesquisa clínica acadêmica e pela prática das oficinas psicoterapêuticas.

Esta produção teórico-clínica, que se faz a partir de minha inserção como orientadora do Programa de Pós-Graduação em Psicologia Clínica do Instituto de Psicologia da Universidade de São Paulo, deve muito à interlocução contínua que mantenho com Maria Christina Lousada Machado. Parceira perspicaz, lúcida e crítica, destaca-se como pesquisadora dotada de um intelecto privilegiado exatamente por não se deixar fascinar pelas abstrações do pensar dissociado. Minha confiança em seu discernimento nunca deixou de ser contemplada.

É ainda necessário reconhecer que, desde o momento em que minha experiência como orientadora veio a me permitir a constituição de um verdadeiro grupo de pesquisa, formado por pessoas que mantêm a singularidade de seus estilos próprios, enquanto compartilham convicções teóricas que se fundamentam sobre os mesmos pressupostos clínicos, metodológicos e éticos, produzindo artigos, mestrados, doutorados e livros, tenho encontrado incentivo redobrado para o trabalho. Instalados, como estamos, em contexto universitário, as formas como esta afinidade se mantêm no tempo podem se transformar sem sobressaltos, à medida que adesões e submissões escolásticas não são exigidas e nenhuma ameaça de excomunhão paira no horizonte. Afastamentos e aproximações acontecem naturalmente, como na vida... Deste modo, temos sustentado, como coletivo, práticas clínicas diferenciadas e inventivas, as quais vejo como realizações do que pode ser considerado uma psicanálise concreta, que busca atender, a partir da inspiração que temos encontrado no pensamento de D. W. Winnicott, às exigências politzerianas que Bleger soube traduzir com precisão teórico- epistemológica admirável.

São Paulo, 9 de fevereiro de 2004
Tânia Aiello Vaisberg

Sumário

Capítulo 1
Sofrimento humano e práticas clínicas diferenciadas 9

Capítulo 2
Ser e Fazer: interpretação e intervenção 23

Capítulo 3
Sentido e direção: a clínica como prática transformadora 59

Capítulo 4
Sofrimento, sentido e absurdo: ilusão criativa e ação sobre o mundo 69

Capítulo 5
A alma, o olho e a mão.. 89

Capítulo 6
Transicionalidade e fisionomia coletiva 103

Capítulo 7
Uso de *procedimentos projetivos* na clínica winnicottiana 109

Capítulo 8
Da questão do método à busca do rigor 119

Capítulo 9
Tricotando para o bebê que se espera: arteterapia para gestantes 129

Capítulo 10
Arteterapia, clínica winnicottiana e desordens neurológicas severas 145

Capítulo 11
O uso de fantoches no atendimento de crianças fisicamente doentes 157

Capítulo 12
Arteterapia para crianças 173

Capítulo 13
O uso do *objeto teoria* 185

Capítulo 14
Limites da compreensibilidade da conduta 205

Capítulo 15
A paixão violenta 241

Referências bibliográficas 277

Capítulo 1
Sofrimento humano e práticas clínicas diferenciadas[1]

Nosso *Ser e Fazer* do Instituto de Psicologia da Universidade de São Paulo foi gestado e veio à luz no contexto da assunção de um compromisso ético de luta pela desconstrução das práticas manicomiais hegemonicamente prevalecentes em nosso País até o início da década de mil novecentos e oitenta. Alinha-se aos esforços daqueles que tanto reconhecem a produção social da loucura, entendendo, assim, como vital o combate às desigualdades sociais e às condições concretas de vida indignas do ser humano, como se empenham na construção de redes de cuidado capazes de atender o sofrimento humano de modo solidário, respeitoso e inclusivo.

As pesquisas clínicas que temos desenvolvido inscrevem-se numa linha de trabalho do Programa de Pós-Graduação em Psicologia Clínica do Instituto de Psicologia da Universidade de São Paulo intitulada *Investigações em Psicanálise*. Partem de uma visão, inspirada no pensamento winnicottiano, segundo a qual a psicopatologia psicanalítica deve ser considerada teoria do sofrimento humano. Esta psicopatologia parte do reconhecimento de que a psicanálise, quando entendida rigorosamente como

---

[1] Este artigo foi originalmente publicado em VAISBERG T. M. J. A. e AMBRÓSIO F. F., *Cadernos Ser e Fazer: Trajetos do sofrimento, desenraizamento e exclusão*, São Paulo: Instituto de Psicologia, Universidade de São Paulo, 2002, p. 6-14.

método e encontro inter-humano – vale dizer, como clínica – é uma via privilegiada para aquele que busca a compreensão da experiência emocional humana. Entretanto, é fundamental frisar que aquilo que denominamos, aqui, psicanálise não é um conjunto doutrinário que engloba teorias sobre o aparelho psíquico, a angústia, o narcisismo, o Édipo, as posições, as pulsões, o simbólico, o real e o imaginário – ou outras tantas. Bem outra é a nossa posição, quando reconhecemos a vocação eminentemente heurística e metodológica da invenção freudiana, permitindo a recuperação da psicanálise enquanto método *sui generis* de pesquisa do fenômeno humano.

Enquanto método, a psicanálise se assenta sobre um pressuposto apontado por Politzer[2] como absolutamente revolucionário e transformador: a crença de que toda a conduta humana tem sentido pertence ao acontecer humano, não importa quão louca, estranha, cruel ou aparentemente incompreensível possa se apresentar à primeira vista. Esse pressuposto é o que faz da psicanálise um método interpretativo, mesmo quando orienta estratégias clínicas que não se atualizam por meio da enunciação de sentenças interpretativas[3]. Admitir que toda conduta humana tem sentido é algo que nos afasta decididamente tanto da adoção de paradigmas objetivantes[4], que pensam o paciente como

---

[2] POLITZER G.(1928), *Critica de los fundamientos de la psicologia*, Barcelona: Martinez Roca, 1972.

[3] Isto pode ocorrer, por exemplo, numa clínica que, sustentando o vínculo terapêutico, favoreça a continuidade de ser, rompendo campos de experiência emocional que são agônicos ou invasivos.

[4] A adoção de um paradigma objetivante, fruto do engano de se pensar que a construção de um saber rigoroso e confiável exigiria a imitação dos cânones positivistas que vinham sendo usados com relativo sucesso na tentativa de conhecer o mundo natural, cobrou um alto preço. Os prejuízos no conhecimento do humano daí decorrentes exigem uma imediata mudança de rumos que só será possível se se reconhecer que não se lida com objetos tais como uma *psique* que pode ser abstraída da vida humana, tais como os *"aparelhos psíquicos* ou as *mentes*, mas sim com indivíduo – o que não se divide, o que se perde quando submetido a uma operação intelectual que, realizando análises e abstrações muito distanciadas da vida, destrói o próprio fenômeno que se propunha conhecer.

objeto a ser avaliado por um sujeito pensante, como de qualquer prática que se possa aliar a manobras mais ou menos disfarçadas de exclusão social do psiquiatrizado.

Há quem entenda, como Galimberti[5] (1999), que o abandono da ótica positivista e objetivante exige uma verdadeira refundação da psicologia como ciência. Sua posição se assenta na consideração da necessidade de abandono da noção de sujeito psicológico, portador de um abstrato aparelho psíquico, que tem sido o ponto de partida da disciplina, em favor do reconhecimento de que a ação humana é o fenômeno que verdadeiramente interessa conhecer. Essa proposta, formulada a partir de uma reflexão filosófica fenomenológica, guarda afinidades com ideias defendidas por Bleger[6], autor que frequentamos há décadas, o qual segue as indicações politzerianas que incitam o abandono das teorizações abstratas e distanciadas do viver, em prol de um retorno à vida humana tal como se dá concretamente. Buscando escapar decididamente das abstrações metapsicológicas, Bleger[7] vai propor inicialmente uma psicologia da dramática humana para adotar, posteriormente, a expressão "psicologia da conduta".

Retomamos aqui essas questões porque, se estamos interessados numa volta à vida e ao encontro inter-humano e repudiamos o estudo objetivante de representações, de aparelhos psíquicos, da consciência ou do inconsciente, teremos de repensar práticas clínicas capazes de contemplar o fenômeno humano de forma a respeitar sua verdadeira condição ontológica. Entre nós, temos cultivado uma perspectiva inspirada numa leitura winnicottiana que se articula afinadamente ao pensamento blegeriano, tendo em vista entrar em contato com a existência concreta de indivíduos e coletivos. É a partir desse local teórico

---
[5] GALIMBERTI U., *Psiche e techne*, Milano: Feltrinelli,1999.
[6] BLEGER J., *Psicologia de la conduta*, Buenos Aires: Paidos, 1963.
[7] BLEGER J., *Psicoanalisis y materialismo dialetico*, Buenos Aires: Paidos, 1958.

e clínico que pretendo tecer alguns comentários acerca da questão do sofrimento e da exclusão, para então esclarecer alguns pontos que norteiam nosso trabalho enquanto proposta de prática clínica diferenciada.

O sofrimento da exclusão como questão psicológica

É interessante lembrar que durante muito tempo o problema da exclusão foi considerado um fenômeno da alçada dos sociólogos e antropólogos, vindo apenas mais tarde a ser considerado por psicólogos e psicanalistas. De meu ponto de vista, a exclusão social, como todo fenômeno humano, pode e deve ser estudada por todas as ciências humanas, sendo que cada uma delas estabelecerá um recorte específico, que fará jus a um determinado conjunto de aspectos, qualidades e características do fenômeno. Será, pois, lícito, propor tanto estudos sociológicos sobre a exclusão social, como outros – éticos, econômicos, psicanalíticos, históricos etc. Desde a perspectiva epistemológica blegeriana, todos esses estudos terão alguma validade, mas nenhum deles deverá ser erigido como saber totalizante sobre qualquer questão.

Um exemplo pode esclarecer. Consideremos uma perspectiva possível de estudo da exclusão social, vale dizer, aquela própria da psicopatologia psicanalítica. Nesse campo, a problemática da exclusão tem sido focalizada como fenômeno pertencente à psicodinâmica das estratégias paranóides de defesa psicótica. Nessa linha, para fazer frente a intensas angústias de fragmentação, que assolariam um indivíduo que não tenha contado com condições e tempo para melhor se pré-organizar psiquicamente, ocorreria uma divisão imaginária radical entre o bom e o mau, de modo a permitir que, mediante a ação de operações defensivas, se localizasse toda a maldade em território imaginário "*not-me*", mais ou menos vasto. O excluído corresponderia, portanto, ao depositário da projeção da maldade, de modo que sua varredura consistiria num ato absolutamente legítimo, em justo banimento do mal. Sem entrarmos no mérito desse tipo de análise, há que se apontar, no momento, que, embora se possam reconhecer alguma validade e utilidade nesse tipo de teorização, não se poderia jamais pretender esgotar as problemáticas da exclusão atribuindo, por exemplo, aos executantes das políticas manicomiais, diagnósticos de estrutura de personalidade paranóica.

Tive ocasião de considerar detidamente a questão da exclusão social quando abordei o problema dos limites da compreensibilidade do fenômeno humano no campo da psicopatologia[8]. Nesse contexto, tive oportunidade de empreender uma análise que visava demonstrar quanto as práticas manicomiais se mantinham e se legitimavam a partir de alguns fundamentos teóricos que serviam de base à psicopatologia geral de Jaspers[9]. Nessa obra, considerada marco inaugural da disciplina, encontra-se uma distinção, segundo a qual existiriam dois tipos de conduta humana: aquelas passíveis de serem humanamente compreendidas e aquelas que só podem ser explicadas. Estas últimas não pertenceriam, rigorosamente falando, ao acontecer humano, mas consistiriam, antes, na expressão do mau funcionamento do equipamento neurológico. Não é difícil concluir que uma tal distinção cai como uma luva no sentido de justificar práticas segregacionistas, que deixam do lado de fora do manicômio aqueles que podem receber atenção psicoterapêutica e em seu interior os outros aos quais se destinam os antipsicóticos químicos e os eletrochoques. Desnecessário acrescentar que as práticas excludentes não são, necessaria-

---
[8] Ver o capítulo 14 deste livro.
[9] JASPERS K., *Psicopatologia geral*, São Paulo: Atheneu,1972.

mente, carcerárias, pois existem formas mais leves – ainda que igualmente eficazes – de exclusão social.

Entretanto, quero aproveitar este momento para abordar a problemática da exclusão desde um outro ponto de vista, a meu ver bastante importante, uma vez que desejo esclarecer em que medida os enquadres clínicos diferenciados que utilizamos cuidam dessa questão. Pretendo, enfim, explicar por que falar em *oficinas inclusivas* é algo que não se esgota quando se diz que podem ser proveitosamente atendidos em um mesmo grupo pacientes portadores de problemáticas existenciais e emocionais diversas, mais ou menos graves.

A exclusão como ausência do mundo humano

Mesmo um exame superficial das diversas contribuições psicanalíticas pós-freudianas nos convence facilmente de que a pluralidade de formulações teóricas pode estar ligada ao fato de os autores terem tido sua atenção despertada por diferentes fenômenos com que se defrontaram em suas clínicas. É bem verdade que clínicos seguidores de Lacan, Bion, Klein ou Winnicott parecem ter encontrado, em seu trabalho cotidiano, diferentes formas de sofrimento. Como explicar essa diversidade? As formas de sofrimento variam de acordo com as condições concretas de vida? A sensibilidade clínica desses autores faz com que atentem mais a um ou outro tipo de padecimento? Esse, evidentemente, é um assunto complexo que, exigindo muita pesquisa, escapa ao que nos propomos neste trabalho. Guardemos, neste momento, a constatação de que os autores se referem, ao construir suas teorias, ao que tem sido denominado matrizes clínicas diferentes.

A clínica winnicottiana parte de uma matriz que é claramente enunciada por Winnicott[10], vale dizer, seu interesse pelo

---

[10] WINNICOTT D. W., *Natureza humana*, Rio de Janeiro: Imago, 1990, p. 77.

sofrimento psicótico, que está muito claramente ligado à impossiblidade de o indivíduo se sentir real:

> A ação mais importante do tratamento psicanalítico é aquela exercida junto a pacientes psiconeuróticos, e consiste em trazer para a consciência aquilo que estava inconsciente. Isso é conseguido principalmente por meio da revivência que ocorre na relação entre o paciente e o analista. O psiconeurótico funciona, aparentemente, a partir da consciência, sentindo-se pouco à vontade com o que se encontra fora do alcance da mesma. O desejo de conhecer a si próprio parece ser uma das características do psiconeurótico. Para essas pessoas, a análise traz um aumento da autoconsciência, e uma tolerância maior para com o que é desconhecido. Já os pacientes psicóticos (e as pessoas normais do tipo psicótico), ao contrário, pouco se interessam por ganhar maior autoconsciência, preferindo viver os sentimentos e as experiências místicas, e suspeitando do autoconhecimento intelectual ou mesmo desprezando-o. Esses pacientes não esperam que a análise os torne mais conscientes, mas aos poucos eles podem vir a ter esperanças de que lhes seja possível sentir-se reais.

Essa passagem longa me parece necessária e importante no que diz respeito às ideias que pretendo expor a seguir. Não é difícil nela vislumbrar o quanto Winnicott esteve interessado em psicóticos e em "psicóticos normais", o quanto esteve comprometido com o desespero daqueles que não podem se sentir vivos e reais. Em meu entender, é esse sofrimento ligado aos sentimento de irrealidade aquilo que mais o sensibilizou ao longo de sua trajetória clínica e teórica. Foi, de fato, a partir da consideração desse tipo de problemática que veio a pensar em termos de falso e verdadeiro *selves*, entendendo que só aquilo que emerge do núcleo do ser de cada um pode ser vivenciado como real.

Uma vida aparentemente normal pode ser mantida a partir do falso *self*, enquanto o indivíduo segue ausente de si mesmo, excluído da própria vida. É interessante notar que o falso *self* é, na verdade, uma defesa dissociativa que protege o verdadeiro *self*, enquanto este último permanece oculto. Diz o autor[11]:

> Quando ocorre uma dupla anormalidade, (1) o falso *self* organizado para ocultar o *self* verdadeiro, e (2) uma tentativa por parte do indivíduo para resolver o problema pessoal pelo uso de um intelecto apurado, resulta um quadro clínico peculiar, que muito facilmente engana. O mundo pode observar êxito acadêmico de alto grau, e pode achar difícil acreditar no distúrbio do indivíduo em questão que, quanto mais é bem-sucedido, mais se sente falso. Quando tais indivíduos se destroem de um jeito ou de outro, ao invés de se tornarem o que prometiam ser, isso invariavelmente produz uma sensação chocante naqueles que tinham depositado grandes esperanças no indivíduo.

Considerando o desenvolvimento emocional primitivo, Winnicott[12], diferentemente dos kleinianos, para quem uma operatividade simbólica está presente desde sempre, entende que o bebê não existe, no início da vida, desde seu próprio ponto de vista. Há, nos primórdios da vida extra-uterina, tão-somente um sentimento de continuidade de ser que, não sendo interrompido por invasões ambientais, precipitadoras de agonias impensáveis, vai permitir a presentificação do bebê em seu próprio corpo, no colo materno. Quando, ao mamar, a criança pode, graças a sua mãe devotada comum, viver uma experiência onipotente de criação/encontro do seio

---

[11] WINNICOTT D. W. (1960),"Distorção do ego em termos de falso e verdadeiro self", In *O ambiente e os processos de maturação*, Porto Alegre: Artes Médicas, 1982, p. 132.
[12] WINNICOTT D. W. (1945), "O desenvolvimento emocional primitivo", In *Da pediatria à psicanálise: Textos selecionados,* Rio de Janeiro: Francisco Alves, 1978.

necessitado, cresce sua capacidade de permanecer presente. Alguns clínicos, que adotam uma leitura literalmente desenvolvimentista do pensamento winnicottiano, concluem a partir daí que os bons cuidados maternais na primeira infância livram o indivíduo do sofrimento psicótico. Em alguns trechos, aos nos falar sobre bebês afortunados, menos afortunados e desafortunados, o próprio Winnicott[13] dá mostras de também acreditar nisso:

> Eu formularia [este problema] da seguinte maneira: alguns bebês têm a sorte de contar com uma mãe cuja adaptação ativa inicial à necessidade foi suficientemente boa. Isto os capacita a terem a ilusão de realmente encontrar aquilo que eles criaram (alucinaram). Eventualmente, depois que a capacidade para o relacionamento foi estabelecida, esses bebês podem dar o próximo passo rumo ao reconhecimento da solidão essencial do ser humano. Mais cedo ou mais tarde, um desses bebês crescerá e dirá: "Eu sei que não há nenhum contato direto entre a realidade externa e eu mesmo, há apenas uma ilusão de contato, um fenômeno intermediário que funciona muito bem para mim quando não estou muito cansado. A mim não importa nem um pouco se aí existe ou não um problema filosófico". Bebês que tiveram experiências um pouco menos afortunadas veem-se realmente aflitos pela ideia de que não há um contato direto com a realidade externa. Pesa sobre eles o tempo todo uma ameaça de perda da capacidade de se relacionar. Para eles, o problema filosófico se torna e permanece sendo vital, uma questão de vida ou morte, de comer ou passar fome, de alcançar o amor ou perpetuar o isolamento. Os bebês ainda menos afortunados, aos quais o mundo foi apresentado de forma confusa, crescem sem qualquer capacidade de ilusão de contato com a realidade externa; ou então essa sua capacidade é tão frágil que facilmente se quebra num momento de frustração, dando margem ao desenvolvimento de uma doença esquizóide.

---

[13] WINNICOTT D. W., *Natureza humana*, Rio de Janeiro: Imago, 1988, p. 134.

Entretanto, se realizarmos uma leitura menos literal da obra winnicottiana, podemos iluminar alguns fenômenos clínicos que de outro modo ficariam obscuros. Essa leitura não literal pode indicar-nos que toda vez que o sentido de continuidade de ser de alguém é interrompido, vale dizer, que sua possibilidade de estar presente à própria experiência é barrada, há possibilidade de uma retirada de si, enquanto o falso *self* assume o prosseguimento aparente da vida. Esse falso *self* pode enganar a todos, inclusive a própria pessoa, e isso pode parecer eficaz durante muito tempo. A única coisa que o falso *self* não atinge é exatamente a sensação de estar vivo, a sensação de ser real. Nesse caso, estaremos diante de uma verdadeira ausência de si mesmo, de caráter nitidamente defensivo. Estaremos diante de uma exclusão real da corrente da vida, da convivência com os outros seres humanos. Tive oportunidade de acompanhar as aflições de uma paciente grávida que realizou um exame sofisticado que indicava alta probabilidade de o bebê apresentar um problema grave de saúde. Essa mulher conseguiu manter-se calma durante a gestação, o parto e o puerpério, mas quando a criança, que felizmente nasceu e continuou sadia, completou três anos de idade, entrou em um sério estado de descompensação, ao longo do qual pôde me dizer: "Mas eu não estava aqui esse tempo todo!". De fato, absolutamente apavorada e impotente, deixara-se cuidar por seu falso *self*, enquanto seus familiares, amigos, colegas de trabalho e mesmo eu, sua analista, admiramos sua perfeita serenidade! Uma "calma" que, ao "voltar a si", ela me anuncia como ausência de si, como exclusão forçada do devir da própria existência, como banimento da convivência real com aqueles que a rodeavam. Também vale a pena lembrar aqui a moça diagnosticada como esquizofrênica, atendida por Secheraye[14], que

---

[14] SECHERYE M. A. (1950), *Memórias de uma esquizofrênica*, Rio de Janeiro: Nova Fronteira, s/d, p. 42.

faz uma narrativa de seus sofrimentos, ligados às sensações de irrealidade do mundo, que é bastante esclarecedora:

> Durante toda a visita de minha amiga eu tentava, desesperadamente, entrar em contato com ela, senti-la realmente junto a mim, viva e sensível. Ora, nada disso ocorria. Também ela fazia parte do mundo irreal. No entanto, eu a conhecia bem. Sabia seu nome e tudo o que lhe dizia respeito; mas me parecia estranha, irreal como uma estátua. Via seus olhos, seu nariz, sua boca falante, ouvia o som de sua voz, compreendia perfeitamente o sentido de suas palavras, no entanto, sentia-me frente a frente com uma estranha. Então fazia desesperados esforços para derrubar essa parede invisível que nos separava, para chegar a um contento entre nós (...) Em torno de nós estendiam-se os campos, cortados por cercas vivas ou maciços de arvoredo, a estrada branca corria diante de nós e o sol no azul do céu resplandecia, esquentando nossas costas. Eu via uma planura imensa, sem limites, no infinito horizonte. As árvores e as cercas eram de papelão, postas ali como acessórios de teatro, e a estrada, ó, - a estrada infinita, branca, brilhante sob os raios do sol, brilhante como uma agulha. Em cima de nós o sol implacável que esmaga com seus raios elétricos as árvores e as casas. Por cima dessa imensidade, um silêncio espantoso que os ruídos não rompiam senão para torná-lo ainda mais silencioso, ainda mais espantoso. E eu, perdida nesse espaço sem fim, com minha amiga. Mas, era ela mesmo? Uma mulher que fala e gesticula. Percebo seus dentes brancos que brilham, miro seus olhos castanhos que me fitam. E vejo que tenho a meu lado uma estátua, maqueta que faz parte do cenário de papelão (...) parece-me mais estátua do que nunca, é um manequim movido por um mecanismo que age, que fala como um autômato. É assustador, inumado, grotesco.

O sofrimento da irrealidade, da ausência de si, da exclusão da convivência verdadeira, expresse-se através de sintomas psicóticos ou permaneça oculto sob uma fachada de normalidade ou até mesmo de serenidade, requer uma clínica sensível à problemática da interrupção da continuidade de ser. Não se tratará, é claro, de uma clínica voltada à busca de maior autoconhecimento, que se pode fazer a partir da enunciação de sentenças interpretativas. Será, contudo, uma clínica psicanalítica se, a partir de um uso diferenciado do método, propiciar a ruptura de campos agônicos e invasivos que justamente provocaram as agonias insuportáveis responsáveis pela retirada de si como última estratégia de sobrevivência. Essa ruptura é o avesso do *holding* capaz de sustentar a continuidade presença do si mesmo, a permanência no campo da convivência inter-humana. A partir desse tipo de compreensão acerca do sofrimento que é ser interrompido na continuidade da própria presença, seja desde o incipiente presentificar-se do lactente, seja na qualidade de adulto, que enfrenta situações de vida capazes de ativar agonias impensáveis, descortina-se uma prática psicanalítica centrada, no manejo do *setting*[15] enquanto uma das possibilidades de concretização clínica do método psicanalítico.

Finalizo reiterando que a exclusão social não pode ser combatida apenas por meio de medidas políticas, socioeducativas ou de cidadania, ainda que estas sejam, evidentemente, indispensáveis. Há que se pensar também, detidamente, nas sutilezas implicadas numa clínica voltada à problemática da exclusão, considerando aí contidas questões que vão desde a segregação psiquiátrica até a morte antecipada dos pacientes portadores de

---

[15] No *Ser e Fazer* do Instituto de Psicologia da Universidade de São Paulo, esse manejo tem sido frequentemente realizado em enquadres nos quais são disponibilizadas materialidades mediadoras, na consideração de que no mundo atual a dimensão discursiva se presta facilmente ao manejo do falso *self*. Evidentemente, não consideramos, ingenuamente, que a mera presença de materialidades capazes de afetar sensorialmente garanta, por si mesma, nem a sustentação da continuidade do ser, que se dá em ambiente inter-humano, nem o gesto espontâneo.

doenças incuráveis, passando por todos aqueles estados, mais ou menos perceptíveis, nos quais a vida é sentida como futilidade e a própria existência, como irreal. Em termos mais abrangentes, cabe ao psicanalista pronunciar-se, a partir do conhecimento que vem acumulando ao longo das últimas décadas, no sentido de afirmar que sempre que este mundo se torna dificultoso e inóspito, colocando os seres humanos em condições de vida que os lançam em aflição, agonia ou indignidade, estar-se-á aumentando, de modo nefasto, a possibilidade de recurso à despersonalização, usada como estratégia de sobrevivência. Mais ou menos sutil, mais ou menos psiquiatricamente visível, a despersonalização, sendo afastamento de si, é, simultaneamente, autoexclusão da corrente da coexistência humana.

Capítulo 2
Ser e Fazer:
interpretação e intervenção na clínica winnicottiana

Sob a expressão *desafios da clínica contemporânea*, o campo da psicopatologia psicanalítica vem sendo animado, há algumas décadas, por uma discussão relativa ao surgimento de novas problemáticas, que não são passíveis de serem diagnosticadas como neuroses ou psicoses. Acrescenta-se assim uma nova faixa categorial, verdadeiramente ampla, correspondente aos casos designados como "*borderlines*" ou "organizações-limite", que abrangeriam sofrimentos variados, de fundo depressivo. São consideradas pertencentes a essa faixa condições tais como as adições, as anorexias, as depressões e a síndrome do pânico, entre outros. O debate articula-se ao redor de questionamentos quanto aos caminhos pelos quais se dá a produção social e cultural de novas formas de padecimento, sem deixar, contudo, de celebrar o avanço do conhecimento psicanalítico, que estaria permitindo uma maior sensibilidade ao psicopatológico[1].

---

[1] É interessante lembrar aqui não faltarem críticos que acusam os psicanalistas de psicologização excessiva das questões humanas. Evidentemente, o reducionismo psicológico é inadmissível. Entretanto, há de se convir que todo acontecer humano é, inevitavelmente, experiência humana, individual e coletiva. Há sempre sofrimento emocional quando a vida humana apresenta dificuldades, de modo que aquilo que antigamente se excluía como *caso orgânico* ou *caso social* é hoje, felizmente, visto também como alvo de cuidado psicoterapêutico.

Cremos, no entanto, ser importante e acertado considerar as novas demandas dirigidas ao psicanalista desde uma perspectiva que ultrapasse a teorização psicanalítica estritamente psicopatológica, à medida que esta se mantém frequentemente em um nível de abstração que nos distancia da experiência cotidiana vivida na clínica[2]. A nosso ver, cumpre lembrar que, hoje, ajuda psicológica é buscada ou recomendada para os mais diversos modos de sofrimento humano, que vão desde variadas situações de doença física até radicais condições de precariedade social. Tanto nos diversos dispositivos de saúde pública como no exercício privado, o psicólogo recebe encaminhamentos que provêm da escola, do hospital, do tribunal, da prisão etc. Essa demanda deve ser considerada absolutamente legítima, se pensamos que todo sofrimento é, inescapavelmente, experiência humana e que, enquanto tal, configura-se como dimensão propriamente psicológica[3], a ser abordada em âmbitos individual e coletivo[4]. Aceitar que todo acontecer humano é passível de ser abordado desde a perspectiva psicológica de análise não implica menosprezo por dimensões outras dos fenômenos considerados, tais como as determinações biológicas, sociais, políticas ou culturais, uma vez que partimos de uma visão do humano como fenômeno essencialmente complexo. De fato, concordamos plenamente com Bleger[5] quando insiste na necessidade de se reco-

---

[2] Penso que a psicopatologia implícita no pensamento de D. W. Winnicott, que podemos rigorosamente designar como uma teoria do sofrimento humano, é uma exceção, nesse sentido.

[3] Vale ressaltar que a psique, quando não objetivada, significa precisamente o ato humano de produção individual e coletiva de sentido. Também é importante lembrar que Winnicott enfatiza a importância da personalização enquanto fenômeno mantenedor da integração entre psique e soma, evitando o desenvolvimento de uma "mente" dissociada do corpo.

[4] Como, de acordo com nossa específica natureza humana, somos seres sociais, todo acontecer humano é concomitantemente individual e coletivo, podendo-se, no entanto, privilegiar um ou outro desses âmbitos conforme a situação ou o momento. Encontra-se discussão mais detida em BLEGER J, Psicologia de la conduta, Buenos Aires: Paidos, 1963.

[5] Id., ibid.

nhecer que todas as ciências humanas compartilham o estudo do mesmo fenômeno, correspondendo cada uma à abordagem de um determinado conjunto, nível ou classe de suas qualidades, de modo a tornar possíveis, desejáveis e necessárias diferentes apreensões do acontecer humano, naturalmente mantidas estritamente coerentes com a perspectiva metodológica de escolha. Entendendo que o estudo psicológico não requer, de modo algum, o reducionismo biológico, do mesmo modo que o estudo sociológico dispensa qualquer reducionismo psicológico, acentua-se, desde essa perspectiva, que é indispensável, a estrita e rigorosa observância do recorte epistemológico escolhido. Na pesquisa psicológica, que nos interessa, o rigor demanda a manutenção do recorte fiel à abordagem metodológica desde o início até o final de toda e qualquer empreitada teorizante. Nessa linha de pensamento, ao mesmo tempo em que a interlocução constante entre todas as ciências humanas é tida como imprescindível ao avanço do conhecimento, destaca-se a importância da distinção lúcida de suas diferenças.

Retornemos, entretanto, à colocação inicial deste texto: a clínica contemporânea enfrenta, hoje, uma demanda diferente daquela diante da qual foi possível edificar a psicanálise enquanto método psicológico de estudo do homem, enquanto terapêutica individual de pacientes diagnosticados como neuróticos e enquanto conjunto específico de teorias daí oriundas. Confrontado com uma situação que chega a colocar a psicanálise em risco de extinção, se teimosamente insistir-se em sua identificação estreita com uma forma específica de psicoterapia individual, ainda que artificialmente elevada a uma suposta superioridade em comparação a qualquer outra abordagem psicoterapêutica, Winnicott[6] chegou a formular uma solução muito interessante

---
[6] WINNICOTT D. W. (1962), "Os objetivos do tratamento psicanalítico", In *O ambiente e os processos de maturação*, Porto Alegre: Artes Médicas, 1984.

em que destaca duas alternativas a escolher: ou se pratica a psicanálise padrão, de acordo com os moldes estabelecidos por Freud, ou se escolhe *ser um psicanalista fazendo outra coisa, mais apropriada à situação*. A expressão "ser um psicanalista" já indica que o vínculo do profissional com esta orientação de pensamento requer uma apropriação pessoal da teoria, de modo a superar a noção de uma *psicanálise aplicada*. Apropriação pessoal significa, a nosso ver, o paradoxo de se poder recriar e reinventar aquilo que há para ser encontrado, porque preservado pelo trabalho de muitos, ao mesmo tempo em que se mantém um respeito não submisso expresso como rigor ético e epistemológico com relação à teoria. Quando um conhecimento se torna próprio, no sentido forte da palavra, o fazer clínico pode dar-se de modo flexível e inventivo, de sorte que os novos desafios podem receber respostas criativas e ao mesmo tempo fundamentadas de modo rigoroso, dos pontos de vista teórico e metodológico.

Entendemos, para início de conversa, que o ponto de partida para o estabelecimento de um bom vínculo com o conhecimento psicanalítico seja a correta compreensão do *espírito de seu método*, um método clínico de caráter eminentemente interpretativo[7]. Como método clínico, a psicanálise investiga/intervém sobre o homem, considerando-o de modo situado, vale dizer, contextualizado. Qualquer movimento que vise à abstração das condições nas quais emerge um fenômeno coloca-nos fora do pensamento clínico, seja ou não psicanalítico. Por outro lado, em sua especificidade, que o distingue de outras abordagens igualmente clínicas, o método psicanalítico é a expressão

---

[7] O *método interpretativo*, a meu ver, não deve ser confundido com procedimentos clínicos interpretativos. Quando declaro que o método é interpretativo, quero assumir precisamente que toda e qualquer conduta humana tem um sentido, o qual só pode ser compreendido se contextualizado histórica, social e culturalmente tanto do ponto de vista individual como do coletivo.

acabada de um pressuposto fundamental sobre o acontecer humano: o pressuposto de acordo com o qual toda manifestação humana tem sentido. Esse pressuposto, mais do que teorizado, foi e é vivido no cotidiano da boa clínica, num acontecer que se deve não apenas ao fazer dos psicanalistas, mas também a um trabalho realizado conjuntamente com os pacientes: o trabalho da busca/criação de sentido daquilo que, aparentemente, não é compreensível[8]. Esse espírito do método, precisamente apontado por Politzer[9] como a revolucionária contribuição trazida por Freud ao conhecimento do homem, é o que se pode designar como a psicanálise viva. Essa psicanálise viva não deve ser confundida com formulações objetivantes, fisicalistas e positivistas, usualmente conhecidas como metapsicológicas, sejam quem forem seus autores, de Freud a Lacan, de Klein a Bion, mas pode ser resgatada naqueles escritos de autores maiores e menores que não se afastam do acontecer humano para produzir conhecimento.

Estamos, portanto, de acordo com aqueles que apontam[10] que duas muito diferentes abordagens do homem têm sido levadas a cabo sob a mesma denominação, vale dizer, como psicanálise. De um lado, temos a atividade clínica, encontro inter-humano que favorece mutação no âmbito da existência, enquanto de outro lado temos uma teorização biologizante. Diante dessa

---

[8] É interessante lembrar que o debate sobre os critérios veritativos vigentes na psicanálise, que opõe uma concepção criacionista da interpretação a uma perspectiva que busca a correspondência entre intelecto e coisa, deve ser inteiramente revisto à luz da ideia winnicottiana de criação/encontro da realidade.
Nessa linha, sentidos seriam inventados de modo não arbitrário exatamente porque também estariam "lá", prontos para serem criados/encontrados.
[9] POLITZER G. (1928), Crítica de los fundamentos de la psicología, Barcelona: Martinez-Roca,1972.
[10] Vale a pena lembrar que enquanto Politzer teceu suas críticas dos fundamentos da psicologia a partir de uma visão dialética, toda a corrente fenomenológica apontou enfaticamente a incoerência entre a teoria fundada numa visão naturalista, que se alicerça como relação sujeito-objeto, e toda prática clínica que inevitavelmente se faz como encontro inter-humano.
Ver GALIMBERTI U., Psychiatria e fenomenologia, Milano: Feltrinelli, 1979.

dualidade, cada psicanalista é chamado a se posicionar, pois, como diz Winnicott, trata-se de *ser psicanalista*, ou seja, trata-se de cada qual se apropriar de modo pessoal dessa construção, desse trabalho coletivo, desse movimento que é a psicanálise. Esse posicionamento exige nada menos que o esclarecimento das diferentes concepções de homem que presidem de um lado a clínica viva e, de outro, a teorização positivista[11]. Desse modo, parece que duas são as opções possíveis: ou bem o psicanalista está norteado por uma concepção segundo a qual o homem é criador de sentido, ou bem segue uma ideia do homem como organismo objetivável, entendendo sua humanidade como mero epifenômeno[12]. Fica, assim, bastante evidente ao leitor perspicaz, seja este praticante ou não, que até hoje a literatura psicanalítica expressa, de modo muitíssimo evidente, uma dificuldade na superação da duplicidade discursiva já presente na obra freudiana. Talvez por escrúpulos humanamente compreensíveis não se consiga integrar de modo produtivo avanços filosóficos que já não são novos, preferindo-se lamentar, em companhia do mestre, a bruxa metapsicológica! Entretanto, quem frequenta, além das leituras, os bastidores da clínica psicanalítica sabe que quando a bruxa reina, a psicanálise viva, como encontro inter-humano fecundo, capaz de favorecer experiências verdadeiramente mutativas, simplesmente desaparece. A feiticeira não passa de simples truque de mágica que, se levado às últimas consequências, esvazia a possibilidade de qualquer experiência emocional significativa. O imperador está completamente nu, belamente nu, eu diria, neste início do século XXI, mas ainda se

---

[11] É claro que a adesão a uma teorização positivista vai deixar marcas importantes na prática do clínico, pois não se adere a nenhum sistema de pensamento impunemente.
[12] Evidentemente, pode-se argumentar que é possível pensar uma clínica reeducativa, na qual o homem é concebido como um ser capaz de aprendizagem. Neste caso, contudo, estaremos fora da tradição da clínica viva psicanalítica que supõe um homem criador.

insiste em afirmar que sua vivacidade, que seu vigor, que sua vitalidade lhe são outorgados por uma vestimenta metapsicológica coletivamente alucinada!

O *ser* e o *fazer* e a crítica dos fundamentos da metapsicologia

O que chamamos de ser e fazer na clínica contemporânea é uma prática que se inspira diretamente na ideia winnicottiana de *ser um psicanalista que faz outra coisa mais apropriada à situação atual*. Essa ideia ganha fundamento teórico a partir de um movimento de apropriação de conhecimentos fiel ao pressuposto de base do método psicanalítico, vale dizer, o de que nenhuma conduta humana, por mais bizarra, incompreensível ou moralmente inaceitável que seja, deixa de ter sentido, deixa de pertencer ao acontecer humano. Em outros termos, é a fidelidade e a adesão a esse pressuposto, decididamente contrário à ideia da existência de limites para a compreensibilidade do fenômeno humano, que nos conduzem à admissão de que nem a loucura nos é estranha, a base, antes ética e, posteriormente, epistemológica, da prática psicanalítica, como a entendemos. Desse modo, fica rigorosamente estabelecida a possibilidade da manutenção de uma perspectiva psicológica de análise que dispensa qualquer reducionismo explicativo e que se sustenta teórica e metodologicamente como possibilidade inegável de compreensão de toda e qualquer conduta humana. Nesses termos, fica claramente estabelecida a possibilidade da psicanálise como ciência humana, como psicologia.

É importante, pois, destacar que a aceitação do método psicanalítico, tal como se expressa vivamente no encontro inter-humano, implica uma antropologia, visão de ser humano, implica concepções de vida, de mundo, de cura e de loucura. Dizemos que uma clínica é coerente e rigorosamente fundamentada quando estão alinhados o método, a teoria, a clínica e a ética, adiantando que, desde nosso ponto de vista, o método psicanalítico, apesar dos desvios compreensíveis pelos quais passou, em termos da teorização metapsicológica, harmoniza-se com uma concepção do homem como ser criador, do mundo como realidade humanamente criada e da cura como evento mutativo favorecido pelo psicanalista em respeito à condição de ser criador inevitavelmente presente no paciente[13]. Essa condição pode se encontrar à espera de oportunidade, subsistindo como potencial ainda passível de realização ou, em casos mais infelizes, nos quais a invasão ambiental foi absoluta e radical, apenas persistir como vestígio do que poderia ter sido... O potencial criador nunca está, entretanto, inteiramente ausente.

Atualmente aquilo que não passa, a nosso ver, de um desvio grosseiro, que se explica pela limitação do horizonte científico dos tempos iniciais da psicanálise, e que é hoje injustificadamente perpetuado pelas sociedades psicanalíticas e pelas universidades, vale dizer, a metapsicológica, ocupa uma incomensurável quantidade de papel escrito, o que certamente tem consequências práticas. Por esse motivo, e por nenhum outro[14], é importante definir a clínica que propomos em contraposição à visão fisicalista e objetivante dessa teorização.

---

[13] Do ponto de vista winnicottiano, e em nossa maneira de ver, a cura não é o resultado final do processo psicanalítico, porque não se trata de curar um tipo específico de quadro psicopatológico. Trata-se, outrossim, de favorecer a ocorrência de experiências mutativas quando, graças ao manejo psicoterapêutico, o paciente consegue retomar seu potencial criativo e espontâneo e, desta feita, dar um sentido único e verdadeiro a sua existência.
[14] A clínica winnicottiana assenta-se claramente sobre uma concepção do homem que, apresentando marcada afinidade com filosofias fenomenológicas e existencialistas, sustenta-se firmemente, por si só, ao se manter, em termos de uma teorização que repudia abstrações, fiel ao acontecer inter-humano do encontro clínico. Por essa via, Winnicott soube chegar a formulações que favorecem movimentos criativos de psicanalistas e de pacientes e se esquivam de sistematizações aprisionantes do ser, do fazer e do pensar, inevitavelmente totalitárias. As sistematizações, almejando sempre a última palavra, visam calar toda alteridade.

A escolha metodológica psicanalítica, que possibilita a legítima constituição da psicanálise como campo do saber do homem, não é coerente com a aceitação de teorias metapsicológicas; antes o contrário – exige seu repúdio. Comecemos lembrando que Freud[15] via a metapsicologia como uma formulação incompleta, não porque todo conhecimento humano seja inerentemente incompleto, uma vez que a vida se dá no tempo e toda e qualquer produção humana está historicamente condicionada, mas porque estava à espera de avanços científicos das ciências naturais. Todo o edifício metapsicológico foi, portanto, erigido à luz da ideia de que a psicologia seria algo provisório, que a biologia substituiria com vantagem. No dizer de Freud, as lacunas de seu trabalho metapsicológico desapareceriam com os avanços da fisiologia e da química...

De fato, na teorização metapsicológica, a realidade psíquica é constituída por processos fisiológicos e químicos, descritos com a linguagem metafórica da psicologia exatamente porque a tradução, e melhor seria dizer a redução aos termos dessas outras ciências ainda não era possível. Sendo assim, não é difícil perceber por que esse esforço teorizante não contradiz os pressupostos fundamentais da psiquiatria clássica, pois nem mesmo a segunda tópica deixa de ser um sistema físico bem determinado em termos topológico, dinâmico e econômico. Jamais a formulação metapsicológica apresenta caráter rigorosamente psicológico, motivo pelo qual já me referi a ela como *antepsicologia*[16], ou seja, como formulação anterior à concepção de psicologia como ciência humana. É por essa razão que Galimberti[17] não hesita ao afirmar que, apesar de empregar uma terminologia bas-

---

[15] FREUD S. (1920), *Mas alá del princípio del placer*, Madrid: Biblioteca Nueva, 1948.
[16] VAISBERG T. M. J. A., *Encontro com a loucura: Transacionalidade e ensino de psicopatologia*, Tese de livre-docência, São Paulo: Instituto de Psicologia da Universidade de São Paulo, 1999.
[17] GALIMBERTI, *Op. cit.*

tante particular, a metapsicologia não passa de uma espécie de naturalismo biológico que entende a psique como um epifenômeno sustentado pelo organismo, pois um dos objetivos de Freud, aliás jamais oculto, era exatamente o de alinhar a psicologia à série das ciências naturais.

Ora, sendo a psique epifenômeno, é absolutamente coerente pensar que o psíquico não seja concebido como apresentativo[18], mas tão-somente como representativo. Nessa linha, é bem compreensível que a pulsão seja concebida como mera representante das forças orgânicas, como efeito de forças derivadas do interior fisiológico, posteriormente transferidas para o aparelho mental.

Se levarmos essas ideias as suas últimas consequências, torna-se fácil concordar com Galimberti[19] quando diz que o objeto da indagação metapsicológica não é propriamente o ser humano, mas a vida da espécie, o que explica bem por que esse edifício teórico está longe de dar conta da experiência clínica no sentido de teorizá-la com rigor:

> Tendo, uma vez, traduzido em termos físicos a ordem dos significados psíquicos, Freud não pode evitar a objetivação do subjetivo pela qual, em harmonia com o ideal explicativo das ciências naturais, o sujeito se torna objeto como todos os objetos do mundo. Isso fica particularmente evidente na linguagem na qual o homem não diz, de si, "eu", mas se compreende a partir daquele aparato psíquico que "tem" um "eu", como

---

[18] Entende-se como *representativa* a imagem produzida pela mente humana como um sucedâneo de seu original verdadeiro, não sendo, entretanto, sua cópia fiel, uma vez que é fruto de incessante trabalho de elaboração do afeto por parte do pensamento. Por outro lado, pensar a psique como também *apresentativa* implica valorizar aspectos estéticos na constituição do *self*, valorizar o gesto espontâneo enquanto expressão do potencial criativo do ser humano. Ver SAFRA G., *A face estética do self*, São Paulo: Unimarco, 1999.

[19] GALIMBERTI, *Op. cit.*

tem um id e um superego. Estamos na despersonalização, como na psiquiatria clássica, e como é inevitável que seja em toda ciência que se declara naturalista[20].

Ora, cabe aqui indagar qual é a concepção de homem subjacente à teorização metapsicológica, uma vez que o ideal de neutralidade nas ciências humanas não passa de equívoco grosseiro que conspira contra o rigor epistemológico e a ética. Perceberemos, então, que Freud, em seu esforço metapsicológico, norteia-se por uma concepção de homem enquanto organismo, enquanto suporte da vida da espécie. Em outros termos, pode-se afirmar não existir, na metapsicologia freudiana, uma verdadeira ideia do humano, naquilo que tem de absolutamente singular!

> Esta vida [da espécie], resolvida como é na libido que preside todo movimento evolutivo, seja este assimilativo e construtivo ou regressivo e destrutivo, é considerada somente pelo que apresenta de biológico, uma vez que a única direção de significado que Freud reconhece ao ser humano é a pura tendência da pulsionalidade instintiva a sua satisfação. Aceita como verdadeira essa redução e considerado o mero apetite instintivo como essencialmente constitutivo do homem, deriva como consequência óbvia o caráter enganoso de toda expressão religiosa, artística e moral que Freud se propõe desmascarar. A libido, de fato, não diz sempre de si, porque se revela só investindo determinados âmbitos ou pousando sobre determinados objetos, mas seria um erro, segundo Freud, se estes âmbitos, que são apenas sublimações de pulsões libidinais, fossem considerados em si mesmos como modos originários do ser humano [...] Mas, deste modo, o homem não é ainda um homem, porque ser homem não significa ser gerado por uma vida que vive e que morre, está jogado daqui para ali segundo aquele determinismo rígido que reduz a felicidade e a infelicidade à satisfação mecânica e anônima

---

[20] GALIMBERTI, *Op. cit.*, p. 143.

da libido."O fato que sejamos vividos por forças da vida é só uma faceta da verdade, a outra faceta é que somos nós que determinamos nossa vida enquanto destino", diz Binswanger. Talvez, recuperando aquela subjetividade originária em tudo ignorada por Freud, teremos menos explicações e mais possibilidades de abordar as questões do sentido e da falta de sentido onde talvez seja mais provável reencontrar o significado oculto da saúde e da loucura[21].

Se o ser humano é o organismo, não há como sustentar uma clínica que não seja, em seu âmago, verdadeiramente psiquiátrica. O organismo é pouco mais do que uma máquina altamente aperfeiçoada, cujo funcionamento está previamente estabelecido por sua própria engenharia e ao qual cumpre retornar em caso de disfunção:

> Se os princípios da física serviram a Freud para compor a dinâmica psíquica a partir de presumidos elementos primordiais, os postulados de uma biologia teórica foram usados para explicar quanto de biográfico era importante na gênese histórica da sintomatologia e na evolução da neurose. Mas, assim como a biologia não conhece categorias históricas diversas da categoria genérica do desenvolvimento, a teoria freudiana relaciona às leis do desenvolvimento do organismo tudo o que, apresentando-se fenomenologicamente com as características do biográfico e do histórico, foge a toda explicação de ordem química e física. Desse modo, Freud, fiel ao ideal explicativo que procede por redução, explica fatos biológicos como os instintos em termos físicos, e fatos histórico-biográficos em termos biológicos.[22]

Não é difícil perceber que, se procedermos de modo reducionista, deixamos de lidar com o homem em sua singularidade, deixamos de lidar com a condição existencial humana. Ao

---

[21] GALIMBERTI, *Op. cit.*, p. 146.
[22] *Op. cit.*, p. 144.

reduzir, ficamos com o organismo, aparentemente vivo, mas pensado sempre, nas ciências naturais ocidentais, em última instância, à luz da dualidade cartesiana, como res extensa. A cura do organismo é sempre um ato ativo no sentido de consertar o dano de uma organização que não funciona de acordo com sua engenharia ou, no máximo, adestramento, ensino, pedagogia, quando pensamos o organismo como animal, isto é, como máquina altamente sofisticada, capaz de aprender ou de ser disciplinada.

A interpretação e a questão do sentido: o método e a clínica

Contemporaneamente, estamos bastante conscientes do fato de que toda teorização psicanalítica que atingiu certa complexidade, é aberta, vale dizer, passível de ser apreendida a partir de diferentes pontos de vista. Isso não quer dizer, evidentemente, que toda e qualquer leitura seja válida. Existem leituras equivocadas, pontilhadas de desacertos mais ou menos grosseiros. Mas existe possibilidade de mais de um tipo de leitura rigorosa, fundamentada e capaz de manter em marcha o processo de construção do conhecimento. No que se refere especificamente a Winnicott, existe ainda o convite, que a própria estrutura de seu pensar faz ao estudioso, ou seja, ao psicanalista pesquisador praticante, no sentido de estímulo a um apropriar-se pessoal, em termos de usá-la como algo que foi criado/encontrado[23]. Então, em sintonia com essas ideias, passamos a expor pontos de vista que temos podido desenvolver a partir de uma prática

---

[23] Roussillon afirma que a própria leitura de Winnicott *cura* o leitor, permitindo que cada psicanalista faça uma apropriação pessoal de seu texto, estimulando o desenvolvimento de leituras variadas dessa obra, incitando-o a apresentar um modo particular de apropriação da teoria conjugada a sua prática. Ver ROUSSILLON R., "L'actualité de la pensée de Winnicott", In CLANCIER A. e KALMONOTITCH J., *Le paradoxe de Winnicott*, Paris: Inpress, 1999.

clínica variada[24] e de uma leitura fenomenologicamente informada da obra winnicottiana.

Nosso ponto de partida é a estrita observância do método psicanalítico, um tipo específico de método clínico, de caráter essencialmente interpretativo, à medida que assume que toda manifestação humana está dotada de sentido emocional e faz, portanto, parte do acontecer humano. A base do método é, portanto, uma ética que, se tomamos por empréstimo termos levinasianos, pode ser definida como aquela que leva em conta o humanismo do outro homem[25]. Trata-se de uma ética que reconhece não importar quão sublime ou monstruosa, quão cruel ou santa, quão comum ou bizarra seja uma manifestação humana, admitindo sempre haver condições de ser compreendida em termos de seu significado humano. Desse modo, será uma visão que jamais poderá sustentar nenhum tipo de exclusão, concreta ou simbólica, de indivíduos e grupos humanos.

Entendendo, pois, existir mais de um modo de apropriação do método psicanalítico, temo-nos permitido usá-lo, na específica acepção que o termo "uso" adquire no pensamento winnicottiano, desde uma perspectiva que, mais do que epistemologicamente fundada, é a de uma ética pessoalmente cultivada. Nessa linha, busco não confundir a crença assumida de que toda conduta tem sentido com uma apressada tradução clínica que levaria a fazer da interpretação, enquanto procedimento "técnico", a "ferramenta" clínica por excelência. Então, apoiando-me na rigorosa distinção entre método e técnica, proposta por Herrmann[26], sustento o método sem colocar o psica-

---

[24] Essa prática clínica variada constitui-se como uso de enquadres diferenciados, individuais e grupais, para atendimento de indivíduos e coletivos, com ou sem oferta de materialidade mediadora, cobrindo um espectro que vai desde uma única consulta terapêutica até trabalhos, psicoprofiláticos ou psicoterapêuticos, de duração não determinada.
[25] LÉVINAS E. (1972), *L'humanisme de l'autre homme*, Paris: Libre de Poche, 1987.
[26] HERRMANN F., *Andaimes do real*, São Paulo: EPU, 1979.

nalista como decifrador de sentidos, nem como propiciador de uma decifração a ser realizada pelo próprio paciente. Considero, portanto, fundamental certo tipo de intervenção que, levando em conta questões existenciais cruciais do paciente, caracteriza-se por meio de um "serefazer", tornado possível somente quando o clínico pode garantir sua presença, seu ser, no encontro inter-humano entendido como favorecimento de experiências mutativas do viver[27].

A possibilidade de se fazer, atualmente, uma leitura fenomenologicamente informada da obra winnicottiana, passa por interessantes caminhos. Assim, embora, em termos programáticos, Jaspers[28] tenha lançado as bases de uma psicopatologia fenomenológica, não deixou, lamentavelmente, de estabelecer limites para a possibilidade de compreensão da conduta humana. Isso porque, ao contrapor compreensão e explicação, veio a afirmar que algumas manifestações psicopatológicas teriam sentido, enquanto outras não significariam mais do que a irrupção do biológico. Essa distinção só veio legitimar práticas objetivantes e excludentes em relação aos psiquiatrizados. Ora, é a ruptura com a noção de limites de compreensibilidade da conduta humana a fundamental e revolucionária contribuição que a psicanálise traz ao espírito humano!

Por outro lado, foram e são exatamente os fenomenólogos aqueles que, ao lado de alguns estudiosos do materialismo dialético, com mais veemência questionaram acertadamente a psicanálise no que diz respeito a sua teorização metapsicológica objetivante, ao mesmo tempo em que vieram propor aos própri-

---

[27] Nesse sentido, considero outros tipos de intervenção que não a interpretação propriamente dita, tais como o manejo e o *holding*, usadas com frequência na clínica winnicottiana, procedimentos indispensáveis ao *fazer* psicanalítico contemporâneo.
[28] JASPERS K., *Psicopatologia geral*, Rio de Janeiro: Atheneu, 1972.

os psicanalistas o resgate de uma teorização comprometida com uma clínica psicanalítica viva praticada, há mais de um século, em consultórios e instituições. Assim, paradoxalmente, é Freud aquele que teoriza à moda dos físicos e biólogos, o mesmo que, desde sua clínica e do movimento de trabalho clínico gerado por essa, lançará os fundamentos a partir dos quais se tornará realmente possível admitir que nenhuma manifestação humana está isenta de sentido! São realmente intrigantes os caminhos pelos quais se faz o conhecimento humano enquanto obra coletiva...

Hoje, inspirando-nos na obra winnicottiana fundada na tradição psicanalítica, pode-se assumir o projeto de uma clínica diferenciada a partir de uma leitura fenomenologicamente informada. Defendendo firmemente o método psicanalítico, segundo o qual toda conduta humana, por mais incompreensível que possa parecer à primeira vista, pertence ao acontecer humano e, deste modo, é prenhe de sentido, como fundamento teórico, epistemológico e ético, essa clínica distingue o plano metodológico do plano interventivo. Consequentemente, afirma-se como psicanalítica sem recorrer a intervenções interpretativas, mas a outro tipo de intervenção, que será detalhado adiante.

Um modo mais claro de introduzir a proposta de uma clínica psicanalítica que dispensa intervenções interpretativas requer, a meu ver, uma breve recordação daquilo que é normalmente praticado e conhecido como interpretação, em suas variantes mais conhecidas, vale dizer, desde a enunciação de sentenças interpretativas, que têm caráter eminentemente explicativo, até verbalizações e atos que buscam efeitos de *insight* via desestabilização de estratégias de defesa emocional e de sistemas de crenças não conscientes[29].

---

[29] Entre nós, os kleinianos são conhecidos por seu gosto por sentenças interpretativas de tipo transferencial, enquanto os lacanianos parecem preferir verbalizações capazes de promover desestabilização defensiva que promove contato com um fundo de desejo e angústia.

Tenho observado que os procedimentos interpretativos psicanalíticos ocorrem, habitualmente, segundo duas diferentes modalidades estilísticas, que passo a denominar *explicativa* e *provocativa*. Ambas estão bem fundamentadas quando o trabalho clínico se baseia na apreensão do inconsciente recalcado. Evidentemente, todos conhecemos, hoje – e esse conhecimento é condicionado histórica e culturalmente à difusão do próprio pensamento psicanalítico –, a partir da clínica e da experiência pessoal, a humana possibilidade de deixar de saber algo que um dia soubemos de nós mesmos e que nos causou dor e embaraço. Esse fenômeno foi conceituado, à luz da metapsicologia, como produto de uma operação que se desenrolaria no interior do aparelho psíquico, denominada *recalcamento*. A ideia é, sucintamente, a seguinte: a pessoa, sofrendo com algo que sente e pensa, numa determinada situação de vida, esquece, apaga esse saber, de um modo tal que se torna irrecuperável e causador de sintomas neuróticos. Entretanto, se a pessoa puder ser tratada psicanaliticamente, por meio de interpretações, um resgate da memória emocional perdida poderia ser alcançado. Logo, interpretar pode ser compreendido como aprender, como ser lembrado de algo, como voltar a saber algo que já se soube sobre si mesmo, algo que se apagou, algo que foi esquecido. Nesse sentido, não é impreciso afirmar que o procedimento de interpretação psicanalítica, em estilo explicativo ou provocativo, tem sempre finalidade pedagógica, vale dizer, de favorecimento de uma aprendizagem, no sentido de propor a superação de um não saber de si pela aquisição de autoconhecimento. Ainda que o conteúdo dessa aprendizagem diga respeito exatamente ao próprio indivíduo, trata-se, sempre, de aprender algo. Essa finalidade pedagógica comporta a dimensão do que se poderia denominar *aprendizagem significativa*, expressão cara aos psicólogos que trabalham segundo uma diretriz que se apresenta como *centrada na pessoa*, inspirando-se nos escritos de Rogers[30].

Um exemplo fornecido pelo próprio Freud[31] sobre como algo pode ser esquecido e, a partir daí, dar origem a sintomas e sofrimento pode ser aqui lembrado:

> Recordarei aqui, como exemplo, um caso analisado por mim há alguns anos, no qual o sujeito, uma moça apaixonada por seu cunhado, foi tomada ante o leito mortuário de sua irmã pela ideia de que o homem amado estava neste momento já livre e poderia casar-se com ela. Essa cena foi esquecida no ato e com isso iniciou-se o processo de regressão que conduziu à doença histérica. Mas precisamente aqui resulta muito instrutivo ver por quais caminhos tenta a neurose resolver seu conflito. Anula por completo a modificação das circunstâncias reais, recalcando a pulsão de que se tratava, ou seja, o amor da moça pelo cunhado. A reação psicótica teria sido negar o fato real da morte da irmã.

Não é difícil perceber que a clínica alicerçada sobre procedimentos interpretativos tem como matriz clínica a neurose, tal como foi concebida por Freud e seus seguidores, a qual se fundamenta na noção de inconsciente recalcado. Muitos clínicos se atêm com notável persistência a esta forma de fazer clínica, seja

---

[30] Uma boa visão desse tipo de trabalho pode ser obtida em MORATO H. T. P., *Aconselhamento psicológico centrado na pessoa*, São Paulo: Casa do Psicólogo, 1999. Por outro lado, não é de estranhar que a grande maioria dos psicanalistas reivindique fazer mais do que um tratamento meramente educativo, mas se acredite capaz de atuar sobre "estruturas psíquicas". Pessoalmente, suspeitamos dessa última possibilidade, já que demasiadamente próxima da adesão a modelos metapsicológicos clínica e eticamente discutíveis.
[31] FREUD S. (1924), *La perdida de la realidad en la neurosis y en la psicosis*, Madrid: Biblioteca Nueva, 1948, p. 412.

utilizando-a teimosamente quando se defrontam com todo tipo de caso, seja discriminando casos que não se podem beneficiar desse tipo de tratamento, encaminhando-os para o psiquiatra ou para outras formas de psicoterapia. Evidentemente, quando pacientes não neuróticos são encaminhados, perde a psicanálise a oportunidade de desenvolver plenamente sua vocação transformadora do viver. Por outro lado, concordamos com aqueles que afirmam que os danos podem ser muito grandes quando todo sofrimento humano é tratado como problema neurótico, pois, nesse caso, o atendimento pode não apenas ser inócuo, o que já é grave, como também chegar a prejudicar[32].

Procedimentos interpretativos e autoconhecimento

Ora, a clínica psicanalítica, à medida que acolheu padecimentos diversos da neurose[33], teve oportunidade de pesquisar e

---

[32] Ver BERGERET J., *Personnalité normale et pathologique*, Paris: Dunod, 1974. Esse autor, no contexto psicanalítico francês, revela-se particularmente preocupado com os efeitos negativos oriundos da indevida neurotização de todo e qualquer paciente. Por outro lado, é importante lembrar que, desde uma perspectiva winnicottiana, pode-se incorrer em grave erro quando se insiste na análise neurótica do falso *self*, mantendo inalterada a condição existencial do paciente.

[33] É fundamental frisar que, ao afirmarmos que a clínica winnicottiana acolhe sofrimentos diferentes da neurose, alicerçando sua teorização sobre diferente matriz clínica, não estamos afirmando apenas que trabalhamos com outras condições psicopatológicas. Não estamos dizendo que a clínica winnicottiana é boa para cuidar de não neuróticos, enquanto a boa clínica freudiana serve ao tratamento das neuroses. Queremos, sim, destacar que ao introduzir a problemática do *self* na psicanálise, ou seja, ao enfatizar a potencialidade criadora e transformadora do ser humano, Winnicott abre novas perspectivas na consideração de todo o sofrimento humano e nos sensibiliza para formas mais ou menos acentuadas de despersonalização e desrealização, que, aliás, a psicopatologia psicanalítica sempre soube reconhecer no plano sintomático das chamadas *diferentes formações de base da personalidade*.

conhecer outras formas de sofrimento humano. Alguns autores, como D.W. Winnicott, chegaram a dedicar a maior parte de seu esforço na busca de esclarecimento da psicose e da loucura. Isso levou Winnicott ao estudo detalhado dos delicados processos por meio dos quais o ser humano começa a existir desde seu próprio ponto de vista, constituindo-se como um "si-mesmo", que é vivido como real. Estamos, aí, diante de uma clínica que, tendo como matriz não mais a neurose, mas sofrimentos tais como a despersonalização e a desrealização, vai-se afirmar como radicalmente diversa. Nela se pode lidar com aquilo que aconteceu ao indivíduo antes de este estar capacitado a articular simbolicamente sua experiência emocional e também com o que não aconteceu, mas deveria ter acontecido. O reconhecimento da importância psicopatológica do que acontece ao ser humano antes que ele possa existir desde seu próprio ponto de vista, vale dizer, antes que esteja constituído como indivíduo capaz de viver uma experiência pessoal, é, a meu ver, fundamental. Provavelmente muitas formas de sofrimento, ligadas ao temor do enlouquecimento, ao pânico, a certas formas de "fobias" e a sentimentos de futilidade, têm seu ponto de origem em eventos acontecidos que não foram vivenciados. Não há, nesses casos, o que lembrar, porque não havia ainda uma pessoa, constituída como tal, desde seu próprio ponto de vista, capaz de memorizar a própria experiência a partir de sua articulação simbólica. Esses eventos ocorrem, assim, como falhas e intrusões ambientais que jamais poderiam ser rememoradas, mas que se podem reatualizar na transferência.

De acordo com alguns autores, que se apoiam no pensamento winnicottiano, mas, a meu ver, não reconhecem sua radicalidade, o importante nesses casos seria interpretar incluindo o ambiente, uma vez que não se trataria de recuperar fantasias inconscientes enquanto produções intrapsíquicas, mas de resgatar acontecimentos inter-humanos que interromperam a continuidade de ser do bebê. Desse modo, a interpretação seria transferencial não porque o analista seria vivenciado como objeto primário interno, mas exatamente porque o analista estaria se prestando, como deve fazê-lo quando a regressão atinge determinada profundidade numa análise, a ser o ambiente precoce daquele paciente. Temos aí, assim, uma clínica winnicottiana interpretativa, ainda que, claro está, não exclusivamente interpretativa, uma vez que haverá necessidade de incluir o manejo do *setting* para favorecer a ocorrência da regressão.

Um bom exemplo desse tipo de trabalho pode ser encontrado na obra de Roussillon, autor que trabalha no sentido de demonstrar a existência de continuidade, e não de ruptura, entre o pensamento winnicottiano e a metapsicologia freudiana, naquilo que ele mesmo reconhece como um "esforço bem francês":

> Uma primeira necessidade é inscrever a originalidade das teses de Winnicott na linha da tradição da psicanálise freudiana. Não se trata de fazer voltar o novo, o que pode ser uma ruptura, ao antigo e já bem conhecido, mas antes de tentar apreender em que o novo prossegue e transforma, para vivificar, o que já tinha sido adquirido. Winnicott, nesse sentido, pode ser considerado como um desses que souberam fazer frutificar o que não seguia senão como potencialidade na virada de 1920 da metapsicologia freudiana. Se se pode avançar com efeito que sua obra era um longo comentário da nota de Freud dos Dois princípios do funcionamento mental de 1911, é antes na realidade na segunda metapsicologia de Freud e como um desenvolvimento desta que ela toma, de fato, todo o seu sentido. Essa metapsicologia reflete, com efeito, a teoria da prática do trabalho psicanalítico da simples tomada de consciência em direção da apropriação subjetiva integrativa, o que a célebre frase de 1932 de Freud – Wo Es var soll ich werden – formula claramente. A obra de Winnicott, à medida que se aceita lê-la em seu movimento de extração progressiva daquilo que está

mudo, está centrada sobre a apropriação subjetiva, sobre suas condições internas e externas de possibilidade. Se escolhe o viés da questão do ser para abordá-la é sem dúvida porque é sua maneira própria de se apropriar da psicanálise[34].

Pensando assim, esse autor concebe o manejo do *setting* como uma preparação longa e trabalhosa do terreno sobre o qual se poderão realizar interpretações e construções que, naturalmente, trarão ao paciente um saber sobre si[35], uma apropriação subjetiva integrativa, em termos do "fazer-se ego onde era id". Prossegue, então, entendendo que a interpretação requerida, quando o analista está diante da pré-história, a qual não pôde ser experienciada e articulada simbolicamente, será o desvendamento não mais do inconsciente recalcado, mas do inconsciente clivado. Apela para o texto freudiano, buscando fundamentação que suporte a admissão, por parte do mestre, de mais de um tipo de inconsciente. Lembra, então, que desde o início, já na primeira tópica do aparelho psíquico, Freud distinguia um inconsciente recalcado de outro, de caráter funcional, denominado pré-consciente[36]. Em estudos posteriores, após 1923, ao abordar a questão da clivagem do ego, Freud teria também apontado a possibilidade de um inconsciente clivado, que difere do recalcado. Roussillon[37] chega a afirmar que, se olharmos o id topicamente, podemos aí encontrar formas de incons-

---

[34] ROUSSILLON, *Op. cit.*, p. 13.
[35] Evidentemente, é possível encontrar, ao longo dos escritos de Winnicott, incontáveis evidências que sustentam esse modo de fazer clínica winnicottiana. Essas evidências, consequência necessária do fato de a obra ter sido construída paulatinamente como resposta a sua clínica cotidiana e não com a intenção de uma crítica à teoria freudiana, devem, contudo, a nosso ver, ser radicalmente repensadas pelos pós-winnicottianos.
[36] O chamado *pré-consciente* resulta da funcionalidade da consciência como "órgão" que não deve ser inundado pelo afluxo excessivo de informações atuais, de modo que muitas delas serão deixadas "de lado", conservando, entretanto, condição de se tornar facilmente conscientes.
[37] ROUSSILLON, *Op. cit.*

ciente dissociado, clivado, maneiras de ser inconsciente e não-apropriado, maneiras de ser e de não ser na psique, a partir das quais é possível pensar winnicottianamente. Diz-nos[38]:

> Há agora também, no id ou no olhar tópico deste, formas de inconsciente dissociado, clivado, uma maneira de ser inconsciente e não apropriado, uma maneira de ser e de não ser na psique. Há o 'encontrado' não 'criado', o 'criável' não 'encontrado', o que tem e o que não teve lugar, o que segue potencialmente presente sem ser cumprido, o que foi vivido e não simbolizado, o que assombra as alcovas da psique, errante, em busca de uma forma, em busca de representação, em busca de uma simples capacidade de presença. Há o inconsciente no sentido do potencial. Há o sofrimento ligado ao que não pode acontecer, talvez como tardiamente Freud teve disso intuição, a culpabilidade ligada ao que não foi cumprido. Imaginando as perspectivas assim abertas, pressente-se o quanto Winnicott influenciou todos os trabalhos atuais sobre o negativo e a negatividade.

Desse modo, encontrando apoio nos escritos freudianos no sentido de postular tipos de interpretação decifradores relativos a mais de um tipo de inconsciente, autores como Roussillon seguem trabalhando numa clínica winnicottiana interpretativa que se faz no sentido de busca do favorecimento de uma aprendizagem significativa sobre si mesmo. Evidentemente, quando se trata de chegar à interpretação do inconsciente clivado, muitos cuidados devem ser previamente tomados para favorecer essa aprendizagem, cuidados estes iniciados com a busca de provisão de ambiente terapêutico capaz de sustentar experiências ilusórias que permitiriam ao indivíduo viver, pela primeira vez, um sentimento de continuidade de ser. A partir daí, o paciente po-

---
[38] ROUSSILLON, *Op. cit.*, p. 18.

deria integrar-se, personalizar-se e estabelecer relações com o mundo dos objetos[39]. Não é difícil concluir que toda essa preparação leva anos de trabalho, porque vai exigir do psicoterapeuta uma disponibilidade e uma devoção pessoal que permitam o *holding*, o manejo do *setting*, a apresentação de objeto e o espelhamento do ser do paciente. O esquema pensado é o seguinte: inicialmente se provê uma experiência de ilusão para, a seguir, a partir das falhas do analista, naturalmente sintonizadas à crescente capacidade do paciente de vivê-las sem sucumbir a agonias impensáveis, chegar-se a uma fase na qual haveria possibilidade de articulações simbólicas de caráter interpretativo. A nosso ver, nesse segundo momento, retornaremos a um trabalho de aprendizagem de si. Em vez de relembrar o que já foi sabido e depois esquecido, como acontece no caso do inconsciente recalcado, trataremos de resgatar, por meio de construções, uma pré-história do indivíduo, que inclui a falha ambiental primitiva. Depois disso, uma análise padrão teria lugar.

Percebe-se portanto que, mesmo antes de começar o período de interpretação do inconsciente recalcado, enquanto se trabalha transferencialmente a reconstrução da pré-história pessoal, faz-se uso de interpretação. Parece-me correto ainda falar, nesse tipo de trabalho, em termos de intervenções interpretativas, mesmo levando em conta que o acontecido não vivenciado será vivido pela primeira vez durante a experiência analítica. Tratar-se-á, assim, de instaurar um campo experiencial passível de per-

---

[39] Atendemos na *Oficina de Rabiscos e Outras Brincadeiras* uma menina com sério comprometimento emocional que, durante os primeiros meses, reinventou o *jogo do rabisco* exigindo do terapeuta uma cópia "perfeita" do que ela própria traçava. Seguiu-se uma fase na qual o terapeuta deveria atirar pela sala objetos que seguissem a exata trajetória daqueles primeiramente atirados por ela. Desse modo, durante alguns meses, os mesmos jogos de imitação foram inúmeras vezes realizados, num trabalho de instauração de um ambiente confiável a partir do qual a referida criança pôde viver pela primeira vez a experiência da ilusão e da criação/encontro do objeto subjetivo, retomando a continuidade de seu viver.

mitir que aquilo que não pôde ser vivido, por ter acontecido antes da constituição do si mesmo, possa ser vivido e, assim, articulado simbolicamente. Autores dedicados à busca de sinais de continuidade entre as obras freudiana e winnicottiana entusiasmam-se ao constatar que um trabalho, realizado em termos de viver o que não foi originalmente vivido, para chegar a articulações simbólicas, está muito próximo das construções freudianas. Estas, por sua vez, são procedimentos pelos quais o paciente é informado sobre si mesmo, seja por meio de enunciações verbais, seja por meio de vivências transferenciais. Entretanto, trata-se sempre (mesmo neste segundo caso, em que acontece uma experiência) de favorecer uma aprendizagem significativa sobre si mesmo. Nessa linha, o acontecer da experiência inter-humana, na situação analítica, não é valorizado por si mesmo, mas como meio propiciador de uma aprendizagem. O que está, pois, em pauta, é um método pedagógico, pois a interpretação, seja qual for seu estilo, apresentar-se-á sempre como tentativa de constituição de um saber sobre si .

Intervenção psicanalítica não interpretativa

Não pretendo, de modo algum, afirmar que aprender sobre si seja algo destituído de valor. Ao contrário, não tenho dúvidas de que recuperar o que deixei de saber de mim e que pode reaparecer e assombrar vida e relacionamentos pode ter, em muitos casos, efeito enriquecedor e liberar o indivíduo de sofrimento importante. Contudo, creio, como Winnicott[40], que atualmente fazemos muito desse trabalho de resgate do sabido de si sem obrigatoriamente frequentarmos uma análise individual, mas vivendo e nos relacionando, à medida que alguns conhecimen-

---
[40] WINNICOTT (1962), *Op. cit.*

tos sobre o homem estão difundidos na cultura. Por outro lado, quando lidamos com algo que nunca pôde ser vivido, nem sabido, simplesmente porque não havia ainda uma presença pessoal para experienciar, defrontamo-nos com situação bastante diversa. Nesse último caso, todo acontecido que interrompeu a incipiente continuidade do ser foi vivenciado como invasão ou como agonia impensável. Tratar-se-á, nesses casos, realmente, de vir a saber sobre algo? Pensamos que não. Cabe examinar essa questão mais detidamente.

Cremos, contrariamente ao que consideram alguns autores, que não é a capacidade de simbolizar, a possibilidade de colocar algo sob o controle onipotente do ego ou a articulação simbólica de aspectos do *self* aquilo que produz efeito mutativo. Estas explicações estão ainda sob uma visão dicotomizada do humano, inaugurada por Platão e continuada por Descartes[41]. Pensar que um efeito mutativo é alcançado por meio de uma operação psíquica, o que, diga-se de passagem, justifica os esforços no sentido de uso clínico de interpretações e a busca do saber de si, está diretamente relacionado a concepções cindidas do ser humano, inauguradas, no Ocidente, pelo pensamento platônico. Se abandonamos essa visão cindida do humano, perceberemos que o efeito mutativo se produz antes pelo encontro inter-humano, *que se fará naturalmente acompanhar pela articulação simbólica*. Não sendo o homem justaposição de corpo e alma, mas indivíduo, não há por que pensar que algo deve primeiramente se produzir em sua mente para, a seguir, expressar-se em outras áreas de seu viver. Se o homem é indivíduo, seu acontecer é sempre e inevitavelmente unitário, ainda que se expresse nas diferentes áreas fenomênicas do simbólico, do corporal e da atuação no mundo externo[42].

---

[41] Ver GALIMBERTI U., *Ciência e techne*, Milano: Feltrinelli,1999.
[42] Ver BLEGER J. (1963), *Op. cit.*

Quando lidamos com casos acometidos pela ocorrência de invasões que não puderam ser experienciadas, e que lançaram o indivíduo no abismo de agonias impensáveis, aquilo que "aconteceu sem poder ser experienciado", vale dizer, sem cair na área da onipotência pessoal, busca realização, busca ser pela primeira vez vivenciado sem que o indivíduo seja expulso violentamente da realidade inter-humana. Essa realidade é um mundo no qual acontecem sentimentos e emoções, mas não agonias que pertencem ao sem-fim, ao que não tem limite, ao que é infinito. Mantendo-se vivente na realidade inter-humana, o indivíduo naturalmente caminha para a articulação simbólica de aspectos do *self*[43], simplesmente porque isso é próprio do humano.

Acredito que os casos, cuja problemática existencial se articula a partir da experiência de agonias impensáveis, tornam aquelas intervenções interpretativas de tipo construtivo, propiciadoras de articulações simbólicas, absolutamente desnecessárias, se não perniciosas. Seu caráter pedagógico é, aqui, inútil e irrelevante. O que verdadeiramente funda a experiência mutativa, numa clínica cuja matriz é o sentimento de despersonalização, é o encontro, o acontecer inter-humano[44]. Aquilo que, para alguns, consiste apenas no "preparo", certamente árduo, de um terreno inter-humano sobre o qual o acontecido não experienciado pode ser

---

[43] Entendemos *self* como um potencial criativo e uma organização dinâmica presente em todo ser humano, que se expressa basicamente por meio do gesto espontâneo e que possibilita que cada indivíduo seja a pessoa singular que é. O *self* é a própria pessoa, inseparável de sua autopercepção e articulação simbólica, mas nunca mera estrutura endopsíquica. Invasões ambientais precoces bloqueiam a expressão do *self* e podem desencadear as chamadas *agonias impensáveis*.
[44] É fundamental não confundir a experiência mutativa na clínica winnicottiana com a ideia de experiência emocional corretiva de Franz Alexander, essa última totalmente comprometida com um ideal pedagógico e com uma visão adaptativa de saúde mental.

reconstruído[45], é bem mais do que isso. O encontro genuíno, a disponibilidade devotada do psicanalista que conhece, por apropriação pessoal, o trajeto existencial a ser percorrido por todo ser humano rumo à apropriação de si, é o fundamento da mutação essencial e genuína. Transformam-se as condições relativas à possibilidade de se "sentir real" no encontro devotado, que permite ao paciente presentificar-se sem ser invadido, fazer o gesto espontâneo sem ser interrompido e submetido. Vale a pena repetir: a articulação simbólica acompanha naturalmente esse processo, porque a conduta humana é unitária em essência, ainda que plural em termos de áreas de expressão. Não é, contudo, a articulação simbólica a "causa" da mudança, sendo realmente possível que algo seja simbolizado de modo absolutamente dissociado do ser e do sentir-se.

Se admitirmos que o método é o elemento invariante e definidor da psicanálise e fizermos dele uso rigoroso, ao lidar com matrizes clínicas diferentes do modelo da neurose, será possível chegar a novas teorizações. A fidelidade ao método pode, realmente, levar o clínico pesquisador ao distanciamento de certas elaborações freudianas e pós-freudianas, que surgiram como fruto da pesquisa-intervenção psicanalítica de outras problemáticas. Essa situação é facilmente aceita, em tese. No entanto, encontramos quase sempre marcada resistência toda vez que os dados clínicos exigem o questionamento das teorias psicanalíticas estabelecidas[46], uma re-

---

[45] É importante frisar que, na clínica winnicottiana, a construção é algo criado/encontrado pelo paciente e jamais algo descoberto pelo psicanalista "experto". Quando o psicanalista sagazmente verbaliza uma construção está, evidentemente, instaurando uma situação em que sua fala pode ser encontrada, mas não criada pelo paciente, de modo que se torna intrusiva e destituída de potencial mutativo.

[46] A contribuição de Herrmann (1979), distinguindo método, teorias e terapêutica, é inestimável. Concebendo que o método não é conjunto de técnicas, e sim o modo de abordagem de uma ciência humana específica, denominada Psicanálise, invariante sob a qual se unem trabalhos de grande diversidade, esse autor esclarece, com precisão, um campo que tem sido prejudicado por disputas escolásticas e institucionais estéreis e corroídas por interlocução insuficiente com a antropologia e com a filosofia, em suas vertentes epistemológica e ética.

sistência que tem sugado muito trabalho e cobrado altos custos do processo coletivo de construção do conhecimento.

Ora, quando a matriz clínica a partir da qual a obra psicanalítica se tece são sofrimentos tais como a despersonalização e a desrealização[47], torna-se absolutamente necessária a introdução da problemática do ser. Não é, contudo, como filósofo que se preocupa, em seu gabinete, com questões ontológicas e sim *como clínico, confrontado inúmeras vezes com sentimentos de futilidade, com medo de enlouquecimento, com pânico, com despersonalização, desrealização e desintegração*, que Winnicott veio a fornecer elementos a partir dos quais uma transformação radical da clínica pode ocorrer. Esses sofrimentos só podem ser compreendidos, para serem eventualmente tratados, como acontecer humano, desde uma perspectiva psicológica psicanalítica, numa esfera pré-representacional. De fato, a possibilidade ou impossibilidade de cada um se sentir ou não se sentir vivo, uno e real não é, de modo algum, uma questão representacional. Curar, nesse contexto, será promover mutação que já não é da ordem de um saber, mas de um sentir, de um sentir-se, primariamente ligado ao modo como, a partir do incipiente sentido de continuidade de ser, estabelecem-se o *self* e o mundo "*not-me*", como acontecências essencialmente simultâneas. A indagação dessa clínica é: como facilitar, se é que existe realmente essa possibilidade, que alguém , que sente existir apenas desde um ponto de vista exterior[48], possa vir a transformar seu posicionamento existencial de modo a perceber-se personalizado e integrado a partir de sua própria visão de si e do mundo? Claro está que o posicionamento existencial é um fenômeno da ordem do sentir e não do saber. É apenas no

---
[47] Nossa clínica atual pede acrescentar, além da despersonalização e da desrealização, o fenômeno da dispersão de si mesmo.
[48] Este ponto de vista exterior é ocupado tanto pelas outras pessoas como pelo intelecto explorado em termos de um falso *self* cuidador.

mundo da leitura, descolado da realidade vivencial que um enunciado "penso, logo existo" pode trazer alguma satisfação. Na vida, na clínica, partimos do "vivo", não enquanto enunciado, mas enquanto fenômeno experiencial, imprescindível para se poder ser humano, agir, pensar, padecer como tal. Há que se trabalhar em um âmbito pré-representacional, aquele do encontro humano sustentado. Principalmente, há que se ter como objetivo não apenas a conscientização, a apropriação egóica, a articulação simbólica, mas, precisamente, a modificação de algo que é da ordem do sentir-se vivo. Isso porque é possível atingir conscientização e simbolização sem passar pela experiência mutativa que nos concede a possibilidade de estarmos vivos no sentido precisamente humano do termo.

Ser e *fazer*: sustentação no encontro inter-humano

É fundamental lembrar que uma leitura radical, fenomenologicamente informada, do pensamento winnicottiano exige a consideração de dimensões pré-representacionais[49] da ordem do sentir. Isso acontece porque Winnicott, profundamente tocado pela clínica, volta seu pensamento para aquelas fases do desenvolvimento anteriores à capacidade de simbolização, ainda que trabalhe num ambiente intelectual majoritariamente kleiniano, que postula a subjetividade e a capacidade de simbolizar como presentes desde o nascimento biológico. Esse postulado evidentemente tira o sentido de toda e qualquer interrogação acerca da constituição da subjetividade e da conquista de uma capacidade simbólica. O ambiente institucional não impediu, entretanto,

---

[49] Herrmann (1979), por exemplo, não deixa de considerar a importância dessa dimensão quando cunha o conceito de *sentido de imanência*. Entretanto, como pratica uma psicanálise cuja matriz é a neurose e a paranoia, deixa de desenvolver suficientemente, a meu ver, esse importante conceito.

Winnicott de se manter profundamente interessado pelos fundamentos das manifestações psíquicas enquanto expressão da vida humana. Observa Roussillon[50], comparando Winnicott seus colegas kleinianos:

> A concepção de uma psique que progride por "tomada de consciência" ou recalcamento desta supõe um mundo interno representado, representável, de saída representado ou representável, um mundo inconsciente governado pelo fantasma. Supõe um sujeito sempre lá presente, desde a origem, para representar aquilo com o qual é confrontado, um sujeito mestre em sua morada, próximo da inconsciência, potencialmente onipotente para aquilo que o habita e o emudece. Dessa perspectiva a única questão que se coloca é aquela da consciência que o sujeito pode ter daquilo que se produz nele, ou, antes, daquilo que ele produz inconscientemente em si mesmo. O acento é colocado sobre a consciência, sobre a conscientização, quer dizer, sobre a secundarização dos processos primários considerados como modo de conservação de processos de representações infantis. Sobre esse fundo a tomada de consciência do caráter infantil e passado dos movimentos inconscientemente conservados e mantidos torna então possível a superação e o luto daquilo que perturba a atualidade do sujeito. Essa é, grosseiramente, a lógica basal da psicanálise."

O pressuposto implícito segundo o qual a "psique" se caracteriza por uma onipotência representativa, vale dizer, a crença numa capacidade de representar tudo o que a habita e a coloca em movimento, é obviamente questionável. Winnicott se opôs a esse pensamento, dominante na escola inglesa, ao entender que a atividade representativa não existe por si só, mas resulta de um trabalho possível apenas quando certas condições pró-

---
[50] ROUSSILLON, *Op. cit.*, p. 15.

prias e ambientais se combinam. A capacidade de simbolizar é, pois, manifestação da unidade existencial que é o ser humano, e nunca uma coisa passível de ser considerada de modo objetivado e abstraído.

Não é, contudo, difícil deduzir que o modelo de uma atividade representacional onipotente se funda sobre o estudo do sonho, fenômeno que — por estar ligado ao sono — pode sustentar o equívoco segundo o qual a capacidade representativa é autoengendrada de modo completamente independente dos objetos do mundo e dos demais seres humanos. Entretanto, se para Freud o sonho é o fenômeno que leva à criação de um *setting* onde tudo pode ser considerado relato ou vivência onírica, algo bem diferente se passa na clínica winnicottiana — que, em resposta ao sofrimento de não se sentir vivo e integrado, toma como fenômeno humano modelar não mais o sonhar, mas o brincar. A colocação do brincar em lugar privilegiado da pesquisa psicanalítica é absolutamente harmônica com a proposta de favorecimento do sentimento de estar vivo como ser humano, deixando bem claro quanto a capacidade humana de simbolização deve aos outros e aos objetos do mundo. Assim, no contexto da teorização winnicottiana, não se pode mais sustentar que a capacidade simbólica existe como algo análogo ao fenômeno físico da simples retenção de energia no interior de um aparelho psíquico. Este é um modelo inadequado, que não faz jus à complexidade do fenômeno.

A teoria de Winnicott supõe a existência de uma distância entre a atividade simbolizante e a experiência propriamente dita, introduzindo, desse modo, o tempo de uma simbolização primária da experiência. Falhas nesse processo de simbolização primária resultariam num tipo específico de sofrimento humano. Haveria, portanto, uma diferenciação entre a capacidade de simbolização, observada quando acontece perda do objeto, quando este se torna ausente, e outra, anterior, justamente aquela que permite a vivência de perda quando um objeto se ausenta.

Ou seja, existiria uma capacidade simbólica primária, dependente do ambiente e da presença do objeto, ali no momento e no local exatos, anterior à possibilidade segunda de simbolizar o que está ausente. É interessante notar que o primeiro modo de simbolização tem sua origem no brincar, atividade inter-humana na qual o incipiente sentido de continuidade de ser, que é o bebê, encontra-se com a sensorialidade do mundo. Entretanto, parece-me fundamental destacar que a visão da simbolização como uma capacidade humana constituída a partir do contato com os outros e com o mundo é o ponto fundamental da psicanálise winicottiana e aquilo que a distancia de visões metapsicológicas abstratas, que remetem a simbolização a uma psique dissociada e onipotente.

Ora, portanto, fica claro que o ponto de partida de um trabalho psicoterapêutico, que tem como finalidade permitir ao indivíduo sentir-se vivo e real, não pode ser a crença numa "psique" onipotentemente representativa, mas um cuidado do humano que se expressa, no início da vida, como possibilidade de sustentação da continuidade do ser do bebê. A *psique*, a capacidade de simbolização e de produção de sentido, é parte do viver, não no sentido meramente biológico da sobrevivência ou do instinto de autoconservação, mas do viver humano. Se esse viver estiver comprometido, como observamos hoje, pela falta de sentido, a simbolização pode se dar, aparentemente preservada, mas será como uma roda que gira em falso, como algo que, embora aconteça, só é existencialmente significativo como defesa contra o sofrimento.

Como cuidar da possibilidade de sentir-se vivo e real? Como cuidar do sentir-se vivo e real acreditando que não caberá à psicanálise, mas à própria vida, ensinar o que cada um tiver de aprender? Como cuidar, acreditando que aprendizagens significativas se farão, de modo informal ou institucionalizado, a partir daquilo que estiver culturalmente disponível na formação social à qual pertence o indivíduo?

Cuida-se do sentir-se vivo e real através da sustentação do encontro, que corresponde, se quiséssemos usar uma terminologia cara a Herrmann[51], a uma ruptura de campos vivenciais agônicos e intrusivos.

Sustentar o encontro inter-humano é algo que tem sentido quando se tem fé na capacidade criadora humana. Significa que o psicanalista aposta no oferecimento de um ambiente humano suficientemente bom, que por si mesmo humaniza[52], simplesmente porque aquilo a ser proporcionado se articulará com o potencial criador do paciente. Nada há a ensinar nesse contexto. Nenhuma pedagogia, nenhuma aprendizagem faz aí sentido. Dar essa sustentação é, de certo modo, acompanhar atenta e devotadamente as necessidades existenciais do paciente, necessidades que devem ser satisfeitas sob risco de afetar exatamente o sentimento de ser real e estar vivo. Essas necessidades não existem apenas quando se é um bebê em vias de constituição de um si mesmo ou um psicótico que faz a mesma trajetória, em momento cronologicamente posterior. Essas necessidades nos acompanham vida afora, não sendo somente os bebês e os psicóticos aqueles passíveis de serem afetados drasticamente pela urgência das mesmas, principalmente quando a vida individual e coletiva parece tantas vezes absurda pela falta de ideais e perspectivas dignas para a humanidade.

Sustentar um encontro é um fenômeno complexo, porque não se sustenta da mesma forma o encontro com um bebê ou com um adolescente em vias de escolher sua carreira, não se sustentam igualmente pessoas que nunca puderam se expressar em termos de

---

[51] A *teoria dos campos* de Herrmann, ainda que utilizada pelo autor como construção predominantemente representacional, pode, a meu ver, ser aplicada a campos pré-representacionais, essencialmente vivenciais, desde que lancemos mão de procedimentos clínicos interventivos, como a sustentação e o manejo do *setting* psicanalítico.

[52] Digo isso porque o paciente que não se sente vivo e real não se sente humanizado, ainda que do ponto de vista externo seja assim reconhecido, quando estamos em situações nas quais o *ethos* humano é respeitado.

gestualidade espontânea, por terem crescido em ambientes que impuseram marcada submissão, do mesmo modo que não se sustenta igualmente quem pode viver uma experiência ilusória ou quem é tocado pela vida em termos de se ver confrontado com experiências extremas de violência, de perda, de doença e de morte. Sustentar não se confunde com uma espécie de "dar apoio", ignorando a complexidade da natureza humana ou idealizando de modo piegas o sofredor, negando aspectos sombrios do ser. Então, sustentar exige não apenas uma condição de amadurecimento pessoal suficientemente boa, a ser conquistada na vida comum, mas sobretudo uma verdadeira psicanálise pessoal[53] enquanto experiência significativa, ainda que certamente uma sólida formação teórica e crítica seja também indispensável.

Winnicott[54] conta-nos, com simplicidade aparente, que almeja, ao iniciar uma análise, *ser ele mesmo e se comportar bem!* A expressão é singela, mas traduz acuradamente o grande desafio implícito na ideia de uma clínica que sustenta o paciente para curá-lo do sentimento de não se sentir vivo e real. Não se trata, obviamente, de amar o paciente porque ele é um ser humano. Não se trata de respeitá-lo como "representante" abstrato da humanidade, mas de estar com ele enquanto singularidade existencial. Trata-se de se fazer presença devotada e disponível, no âmbito limitado do encontro terapêutico, sustentando um campo inter-humano propício ao acontecer genuíno, onde um gesto verdadeiro possa ter lugar e ser acolhido, porque é exatamente esse acolhimento aquilo que pode encorajar o indivíduo a se vincular sua condição de vivente, ao libertá-lo de agonias impensáveis que inviabilizam sua existência.

A intervenção psicanalítica tal como a concebemos, usando enquadres diferenciados que vão desde as oficinas psicoterapêuticas, estruturadas a partir da disponibilização de materialidades media-

---

[53] Refiro-me, obviamente, a uma análise pessoal que acolha a expressão espontânea e genuína do *self* na presença de outrem significativo e não uma análise que, inadvertidamente, promova a cristalização de um falso *self* por meio de construções representacionais dissociadas.
[54] WINNICOTT (1962), *Op. cit.*

doras, até as consultas terapêuticas, passando por várias outras possibilidades que incluem, por exemplo, o cuidado de pessoalidades coletivas, tem sido até este momento designada por uma única palavra: *sustentação*. Embora deva ser enfatizado que o modo como se faz sustentação depende de quem está ali presente, a ser sustentado, exigindo, portanto, desenvolvimento da sensibilidade clínica, insisto no uso dessa palavra. Temo, neste momento, aventurar-me numa tentativa de discriminar modos de sustentação cotidianamente demandados pela clínica no contexto de um discurso escrito, incorrendo no equívoco de confundir aumento de conhecimento com dominação. Contudo não há como deixar de salientar a importância da presença real e genuína do psicoterapeuta, o que implicará evidentemente lidar muitas vezes com o próprio ódio[55].

Sustentar não é uma técnica[56]. É algo que está ao alcance do ser humano capaz de ser devotado como uma "mãe comum", no sentido de ser sensível às necessidades daquele que está sob seus cuidados. Exige, entretanto, nos dias de hoje, na sociedade em que vivemos, profundo preparo pessoal e muito estudo. Esse estado de coisas é, entretanto, fruto de um distanciamento de si mesmo que o homem vive, num mundo tecnológico, frio e racional. Como antídoto da queda nas agonias impensáveis ou da flutuação nas névoas do sentimento de irrealidade, a sustentação visa manter um movimento, que é o movimento do viver. Uma vez mantido o movimento do viver autêntico, surge o gesto espontâneo do paciente, expressão de sua natureza criadora, gesto que pode ganhar e transformar o mundo.

---

[55] Ver WINNICOTT (1947), "O ódio na contratransferência", In *Da pediatria à psicanálise: Textos selecionados*, Rio de Janeiro: Francisco Alves, 1978.

[56] Não é raro que, em supervisões, surjam perguntas que relacionam, de modo superficial, toda verbalização do analista a uma suposta interpretação, enquanto se imagina que a sustentação seria um acontecimento inefável e incompatível com a palavra. Ora, a sustentação a que nos referimos não é algo a ser alcançado perscrutando o fazer do analista num registro meramente comportamental! O sustentar, enquanto fenômeno existencial que designa o encontro humano singular e autêntico, pode presentificar-se de muitas e diferentes maneiras, que podem incluir a conversa, o silêncio, o olhar etc.

Capítulo 3
Sentido e direção: a clínica como prática transformadora[1]

Pode-se afirmar que existe hoje, entre os pesquisadores clínicos, um consenso segundo o qual as abordagens clínicas de investigação podem concretizar-se como caminhos rigorosos e legítimos para a produção de conhecimento sobre o fenômeno humano, desde perspectivas diversas que constituem as diferentes ciências humanas[2]. O método psicanalítico é uma dessas abordagens, que entra em cena quando se privilegia a consideração do sentido emocional das condutas, em âmbitos individuais ou coletivos, segundo formas de expressão simbólicas, corporais ou de atuação sobre o mundo externo. Nessa linha, existe uma opção decidida no sentido de afirmar a importância do conhecimento do singular, do irrepetível, do único, motivo pelo qual muitos autores apreciam o uso da expressão *estudo de caso*[3].

Entretanto, existe um outro significado do termo *clínico*, que muitas vezes é relegado a um segundo plano, certamente por motivos compreensíveis. Trata-se de sua vocação

---
[1] Este trabalho foi originalmente publicado nos *Anais da Primeira Jornada Apoiar do Instituto de Psicologia da Universidade de São Paulo*, 2003, p. 11-15, organizado por Leila Salomão Cury de la Plata Tardivo.
[2] REVAULT D'ALLONES C., *La démarche clinique en Sciences Humaines*, Paris: Payot, 1999.
[3] BLEGER J., *Psicologia de la conducta*, Buenos Aires: Paidos, 1963.

transformadora do viver que, se pode ser vista, em termos amplos, como política, é melhor descrita como ética[4]. Essa vocação transformadora faz parte da essência da abordagem clínica, firmando-se como legítima desde o ponto de vista ético e fundamentada desde o ponto de vista epistemológico, quando este supera o cientificismo novecentista. Essa superação sustenta a possibilidade de não dissociar teoria e prática, produção e aplicação de conhecimento, contrapondo-se, pois, à ideia de que somente a pesquisa "desinteressada" pode ter rigor. No campo das ciências humanas, o desinteresse é engano; é, em última instância, patologia. O cientista que objetifica o fenômeno humano, mesmo quando individualmente age de boa fé, atua de forma a fazer lembrar, facilmente, modos de ser imaturos que se caracterizam pela impossibilidade de percepção do outro como semelhante. Como empreitada coletiva, essa ciência "humana" pode avançar num sentido contrário ao do *ethos* humano.

Desse modo, pode-se afirmar que existe uma harmonia e uma coerência entre uma epistemologia que recusa reducionismos abstratos na abordagem do humano, recuperando a humanidade, e o cultivo de uma ética que preza o *humanismo do outro homens*"[5]. A partir dessa harmonia, a clínica ética não

---

[4] É extremamente frequente o equívoco segundo o qual o "caso", por ser estudo do singular, significa necessariamente abordagem do indivíduo. Como as pessoas não são mônadas fechadas, todo fenômeno humano é, inelutável e, simultaneamente, individual e coletivo e pode ser estudado desde diferentes recortes metodológicos, correspondentes às diferentes ciências humanas. Todo e qualquer fenômeno humano pode ser estudado desde o recorte metodológico que privilegia seu sentido emocional, seja o caso em apreço constituído, por exemplo, pelo sofrimento de uma criança ou por uma greve fabril.
Pessoalmente, tendo a concordar com Lévinas quando afirma que a política é forma atenuada de guerra, enquanto a ética visa, essencialmente, à superação do "desumano" no homem, vale dizer, traduzindo-se como empenho *prático* que realiza respeito e apreço pelo *ethos* humano. Ver LÉVINAS E., *Totalité et infini*, Paris: Kluwer Academic, s/d.
[5] LÉVINAS E., *Humanisme de l'autre homme*, Paris: Livre de Poche, 1987.

pode deixar de se firmar como prática voltada à transformação do mundo humano⁶.

Entretanto, é fundamental levar em conta que a clínica psicanalítica, entendida de saída como prática transformadora, não se quer militância, nem proselitismo ou doutrinação. Não se quer militância, todavia não exige o abandono de posicionamentos políticos, seja em sentido amplo ou especificamente partidário. Não se quer proselitismo ou doutrinação e, de modo certeiro, não pode ter complacência com tudo aquilo que, não observando o respeito à autonomia de indivíduos e coletivos, faça-se pela via de submissão.

Mesmo clínicos e pesquisadores experientes podem não ser capazes de discriminar, com toda a clareza, a diferença profunda existente entre o plano clínico, que flui segundo a consideração de que, no momento em que se dá, toda conduta é a melhor possível, e um plano de pressupostos antropológicos, psicopatológicos e éticos, que orientam no sentido da humanização, da realização do *ethos*. Trata-se, pois, de dois registros diversos, que mantêm entre si uma relação que podemos qualificar como paradoxal. Assim, a concepção de homem adotada pelo psicanalista, bem como a visão acerca dos motivos de seu sofrimento, pedem certas intervenções que, na clínica winnicottiana por nós desenvolvida⁷, têm caráter eminentemente sustentador, enquanto a ética as norteia, no sentido forte do termo.

Vigora, na clínica winnicottiana como a compreendemos, uma antropologia que vê o homem como ser criador, ainda que atravessado por múltiplas determinações sociais, históricas, po-

---

⁶ Tenho enfatizado, em escritos anteriores, como o fundamento do método psicanalítico, que é uma das formas pelas quais pode se concretizar a abordagem clínica, tem espessura ética. De fato, ao adotar, como ponto de partida, o pressuposto segundo o qual toda conduta humana tem sentido, supera a psicanálise todo saber psiquiatrizante que legitima exclusão de pessoas e grupos do acontecer humano, fenômeno complexo e paradoxalmente múltiplo e unitário.
⁷ Referimo-nos aqui ao que vem sendo conhecido como *estilo clínico* Ser e Fazer.

líticas, econômicas, religiosas etc. O homem sofre quando o ambiente não pode acolher o gesto criativo pelo qual este se faz presença. No contexto teórico em que nos movemos, *presença* é um termo forte, que não indica apenas que indivíduos se encontram corporal e intelectualmente presentes. No registro individual, *presença* significa a capacidade de se sentir vivo, real e atuante numa realidade coexistencial que nos coloca frente a frente com a alteridade irredutível do mundo. Num registro coletivo, presença significa a possibilidade de subjetividades coletivas ocuparem tempo e espaço para acontecer, sem serem obrigadas a apenas lutar tenazmente pela sobrevivência fazendo uso de dissociações defensivas. Uma visita ao Memorial do Imigrante na cidade de São Paulo pode mostrar, com grande clareza, a diferença entre a possibilidade de um coletivo estar presente ou mais ou menos excluído do acontecer humano[8]. A experiência inclui tanto o acesso a objetos que marcam a presença, por certo sofrida, de imigrantes europeus e asiáticos como o contato com jovens afrobrasileiros que, do lado de fora, oferecem-se para guardar os automóveis dos visitantes, fazendo-nos lembrar que são descendentes de pessoas que foram seqüestradas de sua terra de origem. No Brasil, um largo contingente populacional africano e afro-descendente viu-se privado violentamente do espaço vital necessário à realização de sua presença cultural coletiva. Até hoje, a própria organização do Memorial, excluindo qualquer menção a esses imigrantes, nega reconhecimento a suas raízes tão extraterritoriais quanto as dos japoneses ou italianos, só para citar alguns exemplos... Esses coletivos, em suas histórias, foram mais ou menos violentamente privados de seu legítimo direito de acontecer como *amostras da natureza humana*[9], res-

---

[8] Evidentemente, a não ser em caso de genocídio absoluto, a exclusão nunca é total, pois a vida é resistente.
[9] Diz Winnicott: *O ser humano é uma amostra-no-tempo da natureza humana.* Ver WINNICOTT D. W., *Natureza humana*, Rio de Janeiro: Imago, 1990, p. 29.

tando-lhes defender-se dessa exclusão pela via de dissociações limitantes de sua presentificação.

A "cura" ou o "cuidado" do sofrimento decorrente da impossibilidade de se fazer presença humana, em registros individual e coletivo, dar-se-ão, no âmbito da clínica psicanalítica[10], pela via de intervenções clínicas favorecedoras da superação de dissociações e da conquista da capacidade emocional de se fazer vivo e real. Essas intervenções não são nunca pedagógicas[11] ou doutrinárias, mas atuam no sentido do provimento de uma sustentação à continuidade do ser, que é concebido como devir, como existência que se dá no tempo. Esse *going on being*, acontecendo como manifestação do *self* individual ou grupal, seguirá caminhos nunca preestabelecidos pelo psicoterapeuta, à medida que não faz o menor sentido pensar em preestabelecer o que quer que seja quando a antropologia que nos guia pensa o homem como devir criador. Não há, digamos assim, nenhuma *diretividade*[12].

Entretanto, se não há motivo para imprimir diretividade a uma prática clínica quando se pensa o homem — em âmbitos individual e coletivo — como ser criador, também não temos por que concluir que a ética subjacente ao método não nos peça a observação contínua de um sentido. Essa, aliás, é uma bela

---

[10] Evidentemente, as ações clínicas não excluem ações cidadãs. Ao contrário, numa clínica que se apoia sobre uma antropologia que vê o homem como ser criador de si e do mundo, a ação ética e política, no amplo sentido do termo, é respeitosamente valorizada.

[11] Um dos traços fundamentais do estilo clínico *Ser e Fazer* é a crítica a intervenções interpretativas, inevitavelmente pedagógicas que, segundo estilos explicativos ou provocativos, visam, em suma, à conquista de um saber sobre si mesmo. O pressuposto que nos norteia, o de que o homem é ser criador que, quando não é interrompido ou submetido, acontece espontaneamente no sentido do *ethos* humano, exige-nos a adoção de um posicionamento clínico que vê na sustentação do encontro o verdadeiro *serefazer* (jamais técnico) do psicanalista.

[12] Tomo como empréstimo da escola rogeriana o termo *diretividade*, mas faço dele um uso livre e não comprometido com esse corpo teórico.

palavra, que evoca tanto movimento, sentido de movimento, vale dizer, um colocar-se em marcha, o ser como devir, de acordo com a acepção existencial dessa expressão, como também a capacidade de sentir, de nutrir sentimentos[13]. Assim sendo, a ética nos pede a "não diretividade" no registro clínico – respeito e reconhecimento pela espontaneidade inerente ao humano – enquanto nos impõe o compromisso com um sentido, que é aquele que vê valor na vida humana, que é aquele que aposta que o viver, embora misterioso, não é absurdo. Essa aposta diz respeito ao sentido do viver e considera primordial e valiosa a possibilidade de estar vivo, real e presente à própria experiência – estejamos vivos em estados integrados de vigília, estejamos vivos em estados de relaxamento não integrado[14]. Vale mesmo a pena até estar à espera da possibilidade de poder estar realmente vivo... Vivos e reais, imersos na corrente da vida, que nos coloca em contato com os demais, próximos e semelhantes, contemporâneos, antepassados e descendentes, estaremos em movimento e em processo de transformação do mundo e do ser humano. Vida, movimento e transformação se entrelaçam.

Talvez um dos campos em que pode ficar muito clara a necessidade de diferenciação entre o plano clínico não diretivo e o plano ético, que adota, sim, um sentido, seja exatamente o da discussão sobre a tendência antissocial. Essa forma de expressão de sofrimento humano tem crescido nos últimos tempos, em nosso país e no mundo, em consonância com uma situação sociocultural que retira de pessoas e grupos perspectivas de al-

---

[13] Entendo que é fazendo o percurso do desenvolvimento emocional primitivo - enquanto bebê ou mais tardiamente na vida - que o ser humano pode conquistar a capacidade de experimentar sentimentos, sendo que tanto a emoção como o sentimento são as vias fundantes pelas quais é possível estar presente à própria vida.

[14] Não se deve esquecer que a não integração faz parte da vida, enquanto a desintegração é um sofrimento terrível ligado à incapacidade de se estar vivo e real quando a experiência é agônica.

cançar uma vida digna. O resultado dessa situação é que esses indivíduos e grupos frequentemente recorrem a condutas delinquenciais para dar conta da angústia de serem excluídos da sociedade a que supostamente deveriam pertencer. Não sendo da alçada do psicoterapeuta comprometer-se com ações educativas, disciplinares ou correcionais, este observará clinicamente uma "não diretividade", não para se tornar cúmplice inconsequente do paciente, mas porque seguirá respeitando sua espontaneidade, cuja fonte virtual é o *self* verdadeiro. Entretanto, a colocação de limites à impulsividade, muitas vezes necessária, inclusive para manter o enquadre e até a integridade física de pacientes e terapeuta, não se confunde com diretividade, que seria, esta sim, invasão de *self*. A colocação de limites, quando apropriada, pode ter o valor de *holding* e preservação da espontaneidade vital e, sendo assim, não será diretiva, ainda que eventualmente firme.

Assim, é apenas a partir de uma tomada de posição ponderada e do cultivo de uma coerência entre o plano interventivo e o plano ético norteador que podemos retomar e assumir, de modo decidido, a primordial dimensão transformadora do método clínico. Nesse contexto, penso ser importante criticar seriamente toda postura que, embora se reivindique como clínica, insista simultaneamente na impossibilidade de mudança ou mesmo na limitada possibilidade de transformações superficiais, na linha de meras acomodações. Exemplo interessante dessa posição que criticamos pode ser encontrado na contribuição psicopatológica de Jean Bergeret[15], segundo a qual as estruturas de personalidade de tipo neurótico e psicótico são imutáveis ao término da adolescência. Assim, todo o esforço psicanalítico visaria tão-somente acomodar o indivíduo adulto em sua própria estrutura. Curiosamente, o autor acredita que esta seja uma for-

---

[15] BERGERET J., *Personnalité normale et pathologique*, Paris: Dunod, 1974.

ma de respeito àqueles pacientes que não padecem sofrimentos neuróticos e que têm sido, ao longo de décadas, atendidos para cumprir a meta de fazê-los "chegar" à neurose, tomada, pois, como padrão. No entanto, Bergeret só pode ver aí um movimento liberador à medida que está, ele próprio, prisioneiro de uma visão estruturalista discutível, segundo a qual a concepção de estrutura traz em seu bojo a crença na imutabilidade[16]. Se, entretanto, criticarmos esse ponto de partida que quer estabelecer, *a priori*, a partir de práticas psicodiagnósticas ou psiquiátricas, de modo algum dotadas de infalibilidade, quem está ou não está condenado à imutabilidade, chegaremos a conclusões bastante diversas daquelas adotadas por Bergeret. De fato, não deixa de ser espantosa a sustentação, por parte de psicoterapeutas, de posições no mínimo incoerentes com o exercício da função terapêutica, à medida que, de saída, excluem seres humanos da possibilidade de um devir...

Quando abandonamos com convicção formulações estruturais da personalidade e nos voltamos para uma teorização que não se afasta demasiadamente do acontecer clínico, sentimos necessidade de trabalhar com conceitos menos abstratos. Compreendido como *pessoa total*, o conceito winnicottiano de *self* nos proporciona a superação da metapsicologia objetivante e abstrata e o estabelecimento de um plano conceitual maximamente próximo ao encontro psicoterapêutico. Esse conceito permite a recuperação de uma noção que esteve durante muito tempo perdida na visão de mundo ocidental: a do indivíduo como ser "poroso", em contato originário, contínuo e inevitável com seu

---

[16] Vale aqui lembrar que Bleger, apoiado no pensamento dialético, usa o conceito de *estrutura de conduta* num sentido descritivo e clinicamente flexível que não implica, em nenhum momento, a temerária afirmação da impossibilidade de mudança. Uma coisa é usar o conceito de *estrutura* no bojo de um pensamento que vê a vida como movimento, como devir, e outra é usá-lo num contexto estruturalista que, tendendo ao conservadorismo, tende a justificar ideologicamente a manutenção do *status quo*. Ver BLEGER, *Op. cit.*

semelhante. Esse indivíduo, produto sofisticado de um desenvolvimento social, cultural e histórico, não é nunca o homem abstrato, isolado, monádico, que desafiou Freud a explicar, pela teoria da libido, como escaparia de seu hermetismo para se relacionar com o outro, concebido não como semelhante, mas sim como objeto da pulsão...

A psicanálise do *self* descortina um campo de práticas que respondem tanto às exigências dialéticas como também a críticas fenomenologicamente fundadas que pedem um retorno à consideração da dramática da vida, de modo tal a superar a dissociação existente entre o encontro clínico, enquanto acontecimento inescapavelmente vincular, e o plano da teorização, cientificista e objetivante. Firmemente posicionado a partir do estabelecimento de diferenciações fundamentais – entre o plano interventivo não diretivo e o plano ético dotado de sentido que pede compromisso – pode o psicanalista que trata da pessoa total, seja esta um indivíduo ou uma pessoalidade coletiva, estar livre para propor alternativas práticas capazes de dar respostas a demandas as quais, por inúmeras razões, não poderiam, ou talvez nem deveriam, ser encaminhadas para uma psicanálise convencional, mas que se podem beneficiar dos conhecimentos psicanalíticos, patrimônio cultural que vem sendo custosamente produzido como trabalho coletivo.

Alguns modos de ser um psicanalista fazendo outra coisa[17] vêm sendo desenvolvidos, há mais de dez anos, em Ser e Fazer do Instituto de Psicologia da Universidade de São Paulo, entre os quais podemos ressaltar as oficinas psicoterapêuticas de criação e as consultas terapêuticas individuais, familiares e coletivas. Um outro trabalho que merece menção são as consultorias terapêuticas, nas quais profissionais e equipes são cuidados em

---

[17] WINNICOTT D. W. (1962), "Os objetivos do tratamento psicanalítico", In WINNICOTT D. W., *O ambiente e os processos de maturação*, Porto Alegre: Artes Médicas, 1982.

termos dos sofrimentos vividos no trabalho. Outras possibilidades estão sendo criadas a partir das necessidades e demandas. Finalmente, o que não pode deixar de ser lembrado é que a inventividade, que permite fazer o que é apropriado sem abrir mão de ser um psicanalista inserido numa tradição de interlocução teórico-clínica, com a qual se mantêm laços que não se limitam à adesão acrítica, só acontece a partir da apropriação pessoal de um fundamento sustentador, que engloba o conhecimento teórico e metodológico bem como seus pressupostos antropológico, psicopatológico, ético e epistemológico. Como na música *jazzística*, é a continuidade e a persistência do chamado *baixo contínuo* – algo que, como um paradoxo, é movimentadamente fixo – o que vai permitir a inovação ousada nos planos melódico, rítmico e harmônico. Penso que algo semelhante se passa quando a psicanálise é vivida como superposição de áreas do brincar[18] (Winnicott, 1971), em diferentes enquadres clínicos.

---

[18] WINNICOTT D. W., *Playing and reality*, London: Tavistock, 1971.

Capítulo 4
Sofrimento, sentido e absurdo: ilusão criativa e ação sobre o mundo[1]

Fundamentado nas teses politzerianas, Bleger[2] estabelece que todas as ciências humanas compartilham o mesmo objeto de estudo, o fenômeno humano, concebido como manifestações inerentemente dotadas de sentidos que, desde a perspectiva especificamente psicológica, só podem ser compreendidos em face dos acontecimentos da vida do indivíduo, devidamente contextualizados social, histórica, política e economicamente. A seu ver, a conduta é unitária em essência e se expressa simultaneamente em três áreas: a do corpo, a da mente e a da ação sobre o ambiente. É comum, no entanto, haver um predomínio de uma área sobre as outras, ou seja, é possível que uma conduta se expresse predominantemente em termos de fenômenos mentais num momento; em outro, em termos corporais, e, em seguida, sob a forma de ação sobre o mundo. Em outras palavras, existem condutas, cujas manifestações são aparentes no plano concreto – no corpo ou na atuação sobre o meio – e outras, cuja expressão acontece principalmente de forma simbólica.

---

[1] Este artigo, escrito em coautoria com Maria Christina Lousada Machado, foi originalmente publicado em VAISBERG T. M. J. A . e AMBRÓSIO F. F., *Cadernos Ser e Fazer: Trajetos do sofrimento, rupturas e (re)criação de sentido*, São Paulo: Instituto de Psicologia, 2003, p. 40-55.
[2] BLEGER J. (1963), *Psicologia de la conduta*, Buenos Aires: Paidos, 1977.

São condutas tanto os primeiros movimentos do recém-nascido como as mais altas elaborações matemáticas ou filosóficas. São condutas também as teorias psicológicas, sejam vistas como propostas cristalizadas sob a pena de determinado autor, sejam compreendidas como fruto de movimentos coletivos de concepção e circulação de ideias. Como condutas, podem ser analisadas desde diferentes pontos de vista, dentre os quais nos parece fundamental, em função das importantes consequências práticas daí decorrentes, aquele que se interroga acerca das concepções de homem implícitas nas diferentes teorias psicológicas[3]. A esse respeito diz Bleger[4]:

> Se a psicologia estuda o homem, sempre se acha implícita nela uma determinada concepção do mesmo. Inclusive dentro da psicologia que se define como estudo da mente ou da alma, acha-se incluída uma concepção do homem que esse tem de si mesmo num determinado momento histórico, porque esses pressupostos não são meras especulações que surgem por si mesmas de uma atitude totalmente contemplativa e sim que se acham sempre vinculadas às características culturais, sociais, de cada época. Cada organização histórico-social tem um tipo de imagem de si mesma.

Estamos convencidas de que as teorias psicológicas sempre carregam em seu bojo uma antropologia implícita, fruto do contexto histórico e social do momento em que surgem[5]. A nosso ver, no que tange ao exame de teorias psicanalíticas, uma das melhores formas de apreender a concepção antropológica implícita consiste na detida consideração daquelas ficções que os di-

---

[3] Apoiadas nas elaborações epistemológicas blegerianas, acreditamos que a psicanálise é uma psicologia, a mais completa e fecunda produzida até o momento.
[4] BLEGER (1963), *Op. cit.*, p. 15.
[5] No entanto, constatamos que na atualidade sobrevivem lado a lado, nas teorias psicanalíticas, concepções antropológicas pautadas no dualismo cartesiano e outras que veem o homem como indivíduo - aquele que não se divide. Isto é justamente o que pretendemos demonstrar no presente texto.

ferentes autores elaboram acerca dos primórdios do desenvolvimento humano, naquilo que concerne especificamente ao estabelecimento da relação do recém-nascido com o mundo.

Lembrando que, na fase inicial da vida, em estado de completo desamparo, o bebê humano depende absolutamente da mãe para a satisfação de toda e qualquer espécie de necessidade, Freud[6] elabora uma teoria segundo a qual o infante, nos primórdios da existência, é obrigado a se defrontar com a oposição entre duas "realidades" distintas: a "interna", das pulsões, e a "externa", do meio ambiente, sendo a primeira regida pelo princípio do prazer e a segunda, pelo princípio da realidade. Quando uma necessidade fisiológica se manifesta, por exemplo, quando sente fome, sua tranquilidade é comprometida por um estado de tensão. Graças à intervenção da mãe, que lhe oferece o seio (ou a mamadeira), uma satisfação real é obtida. Regido pelo princípio do prazer, quando reaparece o estado de tensão, o recém-nascido reinveste a imagem do objeto que proporcionou a satisfação e produz-se uma alucinação que, nessa fase do desenvolvimento, age como um "indício de realidade". No entanto, paulatinamente vai se dando conta de que a "alucinação" engana, mas não resolve. Deparando com esse impasse, progressivamente o recém-nascido vai desenvolvendo recursos psíquicos que possibilitem maior contato com a realidade externa, ou seja, aprende a adiar a satisfação imediata das pulsões por meio do desenvolvimento dos processos de pensamento. Dessa forma, para sobreviver, passa progressivamente a se orientar pelo princípio da realidade, que o ensina a se adaptar ao mundo externo. No entanto, o princípio do prazer não sucumbe completamente no enfrentamento com o princípio da realidade, sobrevivendo no limbo, ou melhor, recalcado no inconsciente, onde se expressa na atividade de fantasiar. A liberdade do homem em relação ao mundo se restringe, neste caso, ao desejo oculto no mais recôndito

---

[6] FREUD S. (1911), *Los dos principios del suceder psiquico*, Madrid: Biblioteca Nueva, 1948.

de seu ser, isto é, no inconsciente recalcado, uma espécie de *reserva natural e selvagem*[7], onde sua imaginação corre livre e solta.

Já Winnicott[8] elabora sua "ficção" sobre os primórdios da existência humana de modo diverso, enfatizando, desde o início, o papel fundamental da relação entre o par mãe-bebê, a partir da qual se desenvolverá a subjetividade do bebê que, ao nascer, *não existe desde seu próprio ponto de vista*. Todo um percurso deverá ser cumprido pela parceria mãe-bebê para que este último possa se desenvolver harmoniosamente. Nesse percurso não é importante apenas a satisfação de necessidades, mas também que o bebê possa ser visto como pessoa por aqueles que o cercam, principalmente por quem lhe dispensa o cuidado materno.

Para esse autor, o recém-nascido, quando em estado de tensão, estará existencialmente pronto, a um dado momento, para criar/encontrar o seio apresentado pela mãe suficientemente boa. Essa *primeira mamada teórica* passa a ser o protótipo do modo como acontece a relação do ser humano com o mundo e a fonte de toda criatividade humana. O primeiro contato com o mundo se faz no contexto inter-humano da relação com a mãe que facilita a *ilusão primária*, ilusão onipotente do bebê de que o mundo é uma criação sua. A esse respeito, comenta Winnicott[9]:

> Imagino esse processo como se duas linhas viessem de direções opostas, podendo aproximar-se uma da outra. Se elas se superpõem, ocorre um *momento de ilusão* – uma partícula da experiência que o bebê pode considerar *ou* como uma alucinação sua, *ou* como um objeto pertencente à realidade externa. (grifos do autor)

---

[7] FREUD S. (1900), *La interpretacion de los sueños*, Madrid: Biblioteca Nueva,1948.
[8] WINNICOTT D. W. (1945), "O desenvolvimento emocional primitivo", In: WINNICOTT D. W., *Da Pediatria à psicanálise: Textos escolhidos*, Rio de Janeiro: Francisco Alves, 1978.
[9] *Id., Ibid.*, p. 227.

No entender de Winnicott, o que aproxima o bebê da realidade é justamente a possibilidade de encontrar no ambiente o que foi criado por ele. Em outras palavras, paradoxalmente, a loucura do "bebê" é o fundamento de sua futura sanidade e a fonte de toda a criatividade humana. Diz o autor[10]:

> Frequentemente ouvimos falar das frustrações muitíssimo reais impostas pela realidade externa, mas com muito menos frequência ouvimos algo sobre o alívio ou a satisfação que ela proporciona. (...) Devemos considerar, portanto, que a fantasia não é algo criado pelo indivíduo a fim de lidar com as frustrações da realidade externa. Isso só é verdade em relação ao devaneio. A fantasia é mais primária que a realidade, e o enriquecimento da fantasia com as riquezas do mundo depende da experiência da ilusão.

Winnicott, ao contrário de Freud, enfatiza o encontro e não a ruptura. O importante, para esse autor, é que o mundo corresponda às expectativas do bebê para este poder paulatina e tranquilamente aproximar-se da realidade. A mãe, que personifica o mundo, adapta-se a suas necessidades, proporcionando esse encontro. Já a "ficção" freudiana é marcada pelo descompasso: o bebê é quem deve corresponder às expectativas do mundo para conseguir sobreviver; ele é ameaçado desde o início em sua incipiente continuidade de ser e essa ameaça o obriga a pensar.

O bebê winnicottiano, por sua vez, só pode ser desiludido, numa fase posterior, se a mãe foi suficientemente boa na fase inicial a ponto de lhe dar condições para sentir[11] tranquilidade e confiança de que o mundo pode oferecer-lhe aquilo

---

[10] *Id., Ibid.*, p. 228.
[11] Podemos dizer que paradoxalmente o *sentimento de onipotência*, que resulta das primeiras experiências de ilusão, é a melhor proteção contra a insanidade enquanto *pensamento onipotente*. É um fundo louco a melhor proteção contra a psicose enquanto organização defensiva.

de que necessita. É apenas num segundo tempo que a subjetividade[12] do bebê vai se constituindo por oposição à alteridade do mundo, tudo isso acontecendo devido aos cuidados da mãe que, apresentando a seu bebê o *mundo em pequenas doses*[13], impede que sua *continuidade de ser* seja interrompida bruscamente. Caso isso aconteça, o bebê perderá seus referenciais precariamente alcançados e será lançado no que Winnicott denomina *agonias impensáveis*[14]. Isso porque, nessa fase inicial, não tem firmemente estabelecida a noção de que existe dentro de um corpo, nem de que é um só, nem de que o mundo humano se organiza segundo coordenadas de tempo e espaço. Assim, sendo impossível ao bebê, dadas suas precárias condições, apreender o que lhe acontece sob forma de interrupção, o que ocorre é um "susto" – pelo qual o mundo, precariamente diferenciado do si mesmo, torna-se absurdo ou perde sentido. Por esse motivo, de acordo com a perspectiva winnicottiana, tudo se deve passar harmoniosa e gradativamente, sem grandes sobressaltos, para que a incipiente integridade do bebê seja protegida. Mesmo a separação da mãe, que acontecerá numa fase posterior, deve acontecer paulatinamente, dentro de uma área que chamou de *transicional*, símbolo tanto da união como da separação mãe-bebê, contando sempre com a presença/ausência da mãe. Nessa zona experiencial, o bebê terá oportunidade de entrar em contato com os *objetos transicionais*, que nada mais são que

---

[12] Os termos *subjetividade* e *sujeito* não são aqui usados para conotar o paradigma sujeito-objeto, mas para designar a condição humana de ser agente atravessado por múltiplas determinações, dotado da experiência de uma vida "interior".
[13] WINNICOTT D. W. (1957), "O mundo em pequenas doses", In: WINNICOTT D. W., *A criança e seu mundo*, Rio de Janeiro: Guanabara Koogan, 1982.
[14] Winnicott apontou a sensação de cair para sempre num espaço sem limites como aquilo que melhor nos aproxima das chamadas agonias impensáveis. Posteriormente, acrescentou a perda absoluta de comunicação com o outro como parte desse tipo de sofrimento radical.

materialidades mediadoras na sua relação com o mundo e consigo próprio.

De acordo com a visão freudiana, o bebê é visto como uma mônada, um feixe de pulsões[15] indistintas que clama por satisfação, que se confronta com a realidade e a ela deve curvar-se para obter condições de sobrevivência. Dessa forma, seu aparelho psíquico, ao deparar com as agruras da vida, é progressivamente obrigado a desenvolver a capacidade de pensar, ou seja, de avaliar o mundo com a maior objetividade possível para poder obter algum controle sobre ele. O mundo, para Freud, é fonte de sofrimento que só pode ser enfrentado, e talvez superado, graças à capacidade de adaptação da psique à realidade – concepção, sem dúvida, bastante conformista e pessimista acerca do viver humano. Parece-nos, então, que a saída para o homem freudiano, diante da frustração de seus desejos, é uma única: a secreta superioridade de saber (saber este racionalmente fundado) que não é possível encontrar um sentido confiável para a vida, que essa é uma luta sem tréguas, perdida de antemão, já que temos um encontro marcado com a morte. Dizer "sou lúcido e sei que não há esperança" pode constituir-se como posição à qual alguns permanecem tenazmente aderidos. Evidentemente, poderíamos perguntar-nos que tipo de ética e que tipo de práticas resultam de semelhantes posicionamentos. Talvez seja difícil, nesses casos, ir além de um conservadorismo cotidiano para embrenhar-se em qualquer tipo de luta por não importa qual ideal, desde a transformação social e política até o encontro de um grande amor...

---

[15] É, contudo, importante notar que já se atribui a esse feixe pulsional uma atividade representacional primitiva, de caráter alucinatório, quando circulamos no âmbito de certas teorizações psicanalíticas, tais como aquelas de Freud, Klein e Lacan. Não é esta a posição que encontramos em autores como Winnicott, que parte de uma consequente consideração do estado de indiferenciação inicial, de modo a conceber existir no início apenas uma incipiente *continuidade de ser* (*going on being*) e não já uma *incipiente capacidade psíquico-representacional*.

Já Winnicott adverte que, quando o bebê se sente ameaçado, isto é, quando sua continuidade de ser é rompida devido à falha ambiental, duas possibilidades se desenham: o mergulho puro e simples nas agonias impensáveis, com perda dos incipientes contornos da própria continuidade de ser e das "doses" de mundo que lhe têm sido apresentadas, em estado de confusão mental, ou recorrer a potencialidades intelectuais eventualmente disponíveis. Neste segundo caso, o ser humano desenvolve uma atividade mental dissociada que procura dar conta da função materna, constituindo-se como um "falso self", que tem a finalidade de preservar a possibilidade, mesmo que remota, do gesto espontâneo, manifestação por excelência da criatividade humana[16].

Vale dizer que o gesto espontâneo, expressão genuína do *self* verdadeiro e aquilo que dá sentido à vida, tem seus fundamentos em fenômenos não representacionais, intimamente ligados a sensações corporais, as quais constituem o primeiro contato do recém-nascido com o mundo, ou melhor, com o corpo materno. Inibido na expressão de seu *self* verdadeiro, resta ao ser humano, na melhor das hipóteses, sobreviver por meio de um intelecto submisso, que tem por função agradar ao ambiente, evitando assim que o *self* verdadeiro seja espoliado pelo meio. Trata-se de uma questão de sobrevivência, uma questão de defesa contra as agonias. Justamente por se tratar de uma defesa, o falso *self* garante a sobrevivência, mas impede o ser humano de usufruir a vida. Desde esta perspectiva, o sentido da vida é fundamentalmente existencial e emocional; usufruir a vida é uma questão de confiança na capacidade transformadora do ser humano, mesmo quando as condições de realidade lhe são adversas. Diz Winnicott[17]:

---

[16] WINNICOTT D. W. (1960), "Distorção do ego em termos de falso e verdadeiro self", In WINNICOTT D. W., *O ambiente e os processos de maturação*, Porto Alegre: Artes Médicas, 1983.

[17] WINNICOTT D. W. (1971), *O brincar e a realidade*, Rio de Janeiro: Imago, 1975, p.102.

"Descobrimos que os indivíduos vivem criativamente e sentem que a vida merece ser vivida ou, então, que não podem viver criativamente ou têm dúvidas sobre o valor de viver".

Isto posto, conclui-se que aquilo que para Freud é natural e certo, para Winnicott é fruto de uma falha no desempenho do papel materno e fonte importante de sofrimento. Em outras palavras, para Winnicott é a manutenção da continuidade de ser do bebê, possibilitada pelo cuidado materno suficientemente bom, aquilo que dá sentido à vida e evita o mergulho na agonia. Quando falha a provisão ambiental, pode ter início uma atividade representacional dissociada, que substitui o sentimento de estar vivo e sentir-se real. Para Winnicott o ser humano é indivíduo e não uma sobreposição de corpo e mente, indivíduo que não está aí apenas para a sobrevivência da espécie, mas para usufruir a vida, para viver criativamente, o que deriva necessariamente da ilusão criativa original a qual, mais tarde, dará origem, paradoxalmente, à possibilidade de ação concreta sobre o mundo:

> Temos de dizer que o bebê criou o seio, mas não poderia fazê-lo se a mãe não estivesse ali e naquele momento. O que se comunica ao bebê é: 'venha ao mundo criativamente. /crie o mundo. É apenas aquilo que você cria que tem significado para você'. E, em seguida: 'o mundo está sob seu controle'. A partir dessa *experiência de onipotência inicial*, o bebê é capaz de começar a experimentar a frustração e até mesmo chegar, um dia, ao outro extremo da onipotência, isto é, de perceber que não passa de uma partícula do universo, um universo que ali já estava antes mesmo da concepção do bebê [...] Não é a partir da sensação de ser Deus que os seres humanos chegam à humildade característica da individualidade humana?[18].(Grifo do autor)

---

[18] WINNICOTT D. W.(1968), "The squiggle game", In WINNICOTT D. W., SHEPHERD R. e DAVIS M., *Psyco-analytical explorations*, London: Karnac, 1969, p. 90.

Entende-se, pois, por que Winnicott afirmava[19]:

"Objetividade é um termo relativo, porque aquilo que é objetivamente percebido é, por definição, até certo ponto, subjetivamente concebido".

Assim se expressando, não queria dizer que o mundo existe segundo nossos desejos, ou que o mundo é absurdo em si, mas que o mundo só pode ser apreendido por nossos sentidos e elaborado segundo nossas capacidades afetivas, emocionais e cognitivas, obviamente limitadas. Portanto, existe sempre um ponto de vista humano, sendo impossível que a objetividade do mundo seja plenamente alcançada. O mundo é alteridade, segue suas próprias leis, mas para que possamos alterá-lo a nosso favor é preciso que a "ilusão" criativa se transforme em ação.

Vemos que o tipo de sofrimento humano que mais parece sensibilizar Winnicott decorre exatamente da perda do sentido vivencial, seja como mergulho terrível nas agonias, vale dizer, por condenação à loucura por impossibilidade de estruturação de defesas, seja, no outro extremo, pela estruturação de defesas rígidas pautadas na atividade representacional dissociada que, por sua vez, impede uma ação sobre o mundo devido à inibição do potencial criativo, cuja expressão, por sua vez, é o que dá sentido à vida.

Em nosso meio, Herrmann[20] tem desenvolvido, a partir de sua proposta metodológica conhecida como *teoria dos campos*, uma leitura sumamente interessante da obra freudiana, pautando-se na ideia de que o mundo e a vida humana são, em si mesmos, absurdos. Acreditar no cotidiano nada mais seria do que enganar-se para evitar o enlouquecimento, enquanto o

---

[19] WINNICOTT D. W. (1971), *O brincar e a realidade*, Rio de Janeiro: Imago, 1975, p.96.
[20] HERRMANN F., *Andaimes do real*, São Paulo: EPU, 1979.

psicanalisado adquire consciência de que a realidade é fabricada por meio de arranjos representacionais, alcançando uma lucidez que pode garantir, senão um tranquilidade existencial, certamente uma "tranquilidade intelectual", segundo a qual tudo pode ser reconstruído imaginativamente. De todo modo, ao afirmar o absurdo da existência, Herrmann assume o enlouquecimento como potencialidade presente no horizonte de todos, concluindo que é o sistema representacional identidade/realidade aquilo que "invoca-exorciza" os abismos do real, possibilitando que a vida continue.

Entendendo o real como o mundo "em si", vale dizer, absurdo em sua própria natureza, e a realidade como construção artificial produzida pela atividade representacional humana, pensa, coerentemente, que os primórdios do desenvolvimento humano se caracterizam forçosamente pelo engano e pela mentira, já que seguir vivo é produto da manutenção do autoengano constante e renovado. Assim, a mãe tanto se autoengana ao considerar o recém-nascido que, na opinião freudiana de Herrmann, é uma máquina instintual, como pessoa, como também mente para o infante ao lhe apresentar o mundo como se este fosse regido por uma rotina previsível, como cosmo e não como caos. O bebê, por sua vez, deparando com a falta de correspondência do mundo a seus desejos, mas também atinando com certa previsibilidade, num esforço supremo de controlar a realidade, também começa a "mentir" para a mãe e a "enganá-la" acerca de suas necessidades, emitindo sinais que indicam falsamente uma premência fisiológica. Dessa mentira originária nasce a subjetividade, considerada pelo autor sinal de humanidade, do bebê.

Vejamos o que diz, textualmente:

> Muito embora já nascido, o bebê desta fábula ainda não é gente, carece de forma humana, é uma máquina de necessidades acoplada a uma máquina de satisfação. O funcionamento da

máquina de satisfação, contudo, não é nada maquinal: a mãe comete seu erro necessário atribuindo uma vida psíquica ainda inexistente no infante e relacionando-se com ela. Essa relação manifesta-se em ritmos de doação e negação, de proximidade e distanciamento, numa espécie de diálogo forçado que a pessoa nutriz estabelece com sua ideia de um homenzinho ou uma mulherzinha embutidos no bebê. Há aí, com certeza, um jogo de *mentira*, que acabará por inventar o homem. O momento crítico da assunção da humanidade da criança provém, portanto, da *fantasia promissória* compartilhada pelos outros homens, a de que aí já está um ser humano completo: segunda concepção para um segundo nascimento. Feito corpo, biblicamente, há que lhe soprar um espírito. Esse passo, delicado e crucial, que primeiro projeta um ser completo, para depois construí-lo lentamente, não tem o caráter mágico de um sopro divino ou de um efeito de comunhão entre inconscientes. Ele é feito de oscilações e ritmos intencionais, conscientes ou não, que modulam a relação de aconchego[21](Grifos do autor).

Pensamos que no texto citado Herrmann expressa claramente, ainda que por metáforas, a concepção de que o homem é essencialmente uma "máquina", um corpo que, para se tornar humano, precisa desenvolver uma psique[22]. Considera um engano coletivo pensar que o recém-nascido seja um ser humano. Ele só passará a sê-lo depois que for impulsionado a colocar em marcha uma psique, um "aparelho" de pensar, este sim responsável pelo nascimento da subjetividade do bebê. Assim é a "alma", confundida com a subjetividade, responsável pelo surgimento da humanidade.

---

[21] HERRMANN F., *Psicanálise do cotidiano*, Porto Alegre: Artes Médicas, 1997, p. 46.
[22] Salta aos olhos a fragilidade desta fábula porque o que marca o início da psique é, curiosamente, uma percepção de engano e uma determinação a enganar, fenômenos, convenhamos, de alta complexidade. Está aí projetada uma inter-subjetividade eficaz quando se trata de considerar os primórdios da constituição da subjetividade.

Nada mais estranho a Winnicott. Ainda que ambos concordem quanto ao fato de que ao nascer a subjetividade do bebê seja incipiente, isto, de forma alguma, lhe retira a humanidade[23], inerente ao ser humano quaisquer que sejam as circunstâncias; a subjetividade, esta sim, vai se constituir, exigindo desde o início a presença de num ambiente inter-humano. Por outro lado, para Winnicott não há engano nem mentira, nem da parte do bebê, nem da parte da mãe. Há encontro, isto sim. A mãe vai ao encontro das necessidades de seu bebê e lhe possibilita encontrar no mundo aquilo de que necessita. Esta é a essência da ilusão: tornar verdadeiro o necessitado. Antes mesmo de o bebê estar ali enquanto singularidade para vivenciar a necessidade, será visto, no campo inter-humano, como bebê faminto a ser alimentado, cuidado... O atendimento da necessidade, no momento preciso da emergência de uma certa prontidão do bebê para viver esta experiência, é a base da futura confiança em si mesmo como criador e no mundo como um lugar em que essa criatividade pode ser exercida.

De acordo com o modo como Herrmann concebe o mundo e a realidade, a vida seria insuportável para o ser humano caso este não fosse continuamente ludibriado, uma vez que o mundo não é digno de confiança. Trata-se de uma concepção sombria acerca da vida e da natureza humana que, como a freudiana[24], acredita que a única possibilidade de manter a inte-

---

[23] Diga-se de passagem que *concepção herrmanniana* pode ser usada ideologicamente de modo sumamente perigoso, uma vez que questiona inadvertidamente o pressuposto fundamental da psicanálise de que toda a conduta humana tem um sentido. Isto porque, se falha o "aparelho psíquico", o aparelho de pensar, o orgânico pode se responsabilizar por condutas aparentemente incompreensíveis.

[24] Diríamos até mais pessimista que a freudiana, uma vez que se pauta num engano e numa mentira, únicas condutas consideradas possíveis para garantir a entrada do bebê no mundo humano.

gridade do eu[25] e garantir a sobrevivência psíquica é desenvolver uma atividade representacional que, quando dissociada, não ultrapassa o alcance de um sentido artificial para a vida. Ambas as concepções, a freudiana e a herrmanniana, encaixam-se perfeitamente, a nosso ver, no que Winnicott chama de *intelecto dissociado*. Ao mesmo tempo em que se constitui como defesa contra as agonias, o intelecto explorado se torna, em si mesmo, importante fonte de sofrimento, uma vez que impede o viver criativo, fruto da integração de atividades representacionais e pré-representacionais e resultado de um funcionamento harmonioso do indivíduo que não dissocia corpo e mente.

Tudo isso traz sérias consequências para a prática clínica. Freud se coloca como decifrador de sentidos ocultos, acreditando que a "cura" está na conscientização do significado emocional "verdadeiro". Herrmann, que não acredita em verdade, pensa que a cura está justamente na descoberta que tudo é arranjo representacional e que, portanto, é possível forjar infinitas construções, mantendo-se sempre a lucidez de que não há certezas. A identidade também é construção, mas é ela que nos protege do reino do contágio, ou seja, do absurdo do mundo, criando a realidade humanamente contextualizada. Ficam algumas questões instigantes. Somos apenas arranjos representacionais, nosso ser se resume à identidade? Sem dúvida a identidade, enquanto construção representacional, é algo fundamental para a

---

[25] Adotamos a distinção proposta por Safra quando diferencia o self do "eu". Diz o autor: "Compreendo o self como uma organização dinâmica que possibilita um indivíduo a ser uma pessoa e ser ele mesmo. Trata-se de uma organização que acontece dentro do processo maturacional com a facilitação de um meio ambiente humano. A cada etapa deste processo há uma integração cada vez mais ampla decorrente das novas experiências de vida. O 'eu seria, para mim, um campo representacional que possibilita ao indivíduo uma identidade nas dimensões do espaço e do tempo. É importante ressaltar que nem o self e nem o 'eu confundem-se com o ego, que é uma das instâncias intrapsíquicas de caráter funcional, articulador das demandas do id, do superego e da realidade" (SAFRA G., *A face estética do self: teoria e clínica*, São Paulo: Unimarco Editora, 1999, p. 37).

manutenção da sanidade, mas será que sua construção, por oposição ao real, é suficiente para dar sentido à vida?

Pensamos que, para Winnicott, este sentido experiencial é favorecido, no início da vida, pela mãe devotada que espelha em sua expressão facial a singularidade do bebê:

> O que vê o bebê quando olha para o rosto da mãe? Sugiro que, normalmente, o que o bebê vê é ele mesmo. Em outros termos, a mãe está olhando para o bebê *e aquilo com que ela se parece se acha relacionado com o que ela vê ali*.[26] (Grifo do autor)

Mais adiante, afirma que existe toda uma psicopatologia decorrente da incapacidade da mãe de refletir seu bebê que, impossibilitado de ver a si próprio no rosto da mãe, passa a reagir, examinando continuamente o rosto materno na tentativa de prever o que nele se passa para a ele se adaptar, deixando de lado sua expressão espontânea:

> Muitos bebês, contudo, têm uma longa experiência de não receber de volta o que estão dando. Eles olham e não veem a si mesmos. (...) Depois, o bebê se acostuma à ideia de que, quando olha, o que é visto é o rosto da mãe. O rosto da mãe, portanto, não é um espelho. Assim, a percepção toma o lugar da apercepção, toma o lugar do que poderia ter sido o começo de uma troca significativa com o mundo, um processo de duas direções no qual o autoenriquecimento se alterna com a descoberta do significado do mundo das coisas vistas.[27]

Este modo de entender a relação paradigmática mãe-bebê repercute diretamente na concepção winnicottiana de psicoterapia, que difere marcadamente da visão psicanalítica clássica assentada sobre um incremento do saber de si, para se assu-

---

[26] WINNICOTT D. W. (1971), *O brincar e a realidade*, Rio de Janeiro: Imago, 1975, p. 154.
[27] *Id., Ibid.*, p. 154-5.

mir como movimento de busca de sentido de viver, cuidando do sofrimento derivado do não se sentir vivo e real.

> O vislumbre o bebê e da criança vendo o eu (self) no rosto da mãe e, posteriormente, num espelho, proporcionam um modo de olhar a análise e a tarefa psicoterapêutica. Psicoterapia não é fazer interpretações argutas e apropriadas; em geral, trata-se de devolver ao paciente, a longo prazo, aquilo que o paciente traz. É um derivado complexo do rosto que reflete o que há para ser visto. Essa é a forma pela qual me apraz pensar meu trabalho, tendo em mente que, se o fizer suficientemente bem, o paciente descobrirá seu próprio eu (self) e será capaz de existir e sentir-se real. Sentir-se real é mais do que existir; é descobrir um modo de existir por si mesmo, relacionar-se aos objetos como si mesmo e ter um eu (self) para o qual retirar-se para relaxamento[28].

De acordo com a psicanálise winnicottiana do *self*, acredita-se que o sentido da vida é experiencial e nunca meramente representacional, ideia que fundamenta a proposta de uma clínica que facilite a expressão do gesto espontâneo, a expressão da criatividade do indivíduo como um todo e não de uma mente dissociada e aprisionada em construções representacionais. Nesta linha, o que dá sentido à vida é viver criativamente, confiando na capacidade pessoal de transformá-la para melhor. Toda a psicopatologia winnicottiana se funda na inibição do potencial criativo oriunda do descrédito em si mesmo e no mundo.

Por outro lado, a *crença no absurdo*, considerada lucidez, somada à crença na defesa intelectual como única forma de sobrevivência, redunda num posicionamento existencial *castrado*, impotente para transformar o mundo e a si mesmo. Talvez nos previna contra certos charlatanismos[29] aos quais todos podemos

---

[28] *Id., Ibid*, p.161.
[29] Para contato com tenaz defesa desta opinião, ver BARUS-MICHEI J., "Souffrance, trajets, recours: Dimensions psychosociales de la souffrance", In *Bulletin de psychologie*, Paris: 54 (2), 2001, p. 115-27.

estar sujeitos quando os acontecimentos da vida nos atingem de forma brutal, pois mesmo quando adultos podemos viver situações geradores de rompimento da *continuidade de ser*. No entanto, é importante lembrar que, mesmo quando somos aparentemente maltratados pela vida e nos sentimos assustados ou perplexos, é possível conservar confiança no sentido da vida, desde que haja coragem e humildade para, admitindo a alteridade do mundo, aceitar que existem mistérios que fogem a nossa compreensão. Evidentemente, nenhuma humildade é requerida para qualificar o mundo como absurdo...

Entretanto, sendo alteridade, o mundo pode ser transformado. A ação sobre o mundo tem, paradoxalmente, origem na ilusão criativa necessária por ocasião do início da vida. Inicialmente é importante que o bebê encontre no mundo o que ele mesmo criou, e que encontre a si mesmo no olhar da mãe. De certa forma, naturalmente de modo mais complexo e sofisticado, isso é preservado pelo restante da vida. Por exemplo, se recebemos de alguém um presente que realmente nos agrada, costuma-se dizer que "é a nossa cara". Quando produzimos algo que realmente expressa o que queremos ou sentimos, dizemos habitualmente que "tem a nossa cara". Em ambos os casos, quando recebemos ou produzimos algo com a "nossa cara", sentimos imensa satisfação pessoal, sentimo-nos vivos e reais. Em outras palavras, continuamos a encontrar o mundo e a nós mesmos quando nos expressamos em gestos espontâneos, quando fazemos coisas que carregam em si um sentido existencial importante para nós, quando o que fazemos espelha nosso ser. Quando praticamos uma ação criativa sobre o mundo, temos a oportunidade de ir de encontro ao mundo e de nele nos encontrarmos. Essas importantes experiências, que têm lugar pela vida afora no espaço potencial, conferem senso de vida real à passagem do tempo da existência de cada um.

Será a partir da possibilidade de se sentir real, assentada, como vimos, no sentimento de onipotência, que teremos fé na possibilidade de sermos criativos e de mudar a vida e o mundo a nosso favor. Entretanto, este é apenas o início do percurso de constituição do *self* e da experiência da realidade enquanto alteridade. Há toda uma complexa passagem, desde uma experiência inicial, na qual o bebê se relaciona com objetos subjetivos, até o amadurecimento de um posicionamento existencial designado *uso de objeto*, passando por um período no qual predominam os chamados objetos transicionais, pelo qual se chega à alteridade do mundo e, consequentemente, à possibilidade de transformá-lo enquanto alteridade.

Diz Winnicott[30]:

> Esta mudança (de relação para uso de objeto) significa que o sujeito destrói o objeto. A esse respeito, um filósofo de gabinete poderia afirmar que, em vista disso, na prática não existe algo como o uso de um objeto: se ele for externo, o objeto é destruído pelo sujeito. O filósofo deveria, isto sim, levantar-se de sua poltrona e sentar-se no chão com o paciente. Assim perceberá que existe uma posição intermediária. Em outras palavras, descobrirá que após o sujeito relacionar-se com o objeto, surge o sujeito que destrói o objeto (quando se torna externo) e, então, teremos um objeto que sobrevive à destruição operada pelo sujeito. Mas tanto pode haver, como não haver, sobrevivência. Surge, então, um novo fator na teoria da relação de objeto. O sujeito diz ao objeto: eu te destruí, e o objeto lá está para receber esta comunicação. A partir daí o sujeito diz: eu te destruí, eu te amo. Tua importância para mim reside em tua sobrevivência à destruição que te infligi. Ao amar-te permanentemente estou te destruindo (inconscientemente) em minha fantasia. Aqui tem início a fantasia para o indivíduo. O sujeito pode agora usar o objeto que sobreviveu. É importante

---

[30] WINNICOTT D. W. (1968), "O Uso de um objeto", In WINNICOTT D. W., *O brincar e a realidade*, Rio de Janeiro: Imago, 1975, p. 1125.

salientar que não se trata apenas da destruição do objeto pelo sujeito, uma vez que o objeto está situado fora da área de controle onipotente. É igualmente importante colocar a questão de uma outra maneira, ou seja, que é a destruição do objeto que o situa fora da área de controle onipotente do sujeito. É dessa forma que o objeto desenvolve uma autonomia e uma vida próprias e que (sobrevivendo) contribui com o sujeito de acordo com suas propriedades.

Finalizamos colocando a questão do uso do objeto, fenômeno pelo qual um importante e decisivo passo é dado no sentido da conquista da alteridade do mundo, sem pretensão de abordar o assunto neste momento. Limitar-nos-emos a assinalar que o fundo sobre o qual se assenta esta última conquista não é outro senão aquele da onipotência primitiva, onipotência que não é pensamento nem fantasia, mas experiência. A mera admissão da alteridade de um mudo absurdo diante do qual me curvo submisso é, a nosso ver, eticamente incompatível com o atendimento de pacientes que nos procuram na esperança de mudar suas vidas. O poeta Carlos Drummond de Andrade[31] sintetiza com beleza o que pensamos acerca do sentido da vida, em si mesma plena de mistérios, que o intelecto humano, bom servo e mau patrão, nunca alcança:

Se procurar bem você acaba encontrando
 não a explicação (duvidosa) da vida
 mas a poesia (inexplicável) da vida...

---

[31] ANDRADE C. D., *Poesia errante: derrames líricos (e outros nem tanto)*, Rio de Janeiro: Ricordi, 1991, p. 7.

Capítulo 5
A alma, o olho e a mão: estratégias metodológicas de pesquisa na psicologia clínica social winnicottiana[1]

Temos realizado, no âmbito da Ser e Fazer do Instituto de Psicologia da Universidade de São Paulo, ao longo dos últimos onze anos, uma série de pesquisas que nos tem levado tanto ao fortalecimento de convicções como ao reconhecimento da necessidade de reformulação de uma série de pontos de vista clínicos e teóricos. Entretanto, temo-nos mantido fiéis a um certo modo de investigação clínica, que se faz por meio do uso do método psicanalítico.

A nosso ver, é fundamental a distinção entre um plano propriamente metodológico e outro, que consiste no conjunto de procedimentos práticos pelos quais o encontro clínico se concretiza. Esse conjunto de procedimentos é, habitualmente, denominado técnica, mas preferimos evitar esse vocábulo em virtude de estar frequentemente associado à noção de um bem-fazer que independe da pessoalidade de quem o pratica. De todo modo, é distinguindo estes dois planos – o metodológico e aquele dos procedimentos – que julgamos fundamental conceituar a essência do método psicanalítico.

---

[1] Este artigo, escrito em coautoria de Maria Christina Lousada Machado e Fabiana Follador Ambrósio, foi originalmente publicado no *Caderno Ser e Fazer: Trajetos do sofrimento, rupturas e (re)criações de sentido*, São Paulo: Instituto de Psicologia da Universidade de São Paulo, 2003, p. 6-16.

Trata-se, evidentemente, de um tipo de método clínico. Apresenta, entretanto, características peculiares, que o diferenciam de outras possibilidades. É curioso notar que provavelmente quem melhor apreendeu a essência do método tenha sido um não psicanalista que veio, pouco tempo depois de celebrar o advento da psicanálise enquanto ciência humana, a criticá-la ferozmente. Estamos nos referindo ao filósofo Politzer, cuja obra juvenil[2] influenciou formulações de pensadores importantes, que seguiram caminhos bastante diversos, tais como Merleau-Ponty, Satre e Lacan[3]. A tese politzeriana assume que o aspecto verdadeiramente revolucionário da obra freudiana – fundamentalmente apreendida por meio da leitura atenta da monumental *Interpretação dos sonhos*[4] – consiste na ideia segundo a qual não existe nenhuma conduta humana isenta de sentido. Esta é, por assim dizer, a "alma" do método psicanalítico, a ideia de que toda e qualquer manifestação humana é portadora de sentidos emocionais que só podem ser compreendidos quando são considerados os acontecimentos de vida do indivíduo singular, devidamente contextualizados social, histórica, política e culturalmente.

Dizer que toda manifestação humana está dotada de sentido significa dizer que faz parte, inevitavelmente, do acontecer humano. Portanto, a base do método psicanalítico é uma ética que consiste, sucintamente falando, na inclusão da alteridade. Trata-se, pois, de assumir o reconhecimento de todas as condutas dos seres humanos, cruéis, monstruosas, bestiais, sublimes,

---

[2] POLITZER G. (1928), *Crítica de los fundamientos de la psicologia*, México: Martinez Roca,1972. Este trabalho foi escrito quando Georges Politzer tinha vinte e três anos de idade!
[3] Ver PRADO JR. B. "Georges Politzer: Sessenta anos da crítica dos fundamentos da psicologia", In PRADO JR., B, MONZENI L. R. e GABBI JR. (org.), *Filosofia e psicanálise*, São Paulo: Brasiliense, 1991.
[4] FREUD S. (1900), *La interpretacion de los sueños*, Madrid: Biblioteca Nueva,1948.

generosas, bizarras, ou o que mais se quiser acrescentar – são manifestações humanas e devem ser compreendidas como possibilidades do acontecer humano. Deste modo, quando o método é respeitado em sua radicalidade, compromete o profissional no sentido do lúcido repúdio a todo tipo de exclusão, concreta ou simbólica, de indivíduos e grupos.

No plano metodológico, dizer que a psicanalítica é interpretativa significa assumir que toda conduta pertence ao acontecer humano. Evidentemente, esta noção não implica acreditar que o psicanalista possa deter o conhecimento exaustivo do que cada manifestação humana significa, não apenas porque os sentidos são múltiplos, mas sobretudo porque a conduta não é "coisa". Dizer que a psicanálise é interpretativa consiste, pura e simplesmente, em assumir que toda conduta é dotada de sentido[5]. Não nos obriga, de modo algum, a pensar que os procedimentos clínicos serão sempre enunciações diretas de sentenças decifradoras ou impliquem a adoção de conjuntos de manobras que provoquem abalos em certezas defensivas, os únicos modos de exercício da psicanálise[6]. Apoiando-nos nesta distinção entre os planos metodológico e clínico, sustentamos uma fidelidade ao método, a qual não exige que o fazer por excelência do psicanalista seja interpretar.

É curioso lembrar que o fundamento do método psicanalítico – que favorece a possibilidade de uma leitura fenomenologicamente informada da psicanálise winnicottiana – é justamente a crença de que inexistem limites para a

---

[5] A fala comum de psicanalistas que referem *interpretar* durante as sessões de atendimento trai uma ingenuidade que deve ser superada. A questão não é nunca *interpretar o paciente*, mas *sustentar corajosamente que tudo o que é humano tem sentido*.

[6] Os procedimentos provocativos são aparentemente bastante diferentes das sentenças interpretativas de cunho explicativo. Ambos compartilham, entretanto, o mesmo objetivo interpretativo, que é operativo num registro representacional.

compreensibilidade do fenômeno humano. Dizemos que o fato é curioso porque foi justamente Jaspers[7], fundador da psicopatologia fenomenológica, o autor que estabeleceu, com muita clareza, que existiram dois tipos de condutas: as compreensíveis e as explicáveis. Quando uma conduta não pudesse ser compreendida como acontecimento humano, tornar-se-ia imediatamente explicável como irrupção do biológico, o qual teria o poder de simplesmente abolir o psicológico, o vivencial. Deste modo, Jaspers manteve aquilo que, nas palavras de Bercherie[8], constituiu-se, desde o início, como o polo organizador de todo o saber psiquiátrico: o índice de não compreensão do observador. Se algo não é humanamente compreensível, é doença psiquiátrica de base orgânica. Deste modo, são legitimadas práticas objetivantes e excludentes em relação aos psiquiatrizados: a loucura expressaria uma espécie de danificação do mecanismo neuronal e não seria produto do viver. Ora, para Politzer é a ruptura da noção de limites de compreensibilidade da conduta humana a fundamental e revolucionária contribuição que a psicanálise traz ao espírito humano!

Na formulação politzeriana, o conceito de drama é usado para designar a trajetória vital do homem desde o nascimento até a morte. A narrativa em primeira pessoa, associada ao gesto, é considerada a chave para a compreensão do fato psicológico:

> Com efeito, um gesto que eu faça é um fato psicológico, porque é um segmento do drama que representa a minha vida. A maneira como ele se insere nesse drama é dada ao psicólogo pela narrativa que eu possa fazer acerca do referido gesto. Mas o fato psicológico é o gesto esclarecido pela narrativa e não o gesto isolado, ou o conteúdo realizado da narrativa[9]

---

[7] JASPERS K. (1913), Psi*copatologia general*, Rio de Janeiro: Atheneu, 1987.
[8] BERCHERIE P., *Histoire et structure du savoir psychiatrique*, Belgique: Navarin, 1980.
[9] POLITZER, *Op. cit.*, p. 111.

Mais adiante acrescenta que o fato psicológico tem sempre um sentido humano, o qual só pode ser compreendido se contextualizado dentro da trajetória de vida de uma pessoa.

> O fato psicológico não é o comportamento simples mas precisamente o comportamento humano, isto é, o comportamento reportado aos acontecimentos pelos quais se desenvolve a vida humana e ao indivíduo enquanto sujeito dessa vida. Em suma, o fato psicológico é o comportamento que possui um sentido humano[10].

Esclarece, também, que o drama é sempre original e único porque diz respeito ao indivíduo singular, ao mesmo tempo que depende das circunstâncias concretas de sua existência:

> O drama é original; .(...) este implica o homem em sua totalidade e considerado como o centro de um certo número de acontecimentos que, precisamente por se reportarem a uma primeira pessoa, têm um sentido. É o sentido reportado a uma primeira pessoa que distingue radicalmente o fato psicológico de todos os fatos da natureza. Em resumo, a originalidade do fato psicológico é dada pela existência de um plano propriamente humano e da vida dramática do indivíduo que aí se desenrola[11].

Com efeito, Bleger[12], fundamentado nas teses politzerianas, estabelece como objeto por excelência da ciência psicológica o estudo da conduta, entendida como toda e qualquer manifestação humana. Unitária em sua essência, a conduta pode se expressar em três diferentes áreas: a do corpo, a da mente e a da ação sobre o meio, havendo, ocasionalmente, o predomínio apa-

---
[10] POLITZER, *Op. cit.*, p. 112.
[11] P *Op. cit.*, p. 114.
[12] BLEGER J., *Psicologia de la conduta*, Buenos Aires: Paidos, 1963.

rente de uma sobre a outra (ou as outras), no momento de sua manifestação.

Consideramos, então, que a conduta só pode ser compreendida em função do drama e que a dissociação entre corpo e mente é artificial e pode levar a ideias equivocadas quanto à natureza humana. Podem daí surgir propostas terapêuticas inadequadas ao cuidado do sofrimento humano, privilegiando ora o corpo, ora a mente, e desconsiderando o fato de que o ser humano é, acima de tudo, uma pessoa que experimenta a vida, que não só pensa como também sente, algo profundamente diverso de um corpo animado por uma mente.

Aqui, é interessante lembrar o quanto o pensamento ocidental como um todo (e o científico em particular) esteve dominado pela noção platônica de divisão entre corpo e mente. Realizando um interessante e minucioso estudo dos escritos homéricos e da *Torá*, o filósofo italiano Galimberti[13] consegue demonstrar como, anteriormente a Platão, o homem é concebido realmente como *indivíduo*, como o que não se divide. Tanto nos escritos homéricos, como nas escrituras hebraicas, o que existe, de fato, é o homem vivente. O corpo em si mesmo é o cadáver, que surge apenas no preciso momento da morte. Antes desta existe apenas o homem, que é presença unitária – e não uma alma prisioneira de um corpo, nem um corpo que é aparelho ou instrumento da alma. Nessa linha de pensamento, o corpo máquina, o corpo organismo, é uma pura abstração, nada mais do que um *cadáver animado*. Ora, se essa concepção abstrata pode ser pensada, não é jamais vivida, experienciada como tal. Fica, pois, fora do campo da psicologia, ciência humana que estuda e intervém sobre o viver de indivíduos e grupos.

---

[13] GALIMBERTI U., *Ciencia e techne*, Milano: Feltrinelli, 1999.

O encontro, a narrativa e o gesto: estratégias clínicas de pesquisa

A aceitação do pressuposto fundamental do método psicanalítico conduz, a nosso ver, à pesquisa clínica psicanalítica fundamentada em estratégias metodológicas que não considerem a produção e a aplicação do saber como dois momentos diversos. Essa dissociação denuncia claramente o pressuposto cartesiano de que corpo e psiquismo pertencem a duas diferentes ordens de realidade, originando dois diferentes tipos de trabalho, o intelectual e o braçal. Produção de conhecimento integrada à intervenção – que modifica e transforma o mundo humano – é a marca distintiva da atividade clínica, enquanto trabalho que não separa o pensar, o sentir e o agir[14]. Deste modo, o que é muitas vezes designado *campo de aplicação*[15] corresponde, de fato, ao campo inter-humano em que clínica e pesquisa acontecem concomitantemente, como duas faces de uma mesma moeda. Assim, fica totalmente superado o paradigma positivista

---

[14] Vale aqui lembrar que atualmente não se fala apenas em psicologia clínica, mas outras ciências humanas também podem ser consideradas clínicas. A esse respeito vale a pena consultar GAULEJAC V., *La nevrose de classe*, Paris: Hommes et Groupes, 1987, interessante contribuição da sociologia clínica desenvolvida no *Laboratoire de Changement Social* da Universidade de Paris. Recomenda-se também a leitura de REVAULT D'ALLONES C., *La démarche clinique en sciences humaines*, Paris: Dunod, 1999.

[15] Essa expressão é bastante usada pelos teóricos das representações sociais. É, inclusive, curioso lembrar que tendem a pensar, em termos de seu movimento produtivo, que na Europa se forjam as concepções teóricas importantes, que seriam usadas *criativamente* pelos pesquisadores latino-americanos em diferentes *campos de aplicação*, tais como saúde, educação, movimentos sociais etc. Ilustram, assim, um modo de pensar as ciências humanas notoriamente calcado nas ciências naturais, uma vez que no âmbito das ciências humanas a experiência vivida é soberana e é justamente dela que se devem originar as teorias. Isso sem falar do preconceito ideológico acerca da suposta superioridade intelectual do primeiro mundo em relação ao terceiro.

e objetificante[16] que opera a partir do esquema sujeito-objeto, e válida a ideia segundo a qual há de se trabalhar na construção de

... *conhecimento compreensivo e íntimo que não nos separe mas antes nos una pessoalmente ao que estudamos*[17]. Assim, a investigação clínica tomará o acontecer humano, enquanto experiência emocional, como fenômeno de sua atenção rigorosa, pautando-se numa ética de solidariedade imposta pelos fundamentos metodológicos essencialmente inclusivos da alteridade. Consideramos, portanto, que o método psicanalítico norteia tanto os procedimentos clínicos como os procedimentos segundo os quais se elabora a comunicação dirigida à comunidade científica. Se a clínica é encontro inter-humano, a elaboração do acontecer clínico, no âmbito da pesquisa, é necessariamente interlocução. Pode ser útil, na busca de uma certa clareza de pensamento, distinguir diferentes planos de interlocução, os quais, a partir da adoção do método psicanalítico, ocorrem em encontros que têm lugar em diferentes enquadres[18]: durante o atendimento e durante a reunião dos pesquisadores.

Quando nos referimos ao acontecer clínico, queremos chamar a atenção para o fato de que este se trata sempre de um encontro inter-humano, seja o paciente um indivíduo, atendido

---

[16] Ver SANTOS B. S., *A crítica da razão indolente: contra o desperdício da experiência*, São Paulo: Cortez Editora, 2000. Este autor tem usado o adjetivo *pós-moderno* para designar um novo paradigma que se harmoniza com a vocação essencial das ciências humanas, considerando absolutamente inadequada e superficial a abordagem positivista que pretende o alcance de uma posição de objetividade no processo de construção do conhecimento.
[17] SANTOS B. S., *Um discurso sobre as ciências*, Porto: Edições Afrontamento,1987, p. 53.
[18] Neste momento estamos usando o termo *enquadre* em sentido amplo, considerando a existência de enquadres pedagógicos, psicoterapêuticos, educacionais, jornalísticos e outros, de acordo com conceituação desenvolvida por Bleger na *Psicologia de la conduta* (*Op. cit.*). Ou seja, não estamos falando em enquadre no sentido específico do *setting*, noção que foi introduzida por esse mesmo autor, no campo psicanalítico, posteriormente. Ver BLEGER J. (1966), "Psicanálise do enquadre psicanalítico", In BLEGER J., *Simbiose e ambiguidade*, Rio de Janeiro: Francisco Alves, 1978.

individual ou grupalmente, ou um coletivo[19]. Essa consideração é válida tanto quando estamos usando enquadres diferenciados, como acontece em nossa clínica Ser e Fazer, como quando adotamos o dispositivo psicanalítico padrão. Um encontro inter-humano é o que verdadeiramente percebemos quando nos distanciamos das abstrações excessivas que nos fazem pensar em aparelhos, mentes, egos mais fortes ou mais fracos, sistema inconsciente e outras abstrações conceituais de duvidosa utilidade clínica. Evidentemente cuidamos, em nossa prática, de deixar maximamente clara a concretude do acontecer enquanto encontro entre seres humanos. Atribuímos ao encontro genuíno, espontâneo e devotado reais virtudes terapêuticas, pela via de resgate da prisão do campo das agonias impensáveis, contra as quais defensivamente se constrói o falso *self*. Tratamos de oferecer uma sustentação emocional ao paciente por meio da presença de um terapeuta presente, vivo, real e sensivelmente aberto ao acolhimento do paciente. A sensibilidade clínica deve ser cultivada por um tipo de estudo que não fique restrito a um plano meramente conceitual, mas que se dê pela exposição a experiências de vida que incluem, claro está, a análise pessoal[20]. Desse modo, o terapeuta pode tornar-se capaz de sustentar o vínculo terapêutico, favorecendo o ser em devir e o gesto espontâneo, propiciando mudanças existenciais que ultrapassarão uma dimensão meramente psíquico-representacional. Não se trata, portanto, de resgatar ou promover autoconhecimento, mas de promover uma experiência emocional significativa, situada no âm-

---

[19] Nesse último caso, o paciente é o grupo enquanto unidade. É o que se faz, por exemplo, nas chamadas *consultas terapêuticas coletivas*. Evidentemente, o coletivo é composto por indivíduos, mas, nesse caso, as pessoas estão presentes como elementos constituintes de uma unidade social, vale dizer, enquanto enfermeiros, enquanto pais, enquanto adolescentes etc. Claro que tanto o coletivo quanto o indivíduo, vistos como diferentes âmbitos do acontecer humano, são inerentemente sociais em sua essência. Ver BLEGER, *Op. cit.*
[20] Naturalmente essa análise deve ser condizente com os pressupostos de uma psicanálise viva, que não dissocia o pensar do sentir e do viver.

bito de um sentir, que é fundamentalmente um sentir-se vivo, real e atuante diante da alteridade do mundo. A articulação simbólica ocorrerá naturalmente, porque é própria da natureza humana.

Ao adotarmos a psicanálise no plano metodológico, entendemos que toda conduta humana está dotada de sentido emocional, mesmo quando este não é aparente. Nessa perspectiva, não há por que defender que a interpretação, enquanto procedimento clínico, seja a única, ou mesmo a melhor, encarnação do método psicanalítico. Surge, então, espaço para a sustentação – o *holding*[21]– como ação terapêutica psicanalítica, a qual, mesmo quando se dá como conversa, não gera efeitos pela via de deciframento de conteúdos ou de desestabilização de estratégias defensivas. Desde o reconhecimento da importância da sustentação – que, favorecendo a continuidade do ser, o ser em devir, aguarda o gesto criador do paciente, em seu tempo e a seu modo – narrativas e gestos são vistos como manifestações significativas do fenômeno unitário da conduta, a qual, por sua vez, traz inevitavelmente em seu bojo sentidos emocionais do drama humano que se atualiza na relação terapêutica. Com efeito, o pensamento winnicottiano tem uma grande preocupação com a dissociação entre *mente* e *soma*, entre *pensar* e *sentir* enquanto fonte importante de sofrimento. Essa dissociação é uma manifestação clínica a ser entendida como defesa contra sofrimento, ainda que, quando persistente, possa paradoxalmente intensificá-lo. Não é jamais retrato fiel da natureza humana, que seria essencialmente dividida e fundada na ideia de uma alma prisioneira de um corpo.

Nossa ideia é focalizar primordialmente a experiência emocional que se manifesta por meio do gesto espontâneo, cuja acolhida naturalmente promove uma harmonização entre os planos

---

[21] WINNICOTT, D. W. (1972), *Holding e interpretação*, São Paulo: Martins Fontes, 1991.

representacional e pré-representacional, entre o pensar e o sentir. Nesse sentido, a apresentação[22] de materialidades mediadoras em oficinas psicoterapêuticas desempenha um papel importante uma vez que torna maximamente visível a dimensão lúdica, a qual, por sua vez, propicia o relaxamento necessário ao alívio da angústia e à ocorrência da expressão genuína e criativa do *self*. Trata-se de uma expressão verdadeiramente artesanal, à medida que cada paciente imprime na *formlessness* mediadora sua marca pessoal e original[23].

Por outro lado, a atividade de pesquisa inclui o primeiro encontro, que é clínico, num segundo encontro, aquele que se dá entre pesquisadores do mesmo grupo, visando tanto uma apreensão compreensiva do material como prepará-lo para comunicações a outros estudiosos, pesquisadores e profissionais. Na etapa em que pesquisadores pertencentes ao mesmo grupo de pesquisa trabalham conjuntamente, as experiências clínicas são compartilhadas sob a forma de narrativas, que servem de base para a comunicação e a troca de experiências clínicas, favorecendo a interlocução, entendida como um *locus* privilegiado para a produção de conhecimento no âmbito das ciências humanas.

---

[22] Usamos o termo *apresentação* em sentido estritamente winnicottiano. Trata-se de um conceito que aparece em sua obra no contexto da tentativa de compreensão de um campo experiencial, denominado pré-subjetivo, quando o bebê ainda *não existe desde seu próprio ponto de vista*. Termos como *oferta* ou *disponibilização* são, rigorosamente, menos precisos, porque supõem que uma dialética da demanda e do dom ou da recusa já esteja em vigor. Ora, quando a clínica se volta primariamente ao cuidado do sofrimento que tem suas raízes na impossibilidade de se sentir vivo e real, questões relativas à frustração da demanda não se colocam e o cerne do trabalho analítico é o resgate do gesto espontâneo a partir do qual o mundo pode ser criado/encontrado, dando oportunidade ao indivíduo de sentir-se vivo e real.

[23] Usamos, como material clínico para nossos seminários, narrativas dos pesquisadores acerca do encontro clínico e, quando é o caso, dispomos de registros fotográficos ou filmagens, artesanalmente feitos pelos terapeutas, das produções igualmente artesanais dos pacientes.

Benjamin[24] ensina que a faculdade essencial do narrador é propiciar o intercâmbio de experiências. A narrativa, ao contrário da informação que se pretende objetiva, estimula a livre interpretação da história narrada e, desta forma, ...*o episódio narrado atinge uma amplitude que não existe na informação*. Deste modo, é fundamental frisar que não trabalhamos, no âmbito do grupo de pesquisadores, pensando em trocar "informações" ou "explicações científicas", para, a seguir, publicar "dados" científicos. Entendemos ser fundamental provocar um intercâmbio de experiências vividas despertado pela polissemia inerente à narrativa[25] para, em momento posterior, ensejar elaborações teóricas que se mantenham bastante próximas da vida humana concreta, tendo em vista transformar o viver, e evitar assim o abstracionismo da metapsicologia clássica.

Discutindo as comunicações de material clínico entre analistas, Figueira[26] afirma que:

> Há, no cerne da psicanálise, um conflito entre a lógica hierárquica, segmentar, segregadora e monossêmica das instituições psicanalíticas e a lógica equalitária, democrática, integradora e polissêmica que idealmente se encarna no espírito científico da psicanálise. Concordamos com Figueira, à medida que acreditamos que a interlocução é justamente o modo de encarar o *espírito científico da psicanálise*, em oposição à noção de supervisão, a qual retrata um modo de pensar hierárquico que só tem sentido temporariamente quando existe uma marcante desigualdade de experiência clínica entre supervisor e supervisionando. A nosso ver, não há súper; exis-

---

[24] BENJAMIN W. (1936), "O narrador. Considerações sobre a obra de Nicolai Leskov", In BENJAMIN W., *Magia e técnica, arte e política: Ensaios sobre literatura e história da cultura*, São Paulo: Brasiliense, 1994.
[25] É importante lembrar que o narrador conta uma história vivenciada por ele próprio com outra pessoa, história essa que não está concluída e que pode ser compreendida e vir a se transformar de infinitas maneiras.
[26] FIGUEIRA S., Como o analista constrói o material clínico, In FIGUEIRA S., *Clínica do analista: Agenda para uma clínica psicanalítica do século XXI*, São Paulo: Lemos, 1996, p. 153.

tem pesquisadores clínicos que compartilham experiências e se enriquecem com esta troca.

Concluindo, citamos Benjamin[27] que, poeticamente, mostra como a narrativa é mais do que uma relato verbal, é uma *forma artesanal de comunicação*, que naturalmente integra a comunicação verbal e gestual:

> A alma, o olho, a mão estão assim inscritos no mesmo campo. Interagindo, eles definem uma prática. (...) (A narração, em seu aspecto sensível, não é de modo algum produto exclusivo da voz. Na verdadeira narração, a mão intervém decisivamente com seus gestos, apreendidos na experiência do trabalho, que sustentam de mil maneiras o fluxo do que é dito.) A antiga coordenação da alma, do olhar e da mão, que transparece nas palavras de Valéry, é típica do artesão, e é ela que encontramos sempre, onde quer que a arte de narrar seja praticada. Podemos ir mais longe e perguntar se a relação entre narrador e sua matéria – a vida humana – não seria ela própria uma relação artesanal.

---

[27] BENJAMINW, *Op. cit.*, p. 221.

Capítulo 6
Transicionalidade e fisionomia coletiva[1]

A psicanálise tem sido entendida por muitos como uma ciência do individual, empenhada na busca de uma singularidade destacada do contexto social no qual vive e do qual emerge. O próprio Freud, enquanto pensador da cultura[2], traz uma transposição apressada do individual para o coletivo, como se este último fosse um mero aglomerado de manifestações individuais. Desta feita, o pensamento metapsicológico freudiano parte do pressuposto de que o homem é por natureza um ser isolado, regido por pulsões poderosas, cuja satisfação precisa sacrificar em benefício da convivência social. Surpreendentemente, ao elaborar uma ficção a propósito da instituição da ordem social, imagina que esta acontece justamente por meio de um ato brutal de selvageria: o patricídio. Na horda primitiva, o pai autoritário, tirano e senhor absoluto do destino e da vida de seus filhos, é assassinado por sua prole, ato este que tem como resultado a instituição da lei e da ordem social. Assim sendo, a sociedade é estabelecida a partir de um crime que, visto por um outro ângulo, paradoxalmente, funda a fraternidade. O ódio pelo pai daria, na perspectiva freudiana, origem à solidariedade entre os irmãos[3].

---

[1] Este artigo, escrito em coautoria com Maria Christina Lousada Machado, foi originalmente publicado no *Caderno Ser e Fazer: apresentação e materialidade*, São Paulo: Instituto de Psicologia, 2003, p. 60-6.
[2] MEZAN R., *Freud: O pensador da cultura*, São Paulo: Brasiliense, 1985.
[3] BARUS-MICHEL J., *Pouvoir, mythe et realité*, Paris: Klincksieck, 1991.

Trata-se de uma proposição altamente contraditória, que parte da ideia de que a violência e o ódio são os fundamentos da solidariedade e do amor entre os homens. Isto acontece porque Freud raciocina com base na crença a respeito da natureza instintiva do ser humano, visto como um ser isolado em busca do prazer, uma mônada que só se abre para o mundo para obter a satisfação de suas necessidades instintivas, devendo aprender a adiar e camuflar desejos sempre que injunções da realidade ou ditames da sociedade assim o exigirem. Chega, assim, a concepções metapsicológicas que escamoteiam a condição eminentemente social do ser humano e o peso das condições e acontecimentos da vida na determinação de sua trajetória vital. Para a metapsicologia freudiana são as pulsões que determinam o destino da humanidade.

Já para Bleger[4], o homem é essencialmente um ser social, e sua trajetória vital só pode ser compreendida se devidamente contextualizada social, cultural, histórica e politicamente. A conduta humana é um fenômeno de alta complexidade que se expressa simultaneamente em âmbitos individuais e coletivos. Neste sentido, todos somos singularidades individuais e, ao mesmo tempo, fazemos parte de diversas coletividades, acontecendo uma relação dialética entre as singularidades e as coletividades. Entre as diferentes coletividades a que pertencemos e entre estas e a singularidade individual acontecem relações complexas de caráter dialético. Deste modo, todos podemos ser abordados, do ponto de vista dramático, tanto a partir de nossa dimensão singular como a partir do ponto de vista dos diferentes coletivos a que porventura possamos pertencer. Como vemos, cada coletivo é, rigorosamente falando, uma pessoalidade coletiva, pois o fenômeno humano não é jamais *res extensa*. A psicologia é sempre ciência da primeira pessoa[5], mesmo quando aborda coleti-

---

[4] BLEGER J., *Psicologia de la conduta*, Buenos Aires: Paidos, 1963.
[5] POLITZER G. (1928), *Crítica de los fundamentos de la psicologia*, Barcelona: Martinez Roca,1972.

vos que, sendo naturalmente transindividuais, plurais, não deixam de ser, simultaneamente, singularidades existenciais.

Entendemos, pois, como definitivamente falsa a ideia de que o indivíduo é um ser isolado, obrigado a se abrir para a sociedade; acreditamos, ao contrário, que a subjetividade se constitui a partir dos vínculos estabelecidos com outros seres humanos, conforme atestam as palavras de Bleger[6]:

> ... o ser humano vive (desde a vida intrauterina) numa intensa e profunda compenetração com a vida de outros seres humano, e a investigação recai no complexo processo de aculturação pelo qual se passa dessa condição indivisa, primitivamente não diferenciada, à condição de indivíduo e pessoa.

Está aí claramente expressa uma posição categórica: a afirmação de que a subjetividade nasce justamente no campo da coexistência. Encontramos aqui uma afinidade (que temos enfatizado ao longo de nossas pesquisas) entre as concepções blegerianas e o pensamento de Winnicott, quando enfatizam que o ser humano vive, desde os primórdios de sua existência, num ambiente inter-humano, inicialmente representado pela mãe, a qual por sua vez inevitavelmente transmite a seu bebê, direta e indiretamente, os costumes de seu tempo, de sua cultura e da sociedade em que vive.

> Há, de fato, uma diferença muito grande entre ter nascido filho de um beduíno que vive nas areias escaldantes, de um prisioneiro político na Sibéria ou da esposa de um comerciante da úmida, porém bela, parte ocidental da Inglaterra. Posso ser uma pessoa convencionalmente suburbana, ou um bastardo. Posso também ser filho único, filho mais velho, o do meio entre cinco filhos, ou ainda o terceiro de uma série de quatro meninos. Tudo isso tem importância e faz parte de mim[7].

---

[6] BLEGER, Op. cit., p. 19.
[7] WINNICOTT D. W. (1968), "A comunicação entre o bebê e a mãe e entre a mãe e o bebê: Convergências e divergências", In Os bebês e suas mães, São Paulo: Martins Fontes, 1999, p. 80.

É, portanto, falsa a antinomia indivíduo-sociedade, pois a experiência humana é sempre vincular e a dramática individual está necessariamente imbricada na dramática coletiva, sendo o inverso também verdadeiro:

> ... há uma permanente relação entre indivíduo e sociedade e só se pode compreender um pelo outro", ou seja, o ser humano só se constitui enquanto tal "pela incorporação e organização de experiências com os demais indivíduos[8].

Deste ponto de vista, a conduta, entendida como toda e qualquer manifestação dramática do ser humano, pode ser inserida tanto no âmbito da singularidade quanto no âmbito da coletividade, entendendo-se o coletivo como a dimensão social do ser humano, o qual inevitavelmente vive inserido num determinado contexto histórico, econômico e cultural. Assim sendo, a nosso ver, a singularidade mantém uma relação dialética com a coletividade, estando uma contida na outra, ao mesmo tempo em que se contradizem mutuamente. Entretanto, acreditamos que a dramática humana pode ser recortada de diferentes formas, ora privilegiando perspectivas individuais, ora focalizando perspectivas coletivas, entendendo-se, naturalmente, que um mesmo indivíduo faz parte simultaneamente de diferentes conjuntos de coletivos.

Winnicott reivindica um espaço intermediário entre a percepção e a apercepção, entre aquilo que é subjetivamente concebido e o que é objetivamente percebido, oriundo da ilusão onipotente, chamado de espaço transicional. Trata-se de uma área de ilusão compartilhada, que é justamente o fundamento de toda a cultura humana, uma vez que nada há que seja objetivamente percebido sem que antes tenha sido subjetivamente concebido. Lembrando suas palavras:

---

[8] BLEGER J., *Op. cit.*, p. 20.

Podemos compartilhar do respeito pela experiência ilusória, e, se quisermos, reunir e formar um grupo com base na similaridade de nossas experiências ilusórias. Essa é uma raiz natural do agrupamento entre seres humanos[9]. (Grifos do autor)

Pensando desta maneira, a realidade humana é o universo compartilhado da cultura, a partir do qual podemos delinear o que denominamos *fisionomia coletiva*, que pode ser recortada a partir de diferentes coletivos humanos. Esta fisionomia naturalmente não é desenhada com base em concepções racionais e lógicas, mas está necessariamente constituída por fortes conteúdos emocionais. Naturalmente não é uma fisionomia estática, uma máscara: como o rosto humano, é viva e dispõe de um infinito repertório de expressões, dependendo da angústia subjacente e das defesas contra ela erigidas.

Um exemplo dessa afirmativa é a tese de livre-docência de uma de nós [10] a respeito daquilo que sentem, pensam e imaginam estudantes do curso de graduação em Psicologia a respeito da loucura e de seu eventual portador. Tratando-se de um tema altamente angustiante, buscou-se abordá-lo por meio do uso de procedimento apresentativo-expressivo[11], cujo aspecto lúdico teve a função de propiciar uma diminuição da angústia e facilitar a captação dos campos psicológicos subjacentes à expressão espontânea do coletivo em questão. Pode-se dizer que as concepções dos referidos estudantes giraram em torno dos seguintes campos psicológicos: doença orgânica, isolamento imotivado, paixão violenta e vida urbana. Em outras palavras, alguns defen-

---

[9] WINNICOTT D. W., (1971), *O brincar e a realidade*, Rio de Janeiro: Imago, 1975. p. 15.
[10] VAISBERG T. M. J. A., *Encontro com a loucura: Transicionalidade e ensino de psicopatologia*, São Paulo: Instituto de Psicologia da Universidade de São Paulo, 1999.
[11] Os procedimentos apresentativo-expressivos fundamentam-se na concepção winnicottiana de que, dentro de um contexto ilusório, a *apresentação de objeto* facilita a expressão do gesto criativo e espontâneo.

dem a etiologia endógena da loucura, seja acreditando numa causalidade orgânica, seja enfatizando a etiologia intrapsíquica, enquanto outros admitem o papel determinante do ambiente psicossocial, seja em virtude de um suposto transbordamento dos afetos, seja criticando a qualidade da vida contemporânea nas grandes cidades. No avesso desta realidade atribuída à loucura delineia-se a fisionomia carregada e dolorida de um coletivo – o estudante de psicologia contextualizado em nosso tempo e emm nossa sociedade – que há de ser auxiliado nesse encontro com o sofrimento gerado por realidades humanas insuportáveis. Trata-se de um coletivo lúcido e crítico, mas que se sente desesperançado quanto ao futuro e impotente para modificar a condição existencial individual e coletiva em que vive.

Por outro lado, sendo viva, essa fisionomia é pessoalidade que pode ser transformada, de modo a permitir uma expressão mais espontânea, relaxada e criativa. O uso de intervenções no campo da transicionalidade, que ensejam um brincar criativo tanto com conceitos teóricos, quanto com "casos clínicos", destacados da ficção literária ou de filmes, pode facilitar uma aproximação menos defensiva e mais lúdica de questões existenciais angustiantes e incrementar a esperança na possibilidade de uma transformação social do mundo, onde solidariedade e ética não sejam meras utopias[12].

---

[12] SANTOS B. S., *A crítica da razão indolente: Contra o desperdício da experiência*, São Paulo: Cortez Editora, 2000.

Capítulo 7
Uso de *procedimentos projetivos* na clínica Winnicottiana

Em 1928, um texto filosófico entusiasta, juvenil e crítico, produzido com notável perspicácia, veio à luz, trazendo consigo um estimulante convite no sentido de transformação do campo da psicologia. Refiro-me à *Crítica dos fundamentos da psicologia*, obra escrita por Georges Politzer[1] quando contava apenas 23 anos de idade. Idealizada como parte inicial de uma planejada trilogia, que não foi jamais completada, é um texto certeiro, que agudamente aponta a virtude inegável da descoberta freudiana, enquanto não deixa de criticar duramente o que, em seu próprio interior, pode ser compreendido como uma traição à vocação essencial dessa disciplina. Muitos foram os leitores importantes de Politzer – de Merleau-Ponty a Lacan[2], mas aquele que nos parece ter mais apropriadamente levado a cabo um verdadeiro trabalho de *recriação* fecunda deste trabalho foi, a nosso ver, o psicanalista argentino José Bleger[3], à medida que soube propor um enquadramento dramático de pesquisa da conduta humana.

---

[1] POLITZER G. (1928), *Critica de los fundamentos de la psicologia*, Barcelona: Martinez-Roca,1972.
[2] Ver PRADO JR. B., "Georges Politzer: Sessenta anos da crítica dos fundamentos da psicologia", In PRADO JR. B., MONZANI L. R. e GABBI JR. O. F. (org.), *Filosofia e psicanálise,* São Paulo: Brasiliense, 1991.
[3] BLEGER J., *Psicologia de la conduta*, Buenos Aires: Paidos, 1963.

Acredito que a mais importante contribuição do filósofo reside justamente em ter podido captar com clareza o que a psicanálise trazia de revolucionário para o campo das ciências humanas, vale dizer, seu pressuposto metodológico segundo o qual toda manifestação humana contém sentidos emocionais passíveis de serem apreendidos à luz da história da vida individual e coletiva[4]. Esse pressuposto representava uma ruptura radical com o campo da psiquiatria – que sempre se norteara pelo *índice de não compreensão do observador*[5]. Colocava também em cheque o postulado da psicopatologia fenomenológica jasperiana, segundo o qual existiriam limites de compreensibilidade das manifestações humanas, justificando uma diferenciação entre condutas compreensíveis e outras apenas explicáveis. Essas últimas resultariam de uma interrupção do viver propriamente humano em decorrência de manifestação orgânica, como se o biológico pudesse abolir o sentido. Não é difícil perceber que essas posições legitimaram práticas psiquiatrizantes, à medida que justificaram "cientificamente" a exclusão, mais ou menos brutal, daqueles que recebiam o diagnóstico de psicóticos processuais ou simplesmente de psicóticos. Ora, ao afirmar que toda conduta humana traz a marca de múltiplos sentidos, a psicanálise se apre-

---

[4] É, pois, essencial ressaltar que o pressuposto fundamental do método psicanalítico, vale dizer, aquele segundo o qual toda conduta humana tem sentido, tem caráter inegavelmente ético, à medida que toda manifestação, por mais estranha que seja, é incluída no acontecer humano. Neste pressuposto está logicamente incluída uma ideia que norteou a pesquisa winnicottiana, que é sempre psicanalítica na radicalidade do termo, mesmo quando não se ocupa do chamado sofrimento psiconeurótico: *(...) nada daquilo que fez parte da experiência de um indivíduo se perde ou pode jamais vir a perder-se para este indivíduo, mesmo que, por força de causas complexas e variadas, viesse a tornar-se, como de fato se torna, inalcançável para a consciência* (WINNICOTT D. W. (1968), "O jogo do rabisco", In WINNICOTT C., SHEPERD R. e DAVIS M., *Explorações psicanalíticas*, Porto Alegre: Artes Médicas, 1994, p. 80).
[5] Ver BERCHERIE P., *Histoire et structure du savoir psychiatrique*, Belgique: Navarin, 1980.

senta como exitosa na superação dessas outras posições teóricas, bem como na de práticas segregacionistas.

Entretanto, não foi difícil perceber, a partir da análise politzeriana, que a psicanálise padecia de um mal absolutamente grave: não conseguia honrar, no momento da teorização, a radicalidade de sua descoberta, que cotidianamente se renovava na prática clínica. Deste modo, não chegou a se constituir, teoricamente, como *psicologia concreta*, capaz de levar em conta a dramática emocional da vida humana, para se fazer como *metapsicologia* abstrata e objetivante. O fato é facilmente explicável à luz da história das ciências, segundo a qual o sucesso dos físicos provocou, naqueles que se voltavam ao estudo do fenômeno humano, o equívoco de supor que deveriam seguir os mesmos caminhos epistemológicos e metodológicos dos primeiros. Já em 1928 era perfeitamente visível, sob a pena de um jovem estudioso, quão enganosa era esse suposição. Também era possível perceber o alto preço que tal desacerto cobraria. O mais grave, no entanto, foi o que aconteceu na sequência da publicação da *Crítica aos fundamentos da psicologia* – diga-se de passagem, uma obra que influenciou a própria apresentação da obra freudiana aos filósofos da França –: todos os psicanalistas declararam sua irrestrita concordância em relação às colocações de Politzer, sem com isso, entretanto, rever consequentemente sua adesão à metapsicologia.

O conjunto de formulações metapsicológicas objetifica o ser humano naquilo que são suas manifestações mais específicas, naquilo que o constitui como natureza singular. Justifica-se, nesta linha, que o rigor do conhecimento exige que abandonemos o campo inter-humano, no qual tem lugar a coexistência de todos os momentos, para assim garantir o alcance de uma cientificidade respeitável pela adesão aos cânones positivistas que operam segundo o esquema sujeito-objeto. Ora, fazer do semelhante um objeto não é prática exclusiva da ciência, no mundo ocidental. A organização social, política e econômica também destitui o homem de sua condição de sujeito, vale dizer, da condição paradoxal de ser agente atravessado por determinações que o transcendem. Deste modo, uma visão objetivante se casa harmoniosamente com posturas conservadoras que, infelizmente, são muito frequentes entre psicanalistas e psicólogos. O que, entretanto, parece-me mais importante salientar neste momento é que, se podemos compreender a decisão freudiana por uma teorização metapsicológica na aurora do século passado, fica hoje bastante difícil aceitar a persistência deste posicionamento quando os intercâmbios interdisciplinares são muito acessíveis e a filosofia avançou tanto, em termos epistemológicos e éticos. Por este motivo, estou convencida de que um combate à teorização metapsicológica é fundamental. O melhor modo de combater esse tipo de visão não consiste, entretanto, na confecção de um discurso crítico. Isto Politzer já fez, com maestria. Trata-se, antes, de levar a cabo práticas clínicas verdadeiramente fiéis ao espírito ético da psicanálise, em contínua interlocução com teorizações que possam pensar o homem em sua concretude, como ser cuja vida transcorre em um tempo, em um lugar, em determinadas condições históricas, sociais, políticas, econômicas, familiares, orgânicas etc. A conhecida, mas bela, formulação de Winnicott pode ser lembrada aqui[6]:

> Há, de fato, uma diferença muito grande entre ter nascido filho de um beduíno que vive nas areias escaldantes, de um prisioneiro político na Sibéria ou da esposa de um comerciante da úmida, porém bela, parte ocidental da Inglaterra. Posso ser uma pessoa convencionalmente suburbana, ou um bastardo. Posso também ser filho único, filho mais velho, o do meio entre cinco filhos, ou ainda o terceiro de uma série de quatro meninos. Tudo isso tem importância e faz parte de mim.

---

[6] WINNICOTT D. W. (1968), "A comunicação entre o bebê e a mãe: Convergências e divergências", In WINNICOTT D. W., *Os bebês e suas mães*, São Paulo: Martins Fontes, 1999, p. 80.

A duplicidade que se encontra no interior do discurso freudiano manteve lado a lado uma prática inter-humana de encontro, durante o qual toda manifestação é sempre compreendida à luz de sentidos emocionais no contexto da história e dramática pessoais, e uma formulação teorizante fiel ao esquema *sujeito-objeto*. Essa duplicidade espraiou-se por todo o campo da psicologia, e nada, nem mesmo a psicologia projetiva, pode manter-se imune seus efeitos. O equívoco primeiro tendeu, infelizmente, a se reproduzir. Assim, acredito que devemos considerar os grandes esforços, feitos por muitos psicólogos, no sentido de validar *testes* ou *técnicas* projetivas, no intuito de os deixarem o mais próximo possível de aferições psicométricas, como uma evidência de reprodução do equívoco inicial. Malgrado tais empenhos, os métodos projetivos não chegam nunca, desde essa ótica, a deixar sua condição de instrumentos deficientes de medida.

O cenário muda radicalmente se, abandonando o paradigma da avaliação psicológica, que é, evidentemente, objetivante e despreza o essencial, a pessoalidade, a subjetividade, começamos a considerar os métodos projetivos como formas sofisticadas de expressão e comunicação emocional, capazes de prescindir da comunicação verbal conceitual. Por muitos motivos, estar restrito a esse tipo de comunicação empobrece a clínica psicológica, à medida que fenômenos dissociativos podem facilmente permitir que a verbalização se dê, enquanto a singularidade existencial, que é cada pessoa, permanece inacessível. A clínica contemporânea nos apresenta muitos pacientes capazes de articulações verbais que não os ajudam a viver melhor. Podem sofrer angústias muito primitivas, de tipo psicótico, sem se organizar rigidamente como psicóticos. Mediações que permitem deixar a comunicação verbal em segundo plano podem descortinar um panorama muito interessante na abordagem de variados sofrimentos.

Entendo que um passo decisivo, no sentido de abandonar o paradigma objetivante na psicologia projetiva, foi justamente dado por D.W. Winnicott, quando concebeu e usou o chamado *Jogo do Rabisco*. Sua experiência convenceu-o profundamente acerca do poder clínico desse procedimento. Nutria, entretanto, e com razão, um temor muito grande de que esse viesse a ser tomado como uma técnica[7]:

A técnica para esse trabalho dificilmente pode ser chamada de técnica.

Essas e outras observações merecem ser transcritas, por sua simplicidade e precisão:

Uma técnica útil foi denominada jogo do rabisco, que é simplesmente um método para estabelecer contato com um paciente infantil. É um jogo que duas pessoas quaisquer podem jogar, mas geralmente, na vida social, o jogo rapidamente deixa de ter significado. A razão por que esse jogo pode ter valor para a consulta terapêutica é que o terapeuta utiliza os resultados de acordo com seu conhecimento sobre o que a criança gostaria de comunicar. É a maneira pela qual o material produzido no ato de brincar ou jogar é utilizado que mantém a criança interessada. O método pode ser aprendido facilmente e tem a vantagem de facilitar grandemente a tomada de notas.[...] Muitos [casos] nos chegam para consulta. Cada um deles tem esperanças de obter mais do que um diagnóstico, cada um espera que uma necessidade seja atendida, mesmo que a ajuda só possa ser fornecida em relação a determinado detalhe ou a determinada área da imensa extensão da personalidade. Apesar disso, hesitei em descrever esta técnica, que utilizei muito no decorrer de um certo número de anos, não apenas por ser um jogo natural que duas pessoas podem jogar, mas também porque se

---

[7] WINNICOTT D. W. (1971), *Consultas terapêuticas em psiquiatria infantil*, Rio de Janeiro: Imago, 1984, p. 9.

começar a descrever o que faço é provável que alguém comece a reescrever o que descrevo como se fosse uma técnica estabelecida, com regras e regulamentos. Aí, todo o valor do procedimento se perderia. Existe um perigo muito real em descrever o que faço; de que outros o tomem e o transformem em algo que corresponda a um Teste de Apercepção Temática. A diferença entre isso e um TAT é, primeiro, que não se trata de um teste, e, segundo, que o terapeuta contribui com sua própria engenhosidade quase tanto quanto a criança o faz. Naturalmente, a contribuição do terapeuta é abandonada, por ser a criança e não ele quem está comunicando a aflição[8].

É, a meu ver, absolutamente fundamental notar que Winnicott não pretende adquirir conhecimento sobre a criança "apagando" sua própria presença. Não vemos aí nenhum indício de que almeje ter criado um instrumento capaz de dispensar a pessoalidade de quem o maneja, pessoalidade que ficaria dissolvida no "bem-fazer" proporcionado pelo treinamento correto — mas, ao contrário, a visão de que aquilo que importa é justamente estabelecer um contato emocionalmente significativo com a criança. Na verdade, é supreendente constatar como os desenhos, que são feitos em dupla, podem realmente permitir um encontro emocionalmente significativo, a partir do qual a criança pode ser imediatamente beneficiada. Aliás, este é um ponto sumamente importante do uso dos rabiscos: trata-se de uma prática que supera uma visão estática e dissociada do momento diagnóstico e do momento psicoterapêutico, outro grande equívoco da psicologia do século XX.

Vale a pena citar as palavras que o próprio Winnicott usou para descrever o uso deste procedimento:

---

[8] WINNICOTT D. W. (1968), "A comunicação entre o bebê e a mãe: Convergências e divergências", In WINNICOTT D. W., *Os bebês e suas mães*, São Paulo: Martins Fontes, 1999, p. 231.

Em um momento adequado após a chegada do paciente, geralmente após pedir ao genitor que o acompanha para ir para a sala de espera, digo à criança: "Vamos jogar alguma coisa. Sei o que gostaria de jogar e vou lhe mostrar" . Há uma mesa entre a criança e eu, com papel e dois lápis. Primeiro apanho um pouco de papel e rasgo as folhas ao meio, dando a impressão de que o que estamos fazendo não é freneticamente importante, e então começo a explicar. Digo: "Este jogo que gosto de jogar não tem regras. Pego apenas meu lápis e faço assim... " e provavelmente aperto os olhos e faço um rabisco às cegas. Prossigo com a explicação e digo: "Mostre-me se se parece com alguma coisa a você ou se pode transformá-lo em algo; depois, faça o mesmo comigo e verei se posso fazer algo com o seu rabisco". Isto é tudo o que existe a título de técnica e tem-se que enfatizar de sou totalmente flexível mesmo nesse estágio muito inicial, de maneira que se a criança quer desenhar, ou conversar, ou brincar com brinquedos, ou fazer música ou traquinagem, fico livre para adaptar-me aos desejos dela[9].

Fica, pois, muito claro que o procedimento tem caráter eminentemente dialógico e lúdico. Entretanto, o ponto que gostaria de defender, aqui e agora, é que o que faz toda a diferença entre o jogo do rabisco e um TAT ou um Rorschach, por exemplo – não é a natureza da tarefa (inventar histórias ou completar rabiscos), mas a visão epistemológica adotada. A questão fundamental reside em definir se o clínico trabalha segundo um paradigma de avaliação, baseado no paradigma sujeito-objeto, ou se adere a um pensamento que honra uma clínica concreta, que acontece em campo inter-humano. Porque, a meu ver, tanto o Rorschach pode ser apresentado como um rabisco, num diálogo lúdico que retoma sua inspiração na brincadeira infantil de ver animais e outras formas nas nuvens, como o rabisco pode ser usado para avaliar o paciente.

---

[9] *Id., Ibid.,* p. 232.

Uma última questão merece ser debatida. Quando nos posicionamos, enquanto clínicos, de acordo com o paradigma do encontro humano, entendendo que a concretude do encontro se justifica por uma demanda clínica e pelo compromisso de obtenção de benefícios no sentido do amadurecimento emocional do paciente, torna-se necessário examinar criteriosamente o uso do termo *projeção*. A meu ver, se seu uso consagrado justifica a manutenção do termo, não estamos dispensados de apontar criticamente os equívocos conceituais passíveis de serem perpetuados. Rigorosamente falando, o termo *projeção* tem sentido no contexto da teorização metapsicológica. Está classicamente definido do seguinte modo:

> No sentido propriamente psicanalítico, [projeção] é a operação pela qual o indivíduo expulsa de si e localiza no outro, pessoa ou coisa, qualidades, sentimentos, desejos, e mesmo objetos que ele desdenha ou recusa em si. Trata-se aqui de uma defesa de origem muito arcaica e que vamos encontrar em ação particularmente na paranoia, mas também em modos de pensar normais como a superstição[10].

Considerada, pois, um mecanismo de defesa que, evidentemente, supõe a conquista de uma certa separatividade entre o si mesmo e o outro, mesmo que esta se dê apenas em registro representacional, sem existir verdadeiramente no plano propriamente existencial, a projeção consistiria numa espécie de transferência de conteúdos psíquicos. Ora, nem sempre nos parece apropriado dizer que o uso da mediação oferecida se faz de modo inconsciente, "projetivo". Na verdade, concordamos com Bleger[11] quando diz que o que acontece são con-

---
[10] LAPLANCHE J. e PONTALIS J. B. (1967), *Vocabulário de psicanálise*, Lisboa: Moraes, 1971.
[11] BLEGER J. (1963), *Psicologia de la conducta*, Buenos Aires: Paidos, 1963.

dutas, sempre. Há condutas que acontecem sem que o indivíduo conheça uma motivação que é evidente desde um outro ponto de vista. Esse fenômeno é o que, desde a perspectiva blegeriana, deve ser qualificado como *inconsciente*. Existem condutas, existem fenômenos inconscientes, mas não existe, de forma substancialista e coisificada, uma mente inconsciente. Nesse sentido, estamos, de certa forma, recuperando a antiga discussão relativa à distinção entre técnicas projetivas e expressivas. Mas quero ir além, lembrando que um ponto fundamental no uso dos procedimentos mediadores é justamente o fato de serem propostos pelo terapeuta. Por esse motivo, vale a pena, em termos de maior fidelidade ao acontecer clínico, falar em *apresentação*, à medida que esta palavra lembra que houve um movimento ativo do profissional no sentido de disponibilização de alguma mediação que não é primariamente verbal-conceitual, embora possa incluir conteúdos simbólicos. O terapeuta apresenta, o paciente expressa a singularidade de seu ser, tal como acontece naquele encontro, naquele momento, naquela situação. Dependendo do modo como o procedimento puder ser experienciado, vale dizer, como objeto subjetivo, transicional ou passível de ser usado a partir da aceitação de sua irredutível alteridade, poderemos estar ou não diante de uma situação que pode ser considerada *projetiva*. Por outro lado, certamente em quaisquer dessas situações, estaremos diante de um acontecer que pode ser designado *apresentação-expressão*[12].

---

[12] VAISBERG T. M. J. A, CORREA Y. B. e AMBROSIO F. F., "Encontros-brincantes: o uso de procedimentos apresentativos-expressivos na pesquisa e na clínica winnicottiana", In *IX Encontro Latino-americano sobre o Pensamento de D. W. Winnicott. O homem e seu ambiente: Encontros e desencontros*, Rio de Janeiro: Sociedade Brasileira de Psicanálise do Rio de Janeiro, 2002, p. 331-41.

Capítulo 8
Da questão do método à busca do rigor: a abordagem clínica e a produção de conhecimento na pesquisa psicanalítica[1]

É muito comum a ideia segundo a qual a psicologia clínica corresponde a um campo de aplicação de conhecimentos que seriam produzidos em algum outro lugar. Deste modo, mesmo no Instituto de Psicologia da Universidade de São Paulo encontramos, ainda hoje, pesquisadores e docentes que entendem caber ao Departamento de Psicologia Clínica um trabalho que, segundo o jargão acadêmico, é denominado *extensão*, consistindo na oferta de serviços de atendimento da universidade pública à comunidade carente. Evidentemente, esse modo de pensar está diretamente relacionado a uma visão de ciência que, marcada pela concepção segundo a qual o conhecimento se dá sempre numa relação sujeito-objeto, separa pesquisa e aplicação. Entretanto, considero fundamental lembrar que, se existe algum sentido na existência de programas de pós-graduação *strictu sensu* em psicologia clínica, é exatamente porque têm como objetivo o desenvolvimento de um tipo particular e rigoroso de pesquisa, que não se confunde, em momento algum, com o que habitualmente é conhecido como aprimoramento, aperfeiçoamento ou especialização. Assim, considerando a legitimidade e

---
[1] Este artigo foi originalmente publicado nos *Cadernos Ser e Fazer: Apresentação e materialidade*, editado pelo Instituto de Psicologia da Universidade de São Paulo, 2003, p. 36-44.

especificidade da pesquisa clínica, muito facilmente chega-se à necessidade de problematização da questão do método, que tem início com a seguinte pergunta: existe um método investigativo clínico? Ou, diversamente, far-se-ia, neste campo, uso de um método mais geral, compartilhado com outros domínios da atividade científica?

Os pesquisadores têm respondido diferentemente a essas perguntas. Encontramos um bom exemplo das posições passíveis de serem assumidas nesse debate no livro *Investigação e psicanálise*[2]. Há, nesta obra, escritos, como o da própria organizadora, que advogam a favor da existência de um método clínico psicanalítico que, de modo rigoroso e fundamentado, produz conhecimento sobre o homem. Deparamos, também, com outras perspectivas, que consideram a clínica como campo fértil para nascimento de hipóteses que serão abordadas, em termos investigativos, a partir de uma visão claramente positivista.

Minha experiência como pesquisadora me tem levado a assumir com convicção a ideia de que existe um método clínico que pode, com rigor e fundamentação, gerar conhecimento sobre o humano. Este método não se confunde, em momento algum, com o método científico positivista, porque este último não pode, jamais, abordar o humano enquanto tal, mas apenas se puder objetificá-lo. Ora, a objetificação, operação necessária à ciência positivista, é, em sua essência, desumanização! Assim sendo, seu valor é muitíssimo discutível no campo das ciências humanas.

Pode ser útil dedicar algum esforço para rememorar, ainda que rapidamente, a origem da ideia de se fazer uso de um método positivista de pesquisa no campo da ciência psicológica. Suas raízes remontam ao estabelecimento cartesiano de uma dicotomia fundamental, segundo a qual existiriam dois – e

---

[2] Consultar SILVA M. E. L., *Investigação e psicanálise*, Campinas: Papirus, 1993.

apenas dois – modos de existir: a existência da coisa pensante e a existência da coisa extensa. Historicamente, a busca do método adequado, do melhor caminho, para chegar ao conhecimento, surgiu exatamente no contexto do pensamento dualista que, ao postular que o cogito está radical e ontologicamente separado da existência extensa, torna necessária a pergunta sobre como o sujeito do conhecimento se apropria da realidade, que lhe é heterogênea e exterior. Como poderiam as coisas do mundo chegar à consciência, vejam bem, não do homem concreto – pois estamos nos movendo no campo de uma certa filosofia –, mas do sujeito cognoscente? O pensamento ocidental encontrou a resposta a essa questão no conceito de representação, que é compreendida como operação pela qual as coisas são convertidas em ideias sobre as coisas. Nesta linha, conhecimento seria a representação ideal do mundo. A assunção desta visão do conhecimento levanta, consequentemente, a questão da busca do método adequado para obtenção de conhecimento confiável, daquele conhecimento que seria a mais exata e precisa cópia das coisas[3].

Abordando, entre nós, de modo bastante didático, as características principais do conhecimento que é concebido como representação do mundo, a professora Marilena Chauí[4] afirma que, segundo essa visão, sujeito e objeto mantêm, entre si, relações de exterioridade. Cabe ao sujeito a atividade de reprodução ideal do mundo pela representação, mediante a qual o objeto exterior é convertido em algo homogêneo ao sujeito, em ideia. Essa conversão poderia, pois, ser bem ou mal realizada, gerando conhecimento verdadeiro ou falso. A noção de método surge, então, historicamente, no pensamento ocidental, na qualidade de instrumento capaz de operar a reprodução, a qual, lembre-

---

[3] GALIMBERTI U., *Psiche e techne*, Milano: Feltrinelli, 1999.
[4] CHAUÍ M., *O problema do método-adequação*, São Paulo: Instituto de Psicologia da Universidade de São Paulo, 1974.

mos, é necessária e obrigatória, dada a separação ontológica vigente entre sujeito e objeto do conhecimento.

Como instrumento, o método será sempre, sob esta ótica, um conjunto de regras que visam garantir uma correspondência confiável entre o mundo real e o conhecimento do mundo – conhecimento que nada mais seria senão conjunto de representações. Nesta linha de pensamento, o pesquisador deve definir seu método anteriormente à consecução da pesquisa, em termos de um planejamento muito bem-estabelecido. Dir-se-á que o conhecimento foi alcançado à medida que se puder chegar a uma representação objetiva, tornada possível porque, pelo uso correto do método, o sujeito terá superado, numa visão totalizadora, aquelas visões parciais que são as únicas possíveis ao homem concreto. O método adequado será, portanto, aquele que puder garantir a cópia fiel da existência extensa.

Cabe, entretanto, perguntar se tem sentido manter a visão do conhecimento como reprodução ideal quando nos dedicamos ao estudo do fenômeno humano. Se se quiser manter esta visão – que provavelmente é aquela do senso comum da cultura ocidental, quando nos pede, por exemplo, que nos atenhamos aos "fatos", ou que sejamos "objetivos" – naturalmente deveremos considerar o fenômeno humano como *res extensa*, vale dizer, deveremos objetivar o acontecer humano. Esta tem sido a opção de uma certa psicologia e mesmo de uma certa psicanálise metapsicológica que tornam o psíquico extenso no espaço, atribuindo-lhe funcionalidade análoga à de um aparato físico. Claro que se podem facilmente invocar justificativas que nos lembrem que o aparelho psíquico é metafórico. Entretanto, parece-nos fundamental lembrar que outras metáforas são possíveis[5] e que nenhuma delas deixa de produzir efeitos...

---

[5] Concordo com Greenberg e Mitchell quando lembram que a tentativa freudiana de construir uma ciência respeitável é facilmente compreensível à luz da história da ciência. Entretanto, a compreensão não nos exime da crítica ao fisicalismo freudiano, nem nos impede, por outro lado, de reconhecer a importância da contribuição revolucionária que permite afirmar que toda conduta tem sentido, pertencendo inevitavelmente ao acontecer humano. Ver GREENBERG J. R. e MITCHEL S. A., *Relações objetais na teoria psicanalítica*, Porto Alegre: Artes Médicas, 1994.

Entretanto, não é preciso ser psicanalista crítico da metapsicologia objetivante para perceber quão absurda e criticável é a ideia da reificação positivista do fenômeno humano. Trata-se de uma visão inaceitável, tanto do ponto de vista da ética como do ponto de vista epistemológico. Chegamos, pois, a um impasse quando consideramos inaceitável a objetificação do fenômeno humano, operação pela qual é convertido em *res extensa* passível de ser, a partir daí, fielmente reproduzida pelo cogito a partir do uso de um método adequado? Estaríamos afirmando, então, que é impossível a produção de conhecimento relativo ao fenômeno humano?

Entendo que se adotamos a concepção segundo a qual o conhecimento é, essencialmente, representação, podemos duvidar da possibilidade mesma de produção de conhecimento sobre o humano, até porque o humano coisificado é simulacro no qual fica perdido o essencialmente humano. Outra, entretanto, será nossa visão se formos capazes de conceber a produção de conhecimento como algo distinto da obtenção de uma cópia ideal do mundo das coisas. Se não estivermos comprometidos com a busca de conhecimento representacional, estaremos livres para repensar a epistemologia das ciências humanas, e neste repensar a reflexão ética precede o trabalho epistemológico. Aqui a questão do método deverá ser substituída pela questão do rigor, de modo que o projeto de construção de um conhecimento totalizante e universal seja abandonado em favor de uma honestidade intelectual que se fará pela transparência máxima na elucidação dos pressupostos éticos, epistemológicos e antropológicos mediante os quais nos dirigimos ao campo de investigação. Podemos fazer uma concessão terminológica e designar a assunção desses pressupostos como *metodologia de pesquisa*? Esta é uma questão que está sendo respondida pela prática dos pesquisadores, em seu intercâmbio com os órgãos financiadores da pesquisa e com as instituições acadêmicas. O fundamental, entretanto, é não perder de vista que não se trata de listar umas tantas regras de *bem-fazer*, mas de cultivar o exercício da comunicação e da transparência, considerando que rigor, em ciências humanas, conquista-se pela observância da coerência dos pressupostos e pela exposição aos olhares da comunidade científica. Esse rigor nos permitirá chegar a um verdadeiro – que não se limita a retratar como "as coisas são", mas que consiste na percepção de que a verdade e o bem não se dissociam à medida que produção de conhecimento do humano só tem sentido quando transforma o viver em termos fundamentalmente éticos.

Tendo em vista o respeito à necessidade de cultivo de uma transparência quanto a nossos pressupostos de pesquisa, temos partido, na Ser e Fazer do Instituto de Psicologia da Universidade de São Paulo, de uma visão segundo a qual a psicanálise estuda o mesmo fenômeno que todas as demais ciências humanas, o ser humano, em seu acontecer concreto e inevitavelmente situado. Rejeitamos, assim, a noção disciplinar segundo a qual cada ciência examina um domínio particular da realidade, sobre o qual adquire direitos à maneira daqueles titulares das capitanias hereditárias do Brasil colonial... A complexidade do fenômeno humano, seu caráter inescapavelmente transbordante diante das categorias do intelecto, exige recortes capazes de iluminar, ainda que sempre de modo insuficiente, aspectos, qualidades e características. A psicologia – e vale aqui lembrar que considero, seguindo indicações blegerianas, segundo as quais a psicanálise é, até hoje, a mais completa psicologia existente – aborda o mesmo fenômeno que a história, que a sociologia ou que a antropologia, mas cumpre sua tarefa atendo-se à consideração do sentido emocional das condutas humanas. A psicanálise faz-se, pois, psicologia do indivíduo e do coletivo[6], faz-se

---

[6] Entendo que coletivos humanos podem ser abordados em termos do que se poderia denominar *pessoalidades coletivas*, vale dizer como singularidades transindividuais. Este termo nos parece mais adequado do que a expressão *sujeito coletivo*, que temos usado em nossos trabalhos anteriores, à medida que o vocábulo *sujeito* não contempla dimensões propriamente existenciais da experiência vital de grupamentos humanos. Ver capítulo 6 deste livro.

psicologia de condutas simbólicas, de atos e gestos, bem como de fenômenos que se expressam em termos corporais. Faz-se psicologia ao considerar o campo experiencial humano, em suas dimensões consciente e inconsciente.

A abordagem psicanalítica – termo eventualmente preferível a método –, ao se constituir como consideração do fenômeno humano enquanto experiência emocional, apresenta características que lhe são específicas. Para compreendermos essas características, é importante considerar que o fenômeno humano acontece sempre como emergente do que denominamos *campos da conduta*. Seguindo as indicações blegerianas, é possível distinguirmos três campos: o *campo ambiental*, que é aquele visto desde uma perspectiva exterior à da pessoa concreta, o *campo psicológico*, de caráter estritamente vivencial, e o *campo da consciência*, que, a rigor, é uma diferenciação do campo psicológico. Deste modo, não é difícil concluir que aquilo rigorosamente designado como *campo psicológico* é exatamente o *campo vivencial não consciente*. À medida que a conduta humana pode ser abordada desde âmbitos individuais e coletivos, torna-se possível pensar em termos de campos psicológicos não conscientes relativos a fenômenos individuais ou coletivos, vale dizer, em termos de *campos psicológicos relativos*[7].

A abordagem psicanalítica do fenômeno humano consiste, pois, na transformação de campos psicológicos não conscientes, se nos mantivermos fiéis à proposta blegeriana. Entre nós, Herrmann tem sido enfático na defesa da ideia de que o método psicanalítico opera por ruptura do campo ou incons-

---

[7] Entre nós, Fábio Herrmann cunhou a expressão *inconsciente relativo*, na qual nos inspiramos para acrescentar o termo *relativo* ao conceito blegeriano de campo psicológico. Entretanto, é fundamental destacar que o inconsciente herrmanniano é concebido como um conjunto de regras lógico-emocionais, enquanto no pensamento de Bleger o campo tem caráter eminentemente vivencial e sensível. Ver HERRMANN F., *Andaimes do real*. São Paulo: EPU, 1979.

ciente relativo. Entendo que sua contribuição metodológica é preciosa e esclarecedora, mas o fato de partir de uma matriz clínica, que tem na neurose o fenômeno privilegiado, leva esse autor a conceber o inconsciente como conjunto de regras lógico-emocionais, conduzindo-o a uma percepção a meu ver restritiva da clínica, porque acentua o trabalho de dissolução de defesas[8]. Exercendo uma prática clínica atenta a fenômenos do chamado registro psicótico, e frequentando os textos winnicottianos, tão sensíveis ao enlouquecimento e à despersonalização, temo mal-entendidos quando não se esclarece suficientemente que a ruptura do campo nem sempre deve incidir sobre as condutas defensivas. Deste modo, penso que a contribuição da teoria herrmanniana dos campos pode ser mantida desde que saibamos que na clínica contemporânea frequentemente os campos que aguardam ruptura são aqueles onde imperam o pânico e a agonia, passíveis de serem rompidos apenas pela via de *holding* devotado. Sublinhamos então que, como intervenção fundamental desta clínica, o *holding* consiste numa abertura pessoal do terapeuta que se faz num registro propriamente existencial e sensível, evitando decididamente a mera consideração do plano representacional, pois o pensar pode se dar segundo modalidades dissociadas. Assim, se temos em vista o uso da abordagem psicanalítica, concebida como ruptura de campos psicológicos não conscientes, variados podem ser os procedimentos clínicos capazes de alcançar esse efeito. Nem sempre o método, que é interpretativo, concretiza-se-rá pela via de uma interpretação explicativa decifradora ou por meio de uma intervenção provocadora da desestabilização, mais ou menos

---

[8] Evidentemente, o texto herrmanniano se refere à ruptura do campo representacional e não, como chegam a pensar leitores bastante desatentos, à ruptura da relação. Entretanto, não há como negar que, partindo da matriz clínica da neurose, essa clínica opera numa linha que enfatiza a dissolução de estratégias defensivas.

delicada, das defesas. Isto porque, para romper os campos da agonia e do pânico, da interrupção da continuidade do ser e da submissão alienante, essas estratégias interpretativas não são, como mostra a experiência, eficazes. As variadas formas pelas quais o *holding* pode acontecer – o que pode incluir até uma conversa aparentemente interpretativa, mas usada para dar sustentação – seguem, contudo, com fidelidade, os princípios epistemológicos, antropológicos e éticos constituintes da abordagem em questão.

Deve, pois, ficar claro que a psicanálise, não sendo aplicação de um certo número de regras que permitem um conhecimento confiável do psiquismo, concebido como objeto, tampouco consiste na aplicação de doutrinas à compreensão deste ou daquele fenômeno. A relação a ser mantida entre a participação no acontecer clínico – esteja em pauta o atendimento de uma singularidade individual ou coletiva – e o corpo de teorias já constituídas é peculiar. Trata-se, a meu ver, de uma relação de interlocução, que segue pelo melhor caminho quando o pesquisador pode fazer uso, no forte sentido winnicottiano do termo, do *objeto teoria*. Quando esse uso ocorre, abandonam-se posições reverenciais, acríticas e submissas em favor do estabelecimento de um campo dialógico, crítico e reflexivo, que é fiel ao reconhecimento de que a produção de saber é tarefa compartilhada, é trabalho coletivo.

Para finalizar, cumpre lembrar que a transformação do campo psicológico não consciente é, simultaneamente, o *ser e fazer* do psicanalista durante o acontecer clínico – que se vai concretizar a partir de suas intervenções verbais e gestuais, no sentido amplo da palavra *gesto* – mas também a atividade essencial do pesquisador psicanalítico, esteja este debruçado sobre o que aconteceu numa sessão ou estudando fenômenos humanos outros, que se dão na vida concreta de indivíduos e coletividades. Há, pois, um momento fundamental na pesquisa, que é aquele que temos denominado, na Ser e Fazer, *apresentação do acontecer clí-*

nico[9]. Essa é uma expressão precisa, que nos indica como se pode obter a transparência necessária ao rigor, desde uma perspectiva que considera a produção de conhecimento como empreitada coletiva. O termo *apresentação* é aqui tomado no sentido peculiar que assume no interior da obra winnicottiana, vale dizer, como abertura para o encontro, como disponibilidade para a experiência humana – sob forma de uma narrativa *sui-generis*, na qual o narrador figura como partícipe, de modo a permitir que todo o grupo de pesquisadores possa aí "criar-encontrar" sentido. Esse "criar- encontrar" é um movimento que garante, simultaneamente, tanto o respeito à experiência relatada como a possibilidade de esta vir a ser reapropriada, em seus próprios termos, pelos pesquisadores-psicanalistas envolvidos na pesquisa. Desta feita, penso que o "material" básico sobre o qual incide a investigação será sempre a apresentação compartilhada de um acontecer – que é clínico não apenas por ter ocorrido em um consultório, mas também porque será clinicamente abordado quando compartilhado pela comunidade de pesquisadores envolvidos[10].

---

[9] Essa feliz expressão aparece, pela primeira vez, em nossos trabalhos, em 2003, no *Relatório de qualificação para mestrado* de Lígia Masagão Vitali, psicoterapeuta e pesquisadora responsável pelas Oficinas Psicoterapêuticas de Arranjos Florais da *Ser e Fazer*.
[10] Ver REVAULT D'ALLONES C., *La démarche clinique en sciences humaines*, Paris: Payot, 1999.

Capítulo 9
Tricotando para o bebê que se espera: arteterapia para gestantes[1]

Partindo das considerações fundamentais da psicopatologia psicanalítica, segundo a qual se compreende, desde uma perspectiva winnicottiana, que as formas mais graves de sofrimento emocional estão intimamente relacionadas às deficiências ambientais no provimento de cuidado materno suficientemente bom ao lactente, temos considerado a importância da psicoprofilaxia passível de ser realizada mediante atenção psicológica que possa facilitar a entrada da gestante na condição emocional conhecida como *preocupação materna primária*. Em termos práticos, estabelecemos, no Instituto de Psicologia da Universidade de São Paulo, um serviço – *Ser e Fazer: Oficinas Terapêuticas de Criação* – que consiste no oferecimento de arteterapia realizada mediante a utilização de diferentes materiais mediadores, de acordo com uma concepção teórico-clínica que se harmoniza com os fundamentos do pensamento winnicottiano. No que tange ao atendimento específico de gestantes, o tricô tem-se revelado um material mediador bastante interessante, por se inscrever, claramente, num processo de estabelecimento de contato com o corpo real da criança que nascerá. As peças de tricô são,

---
[1] Este artigo, escrito em coautoria com Lélia Souza Silva, Tânia Mara Marques Granato e Eliana Marcello De Felice, foi originalmente publicado pela revista *Mudanças: psicoterapia e estudos psicossociais*, 9 (13), p. 37-56, 2001.

deste modo, fabricadas como sucedâneos externos do próprio útero, permitindo à mulher sustentar, imaginativamente, uma continuidade de ser entre as condições de "mãe-uterina" e "mãe do lactente". Por outro lado, o fato de assumir a posição ativa de produtora das roupas pode ajudar a mãe a lidar com a angústia derivada do fato de, enquanto sujeito humano, submeter-se passivamente ao processo de gravidez, no sentido de não haver possibilidade de desempenhar nenhuma atividade eficaz no que diz respeito à constituição física da criança. Entendemos que, de forma ilusória, na acepção winnicottiana do termo, a mãe cria onipotentemente seu bebê enquanto, de fato, apenas tricota a roupa que futuramente envolverá um corpo que se produz misteriosamente em seu próprio útero[2].

A psicopatologia psicanalítica, sob inspiração do pensamento de D.W. Winnicott, compreende que as mais graves formas de sofrimento humano, psiquicamente expresso, estão intimamente relacionadas às deficiências ambientais no que têm sido denominadas como cuidado materno suficientemente bom. Isto aponta nitidamente para a importância do provimento de atenção psicológica às gestantes no sentido de facilitar-lhes uma entrada autêntica naquele estado existencial conhecido como *preocupação materna primária*[3].

As rigorosas ponderações de Fábio Herrmann, conhecidas entre nós como *Teoria Psicanalítica dos Campos*[4], permitem discernir que o legado fundamental da psicanálise, como ciência voltada à elucidação da produção de sentido, é seu método. Con-

---

[2] O conhecimento científico relativo às condições biológicas que presidem o desenvolvimento do feto e o nascimento do bebê não diminui o mistério da vida enquanto experiência humana.
[3] WINNICOTT D. W. (1956), "Preocupação materna primária", In WINNICOTT D. W., *Da pediatria à psicanálise: Textos selecionados*, Rio de Janeiro: Francisco Alves, 1978.
[4] Para uma visão abrangente da *teoria dos campos*, ver SAGAWA R., *A teoria dos campos na psicanálise*, São Paulo: HePsyché, 1999, e HERRMANN F., *Andaimes do real*, São Paulo: EPU, 1979.

clui-se, consequentemente, tratar-se de um saber que não se encontra, de modo algum, restrito à psicoterapia individual das neuroses. Fica claro, portanto, que o método pode se concretizar em práticas de cunho psicoterapêutico ou psicoprofilático e em âmbitos individuais ou coletivos. Além disso, percebe-se, também, que podem ser utilizados recursos expressivos outros além da comunicação verbal, tanto com crianças como com adolescentes e adultos, psicóticos, *borderlines* ou mesmo neuróticos.

Fundamentos teóricos clínicos da arteterapia winnicottiana

Se a própria psicanálise-padrão pode ser considerada uma forma sofisticada de brincar, temos ficado muito impressionadas com os efeitos clínicos provocados pelo oferecimento de uma visibilidade mais imediata da dimensão lúdica. Partimos, deste modo, da realização de oficinas de desenhos-histórias em psicoterapia grupal em instituições psiquiátricas, constatando sua potencialidade como propiciadoras da instalação de um campo inter-humano lúdico e produtivo no atendimento a psicóticos. Essa experiência nos motivou a idealizar atendimentos caracterizados pela disponibilização de diferentes materiais mediadores, tais como o papel artesanal e os arranjos florais, com diferentes grupos de pacientes.

O simples fato de fazer uso de uma mediação, como a pintura, a escultura, o arranjo floral, a invenção de histórias e desenhos ou o teatro, não significa, por si mesmo, que se esteja desenvolvendo arteterapia, ainda que efeitos terapêuticos possam daí advir, evidentemente. Na verdade, o mesmo tipo de ambientação pode servir para fins ocupacionais, pedagógicos ou de lazer. Por outro lado, o uso da arte com objetivos psicoterapêuticos pode ser realizado a partir de outros referenciais teóricos. Entretanto, quando se trata de arteterapia na clínica winnicottiana, todo e qualquer material é oferecido de acordo com os princípios que fundamentam o uso do jogo do rabisco. O profissional não precisa ser um artista habilidoso, e sim um amador, no sentido mais amplo e profundo do termo, ou seja, alguém que "gosta" de participar de uma certa brincadeira, mas que também está disponível e aberto para outras formas de expressão.

A arteterapia de inspiração winnicottiana se faz a partir do reconhecimento de que a coexistência, a inter-subjetividade, é a dimensão fundante do existir humano, de modo que toda psicoterapia é potencialmente encontro humano devotado. A relação mãe-lactente, sendo cronologicamente anterior a todas as outras relações, no âmbito individual, é um caso particular de encontro humano, aquele que acontece quando o nascimento biológico já teve lugar, mas o ser humano ainda não "chegou" ao mundo humano, requerendo, por isso, uma parceria absolutamente especial. Por outro lado, todo e qualquer encontro, atinja ou não níveis profundos de regressão, se faz verdadeiramente quando alguma devoção pode acontecer, o que pode ocorrer em relações tais como aquelas existentes entre médico-paciente, analista-analisando, professor-aluno, ou mesmo na amizade profunda e no amor. Tomando o filósofo Lévinas[5] como referência que se harmoniza com o pensamento winnicottiano, diremos que o reconhecimento da subjetividade como sensibilidade – vale dizer, das dimensões sensíveis do ser – descortina a importância do ser em presença. No encontro, eu tanto me dou a ver ao outro como posso vê-lo como *Rosto* – que, na acepção levinasiana, contém tanto a fragilidade e a nudez humana como também vestígios de uma grandeza que nos ultrapassa.

Tomando-se por base seus objetivos psicoprofiláticos, o encontro arteterapêutico pode ser abordado a partir de dois

---

[5] LÉVINAS E. (1971), *Totalité et infini*, Paris : Kluwer Academic, 1987.

vértices: pelo modo como se fará a apresentação do material mediador e pelo modo de intervenção do terapeuta. Escolhemos estudar o acontecer clínico a partir desses vértices, considerando que todo atendimento cumpre seu objetivo quando fazemos uso de modelos dramáticos, que se afastam decididamente de abstrações fisicalistas e mecanicistas. Entendemos que o modelo da relação mãe-bebê é heuristicamente fecundo, à medida que se pode traçar uma analogia fundada na assimetria das posições de cuidador e beneficiário de cuidado. Isto, entretanto, não significa infantilizar o paciente nem «aplicar» esquemas preestabelecidos de compreensão, num paralelismo inaceitável. Aliás, é fundamental considerar cada encontro em sua singularidade, sem o que nos retiramos do contato genuíno que todo atendimento requer, adotando atitudes maternais fixas, falsas e dissociadas.

Para Winnicott[6], uma das tarefas maternas iniciais é a apresentação de objeto, que consiste em fornecer ao bebê o objeto necessitado exatamente no momento em que está pronto a encontrar algo. Esse aparecimento oportuno permite que o bebê "crie" o que já estava aí para ser encontrado. A importância dessa experiência é clara: habilitar o bebê a acreditar que o mundo possa conter o necessitado, o desejado. Trata-se de uma experiência ilusória, na qual o objeto existe dentro da área de controle onipotente do indivíduo. Se tudo correr bem, o indivíduo poderá, mais tarde, abdicar desse domínio, inaugurando-se, a partir daí, a possibilidade de vivenciar o objeto como real, por existir independentemente de sua vontade pessoal. Quando o objeto externo puder sobreviver à destrutividade do indivíduo[7], um contato maduro com a rea-

---

[6] WINNICOTT D. W., (1949), "A mente e sua relação com o psique-soma", In WINNICOTT D. W., *Da pediatria à psicanálise: Textos selecionados*, Rio de Janeiro: Francisco Alves, 1978.
[7] WINNICOTT D. W. (1968), "O uso de um objeto", In *O brincar e a realidade*, Rio de Janeiro: Imago, 1975.

lidade compartilhada será realmente possível. Para facilitar a apreensão do processo, é lícito pensar no seio, primeiro objeto da experiência. Entretanto, como diz Winnicott[8], é nada menos que o mundo aquilo que a mãe apresenta ao bebê, ainda que "em pequenas doses".

A compreensão do fenômeno de apresentação de objeto é fundamental para que a comunicação do terapeuta possa ser criada/encontrada construtivamente pelo paciente. Entretanto, além de apresentar a interpretação, Winnicott também apontou caminhos para apresentação de objetos mediadores que, encontrados/criados, respondem às necessidades expressivas do paciente, quando compartilhou com seus leitores seu modo absolutamente pessoal de propor o jogo do rabisco. Na arteterapia acontece a disponibilização tanto de materiais mediadores como de intervenções, sejam estas verbalizações ou atos terapêuticos que expressam um reconhecimento da singularidade existencial do paciente e que, por esse motivo, tornam significativa a comunicação emocional com o terapeuta.

Evidentemente, a apresentação do material mediador e das intervenções só é possível quando o terapeuta está suficientemente sensibilizado pelas questões existenciais trazidas pelos pacientes, flexibilizando-se emocionalmente para um encontro potencialmente mutativo. Há também de existir, ao lado da disponibilidade emocional do terapeuta, um conhecimento aprofundado, através de apropriação pessoal, da teoria do desenvolvimento emocional humano e das diferentes formas do sofrer psiquicamente expresso. A apropriação pessoal do conhecimento respeita o estilo individual e se realiza quando o vínculo com a teoria não é submisso. Tanto o mate-

---

[8] WINNICOTT D. W. , (1949), "El mundo en pequeñas dosis", In WINNICOTT D. W., *Conosca a su niño*, Buenos Aires: Paidos, 1962.

rial escolhidocomo as expressões interpretativas presentificarão movimentos criativos do psicoterapeuta, configurando a arteterapia como superposição de duas áreas de brincar[9].

A noção de uso de objeto pode ser particularmente esclarecedora em termos do que ocorre na sessão de arteterapia. A partir da aceitação da diferenciação entre relação e uso, fica evidente que a arteterapia tem como horizonte facilitar ao paciente o uso pessoal do objeto. Entretanto, a verdade é que o paciente, em função de suas limitações pessoais, raramente está maduro para isto. Assim, o indivíduo mais regredido lidará com o material mediador projetivamente, através de identificações, à medida que ainda não estiver preparado para, através da experiência de destruição, chegar ao uso do objeto. Se o uso depende do amadurecimento emocional, com o qual a arteterapia visa colaborar, não parece conveniente, do ponto de vista do rigor conceitual, conservar o termo projetivo, justamente pelo fato de este corresponder à forma mais primitiva de vinculação com o material apresentado.

Na sessão de arteterapia, tanto o material como as intervenções, verbais ou gestuais, são apresentados pelo psicoterapeuta, com o objetivo de propiciar condições suficientemente boas para um desenvolvimento emocional que capacite o indivíduo a se expressar, fazendo-se presença. Nessa presentificação, que se realiza no encontro inter-humano, o paciente pode chegar a encontrar-se nos produtos de suas experiências criativas[10].

Enquanto esse tipo de experiência não puder ser alcançado, os esforços serão feitos no sentido de possibilitar a aquisição

---

[9] WINNICOTT D. W., (1971), *O brincar e a realidade*, Rio de Janeiro: Imago, 1975.
[10] *Id., Ibid.*, p. 80.

da capacidade de brincar. A criatividade que aqui interessa, portanto, é aquela que não tem a ver com reconhecimento de público ou de crítica, mas com a possibilidade de o indivíduo se sentir vivo, real e capaz de se posicionar criativamente diante da alteridade do mundo.

Percebe-se portanto que a palavra arteterapia, sob inspiração winnicottiana, tem sentido se pensarmos a potencialidade artística como parte integrante de um meio suficientemente bom. O objetivo não é outro senão curar. Essa palavra tem, curiosamente, uma dupla acepção, como indica Herrmann[11]. Serve, assim, tanto para conotar o cuidado e o zelo, tal como é usada no campo médico e no jurídico, como também para referir o processo de produção de queijos, significando, nesse caso, o procedimento requerido para o completo desenvolvimento de suas potencialidades e características singulares. Na clínica winnicottiana a cura tem exatamente os mesmos sentidos porque cuidar, visando à diminuição do sofrimento, é simultanemente facilitar a busca, sempre presente, de realização do ser e viver de cada um. Aqui vemos que o esquema desenvolvimentista-regressivo, que vem caracterizando a psicopatologia, sendo estreito quando usado de modo rígido e mecânico, de acordo com noções tais como fase, regressão e fixação, pode apontar para uma verdade: que o sofrimento está fundamentalmente ligado à impossibilidade de "acontecer" criativamente, como singularidade humana.

A gravidez e a preocupação materna primária

Considerando a gravidade do sofrimento humano que pode ter origem em dificuldades precoces da relação mãe-filho, as quais

---
[11] HERRMANN, *Op. cit.*

podem chegar a comprometer a constituição do *si mesmo*, em termos da própria experiência de continuidade de ser, fica evidente o interesse no desenvolvimento de modalidades clínicas de atendimento psicoprofilático a gestantes. Esse tipo de trabalho, quando se faz mediante o uso do método psicanalítico, certamente se beneficia de conhecimentos acerca da psicologia materna, que é o polo sobre o qual se pode estruturar um melhor atendimento às necessidades do lactente. Essa conhecimento deve ser buscado de modo a não focalizar a mãe como unidade existencial isolada, monadicamente, mas em termos dramáticos, na específica acepção que Bleger[12] confere a essa noção, a partir da reflexão politzeriana. De acordo com esse ponto de vista, todo sujeito humano deve ser visto em situação natural humana, ou seja, em contexto vivencial inter-subjetivo. Cada pessoa faz um percurso vital como ser sociocultural e histórico, a partir do que realiza uma experiência existencial singular. A gravidez e a maternidade são acontecimentos biográficos de enorme importância, com repercussões potencialmente transformadoras sobre a vida da mulher, do casal e da rede familiar e social. É a partir do estilo de vida de uma mulher no mundo de hoje, no específico contexto cultural em que se encontra inserida, que a futura mãe vai entrar em um estado emocional especial, o qual lhe possibilitará comunicar-se adequadamente com o bebê, antes mesmo de este existir desde seu próprio ponto de vista, estado que Winnicott denominou *preocupação materna primária*. Essa condição prepara a mãe para a realização de tarefas fundamentais a partir das quais o lactente poderá vir a se integrar, personalizar e estabelecer relações com os objetos, emergindo como subjetividade. Nas palavras de Winnicott[13]:

---

[12] BLEGER J., *Psicologia de la conduta*, Buenos Aires: Paidos, 1963.
[13] WINNICOTT D. W. (1956), "Preocupação materna primária", In WINNICOTT D. W., *Da pediatria à psicanálise: Textos selecionados*, Rio de Janeiro: Francisco Alves, 1978, p. 302.

Esse estado organizado (...) pode ser comparado com um retraimento, ou uma dissociação, ou uma fuga, ou mesmo um distúrbio de um nível profundo como um episódio esquizóide no qual algum aspecto da personalidade escapa temporariamente. Eu gostaria de encontrar um nome adequado para essa condição e levá-la em conta em todas as referências às fases mais precoces da vida do bebê. Não acredito que seja possível compreender o funcionamento da mãe no período mais inicial da vida do bebê sem ver que ela deve estar capacitada a alcançar esse estado da mais alta sensibilidade, quase uma doença, e recuperar-se dele. (Eu usei a palavra doença porque uma mulher deve ser saudável para poder tanto desenvolver esse estado, como recuperar-se dele quando o bebê a libera.)

O atendimento das necessidades do lactente parece ter a ver, logo de início, com o processo de apresentação da realidade que em Winnicott é pensado de modo bastante diverso de Freud[14]. O sentido de realidade, com o qual muitas vezes Freud explicitamente trabalhou, é tributário de um perceptualismo ingênuo, concebendo o organismo como uma mônada fechada que só às custas da ineficácia da alucinação se abre para a percepção da realidade externa. A visão de Winnicott é diferente e muito mais sofisticada, à medida que assume que, paradoxalmente, a sanidade mental repousa exatamente na loucura. Deste modo, ele destaca que, no processo de apresentação da realidade ao lactente, existe necessidade absoluta de provimento de uma experiência ilusória onipotente, mediante a qual o recém-nascido possa viver como se fosse o criador do seio materno, vale dizer, da realidade do mundo.

---

[14] FREUD S. (1911), *Los dos principios del suceder psiquico*, Madrid: Biblioteca Nueva, 1948.

Esta vivência é possibilitada pela apresentação do seio no momento em que o bebê está efetivamente pronto para criá-lo. Ou seja, a realidade é paradoxalmente criada/encontrada. De acordo com este pensamento, a desilusão, isto é, saber que a realidade tem autonomia em relação ao si-mesmo só pode ser tolerada, e até ser aliviadamente desfrutada, por quem pôde viver a experiência de onipotência. Assim pensando, deduz-se que a sanidade repousa, de fato, sobre a loucura, pois, de certo modo, esse bebê onipotente segue vivo em todo ser humano.

O que nas melhores condições parece ocorrer naturalmente é, contudo, fruto de um verdadeiro trabalho emocional. Afinal, bebês, à medida que ainda não integrados, personalizados e capazes de se relacionarem com os objetos, são muito diferentes de suas mães. A preocupação materna primária é o fenômeno que sustenta a naturalidade aparente do labor materno, cujo pré-requisito é poder identificar-se com o lactente. Entretanto, Winnicott não subestima as dificuldades emocionais envolvidas nessa tarefa, chegando a considerar que nenhuma gestante seria completamente capaz de produzir, na fantasia, uma criança viva e total, daí concluindo ocorrer sempre algum impacto quando a jovem mãe se defronta com seu filho, em cuja existência e realidade não acreditará totalmente[15]. Em todo o caso, é clinicamente fundamental reconhecer que diferentes mães podem apresentar maior ou menor facilidade quanto à vivência da preocupação materna primária. Vale a pena citar novamente o autor[16]:

---

[15] WINNICOTT D. W. (1960), "Teoria do relacionamento paterno-infantil", In WINNICOTT D. W., *O ambiente e os processos de maturação*", Porto Alegre: Artes Médicas, 1982.
[16] WINNICOTT D. W. (1956), "Preocupação materna primária", In WINNICOTT D. W., *Da pediatria à psicanálise: Textos selecionados*, Rio de Janeiro: Francisco Alves, 1978, p. 303.

Apenas se a mãe está sensibilizada do modo que descrevi, poderá sentir-se no lugar do bebê, indo ao encontro de suas necessidades. Estas são, inicialmente, necessidades corporais, e gradualmente se tornam necessidades do ego, à medida que a elaboração imaginativa emerge desde a experiência física. Aí aparece uma relação de ego entre a mãe e o bebê, desde a qual a mãe se recupera e fora da qual o bebê pode eventualmente construir a ideia de uma pessoa da mãe. Desde este ângulo, o reconhecimento da mãe como uma pessoa virá de um modo positivo, normalmente, e não a partir da vivência da mãe como um símbolo de frustração.

De acordo com a perspectiva psicanalítica clássica, o ser humano se defende contra o enlouquecimento usando a representação como uma espécie de filtro que, constituído como uma superfície bifacial, traz de um lado a representação do mundo, ou realidade, e do outro a identidade, enquanto representação do *si-mesmo*. Deste modo, na maior parte do tempo, o *self* faz uso da representação, podendo ser esse uso mais ou menos criativo, mais ou menos aderido, mais ou menos defensivo. Representação, neste contexto, tem um sentido amplo, figurado e simbólico, não se restringindo, de modo algum, ao discurso verbal. Ora, para realizar o trabalho identificatório, que lhe permitirá fornecer o ambiente necessário para a experiência de ilusão do lactente, a mãe deverá ser capaz do que podemos denominar *flexibilização identitária ou autorrepresentacional*. Os limites identitários serão perturbados, em favor da acolhida do bebê. A experiência de entrar em contato com o bebê, este desconhecido-conhecido, é, de fato, um mergulho no real, no mistério da vida. É maravilhosamente terrível, ou apavorantemente maravilhosa, exigindo muito da mulher. Entendendo que a psicose não é a loucura, mas a tentativa, sempre problemática, de fugir ou de se recompor apressadamente do mergulho na loucura, é muito importante que o enlouquecimento sadio da mulher receba o acolhimento ambiental necessário, evitando-se tanto o risco da insensibilização defensiva como aquele da psicotização[17].

O uso do tricô como materialidade mediadora no atendimento de gestantes

Se levarmos em conta hábitos culturalmente consagrados, não teremos dificuldade em perceber que o tricotar roupas para o bebê é uma atividade que pode se prestar adequadamente como materialidade mediadora no atendimento de gestantes quando se preparam psicologicamente para a entrada no estado de preocupação materna primária. Trata-se, de fato, de uma atividade que segue sendo realizada por muitas gestantes, apesar das atuais facilidades e conveniências no sentido de aquisição de um enxoval industrialmente produzido. Nesse sentido, Soulé[18] chegou a enfatizar que o tricotar desempenha um papel central na produção imaginativa, preparando a mãe para a interação com o lactente. Segundo esse autor, ao tricotar, a grávida estabelece uma relação com o bebê imaginário, construindo um vínculo com o corpo de uma criança real que nascerá em breve. As peças de tricô são, desse modo, elaboradas como substitutos da proteção uterina, permitindo à mulher estabelecer,

---

[17] O desenvolvimento de nossas pesquisas nos tem levado a questionar a ideia segundo a qual a atividade representacional é o que salva o homem do enlouquecimento. Atualmente, entendemos que apenas a presença humana, o rosto levinasiano, tem o poder de impedir a queda nas agonias impensáveis. Entretanto, não negamos a importância da atividade representacional, como conduta, nem deixamos de considerar que a gravidez requer uma flexibilização identitária da mulher que, vale sublinhar, depende da boa constituição de um verdadeiro sentido de si.
[18] SOULÉ M., "La madre che lavora sufficientemente a maglia", In *Psichiatria dell'infanzia e dell'adolescenza*, 57, 1990, p. 749-53.

num plano vivencial, uma *continuidade de ser* entre a condição existencial de gestante e a de mãe do recém-nascido. Por outro lado, o fato de assumir a posição ativa de produtora das roupas pode ajudá-la a lidar com a angústia derivada do fato de a gravidez ser um processo que se padece, no sentido de não haver possibilidade de desempenhar nenhuma atividade eficaz no que diz respeito à constituição física da criança[19]. Entendemos que, de uma forma ilusória, a mãe cria onipotentemente seu bebê enquanto, de fato, apenas tricota a roupa que futuramente envolverá o bebê que se desenvolve em seu útero, segundo processos que, sendo essencialmente independentes da pessoalidade materna, trazem para muito perto da mulher dimensões desconhecidas da existência[20]. Embora, à primeira vista, o tricotar se apresente como uma atividade mecânica, repetitiva e operativa, de fato prepara a mãe para o contato com a presença corporal do bebê, a qual, em si mesma, remete inevitavelmente ao pai da criança, à vida sexual de ambos, bem como a sua inserção numa corrente transgeracional.

Em nossa experiência, a proposta de atendimento a gestantes mediante o uso do tricotar sapatinhos e mantas revelou-se clinicamente interessante, especialmente em casos nos quais a angústia de admitir necessidade de atendimento psicológico se colocava como um obstáculo importante. À guisa de exemplo, podemos abordar o caso[21] de uma gestante bastante ansiosa, que

---

[19] A televisão brasileira tem veiculado um comercial no qual aparece uma belíssima modelo dançando e, em seguida, sua mãe idosa, que diz ao espectador: *Gostou? Fui eu que fiz...* Entretanto, como condição que se padece, a gravidez não está primariamente ligada a nenhum fazer, exceto o da própria relação sexual.
[20] O conhecimento científico relativo às condições biológicas que presidem o desenvolvimento do feto e o nascimento do bebê não diminui o mistério da vida enquanto experiência humana.
[21] Este atendimento foi realizado pela psicanalista Lélia Sousa Silva.

alguns anos antes apresentara uma gravidez tubária, cuja interrupção foi traumaticamente vivenciada. Com 34 anos, arquiteta, casada havia mais de 10 anos, P. estava grávida de sete meses quando procurou o atendimento arteterápico. Queria aprender a fazer um sapatinho já no primeiro encontro. Enquanto trabalhava, ia falando com a terapeuta, de modo desenvolto. Comentava que lera uma reportagem sobre a história da civilização nos tempos primitivos, nos quais os homens se cobriam com pele de animais e que depois teciam suas roupas com duas agulhas de paus, o tricô, e com uma agulha, o crochê. Conclui então que se esse era seu primeiro filho e seu primeiro tricô, a gravidez é um fenômeno que existe desde que o mundo é mundo. A gestante, enquanto tricotava, passeava por diversos temas: a relação com a mãe, avó e irmãs, o medo de perder a própria beleza e ficar pouco atraente sexualmente após o parto, os perigos do parto, em termos de dor e riscos para o bebê e para si mesma, a entrada em trabalho de parto, o medo de fazer um curso recomendado pelo obstetra para se preparar para cuidar do bebê... Em muitos momentos evidencia dificuldade de lidar com aspectos da própria agressividade, ora voltados para o bebê, ora para a própria mãe, para o marido ou para o próprio corpo. A experiência constratransferencial é de ser maltratada pela paciente, de ser, frequentemente, uma "coisa" sem valor ou importância.

Um momento, contudo, parece ter tido um efeito mutativo: em um dos encontros, justamente quando se fazia necessária uma tesoura, que a terapeuta não conseguiu encontrar na sala de atendimento. Intuindo, simultaneamente, que não deveria deixar a paciente sozinha no momento, resolve, espontaneamente, usar os próprios dentes para cortar o fio de lã. O momento revelou-se muito intenso em termos de encontro emocional. A paciente lembrou-se imediatamente das parteiras do Pantanal, das índias brasileiras que cortam o cordão umbilical com os próprios dentes. Se, até o momento, mantivera uma atitude bastante dependente em relação à terapeuta, não tomando qualquer iniciativa relativa ao tricô sem antes consultá-la, a paciente fez, então, acontecer algo novo: tomou o sapatinho, que estava do avesso, e o desvirou por sua própria iniciativa, colocando-o em posição correta, sem consultar a terapeuta.

A partir dessa sessão, a paciente mostrou claros sinais de mudança: passou a tricotar não apenas durante as sessões, conseguiu fazer o curso, melhorou sua relação com as mulheres da família e passou a se sentir mais segura de um modo geral. Ainda aconteceram mais quatro encontros antes do parto, nos quais os mesmos temas de conversa iam e vinham, mantendo-se, contudo, uma conduta menos defensiva, mas espontânea e mais serena. Este atendimento, a nosso ver, ilustra bem o trabalho, à medida que mostra o uso produtivo da materialidade mediadora, a facilitação da expressão pessoal e uma forma de intervenção que não se resume à enunciação de uma sentença interpretativa, mas na conjunção entre a apresentação do objeto tricô e uma intervenção sob a forma de gesto espontâneo: os dentes ao cortar o fio remetem a paciente à *naturalidade humana* que a coloca, e também ao marido e ao filho, em condição de pertinência à humanidade. Por outro lado, esse gesto também se revela significativo pelo fato de integrar, em um único movimento, a violência e a criação: o fio que é cortado permite que o sapatinho exista como singularidade, do mesmo modo que só o bebê expulso pode ter vida própria. Desse modo, sem haver a construção de um discurso sobre a inevitabilidade da presença do corte na criação, evitando a confusão entre agressividade e destrutividade, parece haver uma elaboração vivencial que provavelmente dará a essa mulher melhores condições de se relacionar com seu bebê.

Capítulo 10
Arteterapia, clínica winnicottiana e desordens neurológicas severas[1]

Há alguns anos, a Ser e Fazer, do Instituto de Psicologia da Universidade de São Paulo desenvolve trabalhos voltados à pesquisa de enquadres diferenciados conhecidos como *arteterapia winnicottiana*. Em suas oficinas, psicanalistas articulam clínica e pesquisa, realizando atendimentos grupais gratuitos de crianças, adolescentes e adultos, com a participação de estudantes de graduação e pós-graduação. Esta clínica visa obter uma certa qualidade de amadurecimento pessoal, fundado sobre uma concepção de saúde como possibilidade de realização do potencial individual e de criação de sentido existencial para a própria vida, que difere, claro está, de abordagens que privilegiam a remissão de sintomas, o restabelecimento ou compensação da estrutura da personalidade ou a reinserção social, ainda que esta última não deixe, é claro, de ser desejável. Em outras palavras, trata-se de uma clínica atenta ao sofrimento decorrente da vigência de processos dissociativos. A obtenção de efeitos benéficos requer o manejo de um ambiente favorável, de um campo inter-humano que permita uma experiência de vida espontânea, criativa e favorável à superação de

---

[1]Este trabalho, escrito em coautoria com Ligia Masagão Vitali, Sabrina Giorgio e Fabiana Follador Ambrósio, foi originalmente publicado no *Bulletin de psychologie*, 56 (6), 2003, p. 791-4.

problemáticas emocionais que levam o indivíduo a se ausentar de si próprio, na tentativa de escapar da dor. As intervenções terapêuticas principais consistem na apresentação de materialidades mediadoras e no manejo terapêutico da *sustentação*, empregada no sentido winnicottiano do termo.

Esta proposta terapêutica deriva de nossa experiência clínica, ao curso da qual nos têm sido apresentadas demandas que se exprimem como sofrimento gerado pela impossibilidade de viver autenticamente. Os casos certamente podem ser considerados, desde outros referenciais teóricos, como passíveis de serem diagnosticados como estados-limites, como neuroses ou mesmo psicoses. Mas, o que sempre aparece é a aflição e a angústia, que provocam uma dissociação defensiva, a qual, por sua vez, gera dor. Nossa preocupação central é ultrapassar a experiência de falta de autenticidade, na direção de uma retomada, ou de uma conquista primeira, do gesto espontâneo.

O fato de se recorrer, simplesmente, a materialidades mediadoras não garante a realização de um trabalho terapêutico capaz de superar as dissociações. Este mesmo gênero de atividade pode ser usado para satisfazer objetivos ocupacionais, pedagógicos, de lazer ou recreação, vale dizer, na constituição de enquadres não psicoterapêuticos. Por outro lado, as oficinas artísticas destinadas à psicoterapia podem ser concebidas a partir de diferentes referenciais teóricos, tais como o junguiano e o guestáltico. Nossa atividade clínica se define em função da teoria que a inspira.

A criação-encontro

Para esclarecer o modo como utilizamos a materialidade mediadora em nossas oficinas psicoterapêuticas, é conveniente precisar que partimos de uma *apresentação*, no sentido winnicottiano do conceito. Lembremos brevemente que, de acordo com Winnicott[2], a base da sanidade é uma experiência de onipotência que se pode produzir, na vida do lactente, quando uma mãe suficientemente boa é capaz de sustentar a criação/encontro do seio, no momento propício. Assim, do mesmo modo que a mãe apresenta o seio, o psicólogo apresenta uma materialidade que pode ser pensada como *realização simbólica*[3].

Do mesmo modo que a mera presença do seio não é, em si mesma, garantia da criação/encontro do objeto pelo bebê, porque é preciso que este esteja em um estado psicoafetivo adequado para que este evento possa se realizar, devemos dizer que nenhuma materialidade pode dar, em si mesma, a garantia de um efeito psicoterapêutico. Entretanto, essa materialidade, colocada à disposição do paciente, na presença de um psicanalista capaz de acolher e escutar, corresponde ao oferecimento de um espaço no qual a capacidade de brincar pode se desenvolver. É a apresentação de um lugar e de um tempo onde se pode "ser-se" e fazer o gesto espontâneo diante de uma presença humana atenta.

Evidentemente, consideramos fundamental a apropriação criativa do conhecimento teórico, quando se trata de desenvolver uma clínica winnicottiana. Reconhecemos o valor de um processo pessoal de reflexão e estudo das diferentes formas de sofrimento que são o avesso do desenvolvimento emocional da criança. A apropriação pessoal deste saber deve respeitar o estilo individual do psicoterapeuta, o que só é possível se o vínculo com a teoria não é mera submissão, mas *recriação* renovada.

Uma outra maneira de descrever os fundamentos desta clínica consiste em retomar o jogo do rabisco, compreendendo-o segundo o modelo da apresentação do objeto. O psicoterapeuta que brinca com os rabiscos durante a consulta terapêutica não precisa ser um artista, nem um hábil arte-

---

[2] WINNICOTT D.W. (1971), *O brincar e a realidade*, Rio de Janeiro: Imago, 1975.
[3] SECHÉRAYE M., *Introduction à une psychanalyse des schizophrénes*, Paris: PUF, 1954.

são. Ao contrário, é indispensável que seja um amador, ou seja, alguém que ama participar da atividade, seja ela pintar ou compor arranjos florais, mantendo a possibilidade de acolher, no decorrer da sessão, outras formas de expressão dos pacientes.

Entretanto, é importante sublinhar que a sustentação, como intervenção principal do psicoterapeuta, exige dele uma certa capacidade pessoal de estar presente. Diz Winnicott[4], de modo simples e preciso:

> Ao praticar psicanálise tenho o propósito de: me manter vivo, me manter bem, me manter desperto. Objetivo ser eu mesmo e me comportar bem.

Deste modo, o profissional vai, às vezes, intervir, verbal ou gestualmente, para favorecer uma evolução no sentido da superação da dissociação que se exprime, em termos da existência individual, como falta de autenticidade e espontaneidade. Entretanto, não se tratará, jamais, do enunciado interpretativo a traduzir a dimensão manifesta de um texto oculto.

A arteterapia, tal como a concebemos na clínica winnicottiana, requer um ambiente humano propício. Nessa perspectiva, a cura é, essencialmente, um cuidado que pretende aliviar o sofrimento, ao facilitar a realização, sempre desejada, de ser e viver – o que é mais do que sobreviver. O sofrimento resulta da impossibilidade de realização pessoal criativa como singularidade humana que dispõe, possivelmente, de algumas décadas de vida.

---

[4] WINNICOTT D. W. (1962), "Os objetivos do tratamento psicanalítico", In WINNICOTT D. W., *O ambiente e os processos de maturação*, Porto Alegre: Artes Médicas, 1983, p.152.

As oficinas como resposta à demanda de portadores de esclerose lateral amiotrófica[5]

A título de exemplo, apresentamos uma oficina de arteterapia na qual são atendidos pacientes portadores de desordens neurológicas severas e seus acompanhantes. A esclerose lateral amiotrófica é uma doença que provoca paralisias progressivas e irreversíveis, as quais, por sua vez, conduzem à morte. A evolução associa-se frequentemente a desordens respiratórias, que se seguem a um período, maior ou menor, de dependência em virtude da necessidade de cuidados elementares necessários em função da imobilidade.

Esses pacientes recebem, evidentemente, um tratamento médico capaz de aliviar seu sofrimento físico e de prolongar sua vida. Entretanto, a evolução de sua doença é fonte de angústia para os pacientes, para a família e mesmo para os profissionais de saúde. Desde a aparição dos primeiros sintomas até a morte, as mudanças sucessivas e drásticas na vida dos doentes e dos familiares perturbam os hábitos cotidianos enquanto simultaneamente demandam tomadas de decisão pesadas e sofridas para todos aqueles que se encontram próximos. O estabelecimento do diagnóstico médico, que exige uma série de exames, alguns muito dolorosos, pode durar muitos meses. Durante esse tempo, o paciente e sua família vivem na esperança de escapar dessa terrível doença, enquanto os sintomas se agravam. Na maior parte dos casos, o diagnóstico provoca uma decepção muito grande, acompanhada de apreensão quanto ao futuro e de depressão emocional, enquanto a vida cotidiana muda de modo rápido e radical.

---

[5] Este trabalho clínico é realizado pela psicóloga Lígia Masagão Vitali e cuidadosamente acompanhado pelos pesquisadores clínicos de *Ser e Fazer* do Instituto de Psicologia da Universidade de São Paulo.

A redução da capacidade de fazer

Em nossa sociedade, o valor do ser humano está frequentemente associado a sua capacidade de ser produtivo e independente. A primeira perda que esses pacientes vivem é a impossibilidade de trabalhar, seja em termos profissionais, seja em termos domésticos, o que provoca um sentimento de inutilidade e de desvalorização. A situação é ainda pior nos meios menos favorecidos do ponto de vista socioeconômico: o doente deixa de trabalhar e começa a enfrentar gastos novos impostos por sua condição. Frequentemente, ainda, uma segunda pessoa deve abandonar suas ocupações para cuidar de um paciente cada vez mais inapto a se movimentar. O único tratamento medicamentoso disponível, no Brasil, é o riluzol, que pode ser obtido gratuitamente quando a família consegue provar não dispor de recursos financeiros para sua compra. Essa é a única ajuda disponível, de modo que todo o resto corre sob a responsabilidade do paciente e de sua família. À medida que o tempo passa e que a perda da atividade motora progride, uma série de lutos deve ser elaborada, como mortes parciais. Em fase terminal, o paciente só dispõe de motricidade ocular, enquanto a lucidez permanece sempre preservada. Um paciente descreveu bem essa condição dizendo: *A doença me rouba muito mais que a vida, ela rouba minha dignidade, minha intimidade. Não posso mais ter nem mesmo uma cólica abdominal sem que todos estejam informados.*

Propondo que seja estabelecida uma diferença entre dor e sofrimento, Barus-Michel[6] mostra, com sensibilidade clínica e precisão teórica, até que ponto a esclerose lateral amiotrófica se apresenta como um acontecimento vital aparentemente desprovido de sentido.

---

[6] BARUS-MICHEL J., "Souffrance, trajets, recours, dimensions psychosociales de la souffrance humaine", In *Bulletin de psychologie*, 54(2) 2001, p. 117-27.

A necessidade de sentido

O sofrimento causado pelas perdas, o medo dos tratamentos, frequentemente invasivos, e o desfecho fatal são sempre acompanhados pela busca de sentido, de alguma "explicação" que permita uma compreensão do porquê de isso estar acontecendo. Diversas vias podem ser tentadas na busca de sentido, que é, certamente, mais do que um desejo, uma necessidade fundamental. Trabalhando a partir de um testemunho pessoal, Florence Giust-Desprairies[7] retoma e analisa, de modo detalhado, o longo percurso de Michel Robert[8], e mostra que a busca de compreensão do vivido é tão importante quanto a solução médica. Do ponto de vista da psicanálise, enquanto método, trata-se sempre de sustentar uma convicção: todas as manifestações humanas são dotadas de sentido, mesmo se não somos capazes de criar/encontrar, como diria Winnicott, o sentido particular de um certo acontecimento.

A relação clínica com nossos pacientes mostrou claramente que esses pacientes vivem, paradoxalmente, experiências de ser "dentro" de um corpo inerte. A família, mesmo quando se ocupa dos cuidados corporais, esquece frequentemente que o paciente é uma pessoa capaz de pensar, de sentir e de tomar decisões acerca de sua vida e mesmo de sua morte. Ora, esse esquecimento traduz o fato de os cuidados serem, muitas vezes, inadequados em um registro afetivo. É claro que a angústia e a depressão são sempre intensas e estão sempre presentes. Entretanto, o contato com esses pacientes nos permitiu constatar que a psicoterapia limitada à escuta da palavra, quando, bem entendido, a capacidade de articulação verbal ainda está presente, apre-

---

[7] GIUST-DESPRAIRIES F., "Souffrance et processus de dégagement, un parcours thérapeutique", In *Bulletin de psychologie*, 54(2), 2001, p. 147-57.
[8] ROBERT M., ... *Et mes bras m'en sont tombés...*, Barret-le-Bas: Le Souffle d'Or, 1998.

senta uma eficácia clínica muitíssimo limitada. É verdade que podemos observar certo alívio à medida que os pacientes chegam a falar sobre seus medos, suas preocupações e suas angústias, mas isso não é suficiente na geração de efeitos emocionais notáveis.

Oficina psicoterapêutica de arranjos florais

Face essa situação de sofrimento, buscamos uma resposta psicoterapêutica que levasse em conta as particularidades vividas em função da doença. Desde nossa perspectiva, tratava-se de usar um "fazer" terapêutico que fosse metodologicamente rigoroso e capaz de favorecer, para além de uma dimensão exclusivamente verbal, a expressão emocional em condições existenciais verdadeiramente dramáticas.

Considerando o acerto da afirmação de Herrmann[9], quando diz que o essencial da descoberta freudiana é a invenção de um método de pesquisa clínica, que pode concretizar-se não apenas durante a sessão individual, mas também em diferentes dispositivos, concluímos que valia a pena tentar utilizar materiais mediadores para estabelecer um dispositivo conveniente aos pacientes paralisados. A ideia consistia em lhes permitir algum fazer, considerando sua impossibilidade de se mover e mesmo, em muitos casos, de falar, ainda que mantendo a lucidez, como já ressaltamos. Era preciso, então, encontrar uma materialidade mediadora, susceptível de ser manejada por uma outra pessoa capaz de compreender as intenções do paciente, podendo assim assegurar um auxílio de ordem física.

O emprego do desenho ou da pintura estava, evidentemente, excluído, à medida que o produto dessas atividades é antes considerado como o resultado de um trabalho de execu-

---

[9] HERRMANN F., *Andaimes do real*, São Paulo: EPU, 1979.

ção, sem relação necessária com aquele que escolhe ou sugere o tema do trabalho. Por outro lado, o uso das flores, em arranjos florais, pareceu-nos uma solução possível porque a autoria da obra depende primariamente da escolha das flores e de sua disposição no vaso, mesmo que seja necessário o auxílio alheio na realização dos movimentos.

Esta situação nos motivou a criar uma oficina psicoterapêutica de arranjos florais, com ajuda dos acompanhantes, geralmente familiares, considerando que a queixa comum de todos esses pacientes é, justamente, de não mais serem capazes de produzir qualquer coisa. A imobilidade lhes é insuportável, condenando-os a uma espécie de exclusão antecipada, já que impede a produção, o trabalho e também a possibilidade de se sentirem parte da comunidade humana. Aparentemente, o fato de se estar privado da capacidade motora remete, no imaginário social, à vivência de privação da possibilidade de realizar ação transformadora sobre o mundo, expressão por excelência da criatividade humana que, claro está, pode estar abolida mesmo quando o indivíduo é muscularmente apto...

Essa recuperação da condição de ser humano realiza-se sempre através da expressão da singularidade de cada um. A impossibilidade de *fazer* lhes tira a possibilidade de *ser*. Se é verdade que, no mundo contemporâneo, o fazer é, com muita frequência, realizado dissociadamente, vale dizer, num estado de ausência de si mesmo, quando estamos diante de alguém que perdeu a capacidade de se movimentar, o choque é muito intenso. De todo modo, não se trata, em nossas oficinas, de buscar o restabelecimento dos movimentos musculares, o que é organicamente impossível, até o momento, e nem seria tarefa psicoterapêutica, mas de favorecer uma produção criativa resultante da inventividade do paciente, um gesto espontâneo, que pode se produzir com a ajuda motriz de outra pessoa.

Esta proposta de trabalho clínico foi muito bem-recebida pelos doentes. O trabalho acontece em grupo, uma vez por semana, em aproximadamente duas horas, durante as quais são feitos arranjos de flores segundo seus gostos, escolhas e decisões pessoais, com a ajuda dos terapeutas ou de acompanhantes. Quando propomos essa atividade aos pacientes, eles começam por escolher um vaso e uma flor. A seguir, dispõem as flores segundo suas preferências. Os pacientes que não podem mover os braços ou as mãos são ajudados. Respeitar sempre a escolha do paciente é a única regra dessa oficina. Os pacientes levam consigo os arranjos confeccionados.

É muito interessante sublinhar que nessas oficinas os pacientes neurológicos não utilizam apenas a flor como material mediador, mas também a capacidade motora dos acompanhantes para dispor as flores nos vasos segundo suas escolhas.

Um caso clínico

Pode ser interessante contar a história de um de nossos pacientes, um jovem casado, pai de duas crianças. Desde o começo, veio à oficina acompanhado por sua mãe e sua esposa. Durante as primeiras sessões, sua mãe falava sem parar e fez um arranjo em seu lugar, sem se preocupar em conhecer as preferências do filho. A esposa pouco se manifestou, dando a impressão de não acreditar que seu marido estivesse realmente doente e deixando de comparecer às sessões seguintes. Um trabalho foi então realizado pela psicoterapeuta no sentido de ajudar a mãe – evidentemente muito angustiada – a levar em conta os desejos do filho durante a realização dos arranjos. Ao final de um certo tempo, essa mãe começou a fazer seus próprios trabalhos com as flores, enquanto o paciente passou a ser auxiliado por outras pessoas do grupo. Desse modo, o jovem começou a manifestar sua presença e seus desejos, de modo cada vez mais nítido e afirmativo. Um dia, chegou fisicamente machucado e, interpelado pelo grupo sobre o que lhe teria acontecido, explicou que, apesar de seu estado, tinha tentado andar de motocicleta e sofrido um acidente. Diz então: *É porque, quando eu estava vivo, eu tinha uma motocicleta.*

Evidentemente, poder-se-ia pensar que se tratava de um lapso de linguagem, mas não era esse o caso, como pudemos observar claramente no desenrolar da conversa. Era evidente que o paciente não se contradizia em sua declaração: ele já não se considerava uma pessoa viva. Depois de ter dito isso, pôde realmente chorar, não por sua mãe ou por sua esposa, mas por si mesmo, por todas as perdas que estava padecendo. Chorando, pôde pedir à psicóloga para fazer um arranjo com ele e solicitar uma entrevista individual após a sessão grupal, ocasião em que expressou todo o seu sofrimento. Com o tempo, a esposa passou a frequentar a oficina, ficando a seu lado, ajudando-o de modo amigável, enquanto sua mãe pôde se afastar e participar do grupo recebendo a atenção de que necessitava. O paciente, malgrado o agravamento da doença, parecia aliviado em seu sofrimento e mais corajoso para enfrentar os tratamentos invasivos e a própria enfermidade.

A condução desse tipo psicoterapia do doente e de sua família mostra bem que se trata de romper um campo de pressupostos imaginários não conscientes segundo os quais o paciente é visto como alguém que já não está vivo, que não é mais uma pessoa, que deixou de pertencer à comunidade humana porque a doença impede movimentos físicos, mesmo se sua lucidez e memória estão intactas. A realização de uma obra, de um arranjo floral, segundo seus desejos, é, em si, uma ruptura dessa barreira de exclusão e de antecipação da morte. O dispositivo, por si mesmo, oferece a possibilidade de ruptura do campo psicológico não consciente que mantém prisioneiros tanto os pacientes como suas famílias e os profissionais de saúde. Nessa prática clínica, o psicoterapeuta se apresenta como facilitador da expressão pessoal dos pacientes, sustentando uma situação na qual todos os participantes podem se surpreender diante do fato de que a existência humana não é abolida apesar das condições de vida particularmente difíceis.

Se a condição de vida dramática não pode ser mudada, pode-se ajudar o paciente e sua família a viver essa experiência dolorosa de modo menos trágico. Mesmo se não é possível criar/encontrar um *sentido explicativo preciso* para a doença de cada um, é ainda possível encontrar algum sentido para a vida, pois, não ser transformado em bebê, ou não ser declarado antecipadamente morto, por si mesmo e pelos próximos, certamente ajuda, de modo significativo, esses indivíduos a suportarem seus sofrimentos. Por outro lado, a possibilidade de preservar, ainda que precariamente, ação sobre o mundo, produzindo arranjos florais, ajuda a conservar viva a expressão criativa do gesto espontâneo, que pode ser reconhecida como marca pessoal, singular e única.

Capítulo 11
O uso de fantoches no atendimento psicológico de crianças fisicamente doentes[1]

Desde os primórdios da pesquisa psicanalítica, quando foi apresentado o complexo esquema causal de explicação da neurose, conhecido como *séries complementares*[2], um importante fato ficou estabelecido: a experiência emocional infantil é a base da maturidade emocional e da saúde mental do adulto. Posteriormente, este esquema que distinguia a interação de três séries causais (a constitucionalidade, a experiência emocional infantil e os fatores traumáticos da vida presente) foi estendido ao entendimento de todas as formas de sofrimento psíquico. Em consequência, a clínica infantil tem recebido uma detida atenção por parte dos psicólogos, tanto porque se veem mobilizados pelo objetivo de diminuição do sofrimento infantil como também porque querem, psicoprofilaticamente, contribuir para a futura saúde mental dos indivíduos e dos grupos.

Quando a infância é marcada pela ocorrência de doença física, mais ou menos duradoura, mais ou menos grave, instala-se, facilmente, uma situação de insegurança e ansiedade infantil, tanto em consequência dos incômodos diretamente causados pela patologia como dos causados pelos tratamentos, que, como

---
[1] Este artigo foi originalmente publicado na revista *Pediatria moderna* e revisado para a presente edição.
[2] FREUD S. (1916), *Introducion al psicoanalysis*, Madrid: Biblioteca Nueva, 1948.

manipulação do corpo, são fundamentalmente invasivos, desde o ponto de vista psicológico. Naturalmente, a família, mesmo quando tem instrução e esclarecimento, o que, como sabemos, não é a regra geral em países marcados por fortes desigualdades sociais como o nosso, via de regra torna-se ansiosa e é presa por dúvidas que expressam sentimentos de culpa mais ou menos conscientes. O reconhecimento, geralmente existente na sociedade, de que a família tem um importante papel no desenvolvimento do indivíduo permite que satisfação e orgulho aconteçam quando as coisas vão bem, mas que haja, como reverso, o sentimento de fracasso e culpa quando a criança enfrenta situações difíceis. A isto se acrescenta o temor, muitas vezes plenamente justificado, de que a doença venha a ter consequências muito graves, tais como a morte ou a persistência de qualidade de vida muito prejudicada.

A ocorrência de doença grave durante a infância afeta um aspecto muito precioso da vida emocional, que é o sentimento de continuidade do ser, da própria criança e também da família. Este sentimento sofre uma ruptura, sempre violenta, que provoca medo e perplexidade, tornando necessária a organização de defesas que garantam sobrevivência emocional mas não evitam a interrupção do viver espontâneo. Essas defesas, em última instância, visam proteger contra agonias impensáveis, que são o avesso do núcleo onipotente sobre o qual paradoxalmente se alicerça a sanidade humana possível. Deste modo, é correto afirmar que ocorrendo doença grave há sofrimento emocional importante, que requer, em todos os casos, atenção e acompanhamento psicológico.

Atualmente, a figura do psicólogo hospitalar infantil vem se tornando cada vez mais comum. De início, esse profissional foi considerado valioso por médicos e enfermeiros quando deparavam com pacientes e/ou familiares que se comportavam de modo a dificultar a execução de tarefas. Desse modo aconteceu, no ambiente hospitalar, o mesmo processo observado, há algumas décadas, na instituição escolar: era encaminhado ao psicólogo aquele aluno que de algum modo perturbava o bom andamento das aulas, apresentando problemas de aprendizagem e/ou comportamento. Muitos outros, por apresentarem problemas que não causavam incômodos mais visíveis, deixavam de receber atenção psicológica necessária. Entretanto, a própria ocorrência de contatos entre psicólogos e professores trouxe um incremento de consciência relativa à possibilidade de manifestação discreta de problemáticas emocionais de importância, de modo que atualmente a escola desempenha um importante papel no encaminhamento precoce de crianças que requerem atenção psicológica. Similarmente, os profissionais de saúde vêm se tornando cada vez mais sensíveis às necessidades emocionais diferenciadas das crianças e familiares que enfrentam doença física, mesmo quando são dóceis em sua adaptação a procedimentos e rotinas hospitalares e ambulatoriais.

As peculiaridades do atendimento psicológico infantil

Ainda que existam diferentes referenciais teóricos a sustentar, o atendimento psicológico de adultos e crianças, em nosso meio predomina a orientação psicanalítica, não apenas por seu alto potencial na resolução de problemáticas emocionais como também por se constituir, em seus desenvolvimentos contemporâneos, como visão que reconhece a importância fundamental da experiência emocional em todas as circunstâncias. Assim, nunca basta dar atenção aos acontecimentos *em si mesmos*. De fato, é fundamental considerar o modo pelo qual as pessoas estão vivendo os acontecimentos, isto é, a experiência pessoal de cada um – a qual, é importante ressaltar, acontece sempre num campo vincular, inter-humano. Dito de outra forma, os seres humanos vivem essencialmente em condições de coexistência, de modo que o significado emocional das experiências de vida é sempre relacional, vale dizer, implica os demais.

De acordo com o referencial psicanalítico, as manifestações da conduta humana estão sempre dotadas de significado emocional, mesmo quando este não é aparente, mesmo quando é desconhecido ou inconsciente. Quando inconsciente, a dimensão emocional oculta pode gerar sofrimento psíquico importante, tornando-se sintomática sob diferentes formas, segundo a área de expressão envolvida: como fenômenos psicológicos, tais como ansiedade ou depressão; como fenômenos corporais, no caso das psicossomatoses; ou como problemáticas diversas de comportamento e relacionamento, como nos desentendimentos relacionais, nos distúrbios da agressividade ou na drogadição. A psicoterapia psicanalítica, desde seus primórdios, devotou-se à busca da dimensão emocional inconsciente das diferentes manifestações, entendendo que aquilo que pode ser percebido e reconhecido compartilhadamente, como aspecto da vida humana, pode vir a ser mais bem assimilado, elaborado e transformado pelo paciente. Esses pressupostos são observados em todo atendimento psicoterápico de orientação psicanalítica. Entretanto, as estratégias terapêuticas se diferenciam, no plano concreto, em função das problemáticas psicopatológicas envolvidas, das situações concretas de vida ou mesmo em função da idade cronológica dos pacientes.

De acordo com a psicopatologia psicanalítica, as diferentes formas de sofrimento psíquico-emocional, que correspondem às grandes divisões entre neurose, psicoses e variadas condições de fundo depressivo, decorrem do insatisfatório cumprimento de tarefas requeridas pelo desenvolvimento emocional infantil. Resumidamente, pode-se dizer que as dificuldades psicóticas têm sua origem na deficiência dos cuidados ao lactente, à medida que este não é suficientemente auxiliado a se constituir como individualidade, a se reconhecer como pessoa. O fato é que o nascimento psicossomático daquele que vemos como um bebê só acontece alguns meses após o parto, à medida que o cuidado materno, que lhe apresenta o mundo *em pequenas doses*[3], pode habilitá-lo a estar suficientemente tranquilo para, a partir do incipiente sentido de continuidade de ser, que caracteriza os primeiros tempos da vida do bebê, chegar a se estabelecer como unidade individual, um *me* separado e diferenciado de tudo o que é *not-me*. Todas as psicoses são formas defensivas para manutenção da continuidade da vida individual, que se fazem necessárias quando a personalidade não se diferenciou satisfatoriamente. Analogamente, os estados-limites, que corresponderiam à organização da personalidade como defesa contra angústias depressivas, e as neuroses, que corresponderiam a falências que têm lugar quando a criança já é capaz de se relacionar como pessoa total com pessoas totais, resultariam, segundo este ponto de vista, de falhas desenvolvimentais ocorridas em fases posteriores da vida infantil.

Este quadro resumido é suficiente, a meu ver, para deixar claro que a infância é, por si só, um período em que importante trabalho emocional é desenvolvido pela criança, com a ajuda do cuidado materno e paterno. O que dizer quando a sobrecarga da doença física, com tudo o que traz de ansiedade, tristeza, raiva, perplexidade, medos e inseguranças, é acrescentada? A conclusão óbvia é a de que toda criança doente requer atenção psicológica, a ser fornecida diretamente ou através de pais orientados pelo psicólogo, de acordo com o caso. A percepção desse fato resultará, em meu entender, em expressiva contribuição à saúde mental das gerações futuras e no incremento dos níveis de sensibilidade e ética da sociedade como um todo, pois, evidentemente, existe uma profunda relação entre o modo como uma formação social trata o sofrimento infantil e o grau de seu desenvolvimento humano e espiritual.

---

[3] WINNICOTT, D. W. (1949), "El mundo en pequeñas dosis", *Conozca a su niño*, Buenos Aires: Hormé, 1962.

Todo atendimento psicanaliticamente orientado, individual ou grupal, breve ou sem prazo predeterminado, acontece a partir do fornecimento de um espaço propício à expressão emocional do paciente e à obtenção de atenção, compreensão e reconhecimento por parte do psicoterapeuta. Este, ao mesmo tempo em que traz, internalizado por apropriação absolutamente pessoal, um conhecimento aprofundado do desenvolvimento emocional infantil, deve estar aberto para um encontro emocionalmente genuíno com aquela criança ou adulto que é uma singularidade humana irrepetível, fruto de uma história pessoal única. Há que facilitar a expressão desta singularidade e estar pronto a acolhê-la integralmente, vale dizer, com tudo o que pode trazer de humano no melhor e no pior sentido do termo. Frequentemente, isto significa, por exemplo, acolher um ódio autêntico que, como experiência humana, tem mais valor do que o falso submetimento ao que é socialmente esperado. Por outro lado, o que a experiência demonstra é que o acolhimento do que é verdadeiro tem como resultado o encontro de cada um consigo mesmo, o que vem a liberar a chamada *criatividade primária*, isto é, a possibilidade que cada um pode ter de se criar a si mesmo, vivendo seu ser como gesto espontâneo e não apenas como submissão passiva às injunções da realidade externa.

Entre seres humanos, o reconhecimento é uma questão básica. Intuitivamente, e por experiência pessoal, todos sabemos o quanto é importante receber o olhar do semelhante que, sendo inevitavelmente um outro eu, separado de mim mesmo, pode me dar o testemunho de sua compreensão. Esse reconhecimento é de certo modo mais importante do que a própria resolução dos chamados problemas concretos. Ou seja, mesmo quando não temos, como profissionais, o poder de trazer a solução desejada, seja esta a saúde, a vida, a presença de pais ausentes por morte ou abandono ou até a abolição de condições extremas de miséria material, podemos, na impotência relativa a certas injunções, colocar-nos à disposição para o fornecimento desse cuidado humano fundamental que é o reconhecimento da humanidade do outro. Deste modo, muito além de uma prática que corresponda ao domínio de umas tantas técnicas, a psicoterapia, em suas variadas modalidades, é um tipo especial de encontro humano, que se caracteriza como provimento de uma situação potencialmente capaz de conter a expressão do sofrimento e de suas consequências emocionais, que incluem os afetos negativos porém verdadeiros.

Os livros ensinam que a criação de condições propícias à expressão emocional infantil requer certos cuidados, à medida que a criança não tem pleno domínio da comunicação verbal. Por esse motivo, há décadas o brincar em geral e os desenhos em particular têm sido usados como recursos sempre presentes na clínica psicológica infantil. Entretanto, o que a experiência vem mostrando é que, mesmo no que diz respeito ao atendimento de adultos, o uso de outras linguagens expressivas, tais como a pintura, a confecção de arranjos florais, a dramatização e outras, pode colaborar decisivamente para o encontro psicoterapêutico, à medida que se instaura um campo propício para a troca inter-subjetiva. De todo modo, permanece a prática plenamente justificada de disponibilização de materiais mediadores que permitam uma expressão lúdica à criança.

O uso de fantoches no atendimento psicológico infantil

É já consagrado, na clínica infantil, o uso de variados brinquedos e de materiais de papelaria, pintura, massinha, argila etc., tanto em atendimento individual como no atendimento grupal, sejam ou não realizados em ambiente hospitalar. Em ludoterapia individual, esse material normalmente vai compor o que é denominado *caixa lúdica*. Em modalidades de atendimento grupal, o material é deixado à disposição dos participantes, já sobre a mesa ou ainda em estantes, abertas ou fechadas. Normalmente, além dos materiais como papel, lápis, lápis de cera, caneta hidrocor, tela, guache etc. são usados brinquedos que representam seres humanos, animais e objetos os mais variados. Fantasias e fantoches estão, também, frequentemente disponíveis, ensejando obviamente a realização de dramatizações. Grupos realizados em ambiente hospitalar, mesmo quando são limitadas as condições de compra de material, frequentemente fazem uso de fantoches, que são incluídos na caixa lúdica.

Entretanto, temos feito um uso diferenciado dos fantoches, a partir da pesquisa clínica que temos desenvolvido no Instituto de Psicologia da Universidade de São Paulo, no serviço Ser e Fazer: Oficinas Psicoterapêuticas de Criação, que não consiste nem na disponibilização de vários fantoches que podem ser manipulados pelas crianças e pelo psicoterapeuta nem no uso do fantoche à guisa de entretenimento, como normalmente acontece no teatro infantil comum ou nas apresentações em ambiente hospitalar. Em nosso modo peculiar de trabalho clínico, um único fantoche, que se caracteriza como uma individualidade, é apresentado pelo psicoterapeuta, dispondo-se a conversar com as crianças, familiares e equipe, num contexto análogo ao que conhecemos, na clínica psicológica que tem em Winnicott seu inspirador, como *consulta terapêutica*.

Winnicott é um psicanalista inglês que, por ser também um pediatra, foi capaz de fazer uma contribuição notável em termos de um conhecimento bastante refinado do desenvolvimento emocional da criança. Trabalhou por mais de 40 anos em um hospital infantil, entendendo, a partir de sua convicção de que o ser humano traz consigo um potencial inerente para o crescimento pessoal, que na grande maioria dos casos é suficiente fornecer ao paciente uma escuta genuína, a partir da qual a elaboração de conflitos e angústias permitiria superações de bloqueios emocionais. Desse modo, indagava-se em termos de "quão pouco" deveria ser feito para beneficiar a criança. Entendia que o psicanalista poderia e deveria fazer uso de seu conhecimento em situações complexas, nas quais fatores sociais e individuais não aconselhavam, nem permitiam, a indicação da ludoterapia padrão.

A consulta terapêutica de Winnicott acontecia através do uso do que veio a ser conhecido como jogo do rabisco. O procedimento consistia em propor à criança uma brincadeira: começar a traçar um rabisco em um papel para que ela o completasse como quisesse, para em seguida inverter o processo. À primeira vista, alguns chegaram a considerá-lo uma prática psicodiagnóstica. Entretanto, é algo bem mais sofisticado do que uma avaliação ou testagem. De fato, esse procedimento, aparentemente simples, vem questionar muito profundamente os pressupostos positivistas que, durante décadas, entenderam o diagnóstico da personalidade como inferior aos testes psicométricos, que se conformavam melhor ao paradigma da divisão sujeito-objeto de conhecimento. O *jogo do rabisco* não corresponde, de modo algum, ao exame de um objeto por um perito, mas a uma estratégia sofisticada de estabelecimento de comunicação emocional não verbal. Tem, portanto, como pressuposto a assunção de que a clínica psicológica transcorre em campo vincular, de modo tal que seu rigor não é, de modo algum, análogo àquele que se pode buscar nas ciências físicas e biológicas. Epistemologicamente, o conhecimento que esta clínica requer se constrói de modo peculiar, isto é, evitando decididamente que sua teorização se afaste do acontecer humano, tal como se dá na vida em geral e na clínica em particular. Abstrações e formalizações são, assim, decididamente evitadas.

A consulta terapêutica, originalmente realizada através do *jogo do rabisco*, estava fundamentalmente baseada na esperança e na confiança que a criança e sua família tinham no sentido de encontrar ajuda e amparo. O procedimento visava facilitar o brincar e favorecer uma experiência de surpresa, de efeito integrativo, que permitia que questões verdadeiramente importantes, do ponto de vista emocional e existencial, pudessem vir à tona em curto espaço de tempo. Os rabiscos revelaram-se, assim, passíveis de serem facilmente associados aos sonhos que, como sabemos, sempre trazem valiosas informações sobre a vida emocional do paciente. A expressão *consulta psicoterapêutica* foi cunhada com a intenção de diferenciá-la tanto da psicanálise como da psicoterapia, tendo em vista enfatizar, inclusive, que a primeira consulta, eventualmente única, poderia ter efeito terapêutico. Vale a pena recorrer à descrição que o próprio Winnicott faz do procedimento[4]:

> Em um momento apropriado após a chegada do paciente, com frequência depois de solicitar aos pais que aguardem na sala de espera, digo à criança: "Vamos brincar de alguma coisa. Sei de que quero brincar e vou lhe mostrar". Existe uma mesa entre a criança e eu onde há folhas de papel e dois lápis. Apanho primeiro algumas das folhas dividindo-as ao meio, dando a impressão de que aquilo que estamos fazendo não possui qualquer importância, e logo digo: "Este jogo de que eu gosto tanto não possui regras. É só pegar o lápis e fazer assim..." É bem provável que eu feche os olhos e faço um rabisco cego. Dou continuidade a meu esclarecimento dizendo: "Me diga se isso se parece com algo ou se você pode transformar isso em alguma coisa. Depois irá fazer o mesmo comigo. Aí eu verei se posso fazer algo com o que você me mostrar". (...) Esta é a técnica. Devo mencionar que sou absolutamente flexível mesmo nesses estágios tão precoces, de modo que, se a criança escolhe desenhar, falar ou brincar com os brinquedos, tocar uma música ou fazer bagunça, sinto-me à vontade para aceitar suas vontades.

---

[4] WINNICOTT D. W. (1968), "Squiggle game", In WINNICOTT C., SHEPHERD R. e DAVIS M., *Psycho-analytic explorations*, London: Karnac, 1989, p. 301.

Geralmente o menino gostará de brincar com o que chama de "jogo que conta pontos"; ou seja, algo onde pode vencer ou perder. Contudo, em uma grande quantidade de entrevistas iniciais, a criança ajusta-se suficientemente bem ao que proponho e ao que ofereço em termos de brincar, para que algum progresso ocorra. Logo surgem alguns resultados, de modo que o jogo tem continuidade. Em geral, fazemos em uma hora 20 ou 30 desenhos juntos. A combinação desses desenhos vai ganhando cada vez mais importância. A criança sente estar tomando parte da comunicação dessa coisa tão importante.

Considerando que o requisito fundamental, em termos de preparo profissional, é a apropriação internalizada de conhecimentos relativos ao desenvolvimento emocional infantil e à importância do meio ambiente humano como facilitador do crescimento psicológico, diz Winnicott[5]:

> Naturalmente não há nada de original no jogo de rabiscos e não seria correto alguém aprender como usá-lo e depois sentir-se preparado para fazer o que chamo consulta terapêutica. O jogo dos rabiscos é simplesmente um meio de se conseguir entrar em contato com a criança. O que acontece no jogo e em toda a entrevista depende da utilização feita da experiência da criança, incluindo o material que se apresenta.

Deste modo, não há uma indevida valorização do procedimento por si mesmo, mas o reconhecimento de seu caráter mediador, no estabelecimento de uma situação propícia à comunicação significativa entre a criança e o psicoterapeuta. Temos tido a oportunidade de trabalhar com outros procedimentos media-

---

[5] WINNICOTT D. W., (1971), *Consultas terapêuticas em psiquiatria infantil*, Rio de Janeiro: Imago, 1984, p. 11.

dores, com resultados comprovadamente positivos, em ambiente institucional. De fato, ao buscarmos alternativas de mediação comunicativa, estamos seguindo uma direção que o próprio Winnicott[6] chegou a apontar:

> Não é possível evitarmos que alterações na base teórica de meu trabalho ocorram com o passar do tempo ao levarmos em consideração a experiência. Minha posição poderia ser comparada àquela do violoncelista que se empenha na técnica, tornando-se realmente capaz de executar música em função da própria técnica. Tenho consciência de que executo meu trabalho com mais facilidade e com um maior êxito do que era capaz há 30 anos. Minha intenção é comunicar-me com aqueles que se empenham ainda na técnica, ao mesmo tempo que lhes ofereço a esperança de que algum dia executarão música.

Jogo do rabisco, uso de fantoches e transicionalidade

Aos ouvidos de uma brasileira, essas palavras fazem, quase instantaneamente, lembrar Hermeto Pascoal, o músico que tira som de qualquer objeto presente no cotidiano de todos nós. Analogamente, parece-nos lícito pensar que cada psicólogo pode criar seu próprio "jogo de rabisco", à medida que invente sua forma de brincar com a criança, de forma tal a permitir-lhe uma expressão genuína de seu ser, naquele momento de sua trajetória de vida. É nesse contexto que verificamos como um fantoche "conversador", que se abre tanto para brincadeiras como para a conversa com crianças, pode revelar-se, entre outras, uma possi-

---
[6] *Id., Ibid*, p. 6.

bilidade bastante promissora de trabalho. A ideia foi colocada em prática através dos fantoches-psicanalistas da Ser e Fazer: Chocolate[7], Lalinha, Nina, Profeta e outros, personagens criados e em contínua criação, por meio dos quais cada psicoterapeuta busca na própria infância seu parceiro transicional.

No ambiente hospitalar, o fantoche pode apresentar-se à interação com crianças, tanto em situação grupal informal, em brinquedotecas ou salas de espera, como em visitas a quartos e salas de procedimentos. Pode, também, comunicar-se com familiares e profissionais que estejam, no momento, junto com a criança. De um modo bastante natural, podem ser criadas situações de compartilhamento grupal, bem como outras, de privacidade individual, a partir da *espontaneidade do próprio fantoche*. Medos, desejos, tristezas, dúvidas são compartilhados com o fantoche-psicanalista, tanto a partir de expressões diretas como a partir de comunicações simbólicas. É também possível "descansar" dos próprios problemas distraindo-se momentaneamente com brincadeiras e "pegadinhas". O fantoche também aceita ser alimentado, ser cuidado, acariciado e até espancado, sobrevivendo sempre, mantendo-se sempre íntegro. Aliás é importante salientar que, desde a perspectiva winnicottiana, um dos aspectos mais fundamentais da psicoterapia é a possibilidade que tem o analista de se oferecer como alguém capaz de sobreviver, sem transformação, a eventuais demonstrações de raiva ou de amor primitivo do paciente. Nessa linha, é interessante notar que, ainda quando é colocado como doente, o boneco nunca é modificado pelo uso de curativos, ataduras ou outros indícios concretos de doença. Tem-se a nítida impressão de que as crianças querem conservá-lo imodificável, tanto para poder representar o outro que sobrevive a sua raiva como

---

[7] Chocolate, o fantoche da psicóloga Renata Sales, foi criado a partir de sua intuição e sensibilidade clínicas, anteriormente à elaboração teórica que, à luz do pensamento winnicottiano, vim a articular.

para poder representá-las na inteireza de um ser interior que se mantém preservado, mesmo quando a doença traz modificações dramáticas na vida e no corpo.

Sendo um facilitador da comunicação emocional, o fantoche-psicanalista é, paradoxalmente, capaz de suportar aqueles difíceis momentos nos quais deve haver respeito ao direito da criança a não se comunicar. Winnicott foi sempre bastante sensível a esta dimensão da vida humana, entendendo que, à medida que cada indivíduo se constitui como sujeito isolado, o direito a não se comunicar merece o devido respeito, numa atitude de reconhecimento à necessidade de conservar, dentro de si, uma área secreta e privativa de experiência. O autor lança um de seus famosos paradoxos no esforço de elucidar o significado da necessidade de estabelecimento de um eu privado que pode não se comunicar:

> É um sofisticado jogo de esconder em que é uma alegria estar escondido mas um desastre não ser encontrado[8].

O fantoche é apresentado pelo psicólogo porque é parte de sua própria experiência pessoal, similarmente ao que ocorre na mamada, quando a mãe oferece o seio (ou a mamadeira) como algo que vem de seu ser, de seu movimento no sentido de alimentar o bebê. Entretanto, sabemos que, para que o seio possa existir para a criança, é necessário que seja apresentado no momento e situação em que esta esteja pronta a criá-lo. Ou seja, todo seio é criado/encontrado. Pouco a pouco a criança se fortalece, psicologicamente falando, a ponto de chegar a poder admitir a existência de um mundo independente de sua própria pessoa. Entretanto, mesmo quando o paciente é um adul-

---

[8] WINNICOTT D. W. (1969), "Comunicação e falta de comunicação levando ao estudo de certos opostos", In WINNICOTT D. W., *O ambiente e os processos de maturação*, Porto Alegre: Artes Médicas, 1983, p.169.

to relativamente maduro e capaz de suportar a realidade externa como independente e separada do próprio eu, regida por leis próprias e independentes de seus desejos, é preciso, no atendimento psicológico, abandonar provisoriamente o mundo da realidade humana cotidiana, para poder entrar numa zona especial de experiência, onde uma comunicação emocional profunda pode ter lugar. Nessa zona, o objeto deve ser trazido pelo psicólogo, mas ao mesmo tempo criado/encontrado pelo paciente. Estamos, portanto, lidando com o chamado objeto transicional, a primeira possessão não eu do bebê, comumente materializado como uma chupeta, um ursinho ou um brinquedo macio qualquer, que é importante tanto porque simboliza o seio como também por não ser, concretamente falando, o seio. O fantoche-psicanalista é transicional porque existe materialmente, não se reduzindo a um feixe de projeções, o que lhe pode garantir inclusive inteireza e sobrevivência, como também por poder representar, simbolicamente, tanto a própria criança como os outros significantes de sua vida.

Enfim, numa época na qual se percebe uma hipervalorização da tecnologia em detrimento da sensibilidade clínica, a teoria winnicottiana incentiva os psicoterapeutas a desenvolver, com criatividade, formas de comunicação emocional que facilitem a realização do atendimento psicológico. Particularmente motivados, nesse sentido, serão aqueles profissionais que exercem práticas em instituições, tais como os hospitais e ambulatórios, as escolas ou as varas de família, infância e juventude, tanto porque aí aparecem problemáticas em si mesmas merecedoras de atenção psicológica, como também porque as condições socioeconômicas da maioria da população, deixando muito a desejar, agravam os problemas de saúde, sociais e outros. A meu ver, a busca de procedimentos que, respeitando o conhecimento aprofundado dos processos inter-subjetivos subjacentes, concretizem-se, clinicamente, com desenvoltura, flexibilidade e espontaneidade, resultará em melhor qualidade de atendimento. O uso de fantoches é um exemplo, aliás muito instrutivo, porque caberá ao psicólogo interessado em seu uso inventar seu próprio personagem. Outros procedimentos, que temos denominado apresentativo-expressivos, compreendendo praticamente tudo o que pode ser oferecido numa oficina de arteterapia, também podem ser produtivamente utilizados. Inventar procedimentos será, sem dúvida, uma tarefa gratificadora, sobretudo se houver liberdade para buscar inspiração em sua própria infância.

Capítulo 12
Arteterapia para crianças[1]

Grupos de crianças desenhando, inventando histórias, pintando, compondo arranjos florais... Esta é a feição de uma nova clínica psicológica infantil que tem como objetivo propiciar à criança condições de superação de problemas psicológicos mediante o fornecimento de condições favoráveis à retomada do desenvolvimento emocional bloqueado. Problemas que se apresentam sob variadas formas, desde as queixas escolares até os problemas comportamentais, passando por distúrbios psicossomáticos de maior ou menor severidade, apresentam respostas bastante positivas quando abordados a partir da arteterapia. Sob essa aparente diversidade, esses problemas apresentam, como ponto comum, o fato de serem resultado de paradas e bloqueios do desenvolvimento psicológico devidos a experiências de vida infantil complicadas e difíceis. Que percursos foram percorridos pelos psicólogos clínicos para chegar ao oferecimento da arteterapia para crianças?

A psicoterapia infantil contemporânea deve muito às descobertas de Freud sobre a relação entre as dificuldades emocionais infantis e as diferentes formas de sofrimento psíquico. Assim, ainda que em seus primórdios tenha se configurado como

---

[1] Este texto foi originalmente publicado pela revista *Pediatria moderna* e revisto para a presente edição.

forma de tratamento de neuróticos adultos, é exato afirmar que desde sempre a psicanálise reconheceu a importância da vida emocional infantil no estabelecimento das bases da saúde psíquica. Essa noção é de tal modo fundamental que é consenso entre os profissionais da área a consideração de que, mesmo quando um adulto está sendo atendido, é sempre a criança que nele habita quem recebe a maior parte de nossa atenção. A psicopatologia psicanalítica, como teoria fundamental do sofrimento humano que norteia as ações psicoterapêuticas, consiste, assim, numa espécie de avesso problemático do desenvolvimento emocional infantil bem-sucedido. Ou seja, quando a vida emocional não pode fluir de modo natural, devido a dificuldades na comunicação e no relacionamento entre a criança e o ambiente familiar, a criança vai enfrentar maior dificuldade na realização do que podemos chamar *tarefas básicas de seu desenvolvimento*.

Por razões óbvias, foram predominantemente profissionais de sexo feminino aquelas que se interessaram, no início do século XX, pelo atendimento psicoterápico de crianças. Modificações sociais, que passaram a valorizar a criança como pessoa, levaram à percepção cada vez mais clara de que estas podiam apresentar sinais de sofrimento emocional que justificavam a busca de formas específicas de tratamento. Por outro lado, os avanços na pesquisa psicanalítica incentivavam crescentemente a busca de novos conhecimentos acerca da psicologia infantil, à medida que o aprofundamento das análises dos adultos apontava, cada vez mais convincentemente, para a importância da experiência emocional infantil.

Um dos primeiros problemas postos pela clínica psicológica infantil dizia respeito ao estabelecimento de comunicação emocionalmente significativa entre o psicólogo e a criança. Na clínica de adultos esse problema tinha sido resolvido através da adoção da chamada *regra fundamental de associações livres*. Essa regra consiste na demanda ao paciente de que diga ao profissional tudo o que lhe venha a passar pela cabeça, sem se preocupar com qualquer tipo de censura. Desse modo, o tratamento dos adultos dependia diretamente de sua capacidade de comunicação verbal. Ora, esse tipo de solução não servia nem para adultos severamente afetados do ponto de vista psíquico nem para crianças. Através de observação foi, entretanto, possível perceber que as crianças já dispunham de um modo natural de expressar suas dificuldades emocionais: o brincar. O brincar é um fenômeno complexo que não está a serviço apenas da comunicação emocional. Em si mesmo, apresenta uma importante função comunicativa. Em consequência, sua inclusão na psicoterapia infantil revelou-se extremamente produtiva.

A psicanálise de crianças e o brinquedo

Inicialmente, entendeu-se que o brinquedo era um simples substituto, de categoria inferior, das associações verbais dos adultos. Desse modo, o terapeuta interpretava o significado do brinquedo como se estivesse lidando com um conteúdo verbal. Freud já mostrara de que forma o psicanalista deveria escutar os relatos verbais de modo geral e os relatos de sonhos de modo particular, ensinando como apreender o significado oculto ou inconsciente. Seguindo-o, Melanie Klein foi uma das primeiras psicanalistas a fazer uso do brinquedo, entendendo-o como um modo natural de expressão da criança, como o meio pelo qual esta pode comunicar pensamentos e sentimentos, conscientes e inconscientes. Essa autora via o brincar como um modo de a criança viver simbolicamente fantasias, explorar e dominar o mundo externo e dominar a própria ansiedade. Caberia ao psicólogo apreender o significado oculto do brincar, decodificando-o em conexão com o comportamento total da criança durante a hora ludoterapêutica.

Uma florescente clínica psicológica infantil desenvolveu-se a partir das concepções de Melanie Klein em muitos países, inclusive no Brasil. Ainda que inicialmente os psicanalistas tenham reconhecido duas dimensões fundamentais do brincar, vale dizer, como meio de comunicação emocional e como meio propiciador de desenvolvimento, com o tempo foram cada vez mais enfatizando a primeira dimensão e esquecendo a segunda. O resultado é que cada vez menor atenção era dada ao brinquedo enquanto experiência importante em si mesma. Na prática, os psicólogos sempre se perguntavam acerca do que determinada brincadeira representaria, como se fosse apenas uma linguagem a ser interpretada. Deixavam de considerar o próprio fato de o brincar já poder conter, em si mesmo, um efeito terapêutico.

Interessantemente, foram experiências oriundas de uma clínica infantil que se preocupou com distúrbios emocionais de menor gravidade, bem como os trabalhos de pesquisa de campo baseados na observação de comportamento de crianças normais, o que veio indicar, com precisão cada vez maior, a necessidade de se levar em conta a importância do brincar em si mesmo como meio favorecedor do desenvolvimento emocional.

Quer dizer que basta deixar a criança brincar para proporcionar-lhe condições adequadas de desenvolvimento? A resposta é afirmativa, se estivermos considerando uma criança sem problemas. A resposta é negativa se estivermos pensando numa criança que requer tratamento psicológico. Nesse segundo caso, alguns cuidados especiais, que podem ser fornecidos por psicólogos, são indispensáveis. Esses cuidados podem ser precisamente descritos como *provisão de ambiente terapêutico suficientemente bom*, consistindo, fundamentalmente, no oferecimento de uma situação terapêutica que apresente características que imitem, simbolicamente, o ambiente natural favorecedor do desenvolvimento psicológico humano, isto é, um meio em que a criança se sinta verdadeiramente reconhecida, apoiada, não invadida, encorajada a se expressar e compreendida. Não se trata, evidentemente, de algo que possa ser artificialmente forjado. Para capacitar-se a oferecer tal ambiente, de modo autêntico, é preciso que o terapeuta receba sólida formação, que inclui tanto o preparo teórico como a experiência clínica e a psicoterapia pessoal. Sem esse tipo complexo de preparo, o profissional não estará em condições de acolher as angústias da criança. Oscilará, então, entre minimizá-las defensivamente ou aumentá-las ansiosamente, quando não procurar ser acolhedor de um modo artificial e falso. Em qualquer dessas situações, o ganho terapêutico será nulo e efeitos nocivos certamente ocorrerão.

Todos esses conhecimentos foram se fazendo cada vez mais evidentes a partir das investigações de um psicanalista muito especial, D.W. Winnicott, que curiosamente também era um pediatra e profundo conhecedor do desenvolvimento emocional infantil[2]. Atualmente, seus ensinamentos inovadores vêm conhecendo crescente acolhida entre arteterapeutas, principalmente no continente europeu. Suas contribuições caracterizam-se pela fecundidade teórica, pela utilidade clínica e pelo fato de responder a necessidades fundamentais do ser humano.

A partir do momento em que nova ênfase foi dada ao papel curativo e facilitador do desenvolvimento emocional presente no brincar, os psicólogos clínicos puderam perceber, com maior nitidez, sua importância fundamental naquilo que denominam *constituição do self* ou *constituição de si mesmo*. A constituição do *self* é um fenômeno que se dá no encontro da criança com o mundo humano, com o qual entra em contato, inicialmente, através da mãe, da família e de quem se encarrega de seu cuidado.

O estudo dos fundamentos psicológicos, que possibilitam a complexidade do brincar humano, veio a indicar que importantes experiências humanas, no campo das artes, das ciências, da religião e da cultura podem ser mais bem-compreendidas quando são vistas como herdeiras diretas da capacidade infantil

---

[2] WINNICOTT D. W. (1945), "O desenvolvimento emocional primitivo", In WINNICOTT D. W., *Da pediatria à psicanálise: Textos selecionados*, Rio de Janeiro: Francisco Alves, 1978.

de brincar. Vemos que, desse modo, ocorreu uma inversão. No início se pensou que a clínica infantil deveria seguir as mesmas linhas da clínica psicológica de adultos, recebendo algumas adaptações. Posteriormente, reconheceu-se que eram os princípios da clínica psicológica infantil aqueles que deveriam ser vistos como esclarecedores de toda a clínica, inclusive a de adultos. Assim se chegou a conceituar que toda psicoterapia ocorre quando se produz uma superposição de duas áreas de brincar, a do paciente e a do terapeuta[3].

O brincar e a arte

É interessante acrescentar que ainda que durante muito tempo tenha predominado, no atendimento a adultos, uma abordagem exclusivamente verbal, o aumento da compreensão dos psicólogos acerca da verdadeira natureza da atividade lúdica, como meio através do qual o ser humano consegue alcançar uma posição existencial na qual o viver criativo é possível. Isso veio a exigir a inclusão do brincar também na clínica psicológica de adultos. Ora, a arte é um dos modos adultos de brincar.

O reconhecimento desse fato levou alguns terapeutas a introduzir a utilização de materiais mediadores na psicoterapia de adultos, recorrendo a meios de expressão não verbais. Aliado a outros fatores, certamente esse movimento animou terapeutas que, dedicando-se ao tratamento de pacientes adultos severamente comprometidos em sua capacidade de comunicação, buscavam outras formas de estabelecimento de contato significativo. Desse modo, a terapia infantil pelo brinquedo incentivou a adoção da expressão artística na psicoterapia do adulto. Curiosamente, foi apenas em um momento posterior que o crescente

---

[3] WINNICOTT D. W., *Playing and Reality*, London: Tavistock, 1971.

ganho de clareza acerca da arte como forma especializada de brincar indicou a possibilidade de uso da arte espontânea no atendimento de crianças.

É justamente uma arteterapia de inspiração winnicottiana que estamos desenvolvendo atualmente na Ser e Fazer – Oficinas Terapêuticas de Criação, serviço pertencente ao Instituto de Psicologia da Universidade de São Paulo. Em enquadres individual e grupal, vêm sendo atendidos crianças e adultos em diversas oficinas que usam diferentes materiais mediadores tais como papel artesanal, arranjos florais, desenhos e invenção de histórias. Neste trabalho, o enquadre arteterapêutico se estrutura fundamentalmente tendo em vista a provisão de um *ambiente suficientemente bom*, capaz de acolher o gesto criativo e espontâneo da criança em busca do acontecer de seu próprio ser.

Não estamos, em arteterapia, interessados na produção artística, no sentido de seu valor puramente estético, nem como mera expressão ou comunicação de conteúdos psíquicos, mas na possibilidade de ocorrência do gesto criador constitutivo do *self*, ou seja, de propiciar a cada criança a vivência de ser alguém único, singular, que pode encontrar um lugar no mundo a partir de sua espontaneidade e não apenas submetendo-se a regras exteriores. Entendemos que o terapeuta não precisa ser, literalmente, um artista. Deve, isto sim, ser um psicoterapeuta no sentido pleno da palavra. Deste modo, pode apresentar-se à criança como alguém capaz de tornar disponível o uso de materiais mediadores, com os quais ele mesmo mantém um vínculo amorosamente criativo e como alguém capaz de facilitar o desenvolvimento emocional.

A arte é, sem dúvida, uma das mais nobres atividades humanas. Entretanto, na arteterapia, a arte é meio e não fim em si mesma. Aliás, é bom lembrar que o próprio Winnicott advertiu-nos claramente acerca do fato de que nem toda obra de arte, reconhecida por críticos e apreciadores, corresponde, necessariamente, a movimentos pessoais autênticos na pessoa do artista. Tem-se, portanto, clareza acerca do fato de que o que se busca, na arteterapia de inspiração winnicottiana, não é a realização da obra segundo cânones ou ruptura de cânones estéticos, mas o uso criativo do material mediador no processo de busca do próprio *self*.

A função do arteterapeuta é análoga à função materna, em termos do processo levado a cabo pela mãe, de familiarização inicial do bebê com a realidade. Sabemos que toda mãe apresenta o mundo ao bebê de modo adaptado a sua capacidade de assimilação, pois, em caso contrário, o bebê se sente invadido e é traumatizado. O mundo deve ser apresentado como um lugar em que o viver é possível. Analogamente, o mundo da oficina é apresentado à criança de modo a lhe transmitir a possibilidade de nela encontrar um lugar onde seu eu possa mostrar-se com espontaneidade. De modo algum preocupada com a arte pela arte, o que a arteterapia pretende é apresentar-se como caminho para um viver criativo. Fica claro, portanto, que o arteterapeuta não é, de modo algum, um professor ou instrutor.

Nos tempos atuais, a ideia de fornecer à criança um ambiente facilitador de seu desenvolvimento está ganhando cada vez mais adeptos. Obviamente, esta ideia se baseia na crença na existência de um potencial humano naturalmente voltado para o desenvolvimento, a qual substitui a antiga noção de que as crianças deveriam ser moldadas e socializadas pelos adultos, sem o que jamais se tornariam seres civilizados. Para melhor entendermos o tratamento de crianças emocionalmente afetadas através da arteterapia, vale a pena determo-nos em algumas considerações acerca do pensamento de Winnicott, já que o que define a arteterapia infantil, no atual estágio de seu desenvolvimento, não é meramente a apresentação concreta de materiais artísticos, o que poderia, evidentemente, ocorrer em contextos pedagógicos, ocupacionais e outros. O que de fato define a arteterapia infantil na clínica contemporânea é o modo como a experiência criativa se dá como busca do viver criativo que se faz através da constituição do próprio *self*.

A apresentação do material mediador em arteterapia winnicottiana

A mera utilização de recursos materiais que possibilitam a pintura, o desenho, a escultura, os arranjos florais, o papel artesanal, a invenção de histórias ou o teatro não garante, em si mesma, que estejamos realizando arteterapia de inspiração winnicottiana. De fato, tudo isto pode ser utilizado de maneira proveitosa em situações pedagógicas, ocupacionais, de lazer e outras. O que mais importa é o espírito do que estamos realizando, o tipo de uso, no caso psicoterápico, que fazemos do material mediador e não sua mera disponibilidade concreta na oficina de arte.

Quando assumimos que a arteterapia é oficina de arte com objetivo psicoterapêutico, entendemos que vai se caracterizar marcadamente por dois aspectos: pelo modo como se fará a apresentação do material mediador aos pacientes e pelo tipo de intervenção do terapeuta.

Entendendo que a situação terapêutica, à medida que voltada ao favorecimento do desenvolvimento emocional que se faz pela busca do self, concordamos com o fato de que a arteterapia tem como modelo a relação inicial que se estabelece entre mãe e filho. De fato, imita-se, simbolicamente falando, essa primeira relação porque é nela que encontramos as condições básicas que permitirão a realização do potencial humano para crescimento pessoal e emocional, pelo menos quando ocorre de modo harmonioso e natural.

Um dos aspectos fundamentais da relação da mãe suficientemente boa com o bebê corresponde ao que é chamado *apresentação de objeto*. Winnicott[4] ensinou que o fato de a mãe forne-

---

[4] WINNICOTT D. W. (1951), "Fenômenos e objetos transicionais", In WINNICOTT D. W., *Da pediatria à psicanálise: Textos selecionados*, Rio de Janeiro: Francisco Alves, 1978.

cer ao bebê aquilo de que ele necessita, antes mesmo de o bebê ter o sentimento de que é uma unidade existencial, um *self*, e poder representar mentalmente o objeto de sua necessidade, leva a criança a ter a ilusão de que ela própria criou o objeto de que carecia. Essa ilusão onipotente permite à criança, em um primeiro momento, tolerar o fato de ter nascido e de ter de viver em um mundo. No pensamento de Winnicott essa ilusão é uma crença crucial porque ajuda o bebê a confiar em que poderá encontrar no mundo real aquilo de que tem precisão. Constata-se, deste modo, que lidamos com um paradoxo, pois a capacidade de confiança no mundo, base da segurança pessoal, repousa sobre uma experiência inicial de ilusão.

O modo como a mãe apresenta o seio (ou seu equivalente, no caso da mamadeira) ao bebê é exatamente o que denominamos *experiência-matriz da apresentação de objeto*, de conhecimento do mundo, que aproxima o atendimento das necessidades, a ilusão, a criatividade primária do bebê e a capacidade de confiar no mundo real. Similarmente, na arteterapia, vamos simbolicamente apresentar o material mediador à criança de modo a presentificar, de modo simbólico, uma mamãe suficientemente boa para criar condições de confiança no mundo real e de segurança em si, o que permitirá à criança viver a partir do núcleo de sua espontaneidade vital. O harmonioso posicionamento existencial da criança a partir da espontaneidade primária, do contato verdadeiro com seu próprio ser, acompanhada do esclarecimento e orientação dos adultos que compõem seu ambiente (pais, parentes, auxiliares domésticos e professores), vai capacitá-la a lidar com seus problemas específicos e suas angústias, estejam eles relacionados a dificuldades escolares, comportamentais, distúrbio de sono, distúrbios de alimentação, alterações psicossomáticas ou outros.

Mas na arteterapia de inspiração winnicottiana não apenas o material é manejado em termos da *apresentação de objeto*. Também as intervenções do terapeuta, sejam feitas verbalmente ou através de atos terapêuticos, são consideradas desde essa mesma perspectiva. Ou seja, as comunicações do terapeuta são realizadas de modo a permitir que as crianças delas se apropriem como se elas mesmas as tivessem criado, tal o eco que podem fazer em seu mundo pessoal. Isto só se pode dar à medida que o terapeuta puder estar profundamente envolvido com as questões de *self* trazidas por cada criança, trabalhando no sentido de disponibilizar-se emocionalmente de modo análogo ao que, nas condições naturais e não perturbadas, é encontrado no que Winnicott chamava a *mãe devotada comum*. Essa condição é fruto da articulação da disponibilidade emocional verdadeira com um conhecimento do desenvolvimento emocional infantil já tão profundamente interiorizado, a ponto de fazer parte do ser do terapeuta. Tanto o material como as intervenções devem estar vinculados a movimentos criativos do próprio terapeuta, o que requer tanto uma extensa psicanálise pessoal como um vínculo não submisso com o conhecimento teórico a utilizar. Deste modo, as apresentações de materiais e intervenções terapêuticas devem ser realizadas como brincadeiras, no sentido maior do termo, o que só é possível através do cultivo, pelo terapeuta, de uma postura espontânea e flexível. As apresentações são, simultaneamente, criação e oferta do arteterapeuta para cada paciente e fruto do encontro, ainda que vivenciadas pelas crianças de modo ilusório como criação pessoal.

O aspecto mais fundamental das intervenções do arteterapeuta diz respeito ao reconhecimento do self da criança. Esse reconhecimento consiste na presentificação, na situação terapêutica, da chamada *função especular materna*, que consiste em, através do olhar, constituir a existência do bebê como ser humano antes de o próprio bebê ser capaz de rudimentos de autopercepção. Além disso, as intervenções também buscam uma "localização" dos pequenos pacientes em vista do sentido emocional de suas experiências infantis. Rompe-se, desta forma, com o paradigma interpretativo característico da psicanálise clássica de crianças e adultos que, usando o brinquedo ou as associações verbais, conforme o caso, consistia no trabalho de decodificação de significados, como se em algum lugar psíquico estivessem depositados significados preexistentes ao próprio viver, como se fossem coisas. Por outro lado, são muitas as formas pelas quais as intervenções, reconhecendo e localizando, podem se dar. O terapeuta pode recorrer a metáforas, comparações, historinhas, anedotas, provérbios, trocadilhos, duplos sentidos, gíria, neologismos, citações, poesias, canções, dramatizações, desenhos, pinturas, confecção de arranjos florais e tudo o mais que a criatividade pessoal lhe venha a permitir.

Muitas são as tarefas maternas, algumas ruidosas, outras silenciosas. Quando tudo está bem, acontecem de modo tão natural que nem é preciso pensar muito. A relação mãe-bebê é a situação primordial de crescimento humano. Os problemas emocionais não decorrem todos de falhas nessa relação. Entretanto, parece que todos os problemas emocionais podem ser satisfatoriamente solucionados se recorrermos ao modelo da relação mãe-bebê, pensamdo-a em termos de sua essência e não apenas de sua aparência. A arteterapia de inspiração winnicottiana apropria-se desse modelo, fazendo as devidas adaptações, para favorecer o contato da criança consigo mesma. Este primeiro passo, pelo incrível fortalecimento pessoal que proporciona, vai permitir o enfrentamento emocional autônomo, criativo e construtivo das questões vitais.

Capítulo 13
O uso do *objeto teoria*[1]

É inegável a importância da aquisição de conhecimentos psicopatológicos na formação e preparo do psicólogo, de modo que não nos surpreende constatar que esta disciplina figure em todo e qualquer currículo de graduação. Em termos de orientação teórica, em que pese a crescente expansão da abordagem multiaxial alegadamente ateórica, que norteia o DSM-IV, persiste a adoção do referencial psicanalítico no ensino de psicopatologia para estudantes de psicologia. Esse fato é facilmente entendido, à medida que essa orientação teórica pode fornecer uma base compreensiva que respalda satisfatoriamente ações psicoterápicas, psicodiagnósticas e psicoprofiláticas. Em contrapartida, é importante salientar que o DSM-IV, sistema classificatório que foi idealizado tendo em vista orientar medicação sintomática, intervenções sociocomportamentais e levantamentos estatísticos e epidemiológicos, pouco oferece ao psicólogo.

Evidentemente, a transmissão do conhecimento psicopatológico psicanaliticamente orientado apresenta desafios peculiares. Dois deles são, a meu ver, fundamentais. O primeiro diz respeito à imprescindível integração entre sistematização teórica e experiência clínico-transferencial, sem a qual a teoria as-

---
[1] Este texto foi publicado originalmente na revista *Interações: Estudos e pesquisas em psicologia*, IV(7), 1999, 77-99.

sume o aspecto de montagem artificial e desvitalizada. O segundo desafio, que justifica a realização da presente investigação, consiste na consideração de que o ensino de psicopatologia psicanalítica não se limita ao fornecimento de construções discursivo-conceituais, ainda que articuladas à experiência clínica, mas corresponde a um verdadeiro trabalho de transformação de representações sobre o doente mental, que os alunos já trazem consigo. Mais do que isto, exige um profundo questionamento do próprio vínculo que cada um estabelece com o *objeto teoria*.

Pesquisas que temos realizado sobre o tema têm indicado que as representações que circulam no imaginário social sobre o doente e a doença mental, elaboradas por diferentes grupos, mais ou menos envolvidos com essa problemática, chegam a se constituir como verdadeiras *teorias psicopatológicas*[2]. É, portanto, óbvio que o aluno não traz, em sua mente, um vazio representacional relativo à psicopatologia, que nos competiria apenas preencher. Não sendo esse preenchimento o objetivo da tarefa pedagógica em questão, deve-se perguntar que tipo de trabalho pode contribuir consistentemente no empenho de formação de profissionais competentes, críticos e reflexivos, capazes de manter relações sadias com as teorias de que se utilizam.

Evidentemente, não se trata, de modo algum, de substituir as representações sobre a doença mental consideradas (por doutrinas psicanalíticas concebidas como conhecimento verdade saber do senso comum, de segunda ordem, por doutrinas psicanalíticas, concebidas como conhecimento verdadeiro. Essa visão ingênua já está, felizmente, ultrapassada. A questão consiste, mais precisamente, em facilitar para o aluno a percepção

---

[2] MACHADO M. C. L., *Universo em desencanto: conceitos, imagens e fantasias de pacientes psiquiátricos sobre loucura e/ou doença mental*, Tese de Doutorado, São Paulo: Instituto de Psicologia da Universidade de São Paulo, 1995.

de que o pensamento psicanalítico, como toda teoria ou modelo científico, é uma construção que busca ser rigorosa e útil. Atualmente, isto é bastante claro do ponto de vista epistemológico, já que se admite que as representações elaboradas tanto pelo senso comum como pela ciência são produções humanas, não guardando entre si qualquer diferença ontológica.

Não tenho dúvidas de que quando a teoria é concebida como construção, fruto, portanto, de trabalho humano, sem ser idealizada como conhecimento intrinsecamente superior, passa a ser possível sua utilização de modo mais livre e flexível, colocando-se a serviço da qualidade da vida humana, eticamente pensada. Trabalha-se, deste modo, não apenas com a mera substituição de sistemas representacionais, mas sobretudo com a transformação do vínculo que o estudioso estabelece com a teoria entendida como *construção*. Ou seja, realiza-se, em contexto pedagógico, um trabalho semelhante ao que desenvolve o psicanalista junto seu paciente, quando, mediante o uso do método psicanalítico, facilita um libertar-se de "adesões" a representações que causam sofrimento psíquico e emocional, limitando psicopatologicamente o viver. Em essência, o mesmo tipo de trabalho é realizado no ensino de psicopatologia psicanalítica, com a importante diferença de que, nesse último caso, usamos o método psicanalítico em um enquadre específico, que se define a partir de objetivos formativos e não terapêuticos. Nesse caso, o alvo da atenção profissional não é uma individualidade que busca ajuda em estado de sofrimento, mas uma pessoalidade coletiva comprometida com seu desenvolvimento profissional.

Ensino como transformação do vínculo com a teoria

O ensino de psicopatologia psicanalítica oferece, como dissemos, dois desafios fundamentais. O primeiro deles, reconhecido de longa data, relativo à articulação entre teoria e prática clínica, foi objeto de um artigo que Freud publicou em 1919[3]. Nessa ocasião, distingue a necessidade de dois tipos de cursos, um destinado a iniciantes e outro a profissionais que já estejam desenvolvendo atendimentos clínicos. Partindo da convicção de que o conhecimento psicanalítico se funda na experiência clínico-transferencial e na interpretação, o autor conclui que a universidade disporia de recursos muito limitados para a formação de profissionais psicanaliticamente orientados. Na universidade, o estudante poderia, a seu ver, obter tão-somente uma instrução *dogmático-crítica*, por meio de aulas teóricas. Uma complementação imprescindível deveria ser procurada através da busca de material clínico em ambulatórios, no caso de pacientes neuróticos, e em serviços de internação, no caso de psicóticos. Uma parte do problema poderia ser resolvida pelo estabelecimento de convênios entre a universidade e diversos equipamentos de saúde mental, bem como pela instalação de clínicas-escola. Essas propostas freudianas práticas têm sido usadas, no âmbito acadêmico, com resultados bastante positivos, restando ao aluno assumir a responsabilidade de buscar sua análise pessoal, sem a qual não se atinge uma noção experiencial segura acerca do fenômeno da transferência, que é o fundamento do método e das diversas teorias e práticas psicanalíticas.

Entretanto, temos enfatizado a importância, no processo de formação do psicólogo, do momento de introdução do aluno às primeiras discriminações clínicas, que deve ocorrer antes do contato efetivo com pacientes em atendimento, por motivos éticos e clínicos. Esse trabalho prévio é um dos objetivos básicos do ensino da psicopatologia psicanalítica. Nesse sentido, temos desenvolvido, há mais de 20 anos, uma modalidade de prática

---

[3] FREUD S. (1919), "Sobre o ensino da psicanálise nas universidades", In MADUREIRA S. P. P. (coord. ed.), *Obras psicológicas completas de Sigmund Freud*, vol. XIV, Rio de Janeiro: Imago, 1987.

pedagógica que enseja ao aluno um contato com material clínico carregado de significado emocional através do uso de produções literárias, cinematográficas e artísticas, bem como do psicodrama pedagógico. Desta maneira, temos trabalhado as ansiedades e defesas relativas à tomada de contato com o sofrimento psíquico, adotando o que convencionamos denominar *enfoque pedagógico-transicional*, à medida que todo esse trabalho pode ser bem-compreendido através de uma perspectiva winnicottiana.

Assim, fundamentando-nos em ideias de Winnicott acerca do estabelecimento de contato do bebê com a realidade externa, segundo o qual a percepção de separatividade do *self* só é alcançada através de uma vivência onipotente de criação do seio pelo próprio bebê, pensamos que a introdução do aluno à realidade do sofrimento psíquico e da assistência psicológica e psiquiátrica deve ser precedida de uma prática transicional, de um "brincar", que inicialmente proteja o aluno das angústias que o exercício profissional fatalmente provoca. A existência de um esquema transicional de proteção pode contribuir para a não utilização de condutas de defesa demasiado rígidas, que possam comprometer a sensibilidade clínica. De fato, se precipitarmos um contato entre os alunos e os pacientes psicóticos, que se veem muito frequentemente tomados por criações imaginárias aterrorizantes, que facilmente entram em ressonância emocional com nossas próprias angústias primitivas, podemos contribuir, desajeitadamente, para a mobilização exagerada de defesas psíquicas tais como cisões, negações, isolamento de afeto e racionalização, que levam à mobilização de um *falso self profissional*. Por outro lado, se oferecermos condições para o estabelecimento de contato com a realidade do sofrimento psíquico, de modo a preservar a sustentação das angústias, a espontaneidade e a criatividade, já estaremos trabalhando no mesmo sentido da análise individual, à medida que ambas podem propiciar o alcance de um posicionamento existencial que contribui para a preservação da autenticidade pessoal e para o desenvolvimento da capacidade de elaboração da própria angústia.

Passarei, neste momento, a focalizar o segundo desafio que o ensino da psicopatologia psicanalítica nos coloca, vale dizer, o de trabalhar a relação do aluno com a teoria, concebida como construção, como trabalho humano. Evidentemente, não cabe aqui nenhum tipo de doutrinação, embora alguns possam equivocadamente supor que pessoas possam ser instadas a lidar melhor com teorias pela via de convencimento lógico-racional. Nossa experiência nos leva a afirmar que mediante o uso de argumentação puramente intelectual se pode chegar apenas a entender como deveria ser a relação do profissional com a teoria. Essa via não nos fornece uma resposta acerca de como isso pode ser conseguido na prática.

Temos, de fato, muitos motivos, oriundos tanto da experiência psicoterapêutica como do trabalho psicoprofilático em pesquisa-intervenção, para afirmar que representações só se modificam quando de algum modo se entra em contato com o campo psicológico inconsciente que as sustenta emocionalmente. Sem a realização desse trabalho, é altamente improvável o alcance de transformações realmente substanciais. Entretanto, é importante salientar que o próprio fato de desvelar a sustentação lógico-emocional das representações cria condições favoráveis à conquista de um novo tipo de vínculo do indivíduo com a construção representacional. Pode-se, deste modo, superar uma visão da teoria como verdade estabelecida de uma vez por todas, o que enseja um vínculo submisso, reverencial e acrítico, para se atingir, mediante uma percepção construcionista, um vínculo criativo, espontâneo e eticamente utilitário com o saber sistematizado. Essa percepção construcionista é alcançada, num aparente paradoxo, quando um trabalho sistemático de desconstrução representacional e desvelamento do campo psicológico inconsciente é realizado. Esse trabalho guarda alguma similitude com parte do que se realiza no decorrer da psicanálise clínica individual, guardadas as adequações pertinentes, relativas ao enquadre. Fundamentalmente, uma das dimensões do ensino da psicopatologia psicanalítica consiste, portanto, no colocar em marcha um processo de desconstrução de representações coletivas sobre o doente mental, mediante uma compreensão psicanalítica do campo psicológico inconsciente que as sustenta.

Na análise padrão que toma a neurose como matriz clínica, o paciente individual, que chega apoiado em suas crenças e representações, é levado, através da ação interpretativo-transferencial, a uma condição vivencial que tem sido denominada, pela teoria psicanalítica dos campos[4], *expectativa de trânsito*. Nessa condição, o indivíduo se vê como que provisoriamente situado numa brecha entre representações. Esse viver na "brecha" se constitui, para o analisando, como uma nova experiência, através da qual um mundo mental de verdades fixas pode ser inteiramente transformado. Duvido, hoje, que esse tipo de trabalho seja uma boa resposta aos pacientes com que nos defrontamos contemporaneamente. Creio que estes demandam não um trabalho que incida sobre ideias e representações, mas algo que, favorecendo o resgate do sentir, permita que se sintam vivos, reais e capazes de agir criativamente na transformação de um mundo aceito como alteridade.

Entretanto, julgo válida a descrição do que deve acontecer na análise padrão como subsídio para uma reflexão sobre o enquadre pedagógico transicional. Nesse caso, a ideia é substituir um vínculo rígido e conformista com o saber, epistemologicamente duvidoso, por um posicionamento mais livre e flexível, mais condizente com o paradigma da ciência pós-moderna. Para isso, faremos uso do conhecimento psicanalítico para promover a transformação do campo das angústias em espaço de transicionalidade, o que permite, a nosso ver, o uso da atividade simbolizante de modo criativo e flexível.

---

[4] HERRMANN F., *Andaimes do real*, São Paulo: EPU, 1979.

Análise psicanalítica de representações de estudantes de psicologia sobre a doença mental através de *procedimentos projetivos*

Todo e qualquer trabalho de desconstrução representacional e elucidação do campo psicológico inconsciente subjacente, em enquadre psicoterapêutico, psicoprofilático ou pedagógico, em âmbito individual ou coletivo, tem, como ponto de partida, a expressão pessoal potencialmente reveladora das determinações afetivo-emocionais. Pode-se facilitar esta expressão através de alguns recursos tais como a livre associação, o relato de sonhos, os procedimentos *projetivos* e as diversas formas de expressão artística, as quais têm sido instrumentalizadas, na clínica psicológica, por arteterapias e terapias expressivas.

Assim, o ensino de psicopatologia, concebido como trabalho de transformação representacional e de modificação do vínculo que o indivíduo estabelece com a teoria, começa com o estabelecimento de uma situação que propicie e facilite a expressão dos alunos. Temos encontrado, no *Procedimento de Desenhos-Histórias com Tema*[5], um meio bastante fecundo de entrar em contato com as representações que diferentes pessoalidades coletivas trazem acerca do doente mental, razão pela qual seguimos utilizando-o em nossos trabalhos de campo.

Em diferentes ocasiões, temos ressaltado que, do ponto de vista pragmático, os *procedimentos projetivos* oferecem muitas vantagens no sentido de sua aplicabilidade a trabalhos de pesquisa-intervenção. Nesse sentido, o *Procedimento de Desenhos-*

---

[5] Idealizamos o *Procedimento de Desenhos-Histórias com Tema* como um desenvolvimento do *Procedimento de Desenhos-Histórias* criado pelo Professor Walter Trinca com finalidades diagnósticas. Uma série de pesquisas, a maioria das quais mestrados e doutorados realizados no Instituto de Psicologia da Universidade de São Paulo, revelou que a ideia original é dotada de admirável potencial heurístico. Ver TRINCA W., *Investigação clínica da personalidade*, Belo Horizonte: Interlivros, 1976.

Histórias com Tema tem-se revelado particularmente flexível, adaptando-se facilmente à consideração de representações de diferentes grupos acerca dos mais variados objetos sociais. O caso específico do estudo e intervenção sobre representações de estudantes de psicologia sobre o doente mental presta-se indiscutivelmente bem ao uso dessa estratégia de captação, interpretação e elaboração de material expressivo.

Como temos tido oportunidade de afirmar, os *procedimentos projetivos* podem ser definidos como uma das modalidades práticas através das quais o método psicanalítico pode ser concretizado, o que muitas vezes é erroneamente compreendido como interpretação das expressões subjetivas conforme alguma teoria psicológica previamente estabelecida. A nosso ver, esse tipo de concepção deve ser considerado um uso problemático da teoria, que pode ser criticado vigorosamente a partir da visão que considera o método um aspecto invariante de todas as teorias e práticas psicanalíticas. A *teoria dos campos* demonstra como formulações específicas, que visam à interpretação de material clínico, tendem a se autocomprovar tautologicamente. O uso do método psicanalítico é de natureza bastante diversa, porque não consiste em *aplicação* mas sim em *produção* de teoria, à medida que se fundamenta numa escuta especial que cria/encontra sentidos sempre renovados de manifestações humanas. Fica, assim, bastante claro que o método psicanalítico está muito distante do uso de um corpo doutrinal como clave interpretativa, consistindo, em vez disso, na instauração de condições de comunicação que possibilitam a apreensão dos determinantes afetivo-emocionais organizadores de manifestações humanas, entre as quais se encontra a atividade representacional, de caráter essencialmente simbólico.

Usado na terapêutica do paciente neurótico, o método psicanalítico tem sido considerado, fundamentalmente, uma forma subversiva de ouvir o outro, exatamente porque quebra o acordo social tácito que, no cotidiano, restringe o significado das comunicações. Fazer psicanálise seria, então, no dizer de Herrmann, *uma falta de educação sistemática*, um *ouvir fora da rotina*. Basicamente, a interpretação corresponderia, desde este ponto de vista, ao rompimento dos limites que a rotina impõe aos significados das comunicações entre pessoas e não à mera aplicação de um sistema montado de deciframento. Pode ser interessante, num dado momento, o estabelecimento de uma interlocução com alguma teoria em particular, seja uma teoria dos impulsos, uma teoria do Édipo ou uma teoria da angústia, por exemplo, mas isso é muito diferente de aplicar a teoria para traduzir significados. Percebe-se, facilmente, que a partir dessa ótica a psicanálise visa lidar com representações afetadas pela esfera emocional.

Os *procedimentos projetivos*, psicanaliticamente pensados e usados em enquadre pedagógico transicional, representam uma possibilidade de instauração de situação propícia a um ouvir subversivo, que as pessoas podem assimilar com muita facilidade. É muito evidente que esses procedimentos têm uma dimensão caracteristicamente lúdica, de modo que é possível usar criativamente as contribuições winnicottianas referentes aos objetos e fenômenos transicionais para desvelar os processos subjetivos e vinculares subjacentes ao uso desses procedimentos. A partir desse ponto de vista, pode-se explicar o *processo projetivo* de modo transicional, entendendo-se a proposição do procedimento como uma sofisticada forma dialógica de brincar. É como se, ao dar as instruções específicas, o profissional formulasse questões transicionalmente, através de imaginação simbólica, as quais são respondidas por esta mesma via. Já propusemos, neste sentido, o conceito de *procedimento projetivo* como tudo o que, a partir de uma forma sofisticada de brincar, propicie conhecimento acerca da subjetividade, mediante o uso, pelo psicólogo, de método de escuta que subverta o acordo consensual dos significados cotidianos, permitindo a emergência de novos sentidos. Aquilo que por fim emerge corresponde ao campo psicológico inconsciente apreensível neste momento, ou seja, aos determinantes afetivo-emocionais sustentadores das manifestações pessoais.

Esse caráter duplamente lúdico e dialógico manifesta-se concretamente tanto no "brincar" do psicólogo que formula perguntas, acerca do *self* e dos objetos, por via simbólica ao solicitar à pessoa um desenho, uma história, uma dobradura, uma dramatização etc., substituindo questões conceituais por um convite "brincante", quanto na resposta de quem atende à demanda manifesta como se desconhecesse que está fazendo mais do que isto, numa espécie de faz-de-conta. Por outro lado, esta ludicidade ultrapassa o momento da proposta, abrangendo a interpretação do *material projetivo*, compreendida como criação/encontro de sentidos. Assim, quando consegue fazer um uso criativo e espontâneo do método psicanalítico, o pesquisador brinca à medida que considera o saber decorrente dessa utilização uma construção possível, em um dado momento, fruto de um esforço, de um trabalho, no sentido preciso da palavra, que possibilita uma aproximação compreensiva da complexidade fenomênica. Nesse contexto, o trabalho criativo e o brincar não são atividades diferentes nem opostas. Assim se pode alcançar uma certa visão acerca de como indivíduos e grupos se vinculam a determinados objetos sociais, bem como acerca do campo psicológico inconsciente subjacente, que organiza emocionalmente tal vinculação. Esse trabalho, ao criar/encontrar sentidos, contribui para a superação de dissociações eventualmente operantes, trazendo em seu bojo um potencial de transformação vincular.

Em suma, a pesquisa-intervenção acerca da psicanálise de representações sociais, que visa à captação do campo psicológico inconsciente, pode ser fecundamente realizada através do uso dos *procedimentos projetivos* compreendidos como uma forma sofisticada de brincar que se dá em dois tempos: o "momento" da expressão pessoal, que origina o material clínico, e o "momento" do encontro do psicanalista e da pessoalidade coletiva com a produção, a qual, por ser engendrada em contexto transicional, contém em si mesma a possibilidade de desconstrução representacional.

O ser e o viver: representações de estudantes de psicologia sobre o doente mental

À guisa de exemplo, exporei a seguir material proveniente de pesquisa-intervenção realizada por alunos de uma turma da disciplina Psicopatologia Psicanalítica, no intuito de ilustrar o que temos comentado até aqui. No caso, usamos o *Procedimento de Desenhos-Histórias com Tema* com o objetivo de obter material passível de ser psicanaliticamente trabalhado. Assim, tomando cuidados relativos à criação de um campo confortável e descontraído, "aquecendo-os" no sentido de motivação e relaxamento favoráveis à autoexpressão, solicitamos, num primeiro dia de aula, que desenhassem a figura de um doente mental e que a seguir imaginassem uma história a respeito do mesmo. Essa estratégia tem sido adotada porque consideramos que, nesse particular contexto escolar, o pedido de um desenho pode facilitar a entrada em clima lúdico, uma vez que habilidades gráficas não fazem parte do perfil requerido de um bom profissional em psicologia. Ao mesmo tempo, fica suspensa a expectativa de produção de um discurso lógico-racional sobre o tema, uma demonstração acadêmica de conhecimento. A conjunção da proposta desse tipo de atividade com a suspensão relativa da expectativa acadêmica pode resultar na instauração de um enquadre transicional, campo do brincar.

Posteriormente, os presentes apreciaram os desenhos e leram as histórias segundo o cultivo da atenção equiflutuante, deixando-se, na medida do possível, impressionar emocionalmente pelo material como um todo, o que significa dizer que não se adotaram a frequência ou repetição como único ou principal critério de importância significativa. Qualidades intrínsecas às produções, características ou detalhes que mais despertaram a atenção do grupo, foram naturalmente valorizadas, à medida que causavam impacto comunicativo. Embora cada desenho e cada história tenham sido, de fato, individualmente produzidos, o material foi considerado, em seu conjunto, como associações produzidas por uma única pessoalidade coletiva.

Já possuíamos algum conhecimento sobre esse coletivo. Trata-se de um brasileiro jovem, urbano, "pós-adolescente", nascido nos anos finais da década de 1970, de alto nível intelectual, oriundo de segmentos da classe média, com acesso ao consumo de bens culturais sofisticados, bem-preparado do ponto de vista da instrução formal mas dependente do ponto de vista financeiro. Essas características devem ser lembradas a fim de que se proceda à contextualização dramática, requisito indispensável para a realização desse trabalho psicanalítico, que sempre se refere ao humano enquanto ser concreto, histórico e social. A prática clínica individual demonstra que todo conhecimento psicanalítico, para ter utilidade terapêutica, deve estar dramaticamente contextualizado, em termos da história singular de cada um. Analogamente, o estudo de condutas simbólicas produzidas por subjetividades grupais requer a contextualização em termos de dramática coletiva, isto é, um exame das condições concretas de vida, a partir das quais os indivíduos lidam com as angústias específicas de sua fase de desenvolvimento, vivida em determinado momento histórico, em determinado país, desde uma específica condição socioeconômica etc.

Tendo o enquadramento dramático em mente, podemos aqui retomar o que se destacou do conjunto em consideração. Constatamos que as associações de ideias se referiram, no coletivo presentemente considerado, basicamente, a duas figuras imaginárias: o doente mental, visto sob aspecto misterioso e sombrio, e o débil mental, concebido como ser benévolo, inocente e puro. O deficiente mental desperta o desejo de ajudar e proteger, enquanto o doente mental suscita emoções e sentimentos complexos, que vão desde o medo até a admiração.

As histórias inventadas sobre os deficientes permite o resgate de uma explicação subjacente, segundo a qual a deficiência mental é resultado de falha genética, de modo que fica patente a ideia de que o deficiente é uma vítima inocente. É interessante observar que a confusão entre o doente mental e o deficiente mental não deixa de ser estranha se lembrarmos tratar-se de um grupo de universitários que já completou dois anos de curso de psicologia. Dessa forma, essa "ignorância" acerca da diferença entre apresentar ou não um déficit intelectual é impressionante porque esse coletivo é composto por indivíduos aprovados no vestibular mais concorrido e prestigiado do país, que têm acesso privilegiado e orientado à literatura psicológica. Assim, igualar loucos e deficientes pode significar a adoção de uma lógica segundo a qual *se o louco é um deficiente, e eu já provei que sou uma pessoa bastante inteligente e preparada do ponto de vista escolar, logo não sou um louco*. O equívoco aparente, injustificável do ponto de vista cognitivo, é inteiramente compreensível como defesa. Tratar-se-ia, nessa linha de pensamento, de um esforço no sentido de diferenciar-se de uma vez por todas do doente mental?

Por outro lado, as associações que admitem a existência de doentes mentais descrevem comportamentos anormais, estranhos e sintomáticos, que incluem principalmente alheamento, isolamento afetivo, agressividade, depressão, alucinações e delírios, adotando duas diferentes teorias explicativas para tais fenômenos. Segundo uma dessas teorias, a doença mental é consequência da história de vida, o que aparece, no contexto do material clínico ora examinado, a existência de problemas familiares ligados a perdas, abandono e maus tratos físicos e emocionais durante a infância. De acordo com a segunda teoria, a doença mental é vista como condição essencial, independente dos acontecimentos vitais. Não lhe são atribuídas nem causalidade orgânica nem tampouco causalidade espiritual ou "cármica", como já encontramos em nossas pesquisas anteriores, e nenhum questionamento é feito nesse sentido, de modo que a explicação é uma espécie de "não explicação": algumas pessoas são estranhas e ponto final. À primeira vista, esta concepção se aproxima bastante das ideias psiquiátricas relativas à concepção do fenômeno mórbido como endógeno. Entretanto, é importante lembrar que, no contexto médico, sempre esteve subjacente a este tipo de colocação, supostamente ateórica, a certeza de que o progresso científico traria as provas "materiais" da existência de patologia orgânica. Em suma, a doença mental é ligada ao ser ou ao viver de cada um, duas opções diversas que têm em comum o fato de serem consideradas de modo descontextualizado micro e/ou macrossocialmente falando.

É interessante também notar que essas teorias são coerentes com uma visão segundo a qual o trabalho do psicólogo está limitado à consideração do que ocorre no âmbito "psicológico interno" ou no plano do grupo familiar. Correspondem a expectativas de trabalho que indicam a persistência de uma antiga representação do psicólogo clínico como profissional que lida com indivíduos passíveis de serem estudados a partir da abstração das condições concretas de vida. Essa representação pode ser analisada desde diferentes pontos de vista. Certamente, significa a adoção de uma posição epistemológica de tipo positivista e objetivante, que corresponde a certas concepções filosóficas, ideológicas, éticas e políticas. Por outro lado, se considerarmos, usando o método psicanalítico, os interesses afetivo-emocionais contemplados por essa representação, podemos sustentar que a crença na possibilidade de construção de uma vida de qualidade a partir de uma estratégia individualista, independentemente do que se passa no contexto social, tem uma função defensiva contra a angústia. Ou o doente mental seria capaz de se proteger do abandono e maus tratos familiares, superando seus "traumas infantis" através de psicoterapia, ou seria um "caso perdido", ou seja, um ser essencialmente louco. A primeira ideia espelha, possivelmente, sua condição de pós-adolescentes – os quais, como sabemos, podem tentar fortalecer suas identidades pessoais através de conflito com a família. A segunda ideia expressa sobretudo impotência e conformismo diante da vida, o que certamente tem a ver com o atual momento histórico, em que vivem sua juventude, o qual não parece oferecer alternativas suficientes ao *status quo* a ponto de suscitar estados afetivos esperançosos.

De um lado, por se tratar de um grupo de jovens, é possível pensar que a ênfase no individual possa ter um sentido positivo, no sentido de incentivar a se assumir certa responsabilidade em relação à própria vida. Por outro lado, quando pensamos que todo o pensamento científico pós-moderno está empenhado em ressaltar a importância da consciência de que o homem forma uma unidade com o mundo humano e natural, entendemos que tal postura do grupo estudado ironicamente coincide com o sintoma mais comumente apontado por eles, isto é, o isolamento.

Intervenção psicanalítica e alteração do vínculo: o uso do *objeto teoria*

As considerações psicanalíticas aventadas na seção anterior não são apresentadas ao coletivo como "o verdadeiro sentido" dos desenhos e histórias produzidos. De fato, são assinalados, durante nosso encontro com o grupo, alguns aspectos referentes ao que emergiu do conjunto, impressionando a todos, alunos e psicólogo-professor, em relação aos quais acontece, naturalmente, conversa grupal segundo os moldes da associação livre. O valor das ideias que assim surgem não está em serem "certas" ou "erradas", mas no fato de abrirem a possibilidade de *colocar em marcha um jogo* que revela sutilmente que as representações são montagens e construções as quais não apenas levam em conta informação intelectualmente confiável, mas que também, e principalmente, privilegiam interesses afetivos e emocionais inconscientes. Promove-se, portanto, um posicionamento menos ingênuo e dogmático, ainda que menos confortável do ponto de vista da segurança que um sonhado acesso privilegiado à verdade científica poderia prometer.

Os debates e intercâmbios que têm lugar no grupo seguem, simultaneamente, tanto a direção do questionamento das representações, até o momento vigentes, como a da revisão do vínculo mesmo que o grupo vem mantendo com o saber teórico, ainda que todo esse processo comece em situação de sala de aula e deva prosseguir como um processo pela vida afora, já que toda formação é processo continuado. Ou seja, trabalhamos tanto com uma tentativa de transformação de representações específicas, relativas ao objeto social que recebe a atenção teórica da psicopatologia, que é o doente mental, como também com a vinculação do aluno com o sistema representacional institucionalmente autorizado, que são as teorias transmitidas pela universidade. De fato, temos fortes razões para supor que a mera substituição de uma representação por outra não corresponda a um ganho real, em termos de formação do psicólogo, se for mantido o mesmo tipo de vínculo submisso com a teoria.

Retomemos, neste momento, nossas ideias acerca do tipo de vínculo que o psicólogo estabelece com a teoria, no contexto clínico-psicanalítico, distinguindo duas possibilidades. A primeira delas respalda-se numa visão moderna da ciência que, embora se pretenda racional e objetiva, é, de fato, de índole defensiva, do ponto de vista emocional, resultando ironicamente na adoção de postura reverente e eclesiástica, conforme a qual a teoria é algo cristalizado, reificado e imutável. A segunda possibilidade consiste numa visão da teoria como construção coletiva, possível em determinado momento histórico, de acordo com as limitações do humano quando se empenha na aquisição de inteligibilidade transformadora acerca da vida e do mundo. É coerente com esta concepção o estabelecimento de uma relação mais solta, inventiva e espontânea com a teoria.

Um início de reflexão sobre as condições de possibilidade do estabelecimento do segundo tipo de vínculo pode ser feito a partir da concepção winnicottiana de *uso de objeto*[6]. Entendo que uma transposição dessas ideias para o âmbito do uso da teoria, como construção representacional, pode revelar-se bastante produtiva. Reconhecendo que o conceito de *relação de objeto* aponta para um processo intrapsíquico, de cunho eminentemente narcísico, Winnicott propôs o conceito de *uso do objeto* como uma vinculação do indivíduo com um objeto que pertence à realidade compartilhada e que não se reduz, jamais, a um feixe de projeções sob o controle onipotente da mente. Confluem, no uso do objeto, a criatividade do indivíduo e o ser do objeto. A seu ver, a passagem da relação para o uso do objeto corresponde a uma importante conquista em termos de amadurecimento pessoal, à medida que consiste na conquista da capacidade de permitir que o objeto, cuja existência autônoma se pode realmente tolerar, seja vivido fora da área do controle onipotente da pessoa. Essa importante passagem se cumpre através do que Winnicott denomina *destruição do objeto*, acontecimento que se passa simultaneamente no plano da fantasia e da realidade, em presença de um objeto real capaz de sobreviver.

Entendo que o uso dessas ideias, no contexto da problematização das relações entre teoria e prática em psicologia clínica, conduz a considerações acerca da necessidade de destruição do *objeto teoria*, enquanto verdade reificada na mente do estudioso, para que se possa vir a alcançar a capacidade de um uso inventivo. Esse movimento destrutivo requer a renúncia ao

---

[6] WINNICOTT D. W. (1968), "O uso do objeto", In WINNICOTT D. W., *O brincar e a realidade*, Rio de Janeiro: Imago, 1975.

desejo onipotente de que a mente humana possa esgotar o conhecimento do mundo e da vida e vem impedir, de outro lado, o exercício de outra destrutividade, de cunho irrefletido, que inviabilize a utilização daquilo que não corresponda ao modismo epistemologicamente mais atual. A destruição da teoria revelada e do controle onipotente torna possível o uso do conhecimento teórico construído, permitindo, ainda, que a teoria cresça e se transforme continuamente, como coisa viva que é. Chega-se, desta forma, a uma pragmática que, criando condições para um inegável ganho de liberdade de movimentos, permitirá, acredito, que os pesquisadores estejam mais bem-preparados para os questionamentos éticos, estes sim balizadores fundamentais do crescimento científico.

Capítulo 14
Limites da compreensibilidade da conduta: loucura e sociedade[1]

Durante mais de 20 anos tenho acompanhado alunos a visitas a hospitais psiquiátricos. Nessas ocasiões, conversam com internados, experiência que via de regra causa impacto emocional. É muito comum que, terminada a tarefa, teçam comentários do seguinte tipo: *Não entendo por que esta pessoa está internada!* Sempre é fácil perceber que esse tipo de observação é motivada por sentimentos de solidariedade e empatia, pois as entrevistas giram ao redor dos sofrimentos e da história de vida do paciente. Entretanto, o espanto diante da lamentável situação desse outro, que, ao final do encontro, já é um conhecido, um semelhante, traz em seu bojo uma suposição implícita, vale dizer, a de que existiram outras pessoas para as quais a internação seria uma indicação acertada. Que outras pessoas seriam essas? Que tipo de alteridade estaria em jogo?

As histórias relatadas sempre colocam os alunos em contato com condições de vida muito dificultosas: problemas de relacionamento, falta de perspectivas e de esperança, miséria e violência. Diversas pesquisas que tenho realizado, orientado ou

---

[1] Este texto foi originalmente publicado como capítulo de Tese de Livre-Docência apresentada ao Instituto de Psicologia da Universidade de São Paulo, em 1999.

supervisionado indicam, consistentemente, que o usuário da assistência psiquiátrica, em vertente hospitalar ou ambulatorial, é sempre uma pessoa que vive uma vida pontilhada por carências materiais expressivas, que se articulam de modo complexo com problemáticas psicológicas e emocionais diversas. Quando, apesar da desesperança, a própria capacidade narrativa ainda está preservada, os relatos são uma sucessão de desventuras, que mostram a loucura como desfecho de um cotidiano de sofrimento. Pesquisando a vida de empregadas domésticas, Mello[2] faz sensível referência à relação existente entre o rompimento do que denomina *perfeita submissão* e a descompensação psíquica:

> ... nenhuma das mulheres, que me ajudaram a alinhavar esta narrativa de suas narrativas, permitir-me-iam supor que elas são cegas ou surdas aos conflitos que dilaceram suas vidas, nem mesmo supor que apenas vivam os conflitos e não reflitam sobre eles, que não saibam onde localizá-los. Se o trabalho é a resposta de que dispõem para enfrentá-los, é porque não se permitem mergulhar na desesperança. Elas conhecem bem demais, porque convivem diariamente com ele, o caminho que pode tomar a desesperança. Acompanharam passo a passo a destruição de seres humanos. Viram o último reduto da dignidade, o orgulho pobre e secreto de ser capaz de vencer as dificuldades, ser invadido pela bebida, pela doença mental, pela violência.

Em outro contexto, já tive oportunidade de declarar que a experiência nos hospitais e ambulatórios psiquiátricos oferece a triste visão do que podemos considerar parte dos despojos de uma batalha social selvagem e violenta que se trava, em nosso país, à medida que a expansão capitalista assumiu feições abso-

---

[2] MELLO S. L., *Trabalho e sobrevivência*, São Paulo: Ática, 1988.

lutamente radicais e selvagens. Essa tendência vem se agravando, na mesma lamentável direção, de modo que, se o número de leitos psiquiátricos diminuiu, certamente o sofrimento psíquico só aumentou. Ser "povo" é, no dizer de Freire[3], uma experiência trágica, em termos de Brasil:

> "Quero me referir à tragicidade que implica ser ou estar sendo povo em nosso país (...) Estou falando deste imenso contingente de explorada gente, enganada gente, iludida, massacrada gente, andarilhando por aí, à procura de um sítio onde parar, trabalhar, descansar o corpo, dormir, sobreviver. É óbvio, então que, dizendo povo, não me acho perdido na vaguidade do conceito. Não estou incluindo nele os donos do mundo, o que, fundados no direito por eles próprios feito, chamam os 'sem terra' invasores e os expulsam e os ferem e os matam. Da mesma forma como ferem, reprimem, exploram os trabalhadores do campo e das fábricas.(...) A tragicidade [de ser povo] marcada pela desesperança que se instala no momento em que se perde a hipótese do amanhã, em que o amanhã não é mais do que a repetição, com cadência talvez diferente, mas sempre repetição, de um presente terrível, cuja razão de ser mais profunda não é apreendida."

É claro que a loucura é potencialidade à qual ninguém está completamente alheio. Todavia, neste país, a psiquiatrização propriamente dita está claramente relacionada a condições sociais que se caracterizam por desigualdades marcantes. Não há como negar que os usuários são exatamente aqueles cuja dramática de vida se caracteriza por carências radicais, que antes conduziam à internação definitiva e hoje, às filas ambulatoriais. Freire[4] prossegue:

---
[3] FREIRE P., "Prefácio", In MELLO S. L., *Trabalho e sobrevivência*, São Paulo: Ática, 1988, p. 7.
[4] *Id., Ibid*, p. 6.

É impressionante observar como as estruturas perversas da sociedade capitalista, principalmente ao nível da nossa, criam as condições materiais que geram, de um lado, sofrimentos tão profundos, nas classes populares, negando a elas o direito de expressá-los, de outro, nas classes dominantes, a certeza de que aqueles são insensíveis, são gente bruta, que nada sabe, nem mesmo sofrer.

Abordando usuárias de um ambulatório de saúde mental da Grande São Paulo através do uso do Procedimento de Desenhos Histórias com Tema, Borges[5] obteve relatos de vida verdadeiramente tocantes. As mulheres enfrentavam condições domésticas altamente tensas pela falta crônica de dinheiro para garantia das necessidades básicas, o que gerava conflito conjugal de gravidade. A solução psiquiátrica encontrada consistia na administração de ansiolíticos, por longos períodos, além de internação eventual em fases críticas. Ainda que soubessem, com certa clareza, que passavam por dificuldades de vida resultantes do interjogo entre miséria, desentendimentos e falta de perspectivas, aceitavam os remédios para obter alívio provisório.

A relação visivelmente contraditória entre pacientes que se queixam de sua vida material e emocional e as práticas psiquiatrizantes torna-se mais inteligível à luz de algumas considerações sobre a história da loucura na sociedade ocidental. Com intenção explicitamente didática, vários manuais distinguem, historicamente, um período pré-clássico e um período clássico que antecederiam tanto a instauração da clínica psiquiátrica como os desenvolvimentos mais recentes. Anteriormente ao século XVI, a loucura teria sido pouco diferenciada de outras formas de desvio social e bem tolerada pelos coletivos, principalmente no meio

---

[5] BORGES T. W., *Sofrimentos da vida: A loucura no cotidiano de mulheres*, dissertação de mestrado, São Paulo: Instituto de Psicologia da Universidade de São Paulo, 1995.

rural. Entretanto, a reutilização dos antigos leprosários, que a erradicação da doença deixara ociosos, permitiu a diferenciação entre bons e maus pobres, dentro de um espírito social que necessitava proscrever o ócio. Colocada, desde então, como problemática moral, a loucura passa a ser vista como oposição à ordem. A nova prática da exclusão implantou-se, segundo os indícios, progressivamente, chegando a ser socialmente vista como medida absolutamente natural e sensata. Estranheza haveria quando alguém pensasse em solucionar de outro modo um problema psiquiátrico...

Enquanto se dava essa progressiva rotinização do procedimento de segregação manicomial, desenvolveu-se, paralelamente, um corpo de conhecimentos que procedia à inscrição dos sintomas em sistemas classificatórios, de aparência "botânica", mas curiosamente coerentes com doutrinas morais. Essa foi a era da chamada *medicina alienista*, da qual veio a surgir a psiquiatria, trazendo em seu bojo a promessa de adoção de um corpo de saber verdadeiramente científico. Os argumentos morais foram substituídos por hipóteses aparentemente científicas, que frequentemente invocavam a constituição e a hereditariedade, mas, por outro lado, a prática segregacionista permaneceu intocada. Sabemos, inclusive, que ainda em meados do século XIX, era difundida a concepção segundo a qual o manicômio seria, por si mesmo, o mais poderoso instrumento de cura das doenças mentais.

São antigas as práticas de exclusão, em diversas variantes, na sociedade ocidental. Analisando discursos sobre a loucura, tal como aparecem desde os textos homéricos até produções da era pineliana, Pessotti[6] mostra que a loucura tem sido sempre considerada *perda do caráter distintivo do humano*, legitimadora de medidas de segregação mais ou menos explícitas. Trata-se,

---

[6] PESSOTTI I., *A loucura e as épocas*, São Paulo: Editora.34, 1994.

portanto, de uma tendência profundamente arraigada, cuja transformação vai requerer esforço considerável.

Entretanto, outras sociedades têm utilizado soluções alternativas para lidar com a loucura, preservando a possibilidade de inserção social digna. São inúmeros os casos relatados na literatura, mas tenho me interessado sobretudo pelas pesquisas de Devereux[7] em virtude de sua dupla condição de psicanalista e antropólogo. São trabalhos de campo instigadores, que buscam compreender a articulação entre modelos de *pensamento-sentimento* sobre a loucura com a cosmovisão dos índios californianos Mohave e dos indochineses Sedang Moi. Devereux também estudou a relação entre teorias psiquiátricas organicista, adaptativa e do impulso de morte e ideologias ocidentais, demonstrando que as doutrinas explicativas são coerentes com as crenças mais fundamentais acerca da vida e do mundo, estejamos ou não conscientes deste fato, sejamos índios ou cientistas.

Diversas iniciativas contrárias à exclusão social do psiquiatrizado surgiram em vários países, guardando entre si diferenças teóricas, políticas e ideológicas, a partir do término da segunda guerra mundial. De fato, o saldo terrível deste evento foi um extraordinário incremento de sofrimento psíquico, que exigiu atenção médica e psicossocial. Concomitantemente, começou a aparecer uma produção teórica voltada ao estudo da articulação entre doença mental e sociedade. São clássicas as contribuições de Goffmann[8] sobre

---

[7] Ver DEVEREUX G., "Cultural thought models in primitive and modern psychiatric theories", In *Psychiatry* ATENÇÃO, FALTAM DADOS AQUI, COMO NÚMERO, POR EXEMPLO... 1958, P. 359-374. DEVEREUX G., "Two types of modal personality models", In KAPLAN B. (ed), DEVEREUX, G. Two Types of Modal *Studing personality cross-culturally*, Evanson: Row Perterson, 1961. DEVEREUX G. (1963), "Primitive psychiatric diagnosis: A general theory of the diagnostic process", In DEVEREUX G. *Basic problems of ethnopsychiatry*, Chicago: The University of Chicago Press, 1980.

[8] GOFFMAN E. (1961), *Manicômios, prisões e conventos*, São Paulo: Perspectiva, 1974. GOFFMAN E. (1973), *Estigma*, Rio de Janeiro: Zahar, 1980. GOFFMAN E., "Sintomas psiquiátricos y orden público", In FORTI L. (ed), *La otra locura: mapa antológico de la psiquiatria alternativa*, Barcelona: Tusquets, 1982.

as instituições psiquiátricas e sobre o estigma, bem como as análises historicamente orientadas de Foucault[9], além de uma farta produção americana, iniciada na década de 1950 e constituída por pesquisas empíricas que evidenciam a inegável existência de atitudes de rejeição ao doente mental. A estes se acrescenta a conhecida veemência de Szazs[10], que clamou intensamente contra uma psiquiatria que, a seu ver, não fazia mais do que conferir uma fachada científica a práticas inaceitáveis do ponto de vista humano.

Como sabemos, vinha prevalecendo na sociedade ocidental a ideia de encarceramento do louco, que atingiu, no século XIX, um auge que se prolongou até meados do século XX, quando uma significativa mudança de rumo passou a ser notada, de modo que Swain e Gauchet[11] puderam assinalar que o louco, enquanto objeto de segregação social, passou a ser considerado, em formações sociais de vocação democrática ou igualitária, o candidato ideal à reintegração. Evidentemente, isto não significa que a implantação de novas práticas seja fácil. Moscovici[12] tem ressaltado que a sociedade civil se vê, desde a implantação de políticas sociais afinadas com tais ideais, constantemente pressionada pelo que denomina *comunicações paradoxais*, encurralada em situações esquizofrenizantes, à medida que se vê tanto incitada a aprovar a reintegração do doente mental, ao lado de outros excluídos, como amedrontada por sua periculosidade, à medida que circulam simultaneamente comunicações que incrementam o temor. Esse estado de coisas conduz, a seu ver, à elaboração de representações paradoxais, que se associam a prá-

---

[9] FOUCAULT M., *Histoire de la folie à l'age classique*, Paris: Plon, 1961.
[10] SZAZS T. (1961), *El mito de la enfermedad mental*, Buenos Aires: Amorrortu, 1976.
[11] SWAIN G. e GAUCHET M. *La pratique de l'espirit humain: L'instituition asilaire et la révolution démocratique*, Paris: Gallimard, 1980.
[12] MOSCOVICI S, "Comunications et représentations sociales paradoxales", In ABRIC J. C., "*Exclusion sociale, insertion et prevention*", Saint-Agne: Eres, 1996.

ticas sociais problemáticas. Se anteriormente predominava um tratamento ambivalente dos excluídos, hoje se observa uma *inclusão forçada*, vale dizer, que não se acompanha de uma verdadeira transformação das mentalidades. À violência da segregação se opõe a violência de uma "integração" mal assimilada e mal conduzida.

Parece-me, no entanto, haver um saldo positivo em termos de aumento da sensibilidade social em relação aos doentes mentais. Em setores mais esclarecidos da população já se ultrapassa largamente uma crítica à ineficácia terapêutica da psiquiatria manicomial, entendendo-se que as transformações dessas práticas se inserem na problemática mais ampla da exclusão social, fenômeno que abrange um imenso leque constituído por diferentes condições, que podem ir desde a soropositividade até o desemprego, passando pela pobreza, pela homossexualidade, pelas problemáticas étnicas, pelas questões de gênero e muitas outras. Inscrevendo-se, portanto, em complexas questões socioculturais, faz parte de um amplo movimento, de profundas raízes éticas, que se expressa precisamente na escrita de Lévinas[13] como *o humanismo do outro homem*. Por outro lado, por uma série de motivos, tem-se, entretanto, a impressão de que Jodelet[14] pode estar certa ao afirmar que o caso do psiquiatrizado tem hoje um valor exemplar nas tentativas de análise e compreensão de processos de inserção e reintegração social, razão pela qual vem afirmar que pode ser visto como uma *figura emblemática da alteridade*.

A alteridade, que sempre foi um organizador da antropologia como disciplina, é hoje questão que tem sido abordada por diversas ciências humanas. Em 1996, pesquisadores que participavam da terceira conferência internacional sobre representa-

---

[13] LÉVINAS E. *L'humanisme de l'autre homme*, Paris: Livre de Poche, 1987.
[14] JODELET D., *Folie et représentations sociales*, Paris: PUF, 1989.

ções sociais, focalizando basicamente os temas da soropositividade e da loucura, entenderam que um eixo temático importante a ser explorado era a questão da alteridade. A partir daí, o termo alteridade vem ganhando um terreno expressivo no contexto das pesquisas sobre representação social, ainda que sua definição ainda não esteja clara. Vários autores têm debatido a noção, enfatizando a complexidade dos problemas envolvidos, alertando para o fato de que uma pseudo-aceitação pode frequentemente encobrir uma verdadeira negação do outro, que é tornado ausente para que o eu nele se projete.

Em função da extensa pesquisa que realizou sobre representação social da loucura, Jodelet ocupa uma posição de destaque em relação ao tema da alteridade, pensando-a como um processo cultural e simbólico de construção e exclusão social. Em todo o caso, preconiza o estudo detalhado das diferenças, patamares e gradações que fazem mediações no estabelecimento de relações com aqueles que não são "nós".

Esta autora entende que o outro é sempre definido como contraponto: o *não eu* de um *eu*, o *outro* de um *mesmo*, considerando que a questão da alteridade está inerentemente ligada ao processo de definição identitária. Manifestando-se sob variadas formas, do tipo semelhante/ dessemelhante, autóctone/ estrangeiro, próximo/ distante, amigo/ inimigo, normal/ desviante, a seu ver a noção de alteridade se contrapõe tanto à identidade quanto à pluralidade.

> "No que diz respeito à passagem da diferença à alteridade, sabendo que a diferenciação é um processo de base do funcionamento mental, é possível perguntar-se quando e como a diferença – entendida como oposição distintiva em que os contrários se unem – se transforma em ruptura entre duas entidades

distintas (...) Para entender a elaboração da diferença em alteridade convém voltar-se para as relações sociais engendradas pela organização e funcionamento social, mostrando que a produção da alteridade associa, num mesmo movimento, uma construção e uma exclusão." [15]

Se é muito evidente que o louco tem um valor emblemático quando se busca a compreensão da problemática da alteridade, vale, por outro lado, lembrar que o estudo psicossocial da soropositividade tem contribuído para uma maior compreensão das complexas questões relativas à alteridade. Refiro-me aos trabalhos de Joffe[16], que têm se norteado pela ideia de que as representações sociais relativas à aids podem ser compreendidas à luz de vestígios de fantasias primitivas. O cerne de sua argumentação se encontra na ideia de que existe uma verdadeira ponte entre fenômenos psicodinâmicos e sócio-históricos nos processos de pensamento de pessoas que são confrontadas com fenômenos impactantes e ameaçadores como a aids, a loucura ou o risco de desastres ambientais e catástrofes econômicas.

Mesmo reconhecendo que os profissionais de saúde desempenham um importante papel mediador entre os cientistas e a população, Joffe se preocupou em focalizar as relações existentes entre três diferentes grupos: cientistas, jornalistas e público em geral. A seu ver, a *peste* gay, expressão inicialmente usada pela mídia, teve o poder de ativar tanto memórias relativas à

---

[15] JODELET D., "Représentations sociales de la maladie mentale et insertion des malades mentaux", In ABRIC J. C., *Exclusion sociale, insertion et prevention*, Saint Agne: Eres, 1996, p.52

[16] JOFFE H., "'Eu não'", 'o meu grupo não': Representações sociais transculturais da aids", In JOVCHELOVITCH S. e GUARESCHI P., *Textos em representações sociais*, Petrópolis: Vozes, 1994. JOFFE H., "The shock of the new: a psycho-dynamic extension of social representations theory", In *Journal for the theory of social behavior*, 26(2), 1996, 197-220. JOFFE H., "Degradação, desejo e 'o outro'", In ARRUDA A., *Representando a alteridade*, Petrópolis: Vozes, 1998.

peste negra, que assolou a Europa durante quatro séculos, como outras relativas à sífilis. Parece, pois, haver uma continuidade histórica entre as representações da sífilis e da aids. Uma e outra foram associadas à imoralidade e à punição por irresponsabilidade sexual, provocando um clamor em prol do "retorno" aos valores familiares tradicionais. Em ambos os casos, estrangeiros foram responsabilizados. No caso da sífilis, esta esteve associada à ideia de que era disseminada por prostitutas de origem africana, supostamente dotadas de uma sexualidade desenfreada. Pesquisando representações sobre a origem e a propagação da aids, Joffe tem encontrado associações de ideias que manifestamente aproximam a aids e os estrangeiros, atribuindo a estes comportamentos desregrados e perversos. Uma ideia que circulou com certa intensidade referia-se à origem haitiana da síndrome, secundária à prática do vudu por ingestão de sangue de animais sacrificados e à da homossexualidade ritual. Hipóteses análogas usavam africanos, aos quais se atribuem práticas sexuais perversas, incluindo bestialidade como causa primária. Em suma, parece que o medo do contágio acabou se generalizando, de modo a provocar a consideração de que o infectante é alguém que não pertence ao mesmo grupo que eu. Por outro lado, aparecem também ideias de infecção dentro do mesmo grupo. Por exemplo, circulam ideias conforme as quais a aids decorre de falha ocorrida em um experimento científico ou como arma usada pela CIA ou FBI.

Não é nova a ideia de pesquisar a importância da dimensão emocional em fenômenos coletivos, dada a reconhecida importância dos trabalhos sobre personalidade autoritária e fascismo, bem como da relação entre irracionalidade e multidão. Recentemente, alguns autores têm enfatizado a importância do prosseguimento de estudos nesta linha, mas poucos avanços têm sido feitos. No entender de Joffe, um caminho promissor consiste no uso do modelo kleiniano, que considera uma ferramenta valiosa para a teorização da resposta emocional à ameaça e temor de contágio. A seu ver, esse modelo completaria uma teoria da formação de representações sociais diante de fenômenos não apenas novos mas essencialmente ameaçadores, capaz de reconhecer uma base emocional e defensiva na gênese do processo.

Segundo a teoria das relações objetais, a acusação é uma técnica primitiva e imatura de defesa da identidade, condizente com um grau de desenvolvimento psíquico que se baseia na divisão fantasiosa do universo entre bons e maus. Pela ação da identificação projetiva, certo "controle do mal" poderia ser alcançado. Os depositários externos das projeções tornar-se-iam maus e poderosos, e contra eles deveriam ser adotadas condutas apropriadas que incluiriam, naturalmente, sua perseguição, controle e extermínio. Exemplo elucidativo desse tipo de fenômeno pode ser encontrado no antissemitismo radical da Alemanha nazista, que usou os judeus como depositários de fantasias nazistas. Em termos da aids, o poder consiste na capacidade de contaminar, derrubando as barreiras que separam bons e maus, "nós" e "os outros".

Repensando os conceitos kleinianos, Ogden[17] veio a propor a existência de três modos de criação de significado psicológico, cuja inter-relação dialética determina a matriz psicológica ou o estado básico de ser a partir do qual cada pessoa vive e constrói significados a cada momento. Este pensamento pode ser de alguma utilidade para a pesquisa acerca dos modos como pode ser vivida a alteridade.

De acordo com a organização psicológica de maior desenvolvimento, na qual se pode encontrar maior capacidade de mediação simbólica, observa-se um estado no qual os pensamentos e sentimentos são vivenciados como criações psíquicas próprias, o que significa, primordialmente, que existe a possibilidade de se experimentar como sujeito e de, consonantemente,

---

[17] OGDEN T., *Os sujeitos da psicanálise*, São Paulo: Casa do Psicólogo, 1996.

ver o outro também como sujeito de uma experiência humana. No modo esquizoparanóide encontra-se uma forma de subjetividade na qual existe escasso senso de si como autor dos próprios sentimentos e pensamentos, de modo que estes são vividos como se fossem forças e objetos físicos que atacam ou ocupam o precário senso de integridade pessoal. Nesta posição, observa-se uma forma específica de simbolização, conhecida como *equação simbólica*, na qual existe pouca capacidade de se diferenciar entre símbolo e simbolizado. Assim sendo, não há mais do que rudimentos de um "eu" interpretante interpondo-se entre o *self* e suas vivências, em decorrência do que o outro é vivenciado de modo similar, ou seja, como um objeto em oposição a um sujeito. Se o outro é objeto, não se verificam condições para desenvolvimento de sentimentos de preocupação e consideração. Entretanto, existe um estado ainda mais imaturo, que é pré-simbólico, o *autista-contíguo*. Aí a experiência do *self* está baseada na ordenação da experiência sensorial, com especial ênfase para as sensações na superfície da pele, que constituem uma etapa inicial num processo de estabelecimento de um *self* coeso, cuja falência seria um cair ou escoar-se aterrorizador num espaço sem forma e sem fim. Rigorosamente falando, o indivíduo ainda não se relaciona com objetos propriamente ditos, mas com formas autistas, vale dizer, com impressões sensoriais deixadas por um objeto que toca a superfície de sua pele.

Assim, é fundamental relembrar que o "outro" que é usado como depositário de aspectos do eu é radicalmente diverso do semelhante, do próximo, que é o outro humano, passível de ser concebido apenas quando a identidade está sendo construída de modo maduro, isto é, capaz de conter a humanidade e a imperfeição de cada qual. Entretanto, se é claro que os conceitos de mesmo e outro são tributários de uma definição dialética, à medida que se criam, se negam e se preservam um ao outro, o ponto verdadeiramente intrigante é o da passagem da noção de outro para a de próximo ou semelhante. Afinal, o termo *outro* faz apelo a diferença e/ou distância social, enquanto o termo *próximo* supõe comunidade e/ou proximidade social, configurando situações completamente diversas.

Percebe-se, deste modo, que um aparente paradoxo se supera: é apenas quando o outro é visto como realmente outro, ou seja, centro de uma existência independente da minha própria, que pode ser vivido como um sujeito humano. Quando o *eu* e o *outro* ainda se encontram, de certo modo, misturados e confundidos, esta condição de sujeito não pode ser experienciada, nem no âmbito do si mesmo, nem no âmbito da alteridade. Deste modo, é o outro na qualidade de objeto, sobre o qual eu projeto aspectos do meu eu, aquele a quem não se pode dar o reconhecimento de sua pessoalidade. O perseguidor e seu perseguido estão, ironicamente, numa mistura tão íntima que certamente os horrorizaria se dela tivessem consciência.

Evidentemente, autores críticos não pretendem explicar o social de forma reducionista através da utilização de conceitos psicanalíticos oriundos de uma experiência clínica individual, já que os termos de passagem entre os domínios individual e coletivo não são conhecidos. Entretanto, parece inegável que eventos sociais ativam ou desativam modos individuais de defesa. A presença de uma doença de massa seria um dos modos pelos quais a ansiedade persecutória poderia ser evocada entre os membros do grupo. Essas mudanças trazem insegurança e exacerbação de fragilidades existenciais e conflitos identitários não resolvidos.

Realmente, há que se tomar todos os cuidados possíveis para evitar a psicologização de problemáticas sociais, culturais, políticas e econômicas, uma vez que esta sempre gera efeitos conservadores e reacionários. Entretanto, tenho a impressão de que os pesquisadores da área das ciências humanas não se podem furtar à consideração detida sobre a passagem do individual para o coletivo, a qual requer a discussão prévia acerca do fenômeno da conduta humana, dialeticamente concebida como uma totalidade abordável a partir de diferentes recortes metodológicos. De momento, quero destacar que é evidente que a manutenção de um sistema socioeconômico que se baseia na exploração e no sacrifício de uma maioria exige a não percepção da semelhança. As pessoas são o tempo todo instadas a pensar no próximo como um outro diferente, para poder manter a exploração. Loucos, deficientes, desempregados, soropositivos, negros, homossexuais, estas são diferentes categorias de *outros não semelhantes* que compõem um grande contingente que carrega, sobre os próprios ombros, o peso do mundo.

Goffmann[18] focalizou os processos pelos quais, na sociedade contemporânea, alguém é rotulado, de modo que ficam marcados, a seu ver, os sujeitos que não correspondem às expectativas de normalidade social. A estigmatização é um processo de atribuição social que enfatiza a presença de traços considerados depreciativos e desonrosos, resultando em marcas de deterioração da identidade individual. Dedica, posteriormente, um estudo específico aos sintomas psiquiátricos como desvio da ordem pública[19], apontando o fato, muitas vezes esquecido, de que antes de chegar diante do psiquiatra, a loucura foi avaliada pelo entorno social, como tem sido realmente constatado por uma série de pesquisas. Esta é uma questão verdadeiramente fundamental, na medida em que força o reconhecimento de que a psicopatologia, longe de ser um campo do saber que se constituiu a partir de curiosidade desinteressada por alguns intrigantes fenômenos, como querem fazer crer inúmeros manuais, é antes de mais nada uma reflexão que tem origem em um processo social de atribuição de significação fortemente negativa a determinados comportamentos humanos.

---

[18] GOFFMAN E. (1963), *Estigma*, Rio de Janeiro: Zahar, 1980.
[19] GOFFMAN E., "Sintomas psiquiátricos y orden público", In FORTI L. (ed), *La otra locura: Mapa antológico de la psiquiatria alternativa*. Barcelona: Tusquets, 1982.

O diagnóstico psiquiátrico, por mais científico que pareça, é, pois, secundário a uma decisão social de entender aquele problema como de alçada psiquiátrica. De fato, a consulta psiquiátrica é antecedida por um longo processo, que descarta outras possibilidades. De uma certa forma, tem-se encontrado que um primeiro passo diagnóstico é, de fato, dado pelo ambiente social mais imediato. Os psiquiatras são, desde esta perspectiva, funcionários do Estado encarregados de fazer cumprir certas práticas que surgem à consciência social como científicas. Pessoalmente, fui convencida, a partir de uma experiência profissional que me proporcionou estreito e prolongado contato com a instituição, de que medidas urgentes deveriam ser tomadas tanto no que se refere à melhoria das condições de tratamento dos pacientes como no que diz respeito à transformação das condições concretas de vida da população, que facilitam a descompensação emocional grave. Tenho tido oportunidade de realizar uma série de pesquisas interventivas sobre este tema, que me possibilitaram constatar a existência de uma fachada que iludia muitos estudiosos respeitáveis e lúcidos. A falta de uma análise mais detida e conceitualmente articulada permitiu que se visse o movimento brasileiro de desospitalização como resultado de uma conquista heróica, que segmentos esclarecidos do setor da saúde mental teriam conseguido vencendo alas de psiquiatras tradicionais. Entretanto, era possível perceber que o movimento, de ares progressistas, também interessava e era ativamente apoiado por empresários do setor psiquiátrico hospitalar, que tentavam baixar os custos de hotelaria através de uma exclusão *soft*, que lhes garantiria maiores ganhos, sem modificações substantivas. Em sua avidez e pressa, tais interesses pretendiam a desospitalização sem cuidar das complexas condições que esta requer, o que acarretou incontáveis prejuízos do ponto de vista humano. Aliás, não é difícil concluir que a desospitalização, ética e humanamente pensada, não é solução para redução de custos e investimentos, pois, quando decentemente realizada, exige recursos financeiros. Deste modo, só é condizente com políticas sociais que valorizem o humano, não sendo dignamente exequível quando a população vive abaixo da linha de miséria. O espírito que, a partir dos anos 1980, norteou a desospitalização brasileira não fugiu, infelizmente, à diretriz que ainda prevalece neste país: o descaso e o desrespeito a sua população.

Não foi suficientemente problematizado, entre os entusiastas desatentos da desospitalização, qual seria o próximo passo. Assistiu-se à rápida, violenta e taxativa diminuição do número de leitos hospitalares. Em meu trabalho de doutorado, entrevistando familiares que buscavam o pronto-socorro psiquiátrico, presenciei situações dramáticas que envolviam a recusa da internação, a aplicação de um sedativo e o desacoroçoado retorno à favela com o paciente em surto psicótico. Em inúmeros casos, esse paciente ficaria em casa sozinho ou na companhia de crianças, enquanto os demais adultos da família sairiam para trabalhar. Os médicos pareciam perplexos. Entendiam que a hospitalização nunca tinha sido, realmente, uma medida terapêutica. No entanto, não deixavam de sentir que não faziam mais do que impotentemente lavar as mãos diante de situações de grande sofrimento.

A complexidade da desospitalização tem sido focalizada por Jodelet[20], para quem entre a abolição da internação e a integração social existe um longo e difícil processo, que envolve três diferentes dimensões: assimilação, inserção e igualdade. A assimilação diz respei-

---

[20] JODELET D., "A alteridade como produto e processo psicossocial", In ARRUDA A., *Repensando a alteridade*, Petrópolis: Vozes, 1998.

to ao apagamento de distâncias e barreiras de diferenciação social; a inserção refere-se à permissão de participação em atividades sociais e espaços e modos da vida comum, enquanto a igualdade consiste na superação de distinções de lugar e posição no sistema social. Assim, a assimilação e a inserção deságuam na igualdade de direitos e deveres, que encontraria plenitude na integração política e usufruto de cidadania. Trata-se, como se vê, de todo um trajeto que requer condições sociais e simbólicas específicas.

Entretanto, considerei fundamental que se criticasse o processo de desospitalização, nos termos em que foi inicialmente realizado, à medida que interesses financeiros foram atendidos em detrimento do total desamparo em que foram deixados usuários e famílias, sob uma fachada humanitária e progressista. O que realizei, na época, pode ser considerado um estudo de representações sociais de familiares sobre o hospital psiquiátrico, mas, naquele momento, não se usava este conceito, nem como é utilizado no campo da psicologia social, nem do modo como vim a propor a partir das formulações blegerianas.

Assim, motivada pelo repúdio a uma situação social inaceitável, que, conjugando miséria e sofrimento psíquico, reduzia os psiquiatrizados brasileiros a condições subumanas, vim a desenvolver investigações com a finalidade expressa de trazer uma contribuição ao movimento de luta por transformações das práticas psiquiátricas, concebendo a pesquisa-intervenção sobre representações sociais como comprometida com um trabalho maior de desconstrução de representações preconceituosas e estereotipadas. Entendia, como ainda entendo, que as práticas segregadoras e excludentes se fundamentam e se legitimam através de teorizações psicopatológicas e de representações elaboradas e compartilhadas socialmente.

Na década de mil novecentos e setenta, foram realizados dois interessantes trabalhos empíricos que focalizaram as concepções de pacientes e normais sobre a doença mental[21]. No primeiro deles, que se realizou mediante o uso de questionários, os pesquisadores verificaram que as concepções etiológicas de pacientes e não pacientes eram marcadamente diversas. Os pacientes enfatizavam relações interpessoais tensas e problemáticas como causas de sua condição, enquanto os normais valorizavam marcadamente fatores hereditários e orgânicos. O segundo estudo, realizado com a finalidade de detalhar as percepções dos pacientes, fez uso de um questionário que investigava a ocorrência de problemas econômicos, familiares e sociais na infância e na vida adulta, bem como a opinião dos pacientes no sentido de sua eventual contribuição para o adoecimento. Como resultado, obteve-se que os pacientes frequentemente viam os problemas familiares e sociais da vida adulta em um contexto etiológico, enquanto não acreditavam que as privações e dificuldades de ordem material pudessem ter efeito prejudicial sobre o equilíbrio mental, malgrado não pertencessem a camadas abastadas da população. Por outro lado, raramente atribuíam aos acontecimentos infantis, mesmo traumáticos, um sentido etiologicamente determinante.

Os achados desses estudos coincidem com o que tenho presenciado no hospital psiquiátrico, tanto quando converso com pacientes, que não desperdiçam a eventual disponibilidade de

---

[21] WEINSTEIN R. M., "Mental patient's perceptions of illness etiology", In .American journal of Psychiatry,131(7), 1974, p. 798-802. WEINSTEIN R. M. e BRILL N. Q., "Conceptions of mental illness by patients and normals", In Mental Hygiene, 55(1), 1971, p. 101-7.

quem possa ouvir suas histórias de vida, como quando se escutam observações de psiquiatras e enfermeiros, tendentes a desqualificar os problemas relacionais alegados, entendendo que o paciente é, fundamentalmente, um doente, na acepção precisa do termo. É facilmente observável, entre os profissionais, a crença de que os pacientes enfrentam os problemas que todo mundo enfrenta, mas não conseguem lidar satisfatoriamente com eles, em virtude de serem loucos. Encontrei situações que guardam certa concordância com estes dados, tanto quando pesquisei pacientes psiquiátricas como quando trabalhei com professores secundários. Estes últimos, que podem ser considerados um grupo específico de normais, revelaram predominantemente uma visão semelhante àquela encontrada por Weinstein e Brill, enfatizando a hereditariedade. Uma ressalva, entretanto, deve ser feita no sentido de ter sido encontrada uma diferença significativa no tipo de representação de acordo com a área de ensino e com o tipo de estabelecimento no qual lecionavam. Os professores da área de exatas e biológicas tendiam a valorizar mais enfaticamente as causas genéticas, enquanto os professores da área das ciências humanas tendiam a considerar que as condições de vida, tanto relacional como financeira, tinham expressivo valor etiológico. Por outro lado, constatei que os professores que trabalhavam em escolas particulares tradicionais enfatizavam a hereditariedade, enquanto os professores da escola pública assumiam posições de acordo com as quais eram fatos da vida os que levavam as pessoas à loucura e/ou doença mental. Neste último grupo, chegou-se a admitir explicitamente que a loucura podia acontecer na vida de qualquer pessoa. Resultados coerentes com este quadro geral foram encontrados, entre nós, em pesquisas de representações de pacientes internados e ambulatoriais. Na Europa, Morant encontrou um quadro análogo.

Não é implausível a hipótese de que tanto pacientes como normais estejam assumindo tais representações em virtude de movimentos defensivos. Os não pacientes apreciariam hipóteses organicistas porque associam-nas à apresentação precoce de evidências problemáticas, de modo a enteterem a ilusão de estarem a salvo. Provavelmente aqui se passa algo similar ao que se constata quando é pesquisada a representação da deficiência física. Ainda que um grande número de deficientes tenha sido, de fato, vítima de acidente automobilístico ou de arma de fogo, é comum a ideia de que a deficiência é hereditária ou congênita. Evidentemente, esta crença é mais confortável, psicologicamente, para habitantes de grandes centros urbanos, que querem utilizar automóveis e estão, de fato, sujeitos à violência. Por outro lado, os pacientes, ao verem a loucura como algo meramente «acontecido» mas de nenhuma forma essencial, estão tanto admitindo a possibilidade de recuperação como, o que é fundamental, posicionando-se contra sua exclusão da comunidade humana. Estão, deste modo, admitindo a loucura como algo humanamente possível. De passagem, vale a pena lembrar a posição dos familiares, que não encontram conforto nem na adesão a um pensamento hereditário e organicista nem no pensamento que invoca problemas relacionais. Ouvimos uma curiosa expressão, utilizada por familiares, durante a realização de nossas pesquisas: *mexericos do sangue*. Trata-se de uma articulação entre ideias referentes às "traições familiares" e transmissão genética, em tudo semelhantes às antigas teorias degenerativas.

Em contraposição, o que dizem os pacientes que temos pesquisado é: *a loucura é algo que pode acontecer com qualquer pessoa*. É interessante ressaltar que, quando se referem à vida, estão abordando exatamente o cotidiano, enquanto experiência dramática, vincular e coexistencial, correspondente ao nível especificamente humano de análise das diversas ciências humanas, no qual se configuram propriedades e qualidades da conduta que já não falam do ser e do viver, mas da existência, ou melhor, da coexistência, como fenômeno absolutamente incomparável ao que se encontra nos níveis inferiores da organização da complexidade fenomênica. É no reino da vida em comum e da vida de todo dia, desta vida que toma tempo, onde se entrecruzam sonhos, esperanças, projetos, dificuldades, desencontros, sofrimentos e traições, que os pacientes localizam acontecimentos que os arremessam nos abismos das agonias impensáveis do enlouquecimento. É predominantemente desde seus amores infelizes e de seus projetos frustrados, ou, como dizem, da "vida cruel" e do "coração magoado", que vem brotar um sofrimento tão insuportável que pode lançá-los numa louca viagem para fora do cotidiano compartilhado e da coexistência.

Malgrado a referência a entidades sobrenaturais como responsáveis pelo adoecimento, o que inclusive pode se articular com fenômenos orgânicos ou relacionais, pode-se afirmar que o que existe atualmente, tanto no âmbito da ciência psicopatológica como naquele das representações socialmente predominantes sobre a loucura, é uma polarização, em termos de ideias etiológicas, ao redor da hereditariedade/organicidade, de um lado, e dos acontecimentos da vida relacional, de outro. Esta polarização reflete uma questão nuclear do campo psicopatológico, ao redor da qual se mantém um debate atualmente velado, qual seja, a dos limites da compreensibilidade da conduta humana.

Assim, de um lado, autores organicistas defendem a ideia de que a loucura não é passível de ser explicada psicologicamente, exigindo a interpolação de uma explicação biologicamente reducionista. Por outro lado, alinham-se aqueles que acreditam que seja possível manter uma compreensão estritamente psicológica da conduta, mesmo quando disruptiva, a partir do uso de ferramentas conceituais específicas. Desta forma, toda conduta poderia ser abordada como acontecimento de vida, que se articula compreensivelmente com a biografia do sujeito. Esta segunda posição corresponde a uma leitura dialética da psicanálise, que teve em Politzer[22], seu iniciador.

---

[22] POLITZER G., *Critica de los Fundamentos de la Psicologia*, Mexico: Martinez Roca, 1972.

Evidentemente, aqueles autores que consideram que a possibilidade de articulação compreensiva, em termos de biografia pessoal, cessa a partir de determinado ponto são os adeptos da ideia de que existem limites à compreensilidade da conduta humana. Opõem-se, assim, aos autores que acreditam que a conduta humana é sempre dotada de significado, mesmo quando bizarra e incomum. Jaspers[23] aborda este problema logo no início daquela que é considerada a obra inaugural e fundante da disciplina psicopatológica:

> A investigação do acontecer biológico básico e do desenvolvimento histórico vital compreensivo culmina em uma diferenciação das espécies de bios, a do desenvolvimento unitário da personalidade, sobre a base de um curso biológico normal das idades e das fases eventuais, do caráter não unitário de uma vida que se decompõe por uma ruptura, em duas partes, porque no acontecer biológico, em determinado momento, se iniciou um processo que, com a interrupção do curso biológico da vida, altera a vida psíquica de modo incurável, irreversivelmente (...) "Falamos em mudança no desenvolvimento de uma personalidade quando podemos compreender no conjunto das categorias histórico-vitais o que está acontecendo, sob a pressuposição do acontecer biológico fundamental.

Nesta linha de raciocínio, alguns sintomas psicóticos, tais como delírios de ciúme e outras formas paranóides, seriam considerados ainda pertencentes à categoria *desenvolvimento*, exatamente quando a sintomatologia pudesse ainda ser compreendida pelo psiquiatra no contexto da biografia do paciente. O processual, por outro lado, corresponderia à emergência de um algo radicalmente novo, inevitavelmente tributário de uma irrupção proveniente do corporal, do biológico, com supressão concomitante do que é especificamente humano.

---

[23] JASPERS K. (1913), *Psicopatologia geral*, Rio de Janeiro: Atheneu, 1987, p. 23.

É interessante notar que a ideia de irrupção do corporal aparece não como hipótese comprovada ou a ser devidamente testada, mas como uma premissa, a ser aceita por argumentação discutível. Opera-se, deste modo, um reducionismo apriorístico, com notáveis efeitos clínicos. Se o psiquiatra observa algo que considera incompreensível, porque não se pode imaginar em semelhante condição ou tendo semelhante reação, o diagnóstico se dará em termos processuais. Por outro lado, quando se defronta com situações problemáticas que evocam a fantasia de que poderia, ele mesmo, agir de forma similar, o diagnóstico será feito no sentido de um desenvolvimento. Num certo sentido, o profissional de plantão é a medida dos julgamentos. O fato pode passar despercebido, porque a psiquiatria é uma construção coletiva, de modo que muitos compartilham tais fantasias, o que lhes confere um ar de plausibilidade.

Kurt Schneider[24] é um autor que acredita na impossibilidade de compreensão significativa de condutas usualmente vinculadas às psicoses desorganizativas e afetivas. Sua notável expressividade merece ser registrada:

> Não conhecemos os processos mórbidos que se encontram na base da ciclotimia e da esquizofrenia. Que se achem fundamentados sobre enfermidades constitui uma conjectura que goza de sólido apoio. A herança frequente, as vinculações com processos genéticos e as alterações somáticas gerais que muitas vezes se encontram presentes não são tão importantes como os seguintes fatos psicopatológicos: que apareçam, entre outros, sintomas tais que não guardam analogia alguma com a vida psíquica normal e com suas variantes anormais. Na grande maioria dos casos não se podem referir estas psicoses e vivências, não se acham motivados por estas. Não são influídas de modo apreciável por meio de tratamentos psíquicos e sim por

---

[24] SCHNEIDER K., *Psicopatologia geral*, Madrid: Paz Montalvo, 1951, p. 21.

somáticos. Mas, antes de tudo, quebram as leis e normas que regem a continuidade do desenvolvimento vital (...) A interpretação especulativa que os considera como reações a conflitos mascaradas é absolutamente inadmissível. É possível conceber que "a alma" possa se transformar por si mesma de um modo tão grotesco sem que isso seja causado por uma enfermidade do corpo? Muito se fala hoje da origem psíquica das enfermidades, de sua psicogênese. A esse respeito diremos o seguinte: a enfermidade possui, como todas as coisas, não somente uma, mas, de fato, infinitas condições determinantes. Aquele fator, conhecido ou desconhecido, do eixo causal, sem o qual a enfermidade não poderia acontecer, não é, jamais, de natureza psíquica.

A nitidez da citação praticamente dispensa comentários. Basta salientar que, no contexto de seu pensamento, a adoção de um modelo organicista é antes um imperativo emocional, decorrente da concepção que quer manter acerca do ser humano, e de nenhum modo produto de investigação isenta da realidade, o que um professado cientificismo exigiria.

Bleger desenvolve de modo instrutivo uma posição oposta. Tendo sempre entendido que a psicanálise é uma psicologia, trabalhou na reflexão acerca dos fundamentos e implicações deste fato. Baseando-se na tese politzeriana segundo a qual a verdadeira revolução psicanalítica é a descoberta acerca da inexistência de fenômenos psicológicos desprovidos de sentido, tudo remetendo à biografia, ao drama vital de cada um, mesmo o sonho, conclui que o determinismo se expressa na psicologia como motivação. Todo ato é motivado, ou seja, tem significado humano e deve ser estudado a partir daí:

> O fato psicológico não é o comportamento simples, mas precisamente o humano, ou seja, o comportamento à medida que

se relaciona com os acontecimentos entre os que se desenvolve a vida humana, por uma parte, e com o indivíduo como sujeito de tal vida por outra. Em uma palavra, o fato psicológico é o comportamento que tem sentido humano [25].

Segundo Voutsinas[26] é sempre fundamental ressaltar que o termo *drama* está, na teorização politzeriana, totalmente isento de ressonâncias românticas ou de significação sentimentalista. Drama é a própria vida humana, na qual a pessoa está concretamente em contato com os demais indivíduos, com grupos e coletividades, vivendo sempre *em situação*.

Filósofo que se voltou para o estudo da psicologia, particularmente interessado na psicanálise, Politzer veio posteriormente a aderir ao marxismo, entendendo o materialismo histórico como uma teoria geral que transformava radicalmente toda a psicologia. É possível distinguir em seus escritos propriamente psicológicos três etapas: a primeira fase, a da defesa da psicanálise, da qual a obra de 1928 é o produto principal; a segunda fase, de defesa de uma psicologia concreta, cujo marco é publicado em 1929; e a terceira, de condenação aos rumos concretos da psicanálise, que vai de 1933 a 1939. São três diferentes fases, mas guardam em comum a fidelidade a um mesmo tipo de pensamento. O elogio e a crítica à psicanálise se referem à distinção que foi capaz de fazer entre um aspecto verdadeiramente revolucionário e humanista e uma face conservadora, que invadiu o exercício profissional e parte da elaboração teórico-discursiva. Nunca condena o método psicanalítico, mas um específico tipo de uso, que não lhe é intrínseco, mas que é facilitado pela abstração de uma metapsicologia fisicalista, que nega radicalmente as condições socioculturais concretas.

---

[25] POLITZER, *Op. cit.*, p. 209.
[26] VOUTSINAS D., "En relisant Georges Politzer", In *Bulletin de psychologie*, 45(408), 1992, p. 725-35.

A questão da relação entre elaborações teóricas e seu uso é bastante complexa, se bem se possa entender que certas formulações possam facilitar certas práticas, sem descartar a enorme e fundamental importância do contexto sociocultural. Para abordar tal questão, Voutsinas, certamente inspirado pelo fato de Politzer ter morrido como herói da Resistência, em 1942, apela para o polêmico caso de Heidegger, colocando não propriamente a questão da adesão pessoal do filósofo ao nacional socialismo, que parece suficientemente respondida, do ponto de vista histórico, mas a das ligações existentes entre sua obra e o pensamento nazista. Voutsinas parte da admissão de que obviamente a filosofia de Heidegger não é o nazismo. Contudo, considera que existem, de fato, laços visíveis entre sua filosofia e o movimento geral das ideias e acontecimentos, o que contribuiu para a emergência do nazismo. A seu ver, o modo abstrato e hermético como aborda a problemática do ser, considerando que é o nada aquilo que funda o movimento ontológico próprio da existência, de modo que existir seria repetir indefinidamente o ato pelo qual estamos destinados à morte, não é exatamente uma visão estimuladora do respeito à vida e ao homem. Terão, de fato, como quer Voutsinas, tais considerações ressonâncias harmônicas com ideias que puderam materializar-se no horror dos campos de extermínio?

Ora, estudando a contribuição de Politzer, Voutsinas chega justamente a demonstrar que o ponto fundamental de seu pensamento é a fidelidade com que concebe o outro como próximo ou semelhante. Deste modo, não nos surpreende constatar que, na qualidade de psicanalista kleiniano profundamente engajado politicamente, tenha Bleger encontrado fundamentos confiáveis no pensamento politzeriano. Assim, o argentino chegou a escrever uma série de artigos, que posteriormente compilou em livro, nos quais foi bastante claro na defesa de uma posição que vê na dramática da vida o objeto verdadeiro de toda psicologia, aí incluída a psicanálise. Deste ponto de vista, as propostas positivistas de busca de objetividade, às custas do reducionismo e de um estudo da conduta abstraída do contexto dramático, são inteiramente inaceitáveis. A conduta abstraída guarda, curiosamente, certa semelhança com os objetos recortados, frios, desvinculados e desprovidos de significação que povoam o universo da irrealidade esquizofrênica.

> Ao querer estudar a conduta de uma pessoa, a primeira aproximação da psicologia foi totalmente formal, classificando as características da atenção, memória, juízo, vontade etc., mas com isso se reduz o fenômeno psicológico a seus elementos formais e se descarna a conduta de seus elementos vitais humanos, como parte do decurso de uma vida. Freud se coloca desde o começo de maneira totalmente diferente porque estuda o sintoma em relação coma vida do paciente. A informação vinda de fora dos acontecimentos da vida não dá totalmente o sentido e a compreensão do sintoma. Só se consegue isso quando o sintoma é relacionado com os fatos tal como foram subjetivamente vividos, vivenciados pelo paciente, e o sintoma fica assim explicado em função e como parte da conduta humana. É a isso que chamamos dramática que é, em última instância, a descrição, compreensão e explicação da conduta em função da vida do paciente, em função de toda a sua história. No estudo sobre Gradiva, diz Freud – todo aquele que quiser interpretar o sonhado por outra pessoa, não pode menos que se ocupar com o maior detalhe possível dos acontecimentos vividos pela mesma, tanto em sua vida interior como na relação social [27].

A firmeza e convicção de Bleger acerca da inexistência de limites de compreensibilidade da conduta humana não o levam,

---

[27] BLEGER J., *Psicoanalisis y dialetica materialista*. Buenos Aires: Paidos, 1958, p. 112-3.

de modo algum, a desconsiderar a importância de dimensões orgânicas. Pensa, coerentemente, que à medida que, dada a complexidade do real, os fenômenos se articulam em diferentes níveis de organização, estruturação e complexidade, tem sentido a proposta de perspectivas de análise que privilegiem níveis infra-humanos. Fornece um exemplo claro quando diz que um movimento muscular pode ser estudado desde o nível da química, da física e da biologia até o nível propriamente humano, onde, em função da complexidade, pode ser abordado desde perspectivas psicológicas, antropológicas, econômicas, sociológicas, históricas etc. Os diferentes níveis e perspectivas de análise decorrem da complexidade fenomênica e da impossibilidade humana de abarcar a totalidade. Vale, no entanto, destacar que os níveis infra-humanos de análise requerem uma maior abstração, distanciando-se artificialmente da concretude da vida.

> É entretanto, bastante frequente encontrar que se discuta se uma conduta, um sintoma, é psicológico ou orgânico; não pode deixar de ser as duas coisas ao mesmo tempo, porque tudo o que se manifesta no homem não pode deixar de ser psicológico e porque esse nível de integração não pode dar-se jamais sem os níveis precedentes [28].

É interessante notar que diferencia a biologia, que estudaria a organização do real segundo leis que são universais para todos os seres vivos, aí incluídos os humanos, da biologia humana, que já não seria um nível e sim uma perspectiva no nível humano de integração. Desde tal perspectiva, o modelo psiquiátrico organicista, fundando-se na crença dos limites da

---

[28] BLEGER J., *Psicologia de la conduta*, Buenos Aires: Paidos, 1963, p. 81.

compreensibilidade, opera no nível biológico não humano de integração e estruturação fenomênica.

Em outros termos, o trabalho intelectual no nível da explicação biológica demanda uma abstração maior no sentido de um maior distanciamento do vivido da experiência humana. Assim, o objeto de estudo no nível biológico de integração é o ser vivo enquanto um outro não assimilável à própria experiência do sujeito. O corpo biológico é o organismo, na melhor hipótese, e uma máquina, na pior, mas nunca o corpo vivido.

É óbvio que o conhecimento biológico cobra um preço em termos de abstração, que pode ser compensado por uma visão de que esse nível faz parte de uma totalidade fenomênica infinitamente mais complexa. Entretanto, esse distanciamento e abstração são improdutivos e nefastos quando se está empenhado na aquisição do conhecimento psicológico. O organicismo, quando não se acompanha de um correto dimensionamento do operar abstratamente, correspondendo à simples adesão ao princípio dos limites da compreensibilidade, é um instrumento ideológico que possibilita ver a loucura como alteridade absoluta. Contrariamente, vê-la como fenômeno compreensível no nível humano implica a consideração de que a loucura é assunto próprio, assunto humano, conduzindo cada qual a uma posição menos confortável, mas mais comprometida.

O ponto a ser ressaltado é o da absoluta e imperiosa necessidade de não confundir planos analíticos, considerando erroneamente que uma maior precisão ou confiabilidade de conhecimento é obtida pela via de reducionismo. Herrmann consegue contribuir eficientemente quando diz:

> Apenas um equívoco fez-nos confundir a psique com uma espécie de cérebro metafórico, o aparelho psíquico individual. O cérebro é um só, feito de neurônios e correntes eletroquímicas; a psique é produção de sentido. Em si mesma, não é ela indivi-

dual ou social, contanto seja inteiramente real. A psique não é todo o real, bem entendido, mas um de seus extratos[29].

Entretanto, uma questão muito importante a ser lembrada diz respeito à consideração de que a hipótese da imprescindibilidade do reducionismo biológico, como condição de explicação da loucura, é a operação básica a sustentar toda a segregação, tanto quando se dá de forma grosseira, através do aprisionamento institucional, como quando se dá através de modalidades mais sutis de exclusão. Evidentemente, a explicação biológica adquire este poder ideológico exatamente à medida que a dimensão corporal pode ser tomada, pelo imaginário ocidental, de forma absolutamente dissociada do psíquico. É o corpo-máquina aquele que, tornando-se atingido, simplesmente anula a pessoalidade do psiquiatrizado.

Outro lado da questão tem a ver com a escotomização do social que pode ser feita inclusive por psicanalistas. Mello[30] aponta, com pertinência, como estudos psicanalíticos acerca da tendência antissocial, inspirados nas contribuições de Winnicott, podem ser feitos a partir da negação da problemática socioeconômica que caracteriza a sociedade de classes, da violência, da exploração e da necessidade de manter contingentes populacionais vivendo abaixo da linha de miséria. Se a contextualização social não for devidamente pensada, corre-se o risco de aplicar esquemas de entendimento que obstruam a possibilidade de uma apreensão mais lúcida da realidade. Mesmo concepções que visam à defesa dos menores correm o risco de impedir uma apreensão mais crítica dos problemas, à medida que um excesso de "psicologização" motiva a desconsideração das condições concretas de vida.

---

[29] HERRMANN, F. *Andaimes do real*. São Paulo: EPU, 1979, p. 45.
[30] MELLO S. L., "O fio da navalha", In CATAFESTA I. F. M., *A clínica e a pesquisa no final do século: Winnicott e a universidade,* São Paulo: Instituto de Psicologia da Universidade de São Paulo, 1997.

Percebe-se portanto como as teorizações de alto nível de abstração, abandonando a dramática e a contextualização social do sofrimento humano, permitem a divisão dos humanos em dois grupos: aqueles cujo comportamento, mesmo quando desviante, ainda está dotado de sentido, e aqueles que deixam de ser humanos e transformam-se em corpos-máquinas danificados. Opera-se, deste modo, uma diferenciação competente que é a expressão teórico-discursiva que corresponde à segregação manicomial ou a suas formas atenuadas. Enquanto os povos estudados por Devereux são exemplos de como os desviantes podem ocupar posições socialmente dignas, outro tem sido o caminho da sociedade ocidental, tendente sempre à exclusão. Se não há, evidentemente, como negar que o fechamento do manicômio é o mínimo que se pode esperar da sociedade contemporânea, vale a pena repetir: isto é o mínimo. No Brasil atual ainda não ultrapassamos a substituição de práticas grosseiras e descaradas por outras, mais sutis e sofisticadas, e, em certo sentido, mais lamentáveis. Este quadro geral me leva a reafirmar minha concordância com Bleger quando assinala que as diferenças importantes, no campo da psicologia, não se fazem como domínios distintos, em termos da existência de uma psicologia clínica e outra social, e sim em termos de opção filosófica, que direcionará o estudioso para uma abordagem concreta ou abstrata do ser humano.

A abordagem concreta parte do reconhecimento do homem como ser social, impedindo a cisão entre uma psicologia individual e outra coletiva. Mesmo quando o foco do estudo é o indivíduo, como ocorre na psicanálise clínica, não se perde de vista esta dimensão essencial. Creio que o equívoco de atribuir a uma área o que de fato tem a ver com a adoção de uma determinada concepção do sujeito humano pode ter consequências indesejáveis exatamente para aqueles autores que reconhecem a importância da dimensão sociocultural humana. Por exemplo, Pichon-Rivière é considerado fundador da psicologia social argentina, à medida que teria feito surgir esta disciplina no interior da instituição manicomial, como tentativa de romper com modalidades instituídas de explicação e abordagem da doença mental que não levavam em conta a determinação social do sofrimento psíquico. Certamente, sua ruptura com modelos psicanalíticos limitados à consideração de uma dimensão intrapsíquica abstrata bem como sua apaixonada defesa de uma concepção de sujeito como ser socialmente determinado emergente de uma complexa rede de vínculos e relações sociais correspondem a um posicionamento marcado por profunda lucidez. Suas consequências são importantíssimas, nos planos teórico, ético e político, à medida que o exercício de uma clínica não social alinha-se a interesses de classe no contexto de uma sociedade que se estrutura sobre dominação, exploração e desigualdade social. Entretanto, entender a relevância de seu posicionamento em sentido disciplinar é uma interpretação que se vincula a uma visão das diversas áreas do saber como domínios coloniais da complexidade fenomênica. Trata-se de um evidente equívoco rançosamente positivista, cuja superação vem anunciando a epistemologia pós-moderna.

Deste modo, creio ser fundamental responder a autores lúcidos, como Gonçalves Filho, que aquilo que atribui apenas à psicologia social são requisitos que devem ser respeitados por toda a psicologia, aí incluído o fazer clínico. Vale a pena reproduzir esta bela citação, que deixa claro que uma clínica que não possa aí se reconhecer não se sustenta epistemológica e eticamente.

> Esta disciplina de fronteira, a psicologia social, caracteriza-se não pela consideração do indivíduo, pela focalização

da subjetividade do homem separado, mas pela exigência de encontrar o homem na cidade, o homem no meio dos homens, a subjetividade como aparição singular, vertical, no campo inter-subjetivo e horizontal das experiências. Não o homem separado, o indivíduo, mas sempre um homem: a subjetividade realizando-se inter-subjetivamente, uma revelação - trata-se sempre do modo mais ou menos singular por que um homem aparece em companhia de outros. A pessoa sofre e habita a experiência em comum: em alguma medida, sofrendo-a, vem afetá-la por traços originais, por qualidades surpreendentes que tornam irredutível a fisionomia de cada homem. Impossível tomar o rosto e a voz de um homem como expressões sob perfeito condicionamento[31].

Ora, o que o autor usa para definir o campo da psicologia social é o que eu considero a única possibilidade de uma psicologia digna, lúcida e ética. Em psicologia, a desconsideração do homem enquanto ser sócio-histórico não é uma opção epistemológica; é um posicionamento práxico inaceitável. O indivíduo isolado e abstraído de suas condições concretas de vida não é o objeto da clínica. É uma criação monstruosa, a serviço do alheamento francamente esquizóide de uma psicologia que aufere dividendos espúrios no atendimento de certos interesses, operando pela via de escotomização das ligações entre as condições sociais de vida e o sofrimento humano.

Entendo que o campo das ciências humanas deva sofrer profundas modificações nos próximos tempos, entre as

---

[31] GONÇALVES FILHO J. M., "Humilhação social – um problema político em psicologia", In *Psicologia-USP*, 9(2), 11-67, 1998, p.14.

quais certamente se incluirá o abandono da organização disiciplinar. Penso que muitas atividades que hoje se conjugam sob o rótulo de psicologia clínica são, entre si, absolutamente incompatíveis, por estarem fundamentadas em pressupostos antropológicos e filosóficos incompatáveis entre si. O mesmo deve acontecer com outras áreas. Em todo caso, não tenho dúvidas em afirmar que, por exemplo, o trabalho de Mello, que é uma escuta atenta e delicada de mulheres em seu cotidiano pessoal e de trabalho, está muito mais perto daquilo que entendo como verdadeiro espírito de uma boa clínica, como abertura para a compreensão do semelhante, sem abrir mão da lúcida percepção acerca das condições concretas da vida, do que muito do que se faz a partir do uso dos chamados *dispositivos psicoterapêuticos de trabalho*. Formas aparentemente muito semelhantes podem encobrir concepções e vínculos absolutamente diversos. As palavras de Mello podem muito bem ser compreendidas por aqueles clínicos que não abrem mão de uma visão não abstraída do humano:

> Hesito, por isso, em chamar de entrevistas aquilo que foi se transformando em conversas, uma interação de amizade e de aprendizagem para ambas. Pesquisadora e pesquisada falam e escutam, invertem posturas e situações, passam a compor juntas um mesmo trabalho(...) O trabalho já é coletivo; recuperamos lembranças esquecidas ou desdenhadas, modos de viver abandonados e fixamos suas dificuldades atuais. Estranha posição a minha, a de quem já possuía o conhecimento e foi apenas confirmá-lo![32]

---

[32] MELLO S. L., *Trabalho e sobrevivência*, São Paulo: Ática, 1988, p. 21.

Um clínico que mantenha uma visão que corretamente não negue as condições concretas da vida humana busca exatamente isto e tem de se haver precisamente com o abandono da ilusão de deter um saber técnico. O saber clínico se faz no próprio fazer, a partir de uma formação que consiste na adoção de um referencial teórico, epistemológica e eticamente fundamentado, e no domínio rigoroso de um método, que permita soltura e inventividade.

Capítulo 14
A paixão violenta, o isolamento imotivado, a doença neurológica e a louca vida contemporânea: concepções sobre a loucura e/ou doença mental[1]

Vítima de uma educação musical segunda a qual a boa execução instrumental consistia em realizar a mais precisa cópia da partitura, e nada mais, demorei certo tempo para me dar conta do que vinha a ser, exatamente, uma *invenção*. Trata-se de uma das mais belas formas de expressão musical, que se caracteriza pelo entrelaçamento de várias linhas melódicas que, compartilhando a mesma tonalidade, desenvolvem-se independentemente, configurando um efeito conjunto que pode atingir uma extraordinária beleza. Há flexibilidade de movimentos, há surpresa, há criação. Entretanto, como existe a tonalidade, nem todo som pode aí ter lugar. As mais belas invenções foram compostas por Bach e seu espírito era o do chamado *improviso contrapontístico*, ou arte de compor para várias vozes ou instrumentos.

Penso que o uso do método psicanalítico tem muito a ver com as invenções musicais. As comunicações do paciente evocam imagens prenhes de sentidos potenciais, em ambos os participantes, que se vão articulando em composições que acontecem no tempo. A beleza assim alcançada guarda relação com a possibilidade de desenvolvimento de condições

---
[1] Este texto foi originalmente publicado como capítulo da tese de Livre-Docência apresentada em 1999 ao Instituto de Psicologia da Universidade de São Paulo.

pessoais que permitam viver de modo mais livre, criativo e desembaraçado de adesões representacionais restritivas. A beleza emana da renovação de ser, fazer e pensar ensejada pelo encontro especial.

Entretanto, é importante lembrar que nem todo som pode figurar numa dada composição. Algumas notas apresentam-se conduzindo ao repouso harmônico. Outros sons causam tensões que clamam por resolução. Existem ainda aqueles que nem sequer podem aparecer, pois teriam o efeito de puro ruído. Segundo se diz, até as plantas conhecem a veracidade das invenções de Bach e de Mozart... Não indo tão longe, é óbvio que a aplicação de critérios veritativos condizentes com a produção de conhecimento em níveis inferiores ao humano é muito discutível quando o que está em pauta é a dramática da vida. Cabe lembrar que, se toda e qualquer intervenção psicanalítica é criação, isso não significa que sejam todas esteticamente aceitáveis. Em outros termos, tal como os sons, na música, as intervenções são livres, mas não arbitrárias. Deste modo, o que aqui pretendo fazer é uma demonstração de como o método psicanalítico pode ser usado para a composição de um todo verdadeiramente capaz de levar a alguma compreensão, em termos de dramática humana, a respeito das concepções e do conhecimento intuitivo que alunos do curso de graduação em Psicologia trazem sobre a loucura.

O procedimento de desenhos-histórias com tema[2] consiste na solicitação de um desenho especificado em termos temáticos: *desenhe uma pessoa gorda, um hospital, um menino de rua, uma criança-problema, uma escola, o fórum etc.* Em seguida, pede-se à

---

[2] Este procedimento foi desenvolvido, no contexto da pesquisa sobre o imaginário coletivo, a partir do *Procedimento de Desenhos-histórias* de Trinca. Ver TRINCA W., *Investigação clínica da personalidade*, Belo Horizonte: Interlivros, 1976.

pessoa que vire a página e, em seu verso, invente uma história sobre o que desenhou. Crianças, adolescentes e adultos dispõem-se bastante facilmente a fazer uso deste instrumento, em aplicações individuais ou coletivas. Quando o grupo é grande, usualmente cada indivíduo cria um desenho-história. Em grupos pequenos, cinco ou até seis pessoas podem desenhar e imaginar a história em conjunto. De todo o modo, as produções podem ser, a seguir, utilizadas pelo grupo no sentido de elaborar suas experiências. Usualmente as pessoas são explicitamente dispensadas de identificar os desenhos-histórias, ou qualquer outra produção expressiva, à medida que todas as manifestações são consideradas manifestação do que existe no grupo.

Como exemplo, posso lembrar uma pesquisa-intervenção em que tive a oportunidade de coordenar psicólogas que trabalharam com cuidadoras de creches municipais. Na ocasião, pedia-se às pagens que desenhassem e inventassem histórias sobre crianças-problema. Cada uma fazia seu desenho-história para, numa segunda etapa, mostrar e explicar a produção ao grupo e receber comentários das demais participantes. Foi possível, a partir desse material, perceber alguns aspectos bastante interessantes, entre os quais se destacava a ideia de que a criança-problema não era suficientemente amada pela mãe *porque era mandada para a creche*! O ponto importante era não apenas o fato de serem elas as pessoas encarregadas do cuidado da criança, mas também sua condição de mães trabalhadoras que deixavam seus próprios filhos em outras creches. Questões emocionais, que não tinham sido trazidas à tona através de outras abordagens, revelaram-se mais facilmente através do uso do procedimento apresentativo-expressivo[3]. A elucidação do campo psicológico inconsciente pôde revelar que o cuidado dispensado aos filhos

---

[3] Usamos o termo *apresentativo-expressivo* no lugar do vocábulo *projetivo* porque trabalhamos desde uma perspectiva transicional. Este assunto é também tratado nos capítulos 7 e 12 deste livro.

de outras pessoas, ao lado do "abandono" dos próprios filhos, tinha importantes repercussões no modo como se vinculavam às crianças e seus problemas.

A proposição de um procedimento apresentativo-expressivo corresponde ao estabelecimento de um enquadre transicional grupal, de feições reconhecidamente lúdicas. A "brincadeira" aparece tanto na execução da tarefa de desenhar e contar histórias quanto no modo como o profissional e todos os presentes vão "escutar" as produções enquanto comunicações emocionais. "Ao vivo", o processo pode ser muito veloz, configurando um acontecer que temos denominado *consulta terapêutica coletiva*. Aqui, vou propositalmente desacelerá-lo com vistas a possibilitar uma discussão detalhada. De um certo modo, é como se estivesse usando o recurso do *replay*, quando a clínica tem a velocidade do verdadeiro futebol. Sabemos bem, ao finalizar o *replay*, que, enquanto analisamos minuciosamente a jogada, o jogo verdadeiro segue em frente. Aqui farei algo análogo. O que de fato será visto detidamente são os movimentos iniciais do encontro do professor de psicopatologia com a produção expressiva dos estudantes, movimentos esses que, na dinâmica da vida, são rapidamente alcançados por renovadas manifestações de parte a parte.

A utilização do método psicanalítico, nesta análise-replay de produções de desenhos-histórias com tema por uma pessoalidade coletiva[4], composta por estudantes de psicologia, assume a feição de uma brincadeira, à medida que cada história é lida desde uma perspectiva transicional. Como o interesse não é terapêutico-individual, mas formativo-grupal, as produções individuais são consideradas associações de uma pessoalidade coletiva. É claro que foram realizadas por indiví-

---

[4] Tenho preferido falar em termos de *fisionomia* ou *pessoalidade*, porque a expressão *sujeito coletivo* é frequentemente associada à ideia de um sujeito psíquico ou cognoscente, não encarnado, enquanto meu empenho é pela prática de uma clínica voltada ao homem concreto.

duos, que vão inevitavelmente desvelar aspectos de seus dramas pessoais. Ou seja, é a prévia opção de interesse pela fisionomia coletiva, cujo conhecimento pode auxiliar no manejo do enquadre transicional de aprendizagem, o que tornará a focalização do individual não pertinente, em termos de enquadre. O campo psicológico inconsciente que aqui interessará é aquele relativo às obras consideradas, como virtualidade eficaz e avessa às condutas.

Todo o processo é presidido pelo cultivo da atenção equiflutuante. As mesmas recomendações psicanalíticas, no sentido de permitir ao paciente que comunique pensamentos e sentimentos de modo solto, livre e sem censura, conhecidas como associação livre, têm sua contrapartida na assunção desse especial estado de atenção por parte do analista. Um bom jeito de pensar nisso é lembrar de jogos do tipo Olho Mágico, nos quais uma nova figura pode se formar se deixarmos de focalizar a página do modo como normalmente o fazemos. Outra expressão, que pode sugerir este passo, é o título do livro do poeta Paulo Leminski: Distraídos venceremos[5]. Vencer, no caso, é estabelecer uma comunicação, um contato, com esta singularidade coletiva, a partir de suas concepções sobre a loucura.

Após cada desenho-história, dupla produção gráfico-discursiva, produzirei aqui textos a partir das fantasias associativas que foram evocadas. É como se as produções, como metáforas, tivessem o dom de chamar por outras metáforas, como se as fantasias dos alunos dessem origem a outras fantasias, conceito que está sendo usado, nesse contexto, como equivalente à realidade do campo psicanalítico. Em nenhum momento há a ilusão ou a pretensão de se estar acessando o sentido verdadeiro de cada produção, que, a

---

[5] LEMINSKI P., *Distraídos venceremos*, São Paulo: Brasiliense, 1987.

rigor, é sempre uma obra aberta gerando novos sentidos. Insisto: isto não quer dizer que toda e qualquer fantasia associativa caiba, como nem todo som pode caber numa invenção musical. Trabalha-se, portanto, com um critério de harmonia ou coerência, que advém, principalmente, do fato de essa ser uma comunicação entre humanos que tentam se compreender e se comunicar emocionalmente no nível da dramática da vida. Não se usa, portanto, critério de verdade que implique adequação entre a interpretação e um objeto independente a que supostamente se refira. Afinal, os desenhos-histórias ainda estão acontecendo enquanto houver alguém que entre em contato com eles.

Em texto explicitamente voltado para o esclarecimento do que se passa entre analista e analisando no contexto da clínica psicanalítica individual, Ogden[6] propõe um entendimento segundo o qual analista e analisando são recíproca e dialeticamente criados, destruídos e preservados como subjetividades durante o processo ao mesmo tempo em que emerge um outro sujeito, o terceiro analítico. Este terceiro termo é criado e sustentado, no processo de mútua negação e reconhecimento de analista e analisando como duas subjetividades separadas, e reflete ambos, de distintas maneiras. Com intenção didática, esse autor se refere à experiência de leitura, mostrando como um encontro dialético inter-humano acontece entre autor e leitor. Essas colocações são interessantes à medida que mantêm certa analogia com o momento em que o grupo, nele incluído o psicanalista, encontra-se face a face com as produções do coletivo. Diz Ogden[7]:

---

[6] OGDEN T. (1994), *Os sujeitos da psicanálise*, São Paulo: Casa do Psicólogo, 1996.
[7] *Id., Ibid*, p. 1.

Ler não é uma simples questão de examinar, ponderar ou até pôr à prova as ideias e experiências apresentadas pelo escritor. Ler implica uma forma de encontro muito mais íntima. Você, o leitor, precisa permitir que eu o ocupe – seus pensamentos, sua mente, já que não tenho outra voz para falar a não ser a sua (...) Um evento humano muito mais interessante está em jogo. Um terceiro sujeito é criado pela experiência de ler. Sujeito este não redutível ao escritor nem ao leitor. A criação de um terceiro sujeito (que existe em tensão com o escritor e o leitor separados) é a essência da experiência de ler, e como será desenvolvido neste volume, é também o núcleo da experiência psicanalítica.

A partir de seu encontro, escritor e leitor, como seres históricos e culturais, criam-se um ao outro como pessoalidades que até o momento não existiam. Trata-se, para ambos, de um evento transformador, no qual a crença de cada um na autoidentidade permanentemente imutável é colocada em cheque pelo encontro com outra *fisionomia* que, uma vez percebida, causará uma perturbação a ser elaborada. Na mesma linha, o encontro entre os alunos e meu pedido no sentido de que produzissem os desenhos-histórias já nos transformou, como alteridades que se encontram. O que aqui se segue é, portanto, uma invenção, no sentido musical, na qual diferentes vozes se unem originando algo que não existia anteriormente ao encontro – enquanto os envolvidos já não são os mesmos, ainda que possam se reconhecer pela manutenção de uma experiência de continuidade de ser, de ser em devir. Processo análogo terá lugar quando a subjetividade do leitor entrar em contato com a invenção resultante. Deste modo, é fundamental assumir que a análise que aqui se fará é absolutamente singular, como é da natureza dos encontros humanos, consistindo o rigor na busca da maior transparência narrativa que possa fazer, como autora, de suas vicissitudes, confluências e descaminhos.

Pretendo chegar, ao final da invenção, a responder a algumas questões que dizem respeito a quem é a pessoalidade coletiva que aqui considero, em que mundo vive, lançando um olhar a um personagem de seu mundo: o louco. Penso que deste modo será possível acessar teorias implícitas sobre a loucura, que se configuram a partir de interesses afetivo-emocionais.

Para efeitos do presente *exercício*-replay que foi parte de uma consulta terapêutica coletiva, tomo, do lote total de desenhos-histórias produzidos por uma turma, uma certa porção, sem prévio exame. Deste modo, situo-me, mediante um artifício, em posição análoga à que ocupo quando acolho um paciente, vale dizer, em estado de abertura para me encontrar com ainda não sei bem quem ... Passo, então, a dialogar com a primeira história que, inadvertidamente, é examinada antes do próprio desenho[8].

> João Carlos aos treze anos começou a sentir o peso. Era muito, muito grande. Era um peso muito, muito pesado. João Carlos tinha certeza - não, não é que tinha certeza. Só se tem certeza quando há primeiramente várias possibilidades. João Carlos só podia ser um defensor, um paladino, um cavaleiro medieval. Ele só podia ser a última esperança do mundo. Ele tem uma tarefa muito mais que difícil. Mas ele tenta, ele é um bom combatente. Ele sabe disso, mas às vezes se sente fraco, muito fraco, e é preciso correr mais para recuperar o tempo perdido. (A1)

Esta história acompanha um desenho interessante, feito de um modo que indica um certo domínio técnico. Trata-se de uma marionete, segurada por uma mão suspensa que lhe comanda os movimentos. Curiosamente, o boneco é um daqueles manequins usados por estudantes de desenho para sensibilizar-

---

[8] As produções serão identificadas como A1, A2, A3 e assim por diante.

se no estudo das proporções corretas do corpo humano. Não deixo de ser levada por uma associação de tipo transferencial: a professora pediu, no primeiro dia de aula, o desenho de uma pessoa louca? Quando o campo da relação é o pedagógico, a professora é a autoridade que comanda este momento que, paradoxalmente, pede que desenhem como quiserem, sem nem mesmo se identificarem individualmente como autores da produção, mas que desenhem. Ocorre, aparentemente, a superposição de dois diferentes campos: desenhe uma pessoa louca, do jeito que quiser, se quiser, mas não deixe de atender à instrução da professora. A1 parece de saída denunciar essa contradição, quando faz um boneco de madeira comandado por uma mão oculta. Lembro-me facilmente de Pinóquio, o menino de pau que um carpinteiro construiu. Louco é o manequim de madeira comandado ou louca é a situação deste manequim, comandado por uma mão obscura, imensa, desproporcional ? A mão do destino? A mão da sociedade? Ou também a mão da professora, autoridade que exige algo dele? Um bem-proporcionado boneco de madeira que se debate em sua falta de alternativas que é, paradoxalmente, a última esperança do mundo. Estaria falando das expectativas e pressões familiares sobre os jovens, no sentido de que façam um bom caminho, de que não decepcionem, de que paladinamente defendam os ideais? Interessante notar que a marionete é prisioneira de uma mão, gigantesca, é verdade, mas ainda uma mão reconhecidamente humana. Não são de outro tipo os comandos a que obedece; maquinais, por exemplo. Pode ser até a mão de Deus, desde que se trate de um Deus antropomórfico, dos pais, da sociedade. Pensando bem, a mão é até mais humanizada do que a própria marionete: mais real, mais verdadeira. De fato, o boneco não parece ter alento. Fico impressionada com queixas relativas à falta de liberdade e ao excesso de pressões externas. Uma relação de domínio e submissão é o que o desenho-história evoca. O jovem fala do louco, fala da situação escolar, fala dos pais, fala da sociedade... Resolvo deixar esse desenho e conhecer a segunda produção, como se fosse nova associação de ideias sobre o louco.

Tomo o desenho A2 e vejo um rosto evanescente, desenhado com traços tênues e apagados, dentre os quais se destaca o traçado das sobrancelhas. A expressão é visivelmente entristecida. Parece que o desenhista ou a pessoa desenhada quase não estiveram por aqui...

> Uma pessoa muito simples, trabalhadora, cidadão comum que se confunde com os demais num vagão de metrô. Um dia surta. Bebe um pouco mais do que de costume, no bar em que costumeiramente parava após o serviço, e não consegue voltar para casa. Vagando perdido pelas ruas, é encaminhado por alguma entidade pública a um hospital conveniado à prefeitura. Se tiver documentos e sorte a família o encontrará.(A2)

A identidade da pessoa está mal definida, confusa entre os demais usuários do metrô. É um pai de família? É um jovem? Sabemos que não é uma criança, provavelmente não é um velho... O que há é o cidadão comum, que leva uma vida de qualidade ruim. Está evocando um cotidiano sem graça, sem beleza, sem perspectivas. Lembro-me da música do Chico Buarque, *todo dia ela faz tudo sempre igual.* Repete-se o trabalho, repete-se o metrô, repete-se o bar e um pequeno descuido, um gole a mais (descontrole impulsivo?), revela toda a fragilidade da vida construída. Se souber quem é, ou seja, se tiver documentos, identidade, a família o encontrará e tudo voltará ao normal. Mas terá, em seu descuido, perdido os documentos e se condenado a vagar pelo mundo deixando de saber quem é e perdendo contato com os seus? O que a história anterior trouxe em termos de falta de possibilidades de escolha é aqui posto como um dilema claro: ou se está atrelado a uma rotina sem graça e sem perspectiva ou se entra na loucura. Um pequeno gesto tem o poder de arrancar o indivíduo da primeira opção e lançá-lo na segunda. O que é mais louco: o gole a mais ou a vida normal? A2 não responde. Entende-se que os traços podem ser tênues do mesmo modo como se pode compreender a marionete: nas duas histórias se fala da impossibilidade de ser e se expressar enquanto presença marcante, enquanto subjetividade plena.

A terceira produção (A3) traz o cidadão bem-adaptado, bem-vestido, corporificado, conferindo um aspecto "diurno" à possibilidade de adequação social. Jeitão de quem tomou banho pela manhã e se vestiu para chegar disposto ao trabalho. O aspecto é mesmo *clean*, as vestimentas são *unissex*, masculinizadas: uma camisa de mangas curtas, uma calça e um cinto. O rosto é afeminado ou feminino? Não é possível dizer. A adequação social é sutilmente quebrada pela insinuação de indiferenciação sexual. Em todo o caso, a expressão facial é cordial, olha de frente com um meio sorriso. Talvez falte espontaneidade, talvez seu sorriso seja de um tipo promocional que pode aparecer em fotos publicitárias. Enfim, toda adequação é quebrada por um "balão" de pensamento que carrega um ponto de interrogação. Sobre o que se pergunta?

> "É uma pessoa normal, com as dúvidas normais do seres humanos, particulares, dela mesma. Isso não a impede de ser feliz ou trabalhar, isso não acarreta em males maiores do que a si mesma, pois seu problema, sua "doença mental" se refere a si mesma. É uma pessoa normal" (A3)

Se em A1 louca é a condição humana e em A2 pode-se enlouquecer quando, a partir de um cotidiano banal e repetido, toma-se um gole a mais, em A3 observa-se um esforço para separar o mundo social, onde se pode ser feliz e trabalhar, do mundo individual, da esfera privada, onde as dúvidas normais podem gerar doença mental. O louco é uma pessoa normal, que está bem-adaptada e pode trabalhar sem prejudicar ninguém. A loucura é uma questão interna. As duas possibilidades, adaptar-se ou enlouquecer, estão recolocadas, em diversa disposição. Enquanto em A2 a loucura e a normalidade se sucedem no tempo, aqui coexistem no mesmo momento, um externo adaptado e um interno perplexo e interrogativo. Então, a doença não parece ter a ver com a vida que se leva concretamente, na linha do tipo de trabalho ou da vida amorosa, mas em função do aparecimento de dúvidas. Curiosamente, a dúvida que o desenho expressa é: trata-se de um homem ou de uma mulher? Ou seja, tratar-se-ia de uma dúvida relativa a um importante aspecto da identidade. Curiosamente, a figura parece agradável e confiável, ainda que não se tenham informações sobre uma dimensão fundamental.

Começo a pensar que a fisionomia coletiva que estou *criando/encontrando*, com a colaboração dos alunos, é um terceiro analítico interessante, que não parece estar vivendo a necessidade imperiosa de separar-se radicalmente do louco. Há sinais de que pode entender a loucura como atributo humano, como potencialidade presente no horizonte de todos. Por outro lado, está falando da impossibilidade de uma vida verdadeira, espontânea, já que sua cordialidade parece apenas superficial?

O próximo desenho, A4, provoca um impacto. A figura parece pulsar: um eletrochoque, um surto, um episódio lisérgico, loucura explícita? Enfim, um desenho com certa "energia". Uma segunda olhada pode fazer divisar uma suástica, constituída pelas pernas e braços em articulação com o corpo. Nota-se, a seguir, que a figura está enquadrada. Então, duas ordens parecem se contrapor: uma ordem de rigidez, que é central, e uma ordem de explosão e movimento, que é periférica. Representação de uma conjunção entre coartação e pobreza, de um lado, e produtividade apenas superficial, de outro? Diz a história:

Esta pessoa está fechada e presa em si mesma. Seu mundo é pequeno, sufocante e isolado. Ela sempre foi uma pessoa expansiva no passado (quando criança) mas sempre foi rejeitada e colocada em último plano. Nunca foi importante para ninguém. As pessoas, e principalmente seus pais, a desprezavam. Ela era considerada um empecilho, um fardo para seus pais. Sempre foi muito carente e nas inúmeras tentativas de busca de afeto, ela não teve êxito. Sem poder compartilhar seu pensamento com ninguém, fechou-se em si mesma e criou um mundo que consegue satisfazer suas expectativas. Um mundo que independe de qualquer coisa do mundo externo. Foi a forma que a pessoa encontrou de viver sem mais frustrações. (A4)

A loucura é aqui descrita como questão puramente afetiva, como fruto da falta de amor familiar durante a infância. Separadamente do desenho, a história faria pensar numa figura introvertida e tímida, alguém sem espaço para expressar sua presença e suas necessidades. Entretanto, os traços do desenho são fortes, denotam expansão, energia e vitalidade. A caligrafia também impressiona, o que nem sempre acontece. Trata-se de uma caligrafia uniformemente linear, que transmite a impressão de autocontrole acentuado. A história fala do mundo externo frustrante e do reconhecimento defensivo do mundo interior. Aqui, diferentemente do que temos visto nas produções anteriores, o mundo não é representado como exigência de adaptação, o que seria compatível com o que se pode esperar de um coletivo brasileiro que terá cerca de 20 anos de idade e cursa o nível superior de ensino. Se em A1 vimos um mundo exigindo um paladino, aqui o mundo é concebido como fonte de satisfação ou de frustração afetiva. Observa-se uma evidente infantilização, de modo que seu estado é explicado em termos do que aconteceu *quando era criança*. Teria nascido expansivo e depois se fechado devido à frieza afetiva do ambiente familiar. Fala de uma ordem interior, viva e espontânea, que teria sido inibida por um exterior rígido.

Entretanto, o desenho curiosamente opera uma inversão. Uma ordem exterior, móvel, pulsante e quase espetacular encobre um interior rígido e coartado. Os olhos – espelhos da alma – estão curiosamente tampados por tinta esferográfica, de um certo modo ocultando a figura. Uma fachada que evoca comportamentos de tipo delinquencial ocultaria um ser ensimesmado pela falta de amor. Os olhos dão uma estranha impressão de ausência – possivelmente repercutindo a ausência afetiva parental?

Surge agora o desenho (A5) de uma figura que lembra um herói oriental futurista. O uniforme traz um emblema no qual figura o mapa-múndi. Dois traços separam as mãos do corpo e não há pés. Sob os grandes olhos, semelhantes aos dos desenhos japoneses, duas "bolsas-olheiras" conferem à figura um ar abatido e cansado. Cabelos ralos e revoltos destoam da correção uniformizada e, em conjunto com as olheiras e o abatimento, emprestam uma humanidade comovente. Como um todo, lembro-me de dois personagens de um seriado televisivo[9], um médico e um oficial oriental, que estariam aqui condensados, em estado de grande fadiga.

> Esse é um homem que se perdeu no mundo de tantas ações, tantas palavras em sentido e não pode fazer nada. Suas mãos com o tempo viraram apenas duas pequenas mãos e dentro de si guardava (como diz o poeta) o sentimento do mundo. O mundo girava muito rápido, e as pessoas não se importavam mais com as relações humanas, tinham relações maquinárias com os homens. Esse homem é fruto do mundo moderno, das cidades que não têm céu à noite, mas apenas escuridão. Esse homem se sente desprotegido, ele está nu no mundo. Não imagino um história para esse homem. Ele não tem história. (A5)

Fico com a impressão de que um ciclo se fecha. A marionete, o bêbado perdido, o cordial duvidoso, o loucão sem afeto

---

[9] Refiro-me ao seriado de TV *Jornada nas estrelas*.

dos pais, o futurista depressivo... A história é a do homem contemporâneo, que se vê numa condição de desenraizamento, de falta de conexão, com um mundo que se desumanizou. Não há lugar para sentimentos, que devem ser guardados dentro de si. Entre a poesia e a máquina, o que parece ocorrer é a perda de si mesmo. Perdendo o mundo, o homem se perde. Há uma tentativa de teorização nesta produção. É como se se teorizasse a partir das produções anteriores, que apontavam para a existência de duas possibilidades existenciais, adaptação social e loucura, embora esteja sempre presente a insinuação de que enquanto a loucura pode ser perda de referenciais identitários (A2), a adaptação pode ser algo pior e mais louco, como perda da possibilidade de se estar vivo e real, transformando-se em manipulado manequim (A1). Estou diante de alusões à perda da possibilidade de expressão do *self*, enquanto potencialidade criativa de transformação do mundo[10]? Ele, o indivíduo desenhado, é também um Pinóquio dizendo que não é um menino de verdade? Entendo que o campo que gera esse estreitamento de opções é a cidade da civilização globalizada. Interessantemente, esta teoria pode abarcar inclusive a produção contrastante de A5, uma espécie de Rambo[11] que vinga sua infância sem amor. É o campo da vida urbana atual que sustenta a loucura descrita até aqui. Nesta teoria, a loucura não é vista como evento interno, pessoal, mas pensada em termos de uma *louca vida humana*. O indivíduo é entendido mais como vítima que, em sua nudez e desamparo, guarda ainda um poeta. Claro está: aqui o louco não é o *outro*, mas o humano no tempo de hoje. Deste modo, até o momento são poucos os indícios sintomáticos: a bebedeira, a dúvida, o isolamento afetivo ou algum nível de violência expresso pelo dese-

---

[10] WINNICOTT D. W. (1960), "Distorção do ego em termos de *self* verdadeiro e falso", In WINNICOTT D. W., *O ambiente e os processos de maturação: Estudos sobre a teoria do desenvolvimento emocional*, Porto Alegre: Artes Médicas, 1982.
[11] Personagem cinematográfico dotado de apreciável desenvolvimento muscular.

nho de A4. Como vítima de um mundo externo absurdo, portando dentro de si uma alma de poeta, esse louco é capaz de suscitar empatia, numa linha de identificação não excessivamente conflitante. O louco não é o estranho, o não familiar...

O próximo desenho (A6), em que se tem uma figura humana cercada por cabeças, bolinhas, cruzinhas, estrelas e riscos, lembra-me de uma ilustração popular nordestina, tipo literatura de cordel. Associo-o com cenas do filme *Central do Brasil*, em que o interior nordestino é mostrado em sua beleza pobre e crua. Sou levada ao clima de *Vidas secas* de Graciliano Ramos. Lembro-me de raízes, de empregadas domésticas recém-chegadas do Nordeste, de comida com farinha de mandioca – novamente raiz. Viajando em minhas fantasias associativas, surpreendo-me com a história lacônica:

> Pessoa que tem um emprego e uma rotina estável; sai de casa todo o dia no mesmo horário, pega o carro, vai para o trabalho e volta no fim do dia. Tem mulher e filhos. Tem muitas ideias. (A6)

Outra versão do *Cotidiano* de Chico Buarque? Uma vida conformada e sem sentido, que aproxima a normalidade, enquanto existência desprovida de sentido, da loucura? Lembro-me da paciente de Sécheraye[12], que mostra claramente como a perda do significado do mundo humano é a loucura. Entretanto, A6 está dizendo que o achatamento da vida é a loucura. Há, entretanto, uma cisão entre mundo interno e realidade social, pois a submissão assumida não atinge a produção ativa das ideias. Louco é viver adaptadamente. Como diria Fernando Pessoa: *Queriam-me casado, fútil, cotidiano e tributável?*. As ideias são preciosidade a serem guardadas? A pobreza da história me leva de

---

[12] SECHERAYE M. A. (1950), *Memórias de uma esquizofrênica*, Rio de JaneiMadrid: Biblioteca Nueva, 1948.

volta ao *Central do Brasil*, ao Nordeste, à literatura de cordel, à economia de palavras. E fico pensando se aqui não há uma ideia norteadora, ou «nordesteadora», que daria sentido a estas comunicações: a ideia de desperdício de potencialidades. O contraponto do empobrecimento e superficialização é o desperdício. Desperdiça-se o poeta, prisioneiro do interior, interior lindo e sofrido, que não pode acontecer no mundo. De repente, tenho a imagem de uma ciranda, uma dança de roda na qual todos se dão as mãos: a marionete, o bêbado perdido, o cordial duvidoso, o Rambo sem afeto, o futurista depressivo, o nordestino cheio de ideias... É para aí que me leva esta invenção a tantas vozes? Para uma invenção-ciranda, que sai para o terreiro, para o exterior, nas figuras encarnadas de cirandeiros?

A7 corresponde a um desenho infantilizado. Uma figura masculina, que poderia ser um garoto ou um adolescente, cabelos curtos, calça e camisa, dedos da mão bem diferenciados. Nada chama muito a atenção, a não ser o fato de um dos pés ter saído maior do que o outro e ter sofrido uma "correção" com a própria caneta esferográfica. A correção não salvou o desenho, mas informa que o desenhista percebeu seu erro. Terá sido desenhado um menino bem-adaptado que sucumbiu às pressões do mundo moderno, que vive preso à rotina, sem sequer se dar conta dela? O que significa este pé machucado/corrigido?

> Ele era um sujeito absolutamente normal até a morte da esposa, a qual amava muito. Desde então começou a ter fobia de carros (devido ao acidente automobilístico que matou a esposa) e não consegue ficar muito tempo sem chorar, o que o fez perder o emprego e sua vida social! É uma pessoa angustiada que vive no passado, baseado nas lembranças da esposa. (A7)

Surpresa! Volto a página para me certificar de que não houve engano. O menino do desenho é mesmo o viúvo desconsolado! Entretanto, a figura evoca a história de um menino que machucou o pé e não pode brincar... Na história, a loucura é associada à perda e colocada em um contexto biográfico pessoal, cronologicamente organizado, o que até o momento não tinha aparecido. Aqui, ainda que rápida, há uma narrativa cujas lacunas o leitor pode preencher com facilidade. Então a loucura é algo que acontece quando se enfrenta a tragédia. Não é resultado de uma rotina achatada pela falta de perspectivas, nem algo inerente à condição humana num mundo contemporâneo tecnológico e maquinal. É possível viver bem, desde que não se seja apanhado pelo infortúnio que, afinal, é estatisticamente menos provável de acontecer do que seu oposto. Contando uma tragédia, a história tranquiliza por dois motivos. Em primeiro lugar, porque se a loucura acontece quando sobrevém uma fatalidade, quando as coisas vão bem escapa-se da loucura. Por outro lado, parece que essa loucura assusta menos porque é facilmente compreensível. Trata-se do exagero de uma reação de luto, que parece ter deixado o viúvo tão desamparado afetivamente quanto um pequeno órfão. O único sintoma é o choro, nada mais. Curiosamente, reparo, quase ao final desses comentários, que o destino se cumpriu sob a forma de um acidente automobilístico. O automóvel é aqui tomado como objeto absolutamente banal e cotidiano? Ou é referência à máquina, à tecnologia do mundo contemporâneo? Saímos, ao que parece, do campo da vida urbana atual, que desperdiça/empobrece o potencial humano, para entrar no campo da fatalidade? Mas de que fatalidade se trata? A fatalidade da separação dos amantes pela morte acidental, deixando como resultado um menino-viúvo desconsolado... Impossível deixar de fazer associações triangulares, edípicas... O casal desfeito, o menino abandonado... O campo da fatalidade se articula ao edípico?

A8 traz uma figura de feições bastante expressivas, bem diferente de A7. Trata-se de uma cabeça de mulher, com olhar perdido, absorto e fixo em algo que lhe prende a atenção. Lembro-me dos olhos tapados do Rambo (A4) e tenho aqui seu oposto. Em A8 o olhar fala de uma vida interior, de lembranças, reflexão, pensamento... O olhar ao longe fala de perspectiva, de profundidade. A4 tem um olhar "achatado", um não olhar. De fato, o olhar do desenho A8 é seu ponto forte, que combina com os cabelos despenteados, a feminilidade mantida do rosto, as rugas sofridas da testa... Estranhamente, a cabeça está acoplada a uma espécie de caixa que corresponde aos ombros e nada mais é desenhado. Deste modo, os ombros retos anunciam uma espécie de caixa-corpo que não se completa. Não sei se por causa do viúvo anterior, o fato é que me lembro de caixão...

> Filha de pai músico, falecido aos trinta anos. Mãe atualmente inválida (sofreu derrame). Irmão surtado, irmã que deu o golpe do baú. Aos dezesseis anos engravidou, o parto da criança foi complicado. Depois de cinco anos de casamento, pôs fogo em todos os móveis da casa e fugiu com o filho para uma favela. Nunca teve tratamento adequado e mora hoje com os pais do ex-marido (que são espíritas e acreditam que sua "doença" seja uma "posse" de um espírito em seu cérebro). (A8)

Curiosamente, a figura já evocara caixão e o tema da morte aparece duas vezes na história: sob a narrativa do falecimento do pai, quando provavelmente A8 era menina, e através dos sogros espíritas que, como tais, comunicam-se com espíritos dos mortos. Trata-se, como no caso anterior, de uma narrativa biograficamente situada. Não estamos mais diante de uma única tragédia que abala uma vida estruturada. Estamos diante de toda uma desestruturação vincular, que não parece transcorrer necessariamente no mundo de hoje. A situação lembra Nelson Rodrigues. O pai e a mãe parecem personagens desencontrados. O jovem artista, talvez um marginal, talvez um boêmio, e a velha senhora hemiplégica, não lembram facilmente um casal! O surto do irmão é cotejado com o golpe do baú. Loucura casar-se por esse motivo? As opções são a psicose ou a psicopatia? Em todo caso, no ambiente emocionalmente carregado pela morte, pela invalidez, pela doença e pelo interesse, acontecem a busca do amor e prazer, o sexo, o casamento e o filho. Inexplicavelmente, ou seja, de modo bastante diferente do que vimos em A7, os móveis, símbolo do casamento, são violentamente destruídos, salvando-se apenas o filho, para, a seguir, ocorrer o mergulho na pobreza. Não aparece nenhuma indicação que forneça uma pista acerca dos motivos pelos quais sua situação conjugal estaria tão insuportável. É impossível deixar de me lembrar de Caetano Veloso : *Quando eu chego em casa nada me consola, você está sempre aflita... Eu quero tocar fogo nesse apartamento...* Insatisfação, amargura, frustração... Os sogros a acolhem porque são espíritas... Parecem pertencer a um mundo diferente daquele de onde vem... Um ato falho: não fala em possessão espiritual, mas em posse. Posse, golpe do baú, favela, fogo nos móveis... A loucura do drama rodrigueano em que as alternativas são a loucura ou o golpe do baú...Versão «feminina» do dilema da normalidade e loucura? Golpe do baú, configurando a loucura da conveniência e do interesse, contrastando com a loucura de casar com alguém com quem se fez sexo por ímpeto e de quem se engravidou sem querer aos dezesseis anos? Aqui parece surgir o esboço de uma nova teoria: fica louco quem cede aos ímpetos em vez de raciocinar friamente sobre as próprias conveniências?

Uma segunda leitura imediata me faz pensar, usando o desenho-história anterior como interpretante, nos casais e separações... O primeiro casal é separado, a irmã casa para dar o golpe do baú, o que equivale a dizer que não chega a se constituir, propriamente, um casal: o casamento é uma farsa... A união da moça é impulsiva e precipitada... Finalmente, certa proteção é obtida junto a um casal parental que se comunica com os mortos... O drama tem ressonâncias edípicas e se articula à morte e separação.

A ciranda se amplia: a marionete, o bêbado perdido, o cordial duvidoso, o Rambo, o futurista depressivo, o nordestino desperdiçado, o viúvo-menino desconsolado, a incendiária atormentada... Um deslizamento desde considerações amplas sobre as condições de vida humana no mundo atual para as biografias pessoalmente marcadas por dramas de relacionamento, paixões e tormentos...

O desenho A9 chama a atenção. Há uma árvore, na qual se recosta uma figura humana. Os traços lembram desenhos em quadrinhos. A pessoa é desenhada com traços extremamente simples e a cabeça não tem cabelos. A boca, que apresenta os cantos para baixo, é bastante marcada. Os olhos estão fechados; os cílios, bem marcados. Não fora o traçado da boca, suscitaria a ideia de um descanso agradável em um bosque.

> Era uma pessoa sem localização espacial por uma lesão cerebral, e como estava já velha, a família começou a ter muito trabalho com ela pois ela vivia se perdendo e assim a internaram em uma instituição psiquiátrica. (A9)

Novamente, surpresa! O desenho faz apelo à liberdade do parque, mas o conteúdo da história remete à internação! Lembro-me aqui dos primeiros desenhos que falam de um mundo difícil, especialmente o do futurista depressivo, que guarda em si o sentimento do mundo – e este belo mundo do bosque não pode ser aproveitado porque a pessoa está lesionada e desorientada. A figura não traz sinais de envelhecimento, mas a história faz apelo não propriamente à loucura, mas à perda do juízo por efeito da passagem do tempo e da consequente doença orgânica. A loucura é colocada, pelo jovem estudante, como algo que pertence ao mundo do envelhecimento, da doença e da morte. Então, louca não é a vida que se leva neste mundo, mas aquela da pessoa desafortunada que tem um fim de vida triste. É evidente um movimento defensivo, à medida que a possibilidade da loucura, corretamente concebida como perda de referências, é afastada no tempo e entendida como efeito específico de lesão neurológica. Ou seja, se eu sou jovem e não tenho lesão cerebral, este assunto não me diz respeito... Lembro aqui de um jeito comum de lidar com a morte, que é achar que ela vai acontecer daqui muito tempo, que talvez eu tenha sorte e não venha a enfrentar uma doença muito sofrida etc. Não deixo de pensar que aqui, precisamente, o medo da loucura aumentou.

A10 oferece um desenho interessante. Temos uma jovem, de olhos destacados e belos, com cabelos lisos mas volumosos, em comprimento médio. Os pés também são femininos, delicados. As mãos estão cruzadas sobre o peito. Veste uma blusa e uma calça que também serviriam para um rapaz, mas é decididamente muito feminina.

> Esta é uma menina normal que um dia gostou muito de seu namorado, a um ponto em que sentia que não conseguiria viver sem ele (seu amor se transformou numa necessidade, numa dependência). Quando seus pais o conheceram melhor, por alguma razão, não gostaram dele e proibiram o namoro. A menina, então, no auge do desespero, matou seus pais. (A10)

Susto! Diferentemente da produção anterior, em que a loucura é distanciada através da lesão cerebral e da velhice, aqui tem-se uma representação que a aproxima das condições de vida dos próprios alunos: jovens, em idade de conhecer namorados(as), morando com os pais e deles dependendo... A *psicopatologia* aparece sob a forma de um desregramento, da paixão, da dependência, do apego desmesurado. A ameaça de perda leva ao gesto homicida, sem mediações. O susto sobrevém porque não aparecem termos de passagem, tais como tentativas de conversa, de fuga, de obediência ou outras. A passagem ao ato é direta, tanto no âmbito do conteúdo como no da própria forma da narrativa. Um casal é sumariamente exterminado porque impede a constituição de um outro casal... O campo edípico é novamente invocado...

Sucedem-se, na invenção-ciranda, campos da louca vida urbana, da fatalidade e da paixão. O velho lesionado constitui-se como personagem através do qual a loucura é negada. Correspondendo ao momento de maior medo, acaba sendo paradoxalmente o de maior proximidade com o temido, porque oferece uma história na qual o significado e o vínculo, em termos dramáticos, foram decididamente abolidos.

A11 oferece um desenho simples que marca certa estranheza e alheamento. A identidade sexual não é marcada, os braços estão cruzados e o olhar parece perdido, não focalizado.

> Dificuldade de relacionamento com as pessoas, inclusive com os familiares. Estes, por não compreenderem as atitudes do filho, os acessos de violência, tratam-no como se fosse um estranho ou dão um tipo diferente de atenção daquela dada a seus irmãos. Estes não fazem questão de apresentá-lo aos amigos e ele prefere isolar-se dos acontecimentos. É introspectivo e ao mesmo tempo aparenta ter uma força no comportamento, personalidade (apesar da inconstância), que intimida as pessoas. (A11)

A11 intimida as pessoas com sua força e violência. A10 mata os próprios pais por paixão e A8 incendeia a própria casa. Em dois destes casos, a violência está ligada a acontecimentos biográficos. Aqui, não fica claro se a causa dos problemas é a falta de compreensão dos pais e irmãos, na mesma linha do Rambo, ou se as dificuldades têm mais a ver com um modo de ser *introspectivo*. Ou seja, parece haver uma oscilação entre a teoria da loucura violenta como falta de afeto dos familiares e uma outra que atribui a loucura a fatores absolutamente internos, pessoais e não conectados aos acontecimentos. Neste segundo caso, a incompreensão dos familiares só acentuaria um problema de natureza interna.

A12 é uma mulher de olhos grandes e longos cabelos lisos e escuros. Suas vestes são femininas, conservadoras e discretas:

a saia vai até os tornozelos. As mangas são compridas. Os pés estão estranhamente voltados para o mesmo lado, ou seja, de perfil, enquanto a figura é frontal.

> Esta mulher tem 35 anos. Sua família suspeitou que havia algo de errado com ela porque ela não conseguia se sobressair nos estudos. Não conseguiu alfabetizar-se. Foi levada ao médico. Este diagnosticou problemas mentais graves. Não se sabe o porquê desses problemas genéticos — se decorrem de problemas genéticos ou se foram causados por uma meningite que acometeu tal mulher quando esta tinha tenra idade. Com o tempo, a situação da mulher foi-se agravando, sendo ocasionais ataques epilépticos. Atualmente, vive numa clínica especializada, toma forte dosagem de remédio, tem um olhar que mostra claramente que é uma doente mental, mas tem uma pele jovem, o que faz com que pareça ter menos idade. (A12)

Nesta produção a loucura é meramente transformada em doença neurológica, de tipo infeccioso ou congênito. Desta forma, deixa de ser problema abordável no nível humano de análise. O que seria uma biografia transforma-se num prontuário. Evidentemente, opera-se uma redução que tem como corolário a legitimação da exclusão: a mulher deve viver numa clínica especializada e não em sociedade. Percebe-se, portanto, um novo afastamento defensivo da loucura, que deixa de envolver angústias existenciais, mas apenas refere perda da capacidade cognitiva e ataques epilépticos. Quem desenha está na faculdade, passou em um vestibular muito concorrido, já sobressaiu nos estudos, nada tem a ver com a loucura...

Lembro da dança de roda composta pelos personagens que vão aparecendo e não deixo de pensar que a moça A12 deve dar as mãos à pessoa velha e lesionada de A9. A11 sequer daria as mãos... E A10? Mãos assassinas cruzadas sobre o peito...

A13 é uma figura muito estranha, uma mistura de inseto com ser espacial, com capacete e botas. Não desperta medo;

está mais para figura de histórias em quadrinhos. Não deixo de lembrar da *Metamorfose* de Kafka e com isto em mente vou à história:

> Essa pessoa é uma criação de sua própria imaginação, não existe nem para si mesmo, seu ser é o próprio espaço, os objetos, é tudo. Ela é a própria criação-joaninha. (A13)

Uau! Um mergulho na loucura enquanto perda de referenciais quanto ao que é próprio e não próprio, *me* e *not-me*! Um mergulho no real, um misturar-se ao todo do mundo, ao lado da adesão a uma identidade delirante que simboliza essa mistura existencial... Se A12, como A9, se defende por meio do reducionismo neurológico e da internação segregadora, A13 literalmente voa. Do mundo para a natureza, do humano para o inseto, curioso inseto que tem nome de gente. Inseto que não dá medo, que não dá nojo, que ninguém quer matar... Mas quem se transforma em joaninha? Talvez a marionete... Ou o heroizinho deprimido, que explodiu seu sentimento de poeta reintegrando-se à natureza... A natureza idílica, amigável, prazerosa é o avesso do mundo urbano desumanizador e exigente. Retornamos, por caminhos outros, à louca vida urbana?

A14 faz uma figura bem próxima à margem inferior do papel, o que me faz perceber que os desenhos anteriores tendem a ocupar predominantemente a porção superior. É uma figura não definida sexualmente, talvez mais masculina, calça, camisa e cinto, cabelos negros de comprimento médio, olhos bem abertos, meio arregalados, e boca fechada em sorriso. A expressão, combinando o sorriso com os olhos, é meio estranha:

> Quando criança ele sofreu muito por não conseguir relacionar-se com as outras pessoas. Era visto como diferente e estranho. Até que sua família que também o rejeitara, abandonou-o em um hospital psiquiátrico. (A14)

Aqui a loucura é psicológica, e não neurológica, como em A12 e A9, mas assim mesmo interna e inexplicável, ocasionando nos demais sentimentos de estranheza. O isolamento social parece ser o sintoma primário. Críticas são feitas à família, que rejeita, e ao hospital, que é o lugar dos abandonados. Tem-se a impressão de que o autor não está tão fortemente defendido, a ponto de não mencionar ou deturpar o problema, mas certamente não deseja grande envolvimento com a questão. Casam-se, assim, a teoria do isolamento e uma motivação para afastar-se do assunto. Em todo caso, cumpre destacar que, embora não esteja explícito um reducionismo, a alusão ao nível psicológico está apenas esboçada, dificultando o entendimento das ocorrências em termos de dramática pessoal. Penso na situação de alguém que esteja bem próximo a um espelho, numa posição que lhe permita ver o ambiente refletido, sem condições de enxergar o próprio reflexo.

No alto da folha, como que dependurado, sem chão nem apoio, A15 traz um corpo desenhado com "palitos", encimado por uma cabeça claramente feminina. A impressão de algo dependurado é dominante, até porque as pernas e os braços estão desenhados como duas letras *v* invertidas.

> É uma pessoa que desde pequena teve problemas de socialização, não gostava muito de brincar com outras crianças, mas tinha grande imaginação e habilidade em suas brincadeiras. Em decorrência disso, acabou sendo colocada numa classe para alunos especiais. Sua vida não mudou muito, continua sendo pouco sociável. (A15)

A história cai num padrão semelhante à anterior. A questão é interna, é inexplicável e se manifesta como dificuldade de relacionamento com os demais. A classe especial, à medida que pouco pode contribuir para uma situação vista como irreversível, aparentemente substitui o hospital psiquiátrico. Observa-se a preocupação em relatar a preservação da capacidade da imaginação, aparentemente excluindo a possibilidade de déficit intelectual e acentuando o defeito psicológico emocional primário. Aqui, também, a figura não se vê...

A produção A16 traz um homem nu da cintura para cima, peito peludo e umbigo à mostra, rosto com imperfeições de pele, uma grande cicatriz, olhos esbugalhados, cabelos curtos, rugas na testa, orelhas pontudas. No braço direito, uma marca lembrando um torniquete e uma injeção.

> João nasceu em 1970, numa pequena cidade do interior paulista. Sua família parecia normal, a não ser por um estranho caso de suicídio ocorrido com seu avô, nenhum caso de comportamento anormal. Quando criança era extremamente pacífico, aluno aplicado e bem relacionado com os colegas. Aos vinte anos mudou para São Paulo iniciando seus estudos de psicologia na Universidade de São Paulo. Apenas no terceiro ano de faculdade começou a apresentar comportamento anormalmente irritado e declarar que os professores o perseguiam. O quadro piorou rapidamente sendo internado após um ano do aparecimento dos sintomas iniciais, quando declarou que seu pai, já falecido, estava conspirando com os anjos para mandá-lo para o inferno o mais rápido possível. Já tentou escapar várias vezes, quando capturado sempre alega que o torturam no hospital. (A16)

A16 inicia sua narrativa em tom muito semelhante ao adotado pelos romances policiais escritos para adolescentes que, de uns anos para cá, substituem, no ensino médio e no fundamental, boa parte da antiga literatura daqueles que são considerados os grandes escritores da língua portuguesa. Usa um truque comum nesses tipos de obras: muda de plano, abandonando o que parecia de fato ficcional para voltar abruptamente para o terceiro ano do curso de psicologia e compor um "delírio" persecutório. Ameaça, portanto, uma manobra subversiva, rompendo o campo lúdico proposto para retornar abruptamente para o plano do cotidiano universitário. As ressonâncias transferenciais são óbvias: estando, no momento, "nas mãos" da professora psicanalista, atendendo sua instrução, pretende assustá-la revelando-se, de fato, um louco, como pessoa que se sente perseguida pelo pai falecido. Lembro aqui dos índios Mohave, estudados por Devereux, que consideram perfeitamente possíveis interferências dos mortos sobre os vivos. Refugio-me entre os Mohave para me proteger? Preciso de sua cosmovisão para não me assustar? Lá, entre os índios, a estória de A16 "não colaria". Seria preciso lançar mão de outros recursos para passar a impressão de loucura. Finalmente, dá uma última volta e completa a história situando-se como torturado no hospital psiquiátrico. Assim, podem-se distinguir quatro lances narrativos em que se joga com o motivo do delírio, contrapondo situações prováveis, improváveis ou impossíveis, numa bonita configuração. Não apela para teorizações, mantendo-se obedientemente no plano narrativo, conforme as instruções. Então, é interessante notar que se perpassa por toda uma tensão relativa ao relacionamento com figuras paternas e/ou revestidas de poder: o avô "suicidado", o pai falecido que o persegue, a professora que o assusta e a quem ele quer assustar... Por outro lado, focaliza uma questão fundamental na consideração de alguém como louco: o da aceitabilidade ou inaceitabilidade de suas crenças. Assinala, também, como a não aceitação pode ocasionar a segregação, sem, contudo fazer alusão a uma possível preocupação com o sofrimento. Em todo o caso, é importante salientar como aparentemente mergulhou na loucura, trazendo-a para a própria situação pessoal, sem perder o domínio narrativo da situação. O campo psicológico subjacente conjuga migração do interior para a metrópole e drama relacional entre diferentes gerações.

A17 desenha uma cabeça, metade do rosto sombreado, metade na luz, o olhar perdido ao longe. Escreve pouco, à guisa de história:

Isolamento causado por paranoia. Precoce. (A17)

Em texto bastante econômico, em que se furta de verdadeiramente contar uma história, A17 adota uma forma de expressão que atualiza o que quer relatar: o isolamento, a dificuldade de comunicação. O desenho também faz apelo à existência de dualidade, de conflito entre opostos, de um lado claro e outro sombrio, indicando que muito não é conhecido ou compreendido. Trata-se de uma produção que guarda certa semelhança com aquelas que evocam o plano psicológico sem vinculá-lo à dramática da vida, como algo essencialmente incompreensível e inexplicável.

O desenho seguinte, A18, traz uma pequena figura humana, praticamente careca, com fios espetados, que mais lembra um personagem de quadrinhos. Calça e camiseta configuram uma vestimenta sexualmente indefinida. Em camisa de força, um dos braços está para cima, tocando a orelha oposta, e o outro cruza o peito para supostamente repousar ao nível da coluna lombar. Dentes à mostra num sorriso estranho transmitem sensação de perplexidade.

> Essa pessoa nasceu assim. Não é má, apenas tem problemas de relacionamento social. Na presença de estranhos, fica ansiosa, enlaçando os braços em volta de seu corpo. Foi criada em meio a uma família de classe média baixa, era caçula. Sempre foi tratada normalmente, sem "paparicação", mas também sem maus tratos. Frequentou a escola algumas vezes. Passava os recreios sozinha. (A18)

O tema de uma inexplicável incapacidade de estabelecimento de vínculos retorna. Há um cuidado de não permitir qualquer conexão entre acontecimentos de vida e a conduta, sendo claramente defendida a tese de defeito congênito – nasceu assim. Condições normais lhe foram oferecidas: família comum e escola. Não houve paparicação... Insinuação antiga de que uma criança, quando muito mimada, pode ficar "estragada", caso em que os pais seriam, obviamente, os responsáveis. Entretanto, não há como compreender seu comportamento. Trata-se de uma visão claramente defensiva: existiriam duas espécies de pessoas, as que nascem loucas e as outras, entre as quais o aluno-autor evidentemente se coloca.

A19 traz um homem com uma blusa sem gola, fechada por um fileira de seis botões. Será um paletó ou um pijama? Olhos abertos, cabelos curtos e cacheados, parece uma figura comum:

> Jovem de classe média, sofreu alguma grave doença durante a infância e adquiriu retardamento mental. Desde então passa por acompanhamento em instituições de ensino especializadas e profissionais autônomos. Vive com a família. (A19)

A loucura é aqui simplesmente evitada através das categorias de doença grave na infância e retardamento mental. De certa forma, A19 fugiu ao tema, defensivamente, preferindo entender que essa pessoa, contando com um ambiente familiar acolhedor e cuidador, é vítima de uma fatalidade absurda, que não guarda nenhum sentido com o todo da vida da personagem. O plano psicológico e dramático é simplesmente desvinculado da problemática da loucura.

No próximo desenho, A20, aparecem cinco figuras humanas. Quatro delas são graficamente bastante esquemáticas e "sobrevoam" o meio da folha, de mãos dadas e sorridentes. Pés e corpo esquemáticos comporiam mais um humano neste grupo, mas o autor abandonou a ideia e o riscou. No canto inferior esquerdo, de perfil, apoiada em um muro, cabisbaixa, uma figura masculina vestindo calças, camiseta e botas, transmite certa tristeza:

> Pessoa com enorme dificuldade de se ajustar socialmente, sempre viveu sua vida sozinho. Com grandes crises depressivas, acha inferior aos outros e, portanto, indigno de conviver com eles. Porém, sente vontade de se ajustar, e essa dualidade causa grande sofrimento. Suas raras tentativas de ajuste são tímidas e, como tal, acabam por ser malsucedidas. (A20)

Esta história tem, como primeiro efeito sobre mim, fazer-me perceber que até o momento não aconteceram alusões à possibilidade de melhora da condição de vida das figuras desenhadas. Estou no vigésimo desenho-história e só neste momento alguém se lembrou de que pode estar presente o desejo de viver de outra forma. Penso nas produções anteriores e me dou conta de quão definitivas são, parecendo apontar sempre para situações insolúveis: o mundo é o que é ou as pessoas são o que são. Onde foi parar a esperança de mudança? O ponto é importante, já que todas as formas de psicoterapia dependem, obviamente, da ideia de que a realidade seja passível de transformação. Ainda que não apareça uma explicação, nesta produção se entra em contanto com uma pessoa, que, aliás, é mais "encarnada" do que as demais figuras esquematizadas. Aqui se entende que a conduta da figura expressa a existência de problemas relacionais e é passível de inteligibilidade.

Num corredor cheio de portas, alinham-se em fila cinco figuras humanas bem-desenhadas, aparentemente uniformizadas. Suas expressões são preocupadas. Trata-se de um grupo de médicos e enfermeiras num hospital?

> Ao finalizar o desenho, chamou-me a atenção o fato de não ter desenhado os corpos por inteiro. O rosto está mais em evidência, o crânio, o cérebro, enfim, a mente é o que interessa. O doente mental, seguido por médicos ou por outros doentes mentais, tem uma aparência comum, porém, uma expressão de grande infelicidade. É um ser que sofre visivelmente. Ele se encontra no corredor de um hospital psiquiátrico. (A 21)

O que seria uma história começa com comentários e considerações nas quais se coloca não como autor, mas como um examinador do desenho. Estaria fazendo um esforço para não se misturar à própria produção gráfica? Para não seguir irresistivelmente a figura do louco, num certo fascínio? Um tipo que lembra o flautista de Hamelin... Aliás, seria esse um dos temas implícitos nesta produção, o da atração que a loucura, como um abismo, exerce sobre todos? Mas de que loucura fala, a loucura da despersonalização ou a loucura da normalidade, da submissão à dinâmica de um mundo desumanizado e sem sentido? O maior perigo é aderir ao cortejo que adentra o hospício ou àquele que congrega os normais que se contentam com uma vida meramente adaptada? O fato é que o autor se recupera emocionalmente a ponto de chegar não propriamente a uma narrativa, mas a uma descrição menos distanciada da cena na qual consegue perceber a existência de vinculação entre loucura, sofrimento e infelicidade que, como temos visto, não é facilmente abordada pelo coletivo com o qual estamos dialogando. Retorna-se, mais uma vez, ao campo da louca vida urbana na sociedade contemporânea massificada.

Em termos sequenciais, inicialmente tomamos contato com produções que lidaram, basicamente, com a *loucura como contraponto da vida no mundo contemporâneo*. A esta série pertencem a marionete, o bêbado perdido, o cordial interrogativo, o heroizinho de olheiras, o desenho nordestino, o cortejo final. Pelo avesso, a criação-joaninha também está aqui presente. O mundo é cruel, o louco é vítima dele, e, deste modo, posso compreendê-lo. Estamos todos juntos porque, afinal de contas, louco é o mundo.

Finalizando esta primeira série, o líder da fila é uma produção complexa que focaliza a loucura como mergulho fascinado na não diferenciação. O coletivo parece atrair irresistivelmente, como a música do flautista de Hamelin. Lembro-me da massa, de que fala Freud, do reino do contágio... O cortejo parece seguir, engrossando suas fileiras, passando diante de portas sempre iguais numa alusão aos apagamentos dos traços distintivos. A loucura é adentrar na doença mental, no hospício, ou seu contrário: misturar-se massificadamente aos demais, com perda de contornos identitários.

A homicida apaixonada, a incendiária e o viúvo desconsolado correspondem, em meu entendimento, a uma segunda série, de tipo dramático-biográfico, que realiza uma contextualização motivacional. Entretanto, algumas importantes diferenças aparecem. Deste modo, o homicídio dos pais por amor é mais violento, mas ao menos informa sobre o pensamento da moça desesperada, enquanto o relato do incêndio doméstico é muito menos claro em termos das motivações que o presidiram. Por outro lado, a morte ligada a separação ou extermínio de casais está presente nas três produções. O casal termina na história do viúvo, deixando como saldo um órfão-viúvo. A apaixonada extermina o casal parental, que se manifestara contrário a sua paixão. O casal da incendiária só fica junto sob forma dos sogros espíritas. Ora a morte é uma fatalidade, como no caso do acidente automobilístico, ora é fruto do descontrole passional; de todo modo tem efeito irreversível não só para os mortos, mas também para quem sobrevive.

Ideias persecutórias, como fenômenos internos, aparecem na produção do «aluno de psicologia» (A16) e na produção meio sombreada (A17). O Rambo (A4) alude ao fechamento afetivo e a distúrbios de conduta motivados pela falta de amor e carinho na infância, numa linha igualmente acusatória. O «aluno» também é perseguido pelo pai. Deste modo, condições de retraimento ganham contornos mais dramáticos porque, de forma mais ou menos clara, uma dinâmica de ódio e vingança, perseguição e acusação ainda permite uma compreensão do enlouquecimento como fenômeno ligado a motivos e razões humanas. Neste contexto, a *loucura é paixão violenta*.

Uma terceira sequência é formada por produções que falam sobre lesão cerebral, meningite e retardamento mental, configurando uma espécie de fuga ao tema (A9, A11 e A19). Evitam a dramática, anulam a biografia, transformam a história de vida em prontuário psiquiátrico. É como se seus autores, diante do aumento da angústia, tivessem escolhido fugir usando uma rota gasta e há muito aberta. O pensamento ocidental científico e positivista fica muito à vontade neste ambiente. Pode-se dizer que são, antes de mais nada, produções defensivas, "antepsicológicas". No entanto, foram produzidas por pessoas que optaram exatamente por estudar psicologia... Nessa série, a *loucura é doença neurológica.*

Uma quarta série, a que concebe a *loucura como isolamento imotivado*, aproxima produções que dizem respeito a uma tendência psicológica essencial ao isolamento (A14; A15 e A18). Lembram a impossibilidade de visão de si mesmo, perda de contato com o outro e com o eu. De uma certa forma, parece ser um grupo que tentou a rota de fuga anterior pela via de reducionismo neurológico, mas não chegou a completá-la. A dramática é explicitamente negada, não existem motivos ou razões humanas, não há como entender... Existe simplesmente a *recusa a ser*. Autismo, negação do vínculo e do significado. Um contraponto a essa série é A20, que localiza a dificuldade de contato num contexto pessoal em que existe desconforto. A figura exibe uma clara ambivalência entre poder ou não entrar na esfera de uma coexistência mais plena. Não se compreende, mas se expressa.

Em suma, chegamos à percepção de quatro diferentes campos psicológicos: louca vida urbana, paixão violenta, doença neurológica e isolamento imotivado. Todos esses campos expressam diferentes facetas de uma mesma e única *fisionomia coletiva*, constituída pelo grupo com que aqui estamos trabalhando. Esse coletivo olha criticamente a vida contemporânea, apontando para a desconsideração do humano, do sentido, do sentimento e da emoção. Entretanto, não parece nutrir esperança de transformação da realidade. Consequentemente, não se vê, de modo algum, como agente de mudança. Entende que, por vezes, o exagero da paixão e o descontrole dos impulsos podem levar a ações violentas... Parece que tal eventualidade acontece predominantemente no contexto da frustração amorosa, pois não há sinais de outras paixões. Acredita que problemas neurológicos impedem que alguns se constituam como *pessoas* no sentido pleno da palavra, fazendo com que meramente sobrevivam de um modo desprovido de sentido. Finalmente, constata, com perplexidade, que alguns simplesmente não mantêm vínculos. Não há, a seu ver, explicação para o fato, não há sentido, não há qualquer nexo associativo. No avesso dessa realidade, que atribui à loucura, o estudante de psicologia, enquanto pessoalidade coletiva, revela-se analítico, lúcido e crítico, mas fundamentalmente desesperançado e impotente. É como se praticasse apenas a primeira metade da conhecida expressão que Basaglia usava, ao final dos anos 1970, exortando ânimo naqueles que batalhavam pela reforma psiquiátrica: *contra o pessimismo da razão, o otimismo da prática!*. Será que o heroizinho abatido poderia ser capaz de fazer acontecer seu sentimento de poeta? Será que o nordestino ressecado e empobrecido poderia explodir em vida e ação no mundo? Promessas...

Referências bibliográficas

ANDRADE C. D., *Poesia errante: derrames líricos (e outros nem tanto)*, Rio de Janeiro: Ricordi, 1991

BARUS-MICHEL J., *Pouvoir, Mythe et Realité*, Paris: Klincksieck, 1991

BARUS-MICHEL J., "Souffrance, trajets, recours. Dimensions psychosociales de la souffrance" in *Bulletin de Psychologie*, Paris: 54 (2), pp. 117-127, 2001

BENJAMIN W. (1936), "O narrador. Considerações sobre a obra de Nicolai Leskov", em BENJAMIN W., *Magia e técnica, arte e política: Ensaios sobre literatura e história da cultura*, São Paulo: Brasiliense, 1994

BERCHERIE P., *Histoire et Etructure du Savoir Psychiatrique*, Belgique: Navarin, 1980

BERGERET J., *Personnalité Normale et Pathologique*, Paris: Dunod, 1974

BLEGER J., *Psicologia de la Conduta*, Buenos Aires: Paidos, 1963

BLEGER J., *Psicoanalisis y Dialetica Materialista*, Buenos Aires: Paidos, 1958, p. 112-3

BLEGER J. (1966), "Psicanálise do enquadre psicanalítico" in BLEGER J., *Simbiose e ambiguidade*, Rio: Francisco Alves, 1978

BORGES T. W., *Sofrimentos da vida: A loucura no cotidiano de mulheres*, Dissertação de mestrado, São Paulo: Instituto de Psicologia da USP, 1995

CHAUÍ M., *O problema do método-adequação*, São Paulo: Instituto de Psicologia da Universidade de São Paulo, 1974

DEVEREUX G., "Cultural thought models in primitive and modern psychiatric theories" in *Psychiatry*, (1958), pp. 359-74

DEVEREUX G., "Two types of modal personality models" in KAPLAN B. (ed) *Studing personality cross-culturally*, Evanson: Row Perterson, 1961

DEVEREUX G. (1963), "Primitive psychiatric diagnosis: a general theory of the diagnostic process" in DEVEREUX G., *Basic problems of ethnopsychiatry*, Chicago: The University of Chicago Press, 1980

FIGUEIRA S., "Como o analista constrói o material clínico" in FIGUEIRA S., *Clínica do analista: Agenda para uma clínica psicanalítica do século XXI*, São Paulo: Lemos (1996), p. 153

FOUCAULT M., *Histoire de la folie à l"age classique*, Paris: Plon, 1961

FREIRE P., "Prefácio" in MELLO S. L., *Trabalho e sobrevivência*, São Paulo: Ática, 1988

FREUD S. (1900), *La interpretacion de los sueños*, Madrid: Biblioteca Nueva, 1948

FREUD S. (1911), *Los dos principios del suceder psíquico*, Madrid: Biblioteca Nueva, 1948

FREUD S. (1916), *Introducion al psicoanalysis*, Madrid: Biblioteca Nueva, 1948

FREUD S. (1919), *Sobre o ensino da psicanálise nas universidades*, Rio de Janeiro: Imago, 1987

FREUD S. (1920), *Mas alá del princípio del placer*, Madrid, Biblioteca Nueva: 1948

FREUD S. (1924), *La perdida de la realidad en la neurosis y en la psicosis*, Madrid: Biblioteca Nueva, 1948

GALIMBERTI U., *Psychiatria e fenomenologia*. Milano: Feltrinelli, 1979

GALIMBERTI U., *Psiche e techne*. Milano: Feltrinelli, 1999

GAULEJAC V., *La nevrose de classe*, Paris: Hommes et Groupes, 1987

GIUST-DESPRAIRIES F., "Souffrance et processus de dégagement, un parcours thérapeutique", in *Bulletin de psychologie*, 54,2, (2001), p. 147-57

GOFFMAN E. (1961), *Manicomios, prisões e conventos*, São Paulo: Perspectiva, 1974

GOFFMAN E. (1963), *Estigma*, Rio: Zahar, 1980

GOFFMAN E., "Sintomas psiquiátricos y orden público", in FORTI L. (ed), *La otra locura: mapa antológico de la psiquiatria alternativa*, Barcelona: Tusquets, 1982

GONÇALVES FILHO J. M., "Humilhação social – um problema político em psicologia", in *Psicologia-USP,* São Paulo, 9(2), 11–67 (1998), p.14

GREENBERG J. R. e MITCHEL S. A., *Relações objetais na teoria psicanalítica*, Porto Alegre: Artes Médicas, 1994

HERRMANN F., *Andaimes do real*, São Paulo: EPU, 1979

HERRMANN F., *Psicanálise do cotidiano*, Porto Alegre: Artes Médicas, 1997

HERRMANN F., "O escudo de Aquiles", in *O divã a passeio*, São Paulo: Brasiliense, 1992

JASPERS K. (1913), = *Psicopatologia geral*, São Paulo: Atheneu, 1972

JODELET D., *Folie et représentations sociales*, Paris: PUF, 1989

JODELET D., "Représentations sociales de la maladie mentale et insertion des malades mentaux", in ABRIC J. C., *Exclusion sociale, insertion et prevention*, Saint Agne: Eres, 1996

JODELET D., "A alteridade como produto e processo psicossocial", in ARRUDA A., *Representando a alteridade*, Petrópolis: Vozes, 1998

JOFFE H., "'Eu não', 'O meu grupo não': Representações sociais transculturais da aids". In JOVCHELOVITCH S. e GUARESCHI P., *Textos em representações sociais*, Petrópolis: Vozes, 1994

JOFFE H., "The shock of the new: A psycho-dynamic extension of social representations theory", in *Journal for the theory of social behavior,* 26 (2), (1996), 197-220

JOFFE H., "Degradação, desejo e 'o Outro'", in ARRUDA A., *Representando a alteridade*, Petrópolis: Vozes, 1998

LAPLANCHE J. e PONTALIS J. B. (1967), *Vocabulário de psicanálise*, Lisboa: Moraes, 1971

LEMINSKI P., *Distraídos venceremos*, São Paulo: Brasiliense, 1987

LÉVINAS E. (1971), *Totalité et infini*, Paris: Kluwer Academic, s/d

LÉVINAS E. (1972), *L'humanisme de l'autre homme*, Paris: Libre de Poche, 1987

MACHADO M. C. L., *Universo em desencanto: conceitos, imagens e fantasias de pacientes psiquiátricos sobre loucura e/ou do-*

ença mental, Tese de Doutorado, São Paulo: Instituto de Psicologia da Universidade de São Paulo, 1995

MACHADO M. C. L. e VAISBERG T. M. J. A., "Sofrimento, sentido e absurdo: ilusão criativa e ação sobre o mundo", in VAISBERG T. M. J. A. e AMBRÓSIO F. F., *Cadernos Ser e Fazer: trajetos do sofrimento, rupturas e (re)criação de sentido*, São Paulo: Instituto de Psicologia da Universidade de São Paulo, 2003

MACHADO M. C. L. e VAISBERG T. M. J. A., "Transicionalidade e fisionomia coletiva", in VAISBERG T. M. J. A. e AMBRÓSIO F. F., *Cadernos Ser e Fazer: apresentação e materialidade*, São Paulo: Instituto de Psicologia da Universidade de São Paulo, 2003

MELLO S. L., *Trabalho e sobrevivência,* São Paulo: Ática, 1988

MELLO S. L., "O fio da navalha", in CATAFESTA I. F. M., *A clínica e a pesquisa no final do século: Winnicott e a universidade*, São Paulo: Instituto de Psicologia da Universidade de São Paulo, 1997

MEZAN R., *Freud: o pensador da cultura*, São Paulo: Brasiliense, 1985

MORATO H. T. P., *Aconselhamento psicológico centrado na pessoa*, São Paulo: Casa do Psicólogo, 1999

MOSCOVICI S., "Comunications et représentations sociales paradoxales", in ABRIC J. C., *Exclusion sociale, insertion et prevention*, Saint-Agne: Eres, 1996

OGDEN T., *Os sujeitos da psicanálise*, São Paulo: Casa do Psicólogo, 1996

PESSOTTI I., *A loucura e as épocas*, São Paulo: Editora 34, 1994

POLITZER G. (1928), *Critica de los fundamentos de la psicologia*, Barcelona: Martinez Roca, 1972

PRADO JR. B., "Georges Politzer: sessenta anos da crítica dos fundamentos da psicologia", in PRADO B., MONZANI L. R. e GABBI JR. F. (org.), *Filosofia e Psicanálise*, São Paulo: Brasiliense, 1991

REVAULT D'ALLONES, *La démarche clinique en sciences humaines*, Paris: Payot, 1999

ROBERT M., *... Et mes bras m'en sont tombés...*, Barret-le-Bas: Le Souffle d'Or, 1998

ROUSSILLON R., "L'actualité de la pensée de Winnicott", in CLANCIER A. e KALMONOTITCH J., *Le paradoxe de Winnicott*, Paris: Inpress, 1999

SAFRA G., *A face estética do self*, São Paulo: Unimarco, 1999

SAGAWA R., *A teoria dos campos na psicanálise*, São Paulo: HePsyché, 1999

SANTOS B. S., *A crítica da razão indolente: Contra o desperdício da experiência*, São Paulo: Cortez Editora, 2000

SANTOS B. S., *Um discurso sobre as ciências*, Porto: Edições Afrontamento, 1987

SCHNEIDER K., *Psicopatologia geral*, Madrid: Paz Montalvo, 1951

SECHERAYE M. A. (1950), *Memórias de uma esquizofrênica*, Rio de Janeiro: Nova Fronteira, s/d

SECHÉRAYE M., *Introduction à une psychanalyse des schizophrénes*, Paris: PUF, 1954

SILVA M. E. L., *Investigação e psicanálise*, Campinas: Papirus, 1993

SOULÉ M., "La madre che lavora sufficientemente a maglia", in *Psichiatria dell'infanzia e dell'adolescenza*, 57 (1990), p. 749-53

SZAZS T. (1961), *El mito de la enfermedad mental*, Buenos Aires: Amorrortu, 1976

SWAIN G. e GAUCHET M., *La pratique de l'espirit humain: l'instituition asilaire et la révolution démocratique*, Paris: Gallimard, 1980

TARDIVO L. S. C. P. Anais da Primeira Jornada Apoiar do Instituto de Psicologia da Universidade de São Paulo (2003), p. 11-5

TOFOLO T. M. J. A. e MACHADO M. C. L., *Estudo de representações de profissionais de saúde sobre deficiências através do uso do procedimento de desenhos-estórias com tema*. Congresso Interno do Instituto de Psicologia da Universidade de São Paulo, 2, São Paulo, 1993 Resumos, São Paulo, 1993a, p. L 25

TRINCA W., *Investigação clínica da personalidade*. Belo Horizonte: Interlivros, 1976

VAISBERG T. M. J., *Encontro com a loucura: transicionalidade e ensino de psicopatologia*, Tese de Livre-Docência, São Paulo: Instituto de Psicologia da Universidade de São Paulo, 1999

VAISBERG T. M. J., "O uso do 'objeto' teoria", *Interações: estudos e pesquisas em psicologia*, São Paulo: vol. IV (1999), número 7, 77-99

VAISBERG T. M. J. A., CORREA Y. B. e AMBRÓSIO, F. F., "Encontros-brincantes: o uso de procedimentos apresentativos-expressivos na pesquisa e na clínica winnicottiana", in *IX encontro latino-americano sobre o pensamento de D. W. Winnicott. O homem e seu ambiente: encontros e desencontros*, Rio de Janeiro: Sociedade Brasileira de Psicanálise do Rio de Janeiro (2000), 331-41

VAISBERG T. M. J. A., SILVA L. S., GRANATO T. M. M e DE FELICI E. M, "Tricotando para o bebê que se espera: Arteterapia para gestantes na clínica winnicottiana", in *Mudanças: psicoterapia e estudos psicossociais*, vol. 9 (2001), número 15, p. 37-56

VAISBERG T. M. J. A., "Sofrimento humano e práticas clínicas diferenciadas", in VAISBERG T. M. J. A. e AMBRÓSIO F. F., *Cadernos Ser e Fazer: Trajetos do sofrimento, desenraizamento e exclusão*, São Paulo: Instituto de Psicologia da Universidade de São Paulo, 2002

VAISBERG T. M. J. A., MACHADO M. C. L. e FOLHADOR, F. A., "A alma, o olho e a mão: Estratégias metodológicas de pesquisa na psicologia clínica social winnicottiana", *Cadernos Ser e Fazer: Trajetos do sofrimento, rupturas e (re)criações de sentido*, São Paulo: Instituto de Psicologia da Universidade de São Paulo, 2003

VAISBERG T. M. J. A., "Da questão do método à busca do rigor: A abordagem clínica e a produção de conhecimento na pesquisa psicanalítica:, in VAISBERG T. M. J. A. e AMBRÓSIO F. F., *Cadernos Ser e Fazer: Apresentação e materialidade*, São Paulo: Instituto de Psicologia da Universidade de São Paulo, 2003

VAISBERG T. M. J. A., VITALI L. M., GIORGIO S. e AMBRÓSIO F. F. "Art-thérapie, clinique winnicottienne et troubles neurologiques sévères", in *Bulletin de psychologie*, vol. 56, número 6 (2003), 791-4

VOUTSINAS D., "En relisant Georges Politzer", in *Bulletin de psycologie*, vol. 45, número 408 (1992), 725-35

WEINSTEIN R. M., "Mental patient's perceptions of illness etiology", in *American journal of psychiatry*, vol. 131, número 7 (1974), 798-802

WEINSTEIN R. M. e BRILL N. Q. "Conceptions of mental illness by patients and normals", in *Mental hygiene*, vol. 55, número 1 (1971), 101-7

WINNICOTT D. W. (1945), "O desenvolvimento emocional primitivo", in *Da pediatria à psicanálise: Textos selecionados*. Rio de Janeiro: Francisco Alves, 1978

WINNICOTT D. W. (1947), "O ódio na contratransferência", in *Da pediatria à psicanálise: Textos selecionados*, Rio de Janeiro: Francisco Alves, 1978

WINNICOTT D. W. (1949), "A mente e sua relação com o psique-soma", in *Da Pediatria à psicanálise: Textos selecionados*, Rio de Janeiro: Francisco Alves, 1978

WINNICOTT D. W. (1949), "El mundo en pequeñas dosis", in *Conosca a su niño*, Buenos Aires: Paidos, 1962

WINNICOTT D. W. (1951), "Fenômenos e objetos transacionais", in *Da pediatria à psicanálise: Textos selecionados*, Rio de Janeiro: Francisco Alves, 1978

WINNICOTT D. W. (1956), – "Preocupação materna primária", in *Da pediatria à psicanálise: Textos selecionados*, Rio de Janeiro: Francisco Alves, 1978

WINNICOTT D. W. (1960), "Distorção do ego em termos de falso e verdadeiro *self*", in *O ambiente e os processos de maturação*, Porto Alegre: Artes Médicas, 1983

WINNICOTT D. W. (1960), "Teoria do relacionamento paterno-infantil", in *O ambiente e os processos de maturação*, Porto Alegre: Artes Médicas, 1982

WINNICOTT D. W. (1962), "Os objetivos do tratamento psicanalítico", in *O ambiente e os processos de maturação*, Porto Alegre: Artes Médicas, 1984

WINNICOTT D. W. (1968), "The squiggle game", in WINNICOTT C., SHEPHERD R. e DAVIS M., *Psycho-analytical explorations*, London: Karnac, 1969

WINNICOTT D. W. (1968), "O jogo do rabisco", in WINNICOTT C., SHEPHERD R. e DAVIS M., *Explorações psicanalíticas*, Porto Alegre: Artes Médicas, 1994

WINNICOTT D. W. (1968), "A comunicação entre o bebê e a mãe: Convergências e divergências", in *Os bebês e suas mães*, São Paulo: Martins Fontes, 1999

WINNICOTT D. W. (1968), "O uso de um objeto", in WINNICOTT D. W., *O brincar e a realidade*, Rio de Janeiro: Imago, 1975

WINNICOTT D. W. (1969), "Comunicação e falta de comunicação levando ao estudo de certos opostos", in *O Ambiente e os processos de maturação*, Porto Alegre: Artes Médicas, 1983

WINNICOTT D. W., *Natureza humana*, Rio de Janeiro: Imago, 1990

WINNICOTT D. W., *Playing and reality*, London: Tavistock, 1971

WINNICOTT D. W. (1971), *O brincar e a realidade*, Rio de Janeiro: Imago, 1975

WINNICOTT D. W. (1971), *Consultas terapêuticas em psiquiatria infantil*, Rio de Janeiro: Imago, 1984

WINNICOTT D. W. (1972), *Holding e interpretação*, São Paulo: Martins Fontes, 1991

Esta obra foi composta em CTcP
Capa: Supremo 250g – Miolo: Pólen Soft 80g
Impressão e acabamento
Gráfica e Editora Santuário

HIGIENE VOCAL

HIGIENE VOCAL
Cuidando da Voz

Quinta Edição

MARA BEHLAU
Fonoaudióloga Especialista em Voz
Mestrado e Doutorado em Distúrbios da Comunicação Humana pela UNIFESP–EPM
Diretora do Centro de Estudos da Voz (CEV), em São Paulo
Pós-Graduação na *Universitá Degli Studi di Milano*, Itália
Pós-Graduação na *Michigan State University*, EUA
Pós-Graduação na *University of California*, EUA
Coordenadora do Curso de Especialização em Voz do CEV (CECEV)
Docente do Curso de Pós-Graduação em Distúrbios da Comunicação Humana da UNIFESP–EPM
Ex-Membro Fundador e Presidente da Sociedade Brasileira de Laringologia e Voz (SBLV), de 1995 a 1997
Ex-Vice-Presidente da Sociedade Brasileira de Fonoaudiologia (SBFa), de 1995 a 1997
Membro Profissional da *The Voice Foundation* (TVF), EUA
Membro do Corpo Diretivo da *Pacific Voice and Speech Foundation* (PVSF)
Ex-Presidente da *International Association of Logopedics and Phoniatrics* (IALP), de 2007 a 2010

PAULO PONTES
Médico Especialista em Otorrinolaringologia e Cirurgia de Cabeça e Pescoço pela *University of California*, EUA
Ex-Professor Titular e Livre-Docente da UNIFESP–EPM
Diretor do Instituto da Laringe (INLAR), em São Paulo
Fundador e Primeiro Presidente da Sociedade Brasileira de Laringologia e Voz (SBLV), de 1991 a 1993
Ex-Presidente da Sociedade Brasileira de Otorrinolaringologia (SBORL), de 1992 a 1994, e de 1994 a 1996
Ex-Presidente da *International Association of Phonosurgeons* (IAP), de 1996 a 1998
Ex-Presidente da *International Federation of Otorhinolaryngological Societies* (IFOS), de 2009 a 2013

FELIPE MORETI
Fonoaudiólogo Especialista em Voz, Disfagia e Motricidade Orofacial
Especialização em Voz pelo Centro de Estudos da Voz (CEV)
Especialização em Motricidade Oral em Oncologia pela Fundação Antônio Prudente (FAP) / A.C. Camargo *Cancer Center*
Mestrado e Doutorado em Distúrbios da Comunicação Humana pela UNIFESP–EPM
Pesquisador na Área de Avaliação e Tratamento das Disfonias
Professor do Programa Multiprofissional de Aperfeiçoamento em Voz – Formação Integrada em Voz (FIV), do CEV
Docente e Orientador de Pesquisas do Curso de Especialização em Voz do CEV (CECEV)
Docente e Orientador de Pesquisas do Curso de Especialização em Disfagia da Faculdade de Medicina do ABC (FMABC)
Membro da Sociedade Brasileira de Fonoaudiologia (SBFa), tendo participado do Projeto Próxima Geração da SBFa, de 2010 a 2011

REVINTER

Higiene Vocal – Cuidando da Voz, Quinta Edição
Copyright © 2017 by Livraria e Editora Revinter Ltda.

ISBN 978-85-372-0703-1

Todos os direitos reservados.
É expressamente proibida a reprodução
deste livro, no seu todo ou em parte,
por quaisquer meios, sem o consentimento,
por escrito, da Editora.

Contato com os autores:
MARA BEHLAU
mbehlau@uol.com.br
mbehlau@cevfono.com

PAULO PONTES
ppontes@inlar.com.br

FELIPE MORETI
felipemoreti@uol.com.br
fmoreti@cevfono.com

CIP-BRASIL. CATALOGAÇÃO NA PUBLICAÇÃO
SINDICATO NACIONAL DOS EDITORES DE LIVROS, RJ

B365h
5. ed.

    Behlau, Mara
      Higiene vocal: cuidando da voz/Mara Behlau, Paulo Pontes, Felipe Moreti. – 5. ed. – Rio de Janeiro: Revinter, 2017.
      il.

    Apêndice
    Inclui bibliografia
    ISBN 978-85-372-0703-1

    1. Fonoaudiologia. I. Pontes, Paulo. II. Moreti, Felipe. III. Título.

16-35468   CDD: 616.855
                                          CDU: 616.89-008.434

A responsabilidade civil e criminal, perante terceiros e perante a Editora Revinter, sobre o conteúdo total desta obra, incluindo as ilustrações e autorizações/créditos correspondentes, é do(s) autor(es) da mesma.

Livraria e Editora REVINTER Ltda.
Rua do Matoso, 170 – Tijuca
20270-135 – Rio de Janeiro – RJ
Tel.: (21) 2563-9700 – Fax: (21) 2563-9701
livraria@revinter.com.br – www.revinter.com.br

*À querida Susana Naidich,
mestra, inspiradora e amiga,
por cuidar de tantas vozes.*

APRESENTAÇÃO

A voz faz parte de toda a nossa existência, inaugurando nossa vida com o choro e concluindo-a, simbolicamente, com o último suspiro. Está presente em momentos decisivos, tanto pessoais quanto profissionais, em sentimentos e emoções, e suas características estão relacionadas com idade, saúde física e mental, história pessoal de vida, interlocução, profissão, condições ambientais e contexto de comunicação.

Apesar desta importância inerente à condição humana, consideramos a voz como sendo manifestação automática do corpo e damos a ela pouca atenção, colocando em risco a nossa saúde vocal. Alguns hábitos básicos de higiene vocal são desconhecidos pela população em geral; outros, embora amplamente divulgados até mesmo pela mídia leiga, não são adotados e valorizados como deveriam. Com a intenção de contribuir para o bem-estar vocal do indivíduo, um grupo de alunas da graduação em Fonoaudiologia e especialização em Distúrbios da Comunicação Humana da então Escola Paulista de Medicina (EPM), hoje Universidade Federal de São Paulo (UNIFESP), reuniu-se em 1992 e participou ativamente de uma discussão da qual surgiu um folheto básico intitulado **Higiene Vocal – Informações Básicas** (Editora Lovise, 1993). O conteúdo da obra foi amplamente utilizado, reproduzido e considerado como de grande utilidade. Às alunas mencionadas acima, muitas delas hoje atuantes na área de voz e professoras universitárias, o nosso agradecimento pela colaboração inicial, que foi muito importante. São elas: Ana Cláudia Passos Fonseca, Ana Cristina Côrtes Gama, Edimara Garcia, Elisabete Carrara de Angelis, Jacqueline Grinblat, Jacqueline Priston, Luciene Carvalho Mendes, Marina Sawaya, Mônica Ruiz Romão, Renata Opice e Renata Rangel Azevedo.

A evolução do conhecimento na área e a crescente busca de profissionais da comunicação por uma voz eficiente e saudável, assim como a necessidade de orientar os pacientes em tratamento por distúrbios da voz, motivaram-nos a redigir um novo texto, com informações mais abrangentes e, ao mesmo tempo, detalhadas, sobre a saúde vocal e seus fatores de risco. Desta forma, chegamos a esta quinta edição, revisada e ampliada, que conta com a inclusão de um instrumento brasileiro de autoavaliação do conhecimento em saúde vocal, validado para a nossa população, o que, seguramente, se constitui em um diferencial importante desta edição. Esperamos que o conteúdo permita que você conheça mais sobre a sua voz, mantendo-a saudável. Além disto, as informações atualizadas à luz das mais recentes evidências científicas dão segurança para os fonoaudiólogos, médicos, professores de canto, regentes de coro, preparadores vocais e professores de oratória orientarem seus clientes. Não deixe de ler os apêndices que contêm testes sobre a voz e dicas importantes para uma boa comunicação oral. Você poderá descobrir seu perfil de comportamento vocal, avaliar sua quantidade de fala e intensidade vocal, responder ao novo instrumento de conhecimento em saúde vocal, além de verificar se você sofre alguma desvantagem vocal. Para completar, não deixe de fazer um teste de múltipla escolha e verificar seus conhecimentos na área.

Mara Behlau
Paulo Pontes
Felipe Moreti

Sumário

CAPÍTULO 1
O que é Voz.................... 1

CAPÍTULO 2
Mecanismos de Controle da Voz 11

CAPÍTULO 3
Psicodinâmica Vocal................ 17

CAPÍTULO 4
Higiene Vocal e Fatores de Risco para a Voz .. 23
- Fumo......................24
- Álcool.....................25
- Drogas....................26
- Hábitos vocais inadequados 26
- Posturas corporais inadequadas.......28
- Poluição...................28
- Alergias...................30
- Alimentação inadequada 32
- Falta de repouso adequado.........34
- Refluxo gastresofágico............36
- Ar-condicionado...............38
- Hidratação..................39
- Mudanças de temperatura 40
- Vestuário...................41
- Esportes...................42
- Alterações hormonais 43
- Medicamentos................45

Comentários Finais 71

APÊNDICE 1
Descubra seu Perfil de
Comportamento Vocal............... 79
- Classificação do comportamento vocal.......82

APÊNDICE 2
Autoavaliação do Grau de Quantidade de
Fala e Intensidade Vocal........................... 85
    Instrução 85

APÊNDICE 3
Questionário de Saúde e Higiene Vocal – QSHV 87
    Instrução 87

APÊNDICE 4
Teste seus Conhecimentos sobre Saúde e Higiene Vocal ... 89
    Instrução 89

APÊNDICE 5
Dicas Básicas para uma Boa Emissão 93

APÊNDICE 6
Índice de Desvantagem Vocal 10 – IDV-10 95
    Instrução 95

Fontes Consultadas 97

Endereços Úteis 105

HIGIENE VOCAL

CAPÍTULO 1

O QUE É VOZ

A voz humana está presente desde o nascimento por meio de vocalizações expressivas, como choro, riso ou grito. Assim, desde o início da vida, a voz tanto manifesta aspectos fisiológicos, como é um dos meios de interação mais poderosos para provocar respostas no outro. A voz carrega as palavras e também transporta a mensagem emocional associada a elas, o que significa que o som da voz tem a dupla função de transmitir conteúdos e sentimentos.

Comunicamo-nos de múltiplas formas: fala, olhar, gestos, expressão corporal e facial. A voz, porém, é responsável por uma porcentagem muito grande das informações contidas na mensagem que estamos veiculando e revela muitos dados sobre nós mesmos. A voz fala mais do que as palavras, como veremos adiante.

A voz é produzida pelo trato vocal, a partir de um som básico gerado na laringe, o chamado "buzz" laríngeo. A laringe localiza-se no pescoço e é um tubo alongado, no interior do qual se localizam as pregas vocais, conhecidas popularmente como cordas vocais. Vale ressaltar que o termo "corda" é incorreto, pois não se tratam de cordas, como as do violão. As pregas vocais são duas dobras formadas por músculo e mucosa, localizadas em posição horizontal dentro da laringe, ou seja, paralelas ao solo, como se estivessem deitadas. Veja o esquema e as fotos apresentadas nas Figuras 1-1, 1-2A e B. O som básico produzido na laringe depende de um refinado controle cerebral, que, por meio de informações enviadas para os nervos laríngeos, coloca em vibração as pregas vocais. O combustível para essa vibração é o ar que sai dos pulmões e se transforma em som.

2 HIGIENE VOCAL – CUIDANDO DA VOZ

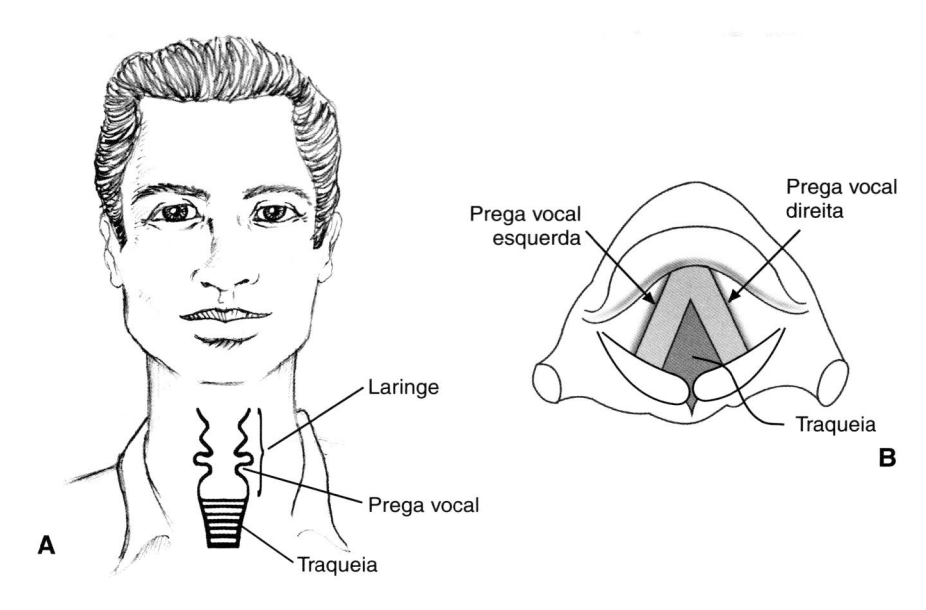

Fig. 1-1. Esquema da laringe e das pregas vocais. (**A**) Posição da laringe no pescoço. (**B**) Pregas vocais em visão superior.

Quando respiramos silenciosamente, as pregas vocais ficam abertas, ou seja, afastadas entre si, para permitir a entrada e a saída livres do ar, como mostra a primeira imagem da Figura 1-2. Assim sendo, no ato da respiração, a interferência das pregas vocais deve ser mínima para garantir a entrada de oxigênio e a saída de gás carbônico de nossos pulmões.

Quando produzimos a voz, as pregas vocais devem aproximar-se e vibrar. Na Figura 1-2B, observamos as pregas vocais próximas entre si e devemos imaginar que nessa posição elas estão vibrando muito rapidamente. Esse processo vibratório ocorre ainda mais rapidamente quanto mais agudo for o som. Para os homens adultos brasileiros, a frequência média da voz, chamada de frequência fundamental, está ao redor de 113 Hz, enquanto para as mulheres essa frequência situa-se ao redor de 208 Hz. Isso significa que, ao produzirmos a voz, por exemplo, quando falamos uma vogal "a" sustentada, as pregas vocais do homem vibram, em média, 113 vezes, e as da mulher, 208 vezes por segundo. Você pode sentir essa vibração: inicialmente, coloque sua mão sobre o pescoço e apenas respire, para verificar que não ocorre ativação das pregas vocais; a seguir, emita um "a" prolongado e sinta, por meio da vibração dessa região, que a fonação está ocorrendo.

Capítulo 1 ▪ O QUE É VOZ **3**

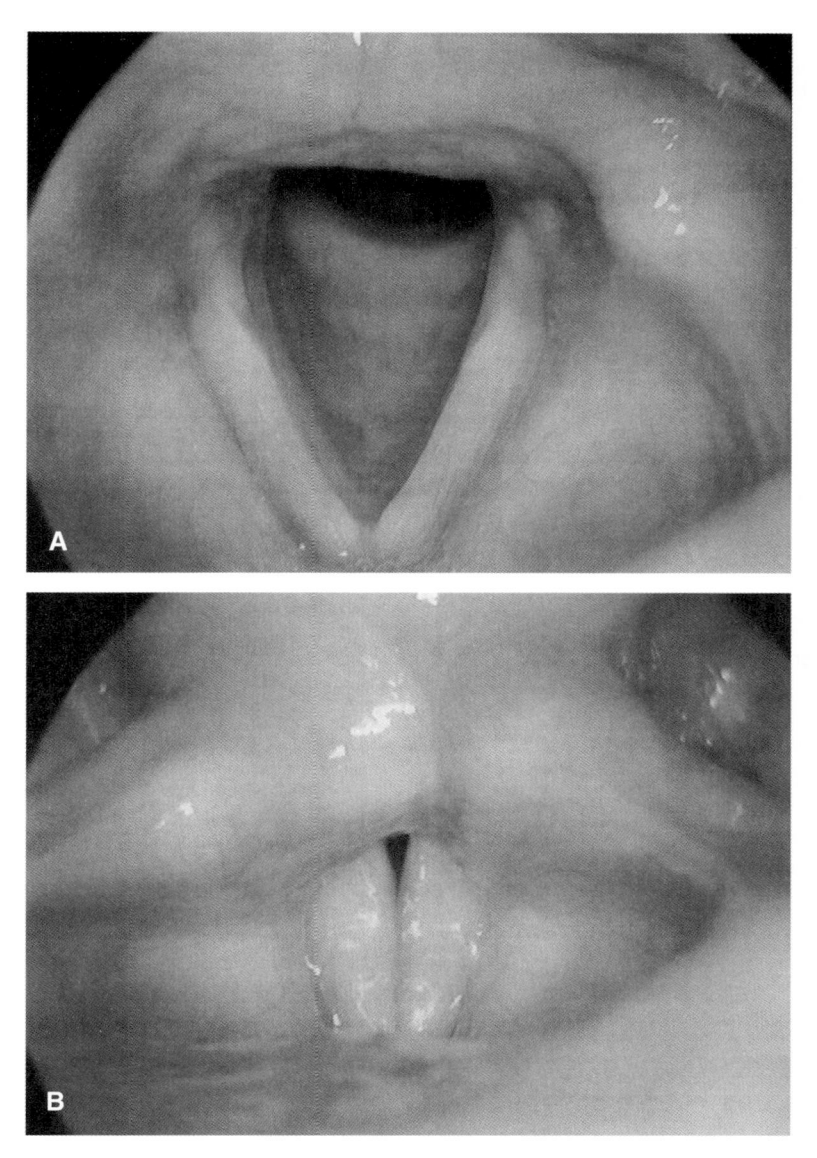

Fig. 1-2. Fotos das pregas vocais durante a respiração e a produção da voz como são vistas em exame de laringe. (**A**) Pregas vocais afastadas durante a respiração. (**B**) Pregas vocais vibrando em linha média durante a produção da voz.

Portanto, você já deve ter percebido que, se o ar não passar entre as pregas vocais, não haverá fonação. Isso pode ser confirmado se você expulsar todo o ar dos pulmões, fechar de maneira firme a boca e as narinas simultaneamente com os dedos e tentar produzir um som laríngeo. Você perceberá que não será possível emiti-lo, já que as pregas vocais não podem vibrar diante dessas condições.

Assim, o ar é realmente essencial para produzirmos a voz, ou seja, é o combustível energético da fonação. Convém lembrar que, quando estamos respirando em silêncio, o ar deve entrar pelo nariz, para que possa ser filtrado, aquecido e umidificado, chegando aos pulmões em melhores condições. Durante a fala, porém, a respiração é feita de modo buconasal, ou seja, o ar entra pela boca durante a fala, e apenas em pausas mais longas a inspiração é feita exclusivamente pelo nariz; caso contrário, o discurso sofreria muitas interrupções e a transmissão do conteúdo, consequentemente, ficaria comprometida.

O som gerado na laringe não representa a voz que ouvimos de nós mesmos. O som laríngeo tem fraca intensidade e o "buzz", descrito anteriormente, parece o barulho de um vibrador elétrico, não sendo parecido com nenhuma vogal ou consoante de nossa língua. Contudo, esse som básico, assim que produzido, percorre um caminho por todo o trato vocal, dentro de nosso corpo, passando por estruturas que formam obstáculos ou aberturas, até atingir a saída para o ambiente, pela boca e/ou pelo nariz, modificando-se por meio de um processo chamado de ressonância. As cavidades de ressonância, portanto, constituem um alto-falante natural da fonação e são formadas pela própria laringe e também faringe, boca, nariz e seios paranasais. Portanto, o som que chega ao meio ambiente é amplificado, isto é, tem maior intensidade e recebe a forma de uma vogal ou consoante.

Para produzir os diferentes sons de uma língua, suas vogais e consoantes, temos a nosso dispor dois tipos de fonte de som: a fonte glótica e as fontes friccionais.

A principal fonte de som é a fonte glótica, explicada anteriormente, formada pela ativação da vibração das pregas vocais, que produz a matéria-prima, principalmente, para todas as vogais. Essa fonte é chamada de glótica, pois se localiza na glote, que é o espaço existente entre as pregas vocais. As vogais são sons fortes e que têm muita importância na caracterização da qualidade de nossa voz.

As consoantes, por sua vez, são ruídos produzidos por um estreitamento parcial ou total das cavidades acima da laringe, que se constituem nas chamadas fontes friccionais, já que usam apenas a fricção do ar e não uma vibração repetida por inúmeras vezes, como na fonte glótica. Assim, por exemplo, quando produzimos o som "p", interrompemos totalmente a saída do ar nos lábios e soltamos, a seguir, uma pequena plosão, que se transforma em consoante (Fig. 1-3); já no som "s", apenas estreitamos a saída do ar na região anterior da boca (Fig. 1-4), auxili-

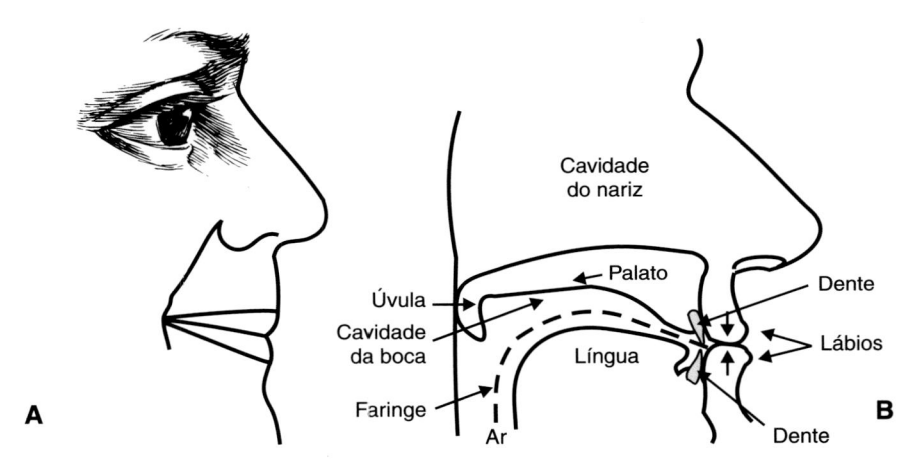

Fig. 1-3. Esquema da produção da consoante "p". (**A**) Observe que, para a produção do som "p", os lábios devem estar firmemente unidos, interrompendo a saída do ar total, momentaneamente, e, a seguir, abrindo-se e produzindo o ruído de uma plosão. (**B**) Nesse esquema do interior da boca, observe os lábios fechados, a língua abaixada, o fluxo de ar interrompido e a úvula fechando a comunicação com o nariz para evitar o escape de ar nasal.

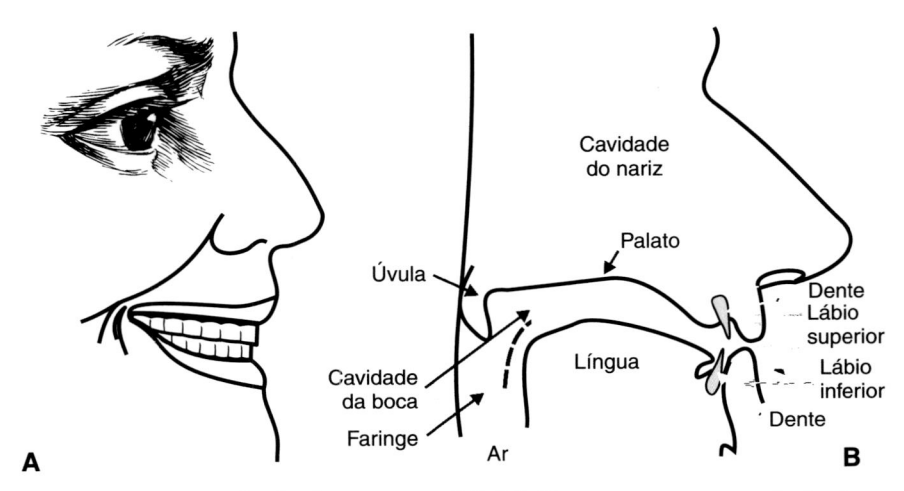

Fig. 1-4. Esquema da produção da consoante "s". (**A**) Observe que, para a produção do som "s", os lábios devem ficar separados e a boca em forma de sorriso, enquanto o ar passa, em fricção, por essa abertura restrita. (**B**) Nesse esquema do interior da boca, observe lábios e dentes levemente separados e a ponta da língua abaixada, encostada nos dentes inferiores; veja que a úvula também está ocluindo a passagem de ar para o nariz.

ando-o com a ponta da língua. Esses sons são chamados de sons surdos, pois não usam a fonte glótica. Há, porém, uma segunda categoria de consoantes, que, além da fonte friccional, necessita da utilização da fonte glótica associada à categoria das consoantes sonoras. Por exemplo, na produção do "b", empregamos a fonte friccional dos lábios, que se soma ao som básico da laringe; já no "z", empregamos a fonte friccional do estreitamento da região anterior da boca e ativamos conjuntamente a fonte glótica.

A diferença entre um som surdo e um som sonoro pode ser facilmente percebida quando produzimos um "s" prolongado e passamos para "z" na mesma emissão, desse modo: "ssssszzzzz...", sem intervalo entre os dois sons. Produza essa sequência com a mão sobre o pescoço e perceba quando a fonte glótica é ativada na emissão do "z".

As consoantes surdas da língua portuguesa são os seguintes sons: "pê, tê, quê, fê, sê e xê". Já as consoantes sonoras do português são em maior número, representadas pelos seguintes sons: "bê, dê, guê, vê, zê, jê, mê, nê, nhê, lê, lhê, rê e rrê". Todas as vogais do português são sonoras, pois usam a fonte glótica, e, por isso, para todas as sílabas produzidas, independentemente de possuírem consoantes surdas ou sonoras, haverá sempre vibração das pregas vocais, pelo menos na porção da vogal.

Como se pode perceber, a movimentação das estruturas localizadas acima da laringe é muito importante para a produção das consoantes. Tais estruturas são chamadas de articuladores dos sons da fala, que fazem parte do trato vocal e estão nas cavidades de ressonância. Os sons são articulados, principalmente, na cavidade da boca, pelo movimento de língua, lábios, mandíbula e véu palatino (que permite a introdução de ar no nariz para a produção de sons nasais, como, por exemplo, o "m") (Fig. 1-5). Esses movimentos devem ser precisos para produzir sons claros e tornar inteligível a mensagem que se quer transmitir.

Apesar de tudo o que falamos sobre a laringe para a produção da voz, por incrível que pareça, a fonação não é a função principal desse órgão. A tarefa mais importante da laringe é permitir a passagem do ar durante a respiração e proteger os pulmões da entrada de substâncias indesejadas durante a alimentação. Quando engolimos de mau jeito ou quando aspiramos uma substância nociva pela boca ou pelo nariz, as pregas vocais aproximam-se fortemente e fecham a entrada da laringe por alguns instantes. Essa função tem extrema importância para nossa

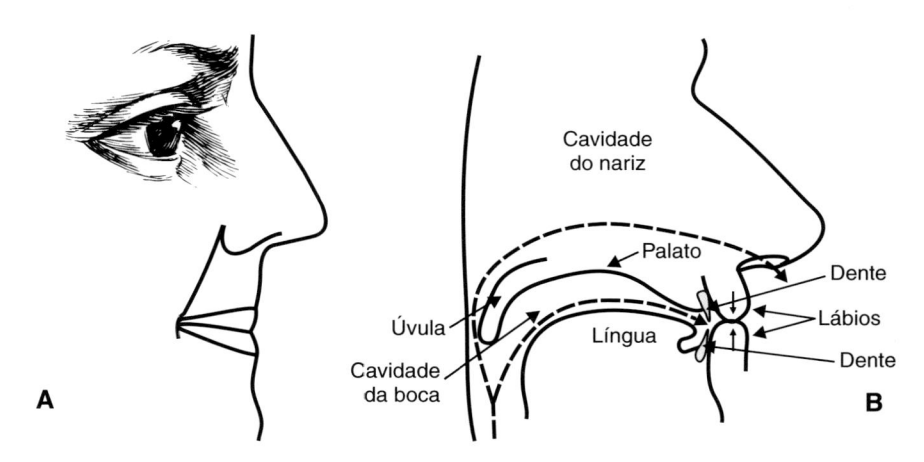

Fig. 1-5. Esquema da produção da consoante nasal "m". (**A**) Observe que, para a produção do som "m", os lábios fecham-se e o som é emitido pelo desvio do ar para a cavidade nasal. (**B**) Nesse esquema dc interior da boca, observe os lábios unidos e interrompendo o fluxo de ar na boca; veja que a úvula está abaixada, permitindo a passagem de ar para a cavidade nasal.

sobrevivência. No caso de inalação de substâncias indesejadas, após o selamento, as pregas vocais ainda produzem a tosse para expulsar o invasor. A tosse representa uma verdadeira colisão entre as pregas vocais, as quais, pela grande força colocada, produzem um som muito forte e com grande velocidade na passagem do ar que vem dos pulmões. Durante espirros fortes, por exemplo, essa velocidade pode chegar a atingir 80 quilômetros por hora.

A função de selamento da laringe é realizada pela aproximação não só das pregas vocais, mas de outras estruturas auxiliares que estão acima delas, as chamadas pregas vestibulares, popularmente conhecidas como falsas cordas vocais ou bandas (Fig. 1-6). O selamento também é acionado em outras situações. Por exemplo, quando queremos levantar algum peso, empurrar um objeto ou, ainda, deslocar nosso corpo com o apoio dos braços (como subir em barras de ginástica), selamos a laringe para obter maior força no tórax. Além disso, durante a defecação, às vezes, também fechamos a laringe para auxiliar a expulsão do conteúdo dos intestinos.

As funções de respiração e selamento da laringe foram desenvolvidas na espécie humana ao longo da sua evolução, antes mesmo de a laringe ser utilizada, também, para a produção da voz, ou seja, de ter a função vocal. Portanto, não possuímos um aparelho específico para pro-

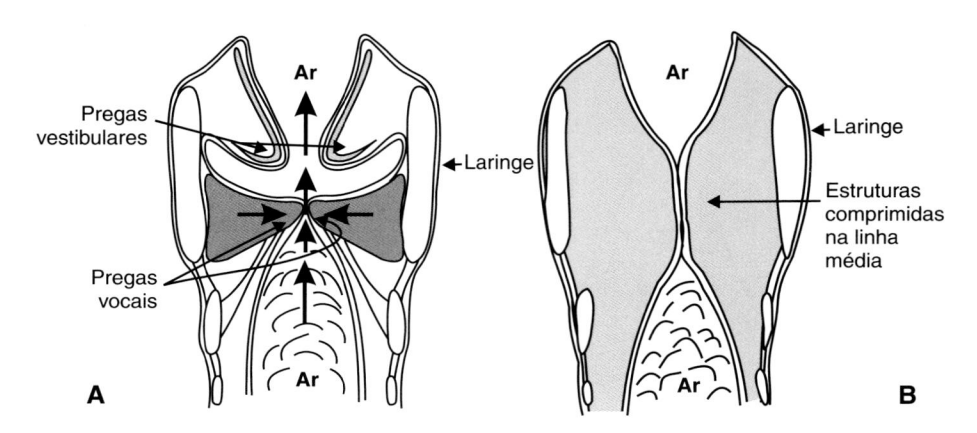

Fig. 1-6. Esquema da laringe em corte anterior durante a função de produção da voz e na função de selamento laríngeo. (**A**) Esquema da laringe na produção da voz; observe que apenas as pregas vocais se tocam na linha média para gerar o som básico da voz. (**B**) Esquema da laringe na função de selamento; observe que todas as estruturas flexíveis da laringe se deslocam e comprimem-se na linha média para fechar totalmente a passagem para os pulmões.

duzir a voz. Usamos o ar da respiração como combustível para o som; empregamos a laringe, órgão protetor dos pulmões, como motor da vibração; e, finalmente, articulamos os sons com lábios, língua e mandíbula, estruturas que fazem parte do aparelho digestório e têm como principal função a mastigação e deglutição de alimentos. Dessa forma, a voz, essa expressão tão importante do ser humano, empresta órgãos de outros aparelhos para sua produção e é uma função superposta, de surgimento recente na escala de evolução filogenética dos animais.

Embora toda essa explicação esteja focalizada no que acontece na laringe quando se produz o som, o início desse processo está bem distante, nas zonas motoras do cérebro. É nosso cérebro quem vai comandar o processo de entrada e saída do ar, enviando mensagens para que os nervos laríngeos acionem os inúmeros músculos e posicionem as pregas vocais para a vibração, assim como os diferentes articuladores para a produção encadeada dos variados sons da fala. Esse processo sofisticado e organizado forma a cadeia de sons que se transforma em palavras e frases.

Em resumo, para a produção da voz e da fala devemos obedecer a uma série de atos coordenados pelo cérebro, que ocorrem na sequência apresentada no Quadro 1-1.

Quadro 1-1. Condições básicas para se produzir a voz e a fala

1. Para emitirmos a voz e a fala, nosso cérebro dispara um comando central, que chega à laringe e aos articuladores dos sons da fala por meio de mensagens enviadas aos nervos específicos
2. Inicialmente precisamos inspirar ar, ou seja, colocar o ar para dentro dos pulmões; para tanto, as pregas vocais devem estar afastadas
3. Ao emitirmos a voz, as pregas vocais aproximam-se entre si, em posicionamento e tensão adequados, controlando e bloqueando a saída de ar dos pulmões
4. O ar coloca em vibração as pregas vocais, que realizam ciclos vibratórios repetidos; quanto mais agudo o som, mais rapidamente esses ciclos acontecem
5. As caixas de ressonância, principalmente a boca e a faringe, devem estar ajustadas para facilitar e amplificar a saída do som da boca para o ambiente
6. Dependendo do som da fala a ser emitido, os articuladores, ou seja, lábios, língua, mandíbula e dentes, devem estar posicionados de modo específico

CAPÍTULO 2

Mecanismos de Controle da Voz

A voz é o resultado do somatório de características anatômicas, funcionais, de personalidade e da cultura em que o indivíduo está inserido. Contudo, essa interação é muito complexa e esses fatores são interdependentes. A base de nossa voz são os aspectos anatômicos herdados de nossos pais, o que nos impõem certos limites de funcionamento e até mesmo de potencialidade vocal. Porém, além disso, outras características exercem grande influência para definir a qualidade vocal de um adulto. Para muitas pessoas, além dos aspectos de personalidade e fatores culturais relacionados com a comunicação, a presença de um treinamento vocal e as próprias demandas profissionais imprimem certas marcas na produção vocal. Podemos, portanto, não somente classificar uma voz como sendo de criança, adulto ou idoso, mas também identificar tipos de vozes característicos de determinadas ocupações, como locutores, religiosos, professores e advogados, dentre outros.

Um mesmo indivíduo apresenta variações vocais, ou seja, todos temos vários tipos de vozes, por usarmos diferentes qualidades vocais de acordo com a situação, o interlocutor, o clima do discurso e nosso estado físico e emocional. Assim, nossa voz em casa é diferente da voz no trabalho; a voz com que nos dirigimos às crianças é diferente da usada quando conversamos com nosso cônjuge ou com figuras de autoridade; e, quando estamos tristes ou felizes, nossa voz também demonstra esse sentimento. Podemos modificar nossa voz e torná-la mais fina, mais grossa, mais forte, mais fraca, mais rouca, mais limpa, mais nasal e mais melosa. A possibilidade de controle de todas essas variáveis nos mostra o quanto esse sistema é flexível. Contudo, apesar de toda essa possibilidade de variação vocal, possuímos um padrão básico que nos identifica e permite que reconheçamos uma pessoa após poucos segundos de conversa telefônica.

Para modificar a frequência da voz, ou seja, o seu tom, em mais agudo (fino) ou grave (grosso), podemos lançar mão de uma série de recursos. O principal recurso para tornar o som da voz mais agudo é alongar as pregas vocais, mas também podemos usar maior tensão nos músculos da laringe, ou fazer as pregas vocais vibrarem mais rapidamente. Na verdade, usamos todos esses mecanismos, dependendo da situação de fala. Portanto, para a emissão de sons agudos, as pregas vocais estão mais longas, mais tensas e o número de ciclos vibratórios por segundo é maior. Já durante a emissão de sons graves elas estão mais curtas, menos tensas e seus movimentos são mais lentos, ou seja, há menor número de ciclos vibratórios por segundo.

Quando queremos mudar a intensidade da voz, ou seja, torná-la mais forte (alta) ou mais fraca (baixa), também podemos utilizar diversos recursos. O principal mecanismo para produzir uma voz mais forte é aumentar a pressão do ar que vem dos pulmões para ser sonorizado, controlando sua saída pela laringe, por meio de maior tensão das pregas vocais. Assim, sons mais intensos são produzidos com maior pressão de ar, maior tensão e fechamento mais firme entre pregas vocais. Por outro lado, sons mais fracos são emitidos com menor pressão de ar, pregas vocais mais relaxadas e menos próximas entre si.

Finalmente, quando queremos mudar a qualidade da voz, ou seja, produzir tipos de vozes diferentes, como uma voz mais rouca, mais clara, mais sensual, mais melosa, mais autoritária ou mais afetiva, modificamos todo o trato vocal não somente quanto ao modo de produção da fonação (o som produzido na laringe com a vibração das pregas vocais), mas também quanto à modificação desse som pelas caixas de ressonância. Todos somos capazes de produzir vários tipos de vozes, o que é um bom sinal de saúde vocal e psicológica, pois indica que somos capazes de utilizar diferentes ajustes de nossas estruturas e que estamos sintonizados com nosso interlocutor e com o impacto que queremos causar com determinada maneira de falar. Os principais mecanismos de controle da voz são apresentados no Quadro 2-1. No Quadro 2-2 são apresentadas as principais modificações da qualidade vocal de acordo com o mecanismo empregado.

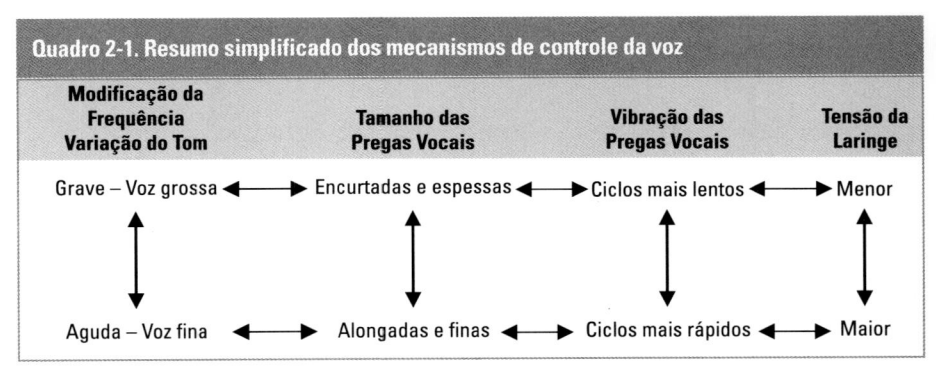

Quadro 2-1. Resumo simplificado dos mecanismos de controle da voz

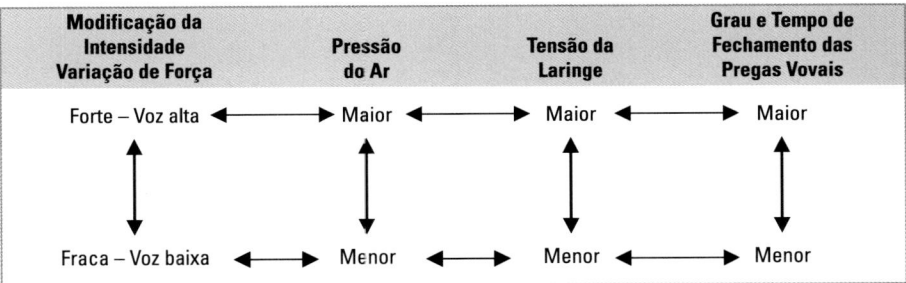

Modificação da Frequência Variação do Tom	Tamanho das Pregas Vocais	Vibração das Pregas Vocais	Tensão da Laringe
Grave – Voz grossa ↔	Encurtadas e espessas ↔	Ciclos mais lentos ↔	Menor
↕	↕	↕	↕
Aguda – Voz fina ↔	Alongadas e finas ↔	Ciclos mais rápidos ↔	Maior

Modificação da Intensidade Variação de Força	Pressão do Ar	Tensão da Laringe	Grau e Tempo de Fechamento das Pregas Vovais
Forte – Voz alta ↔	Maior ↔	Maior ↔	Maior
↕	↕	↕	↕
Fraca – Voz baixa ↔	Menor ↔	Menor ↔	Menor

Nossa voz é uma das projeções mais intensas de nossa personalidade, uma representação muito forte do que somos; porém, um fato muito curioso é que quase ninguém gosta de ouvir a própria voz. Quase sempre achamos nossa voz gravada diferente e geralmente estranha e chata. Algumas pessoas apresentam, inclusive, grande dificuldade de se identificar em uma gravação de sua própria voz, contudo reconhecem imediatamente o outro, na mesma situação de gravação. Na verdade, nós nos escutamos de um modo um pouco diferente do que os outros nos escutam. Em outras palavras, a percepção de nossa voz é diferente da percepção que os outros têm. Tal fato deve-se a uma série de fatores. Em primeiro lugar, o som de nossa própria voz chega a nossos ouvidos por dois caminhos: via externa, quando nossa voz sai pelos lábios e/ou nariz e as ondas sonoras propagam-se pelo ar atingindo nossas orelhas, transmitindo-se para os ossículos, destes para os nervos auditivos e, finalmente, chegando ao cérebro; e por via interna, quando as ondas sonoras põem em vibração nosso corpo, principalmente os ossos da cabeça e do pescoço, levando o som diretamente para a orelha.

Quadro 2-2. Principais modificações na qualidade vocal

Qualidade Vocal	Mecanismo Básico Empregado
Voz projetada	Controle adequado dos mecanismos de frequência e intensidade, com ressonância rica, excitação de todo o trato vocal e ampla abertura de boca; é usada, geralmente, quando se quer chamar alguém, durante gritos ou em situações de voz cônica, como no teatro
Voz rugosa (rouca)	Pregas vocais com vibrações irregulares, ciclos glóticos não uniformes; pode ser um sinal de problema na laringe, como nódulos ("calos" nas pregas vocais)
Voz nasal (fanhosa)	Ressonância do som predominantemente concentrada na cavidade do nariz; pode ser resultado de hábito de fala ou consequência de um problema anatômico
Voz sussurrada (cochichada)	Pregas vocais aproximadas, mas o ar passa por elas sem colocá-las em vibração, produzindo som apenas por fricção; pode ser usada como um recurso para reduzir o volume da voz, nas situações de fala intimista, mas também pode indicar problemas funcionais ou orgânicos de vibração das pregas vocais
Voz soprosa (voz com ar)	Pregas vocais não se tocam completamente, escapando ar não sonorizado entre elas; ouve-se ar na voz; pode ser uma característica de personalidade ou indicar problemas anatômicos, funcionais, ou de técnica vocal
Voz em falsete	Pregas vocais alongadas, mas com tensão reduzida e vibração limitada à sua região anterior; a voz tem característica aguda e é usada, geralmente, em alguns estilos de canto, como na música erudita, na música sertaneja e no *rock*. Quando se ouve falsete na fala habitual, pode indicar problema funcional ou orgânico na laringe
Voz comprimida	Vibração restrita das pregas vocais e tensão das estruturas do aparelho fonador, especialmente de laringe e faringe; pode ser o resultado de problemas orgânicos, aparecer em determinadas situações emocionais como nervoso ou tensão, ou ainda ser utilizada como recurso interpretativo em certos estilos musicais, como no rock *(heavy metal)*
Voz monótona	Falta de variação adequada de comprimento, tensão e vibração das pregas vocais, com ressonância pobre; pode indicar técnica vocal inadequada, características de personalidade ou ser consequência de problemas relacionados com saúde mental e psíquica, como em casos de depressão
Voz trêmula	Tremor das estruturas do aparelho fonador, que pode estar limitado às pregas vocais ou envolver outras estruturas como língua e mandíbula; pode indicar estados emocionais, como tensão e nervosismo, ou ser sinal consequente de doenças neurológicas, como tremor essencial ou doença de Parkinson

Assim, ouvimo-nos por vias externa e interna (aérea e óssea), o que deixa nossa voz mais grave (grossa). Os outros nos ouvem apenas por via externa, não recebendo a informação por via interna e, portanto, percebem nossa voz mais aguda. Outra razão pela qual a percepção da própria voz é muito diferente da voz gravada é de ordem psicológica. Projetamos em nossa voz uma série de desejos e mitos sobre o que gostaríamos de ser e pretendemos ser, mas, ao ouvir essa voz, resta somente a realidade física, que nem sempre corresponde ao nosso desejo. Assim sendo, se quisermos saber mesmo como é a nossa voz, devemos nos ouvir sem restrições, em gravação de áudio, e analisar o tipo de voz e o impacto que ela pode causar ao ouvinte. Você pode fazer o exercício de gravar sua voz em seu *smartphone* (de preferência do sistema iOS), que tem uma boa qualidade de gravação e ouvir-se, para fazer uma avaliação real de como os outros percebem sua emissão.

CAPÍTULO 3

Psicodinâmica Vocal

A psicodinâmica vocal é o processo de análise do impacto de uma voz no ouvinte, ou seja, uma leitura do que a voz transmite. Por esse processo, o falante pode reconhecer os elementos de sua qualidade vocal que foram condicionados durante sua vida e que são, automaticamente, transmitidos aos ouvintes. Com o trabalho de psicodinâmica vocal, auxiliado por um fonoaudiólogo, podemos trazer ao consciente as informações contidas na qualidade vocal individual e os efeitos de determinado tipo de voz sobre os ouvintes. Na maioria das vezes, não temos consciência de como somos julgados pela nossa voz.

Nossa voz é só nossa, uma espécie de expressão sonora absolutamente individual, fato semelhante ao que ocorre com a impressão digital. Isso permite que um indivíduo seja identificado por uma simples gravação, a partir da qual pode-se fazer uma análise acústica computadorizada, como acontece em casos de investigação de sequestros e ameaças. Por outro lado, como já comentamos, a voz é flexível e muda constantemente ao longo da vida e de acordo com o interlocutor e a situação de comunicação.

Nascemos com determinadas características anatômicas que produzirão um tipo característico de voz; porém, formamos uma identidade vocal ao longo da vida, a partir de nossa história, de nossos relacionamentos interpessoais e de como nos comunicamos com os outros.

A voz contém uma série de dados inerentes a três dimensões do indivíduo: biológica, psicológica e socioeducacional. As informações trazidas pela dimensão biológica dizem respeito aos nossos principais dados físicos, como sexo, idade e condições gerais de saúde; os dados referentes à dimensão psicológica correspondem às características básicas da personalidade e do estado emocional do indivíduo durante o momento da emissão; já a dimensão socioeducacional oferece dados sobre os grupos a que pertencemos, quer sejam sociais ou profissionais.

Assim, com um pouco de observação e experiência, quando falamos com alguém que não conhecemos, podemos saber muito mais do que aquilo que está contido nas palavras ditas. Quando conversamos ao telefone, por exemplo, a projeção que fazemos do indivíduo a partir de sua voz é tão intensa que chegamos a imaginar detalhes da estrutura física, como tipo de corpo e cor de cabelos. Todo esse processo ocorre, geralmente, de modo inconsciente, sem que percebamos.

Algumas pessoas têm uma boa imagem formada sobre sua voz e sobre o impacto que ela exerce sobre o ouvinte. Outras nunca pararam para pensar no assunto. De qualquer forma, conscientemente ou não, influenciamos com nossas vozes e somos influenciados pelas vozes das pessoas com quem temos contato.

O padrão de voz que utilizamos faz parte da construção de nossa personalidade. A maneira como utilizamos a nossa voz é um reflexo do modo como nos comportamos no mundo. Compreendermos o impacto de nosso modo de falar auxilia a analisar o efeito de nossa voz sobre o ouvinte. Nesse sentido, adaptamos uma lista de termos descritivos sobre a voz, com base em uma seleção prévia organizada pelo fonoaudiólogo americano Daniel Boone (1993). A lista foi formada de acordo com as palavras referidas pelas próprias pessoas e por pacientes com problemas de voz para descrever características de suas emissões. Leia as opções oferecidas no Quadro 3-1 e selecione pelo menos 10 (dez) palavras que melhor representem a sua voz. Após a seleção, você deverá dividir os termos em duas colunas, uma com aspectos que você considera positivos e outra com aspectos negativos da qualidade de sua voz, analisando-os com critérios pessoais de julgamento. Você pode pedir a ajuda de um amigo para ver se a impressão que você tem de sua própria voz é a mesma que os outros têm dela, o que permitirá que você descubra novas características.

Se você não gosta de sua própria voz, faça uma consulta com um especialista para verificar o quanto dela deve-se às suas características

Quadro 3-1. Termos descritivos para autoanálise vocal

abafada	aberta	adequada	afetada
afiada	agitada	agradável	agressiva
aguda	alegre	alta	amável
ameaçadora	anasalada	animada	antipática
apagada	apertada	ardida	arrogante
artificial	áspera	assobiada	autêntica
autoritária	aveludada	baixa	boa
bonita	branca	brilhante	bruta
cansativa	charmosa	chata	chorosa
clara	com cor	comprimida	comum
confiante	conflituosa	constrita	convincente
cortante	crepitante	cruel	débil
desafinada	desagradável	descontrolada	deteriorada
dirigente	dócil	dourada	dura
efeminada	efervescente	encoberta	enjoada
entediada	entrecortada	esbranquiçada	escura
esganiçada	estável	estrangulada	estressada
estridente	expressiva	falsa	fanhosa
feia	feminina	fina	flutuante
forçada	forte	fraca	fria
fúnebre	gostosa	grande	grave
gritante	grossa	gutural	harmoniosa
hesitante	imatura	imponente	impotente
inadequada	inaudível	incisiva	inconfundível
inexpressiva	infantil	infantilizada	insegura
instável	instrumental	irregular	irritante
jovial	lenta	leve	limitada
limpa	macia	madura	masculina
masculinizada	medrosa	meiga	melodiosa
melosa	metálica	meticulosa	mole
monótona	morta	neutra	oca
ofensiva	oscilante	pastosa	pequena

(Continua)

Quadro 3-1. Termos descritivos para autoanálise vocal (Cont.)

pesada	pobre	poderosa	polida
pontuda	potente	prateada	prazerosa
profunda	quebrada	quente	rachada
radiante	rápida	rara	raspada
redonda	relaxada	ressonante	rica
rouca	rude	ruidosa	ruim
seca	sedosa	sedutora	sensual
sexy	simpática	sofisticada	solta
soprosa	suave	submissa	suja
temida	tímida	transparente	trêmula
triste	velha	vigorosa	

Transcreva os termos selecionados para as colunas abaixo

AUTOANÁLISE POSITIVA	AUTOANÁLISE NEGATIVA

(Adaptado e ampliado de Boone, 1993).

anatômicas herdadas e o quanto deve-se aos aspectos funcionais de sua emissão, ou seja, de como você utiliza os órgãos de seu aparelho fonador. Um trabalho de reabilitação vocal pode ajudá-lo a chegar a uma emissão que lhe seja mais adequada e satisfatória, fazendo-o compreender os diferentes impactos que sua voz pode causar.

As impressões transmitidas por uma voz devem ser sempre interpretadas de acordo com a cultura a que o indivíduo pertence e ao ambiente social e profissional que frequenta. Os parâmetros nunca devem ser avaliados isoladamente, mas sim como um conjunto em uma situação e um contexto específicos, evitando análises superficiais e simplistas como, por exemplo, assumir que uma voz monótona esteja associada, necessariamente, a um indivíduo chato ou que uma pessoa que fale com pequena abertura de boca tenha algo a esconder, pois esse ajuste de fala pode ser apenas a consequência de um problema articulatório (limitação na articulação temporomandibular, por exemplo).

A leitura psicodinâmica é complexa e sua análise detalhada não é relevante ao presente texto. Selecionamos, porém, algumas associações para que se reconheçam os principais efeitos de determinada característica vocal sobre os ouvintes. Você também pode pedir a um fonoaudiólogo para auxiliá-lo a descrever sua voz. Alguns exemplos de tipos de voz e suas associações psicodinâmicas estão no Quadro 3-2.

Quadro 3-2. Exemplos de parâmetros vocais e suas associações psicodinâmicas

Voz do Falante	Interpretação do Ouvinte
Voz rouca	Cansaço, estresse, esgotamento
Voz soprosa	Fraqueza, sensualidade
Voz comprimida	Caráter rígido, emissões contidas, esforço, necessidade de controle da situação
Voz monótona	Monotonia, fala repetitiva, desinteressante e chata
Voz trêmula	Sensibilidade, fragilidade, indecisão, medo
Voz infantilizada	Ingenuidade, falta de maturidade emocional
Voz nasal (fanhosa)	Limitação intelectual e física, falta de energia, inabilidade social
Voz grave (grossa)	Autoridade, personalidade energética e forte
Voz aguda (fina)	Submissão, dependência, infantilidade ou fragilidade
Conversa em tons agudos	Alegria, descontração
Conversa em tons graves	Tristeza, melancolia
Pouca variação de tons na fala	Rigidez de caráter, controle das emoções
Variação rica de tons na fala	Alegria, satisfação, riqueza de sentimentos
Intensidade elevada (falar alto)	Franqueza, excesso de energia ou falta de educação
Intensidade reduzida (falar baixo)	Pouca experiência nas relações pessoais, timidez ou medo, introversão
Articulação definida dos sons da fala	Clareza de ideias, desejo de ser compreendido
Articulação imprecisa dos sons da fala	Dificuldade na organização mental, desinteresse em comunicar-se
Articulação exagerada dos sons da fala	Narcisismo

(Continua)

Quadro 3-2. Exemplos de parâmetros vocais e suas associações psicodinâmicas *(Cont.)*	
Voz do Falante	**Interpretação do Ouvinte**
Velocidade de fala lentificada	Falta de organização de ideias, lentidão de pensamentos e atitudes
Velocidade de fala aumentada	Ansiedade, falta de tempo, tensão
Respiração calma e harmônica	Equilíbrio organizado, mente calma
Respiração profunda e ritmada	Pessoas ativas e energéticas, situações de controle
Ciclos respiratórios irregulares	Agitação, excitação

(Adaptado de Behlau, Pontes, 1995).

CAPÍTULO 4
Higiene Vocal e Fatores de Risco para a Voz

Higiene é um termo amplo, relacionado com os procedimentos necessários à conservação da saúde. Higiene vocal consiste em normas básicas que auxiliam a preservar a saúde vocal e a prevenir o aparecimento de alterações e doenças. As normas de higiene vocal devem ser seguidas por todos, particularmente por aqueles que utilizam mais a voz ou que têm tendência a desenvolver alterações vocais. Hoje, as orientações sobre higiene vocal estão inseridas em um conceito mais amplo de saúde, o conceito do bem-estar vocal (Zambon, Behlau, 2016).

Saúde vocal é um conceito que engloba uma série de aspectos, como: voz limpa e clara, emitida sem esforço e agradável ao ouvinte. Além disso, uma voz é tida como saudável quando o indivíduo consegue fazer variações quanto a qualidade, frequência, intensidade e modulação, de acordo com o ambiente, a situação e o contexto da comunicação.

O ponto básico do bem-estar vocal é compreender como a voz é produzida e quais os órgãos envolvidos nesse processo, assunto já abordado nos capítulos anteriores. Em segundo lugar, é importante compreender quais são os inimigos de uma boa voz, ou seja, os hábitos nocivos que prejudicam e colocam em risco nossa saúde vocal. Por último, é importante saber quais são os procedimentos básicos para mantermos nossa emissão saudável por toda a vida.

Assim sendo, analisaremos a seguir os principais fatores de risco que devem ser considerados com atenção. São eles: fumo, álcool, poluição, drogas, alergias, hábitos vocais inadequados, uso de ar-condicionado, alimentação inadequada, falta de repouso adequado, vestuário incorreto, esportes abusivos, alterações hormonais e medicamentos.

FUMO

O fumo é altamente nocivo, pois no momento em que se traga, a fumaça quente agride todo o sistema respiratório e, principalmente, as pregas vocais, podendo causar irritação, pigarro, edema, tosse, aumento da secreção e infecções. O tabagismo é um grande inimigo de uma boa voz e seus efeitos adversos são inquestionáveis.

O tecido que reveste a laringe e as pregas vocais, denominado de mucosa, deve apresentar uma movimentação ampla e solta para que a voz tenha uma boa qualidade. A mucosa apresenta cílios móveis em toda a sua extensão, cuja função é deslocar o muco (secreção) para fora do trato vocal. Apenas as bordas livres das pregas vocais são desprovidas de cílios, em razão de sua vibração na produção do som.

A fumaça age diretamente sobre a mucosa, provocando duas reações: uma de defesa, através da descarga intensa de muco; e outra que envolve uma parada na movimentação ciliar do epitélio, ocasionando um depósito de secreção que provoca o pigarro. A toxina do cigarro é diretamente depositada nas pregas vocais, que funcionam como verdadeiros aparadores de impurezas ao longo do tubo da laringe, favorecendo a instalação de diversas alterações provocadas pela irritação, como laringites crônicas.

O fumo é considerado um dos principais fatores desencadeantes do câncer de laringe e pulmão. Alguns autores afirmam que o risco de indivíduos fumantes apresentarem câncer de laringe é 40 vezes maior em relação aos não fumantes. O principal sintoma do câncer de laringe é a rouquidão. Por isso, valorizar os problemas de voz e procurar por auxílio médico, caso esteja rouco há mais de 15 dias, é a atitude correta para identificar precocemente um problema vocal. O câncer de laringe diagnosticado logo no início de seu desenvolvimento tem grandes chances de cura, e o diagnóstico precoce pode permitir, ainda, que a voz do indivíduo seja preservada.

O indivíduo não fumante que fica exposto à fumaça do cigarro também pode ter problemas. Portanto, não fumar em ambientes fechados é uma questão de respeito à saúde do outro.

Deve-se buscar ajuda para a interrupção definitiva do tabagismo, principalmente se o indivíduo utiliza a voz profissionalmente, como professores, cantores e atores, que são categorias ocupacionais com grande risco de desenvolver problemas vocais.

ÁLCOOL

O consumo de bebidas alcoólicas, especialmente as destiladas, causa irritação do aparelho fonador semelhante à produzida pelo cigarro, porém, com uma ação principal de imunodepressão, ou seja, redução nas respostas de defesa do organismo. Aparentemente, uma ou duas doses de bebida alcoólica provocam, em alguns indivíduos, a sensação de melhora da voz.

Isso ocorre em virtude de dois fatores principais: há uma liberação inicial de controle cortical do cérebro nas primeiras doses, o que faz o indivíduo sentir-se mais solto; ocorre uma leve anestesia na faringe e, com a redução da sensibilidade nessa região, uma série de abusos vocais pode ser cometida, sem que se perceba. No entanto, quando o efeito da bebida passar, as consequências dos abusos como ardor, queimação, voz rouca e fraca tornar-se-ão evidentes.

Dentre as bebidas alcoólicas temos as fermentadas, como cerveja, champanhe e vinho; e as destiladas, como uísque, vodca, pinga e conhaque. As bebidas destiladas irritam e agridem mais intensamente os tecidos, sendo piores para a saúde vocal, principalmente quando associadas às fermentadas. Há forte relação entre consumo excessivo de bebidas alcoólicas destiladas e o câncer de laringe e de pulmão.

Segundo a maioria dos estudos, o efeito da associação do uso de tabaco e álcool triplica a probabilidade do risco de câncer. Há casos raros de indivíduos que, mesmo bebendo e fumando, mantêm suas vozes sem grandes alterações; porém, é certo que, se não tivessem esses hábitos, suas vozes seriam melhores e mais conservadas, além de terem menor risco para desenvolver outros problemas de saúde, como problemas pulmonares ou cardíacos. O dano causado pelo cigarro e pelo álcool varia de acordo com a quantidade ingerida, mas há outros fatores contribuintes que serão determinantes na extensão e gravidade desse dano, como características individuais, constitucionais, genéticas, familiares e ambientais.

Finalmente, alguns cantores ou atores têm o hábito de gargarejar com bebidas alcoólicas, geralmente uísque ou conhaque, para "esquentar" a voz ou aliviar uma garganta dolorida ou "arranhada". O efeito de superfície do álcool na boca e na faringe é o de uma anestesia temporária, que faz com que as sensações desagradáveis sejam minimizadas. Assim, o esforço necessário para falar ou cantar não é percebido momentaneamente, e as consequências, após o efeito do álcool, podem ser maior irritação do aparelho fonador e piora na qualidade vocal. Além disso, o álcool produz desidratação e coloca as pregas vocais em risco de lesão. Dessa forma, não faça gargarejos com bebidas alcoólicas!

DROGAS

O uso de drogas inalatórias ou injetáveis tem ação direta sobre a laringe e a voz, além de outros inúmeros efeitos nocivos conhecidos, como alterações cardiovasculares e neurológicas.

Quanto à maconha, sua ação é extremamente lesiva, irritando a mucosa das pregas vocais não somente pela agressão da fumaça, mas também pelas toxinas da queima do papel no qual a erva é enrolada. Além disso, o ato de fumar apertando o cigarro com os dedos e entre os dentes provoca uma grande elevação da temperatura da fumaça, lesando ainda mais os tecidos do trato vocal. Observamos, em indivíduos que usam intensamente a maconha, uma voz mais grave (grossa), além de problemas de imprecisão na articulação dos sons da fala e alterações no ritmo e na fluência da comunicação.

A aspiração de cocaína em pó pode lesionar diretamente a mucosa de qualquer região do trato vocal, através de um efeito de irritação e acentuada vasoconstrição. São comuns as ulcerações na mucosa das pregas vocais e a perfuração do septo nasal. O uso da cocaína pode ainda alterar a percepção e o controle sensorial e, dessa forma, reduzir o controle da voz e induzir o indivíduo a abusar da voz. A cocaína injetável provoca hipotonia muscular (fraqueza) e, especificamente, no que diz respeito à voz, ocasiona fadiga vocal, gerando dificuldade de se manter uma comunicação adequada e eficiente, principalmente no uso profissional da voz.

HÁBITOS VOCAIS INADEQUADOS

No item intitulado Descubra seu Perfil de Comportamento Vocal (Apêndice 1), expomos uma série extensa de hábitos vocais inadequados, para que você desenvolva a consciência correta sobre suas ações nocivas e procure evitá-las. Dentre eles, gostaríamos de ressaltar três abusos comumente cometidos e que podem favorecer o aparecimento de lesões nas pregas vocais. São eles: pigarrear, tossir com força e competir com os sons de fundo. Ressaltamos que a ocorrência eventual de pigarro, tosse ou falar em voz alta geralmente não produz consequências negativas, mas o uso habitual desses comportamentos pode colocar em risco a saúde vocal.

O ato de pigarrear ou "raspar a garganta", assim como a tosse seca constante e sem secreção, geralmente são encontrados em indivíduos com problemas de voz. Pigarro persistente e muco viscoso são sinais de hidratação insuficiente, para a qual nada melhor do que fazer uma reposição natural, ou seja, beber muita água.

Quando pigarreamos, temos a sensação de que estamos eliminando um corpo estranho da laringe, aliviando o sintoma de pressão na garganta, com eventual melhora da voz. Tal hábito, no entanto, é uma agressão para as pregas vocais, piorando a condição da laringe. A tosse também é extremamente agressiva para a delicada mucosa da laringe. Esses hábitos são inadequados, podendo contribuir para o aparecimento de alterações nas pregas vocais, como os nódulos ("calos"), em virtude do atrito constante, que provoca irritação e espessamento do tecido. Quando houver secreção persistente e a necessidade de eliminá-la for muito grande, recomenda-se inspirar profundamente pelo nariz e deglutir logo em seguida, o que auxilia no deslocamento da secreção da área vibratória das pregas vocais.

A competição sonora é um hábito inadequado em resposta à poluição auditiva, como já vimos. Situações de frequente competição vocal fazem parte da vida das grandes cidades. É comum querermos manter a conversação em carros, ônibus, trens e metrôs; nas praias, festas e casas noturnas. Deve-se, no entanto, evitar qualquer tipo de competição sonora, seja ela com as vozes de outras pessoas ou com ruído ambiental.

É aconselhável que se mantenha a intensidade vocal em um nível moderado em todas as situações de comunicação. O falar sussurrado ou cochichado também deve ser evitado, pois geralmente representa um esforço maior que o necessário à produção natural da voz, já que nessas emissões bloqueamos a vibração livre das pregas vocais e o som é produzido apenas por fricção de ar.

Destacamos que a resistência vocal é uma característica individual, dependente do metabolismo. Assim, uma alteração de voz em consequência das situações de competição sonora é uma resposta individual, sendo que algumas pessoas apresentam modificações vocais após falarem por meia hora em uma festa ruidosa e outras mantêm sua voz estável após falarem por uma noite toda. Não deixe de responder ao questionário de autoavaliação sobre sua quantidade de fala e intensidade vocal (Apêndice 2) para compreender melhor seu uso de voz e de fala.

POSTURAS CORPORAIS INADEQUADAS

A postura corporal global de cada indivíduo é o resultado das características anatômicas e fisiológicas adquiridas por herança genética e por pressões externas do meio ambiente, que alteram, progressivamente, a forma física através de contrações musculares e desvios do esqueleto ósseo.

A postura pode afetar a comunicação humana. Comunicamo-nos utilizando não somente a voz, mas todo o corpo. Um indivíduo que fala sem movimentação corporal geralmente causa desconforto no ouvinte. Para uma comunicação efetiva, corpo e voz devem expressar a mesma intenção.

A integração corpo-voz é um dos parâmetros básicos pelos quais podemos avaliar o equilíbrio emocional de um indivíduo. Posturas corporais inadequadas geralmente estão associadas a uma emissão vocal deficiente. Os desvios de postura que devem ser evitados, principalmente durante a fala, pois limitam a produção adequada da voz, são: cabeça elevada ou inclinada para os lados; tensão na face com articulação travada; olhos excessivamente abertos; elevação ou contração de sobrancelhas; pescoço com músculos saltados e veias túrgidas; peito comprimido; ombros erguidos ou rodados para frente; e bloqueio da movimentação corporal, principalmente da cabeça e dos braços.

Assim sendo, a postura ideal durante a fala pode ser resumida de acordo com as seguintes direções gerais: o corpo deve estar livre para que acompanhe o discurso espontaneamente, sem movimentação excessiva, o que cansa o ouvinte e gera ansiedade, mas também sem rigidez, como se o indivíduo estivesse paralisado; deve-se manter um eixo vertical único pelo alinhamento da coluna cervical – no pescoço – e o resto da coluna vertebral, ou seja, o corpo deve ser mantido reto, sem quebras no sentido lateral ou anteroposterior; e não devem ser observadas zonas específicas de tensão. Um corpo com movimentos harmônicos favorece a movimentação livre da laringe e a produção adequada da voz.

POLUIÇÃO

Do momento em que se compreende que o ar passa pela laringe e, consequentemente, pelas pregas vocais, entende-se que poluição atmosférica tem estreita relação com a saúde vocal, e por isso há interesse especial em estudá-la. Cidades grandes sofrem mais violentamente os efeitos da poluição, dentre as quais podemos destacar a Cidade do México, Santiago e também a cidade de São Paulo. Uma das principais fontes de poluentes são os automóveis, que emitem monóxido de carbono, chumbo, óxidos de nitrogênio, ozônio e uma série de emissões tóxicas (Brown, 1990). Sem dúvida, a principal causa da poluição atmosférica é a queima de combustíveis dos veículos automotores.

O monóxido de carbono interfere na capacidade do sangue em absorver o oxigênio, prejudicando a percepção e a atividade mental, retardando os reflexos e ameaçando o crescimento e o desenvolvimento mental do feto em mulheres grávidas. O chumbo afeta os sistemas circulatório, reprodutor, nervoso e renal, suspeitando-se ainda que haja a diminuição da capacidade de aprendizagem das crianças. Os óxidos de nitrogênio podem aumentar a suscetibilidade a infecções virais, irritando os pulmões, causando bronquite e pneumonia. O ozônio irrita, especificamente, as membranas mucosas das vias respiratórias, causando tosse, prejudicando a função pulmonar, reduzindo a resistência a resfriados e à pneumonia, podendo ainda agravar doenças crônicas do coração. Finalmente, diversos compostos suspeitos de causar câncer e deformidades congênitas fazem parte dessas substâncias tóxicas.

A poluição pode produzir alterações vocais e laríngeas agudas ou crônicas. As situações mais extremas, evidentemente, envolvem acidentes com fogo, fumaça e o vazamento de vapores químicos que podem lesionar toda a árvore respiratória, das narinas aos pulmões. Outra situação não tão rara é o uso de fumaça artística de gelo seco, assim como os fogos de artifícios, amplamente utilizados para criar uma excitação adicional em espetáculos circenses, teatrais e *shows*. Tais artifícios criam efeitos de som e luz, mas, ao mesmo tempo, projetam toxinas químicas no meio ambiente. Há vários produtos no mercado, alguns baseados em glicol, outros derivados de petróleo, cloritos, glicerina, óleos vegetais, gases líquidos ou sólidos e ainda outros com fórmulas não especificadas, consideradas segredos do fabricante, e que podem ser muito agressivos para a voz.

Em uma situação diária e crônica, a exposição ao ar poluído pode resultar em uma resposta irritativa da árvore respiratória e, do mesmo modo, do trato vocal. Não é fácil provar a relação entre a poluição e os problemas de voz, pois essa relação é complexa e não necessariamente direta: alguns poluentes atingem diretamente nosso organismo através da deposição por inalação, mas outros agem de forma indireta, pela corrente circulatória. Contudo, estudos recentes indicam maior incidência de câncer nas vias respiratórias em pessoas que trabalham em locais onde há toxinas e poluentes em aerossol, como os inseticidas.

Os sintomas vocais e laríngeos relacionados com a poluição geralmente incluem rouquidão, sensação de irritação na garganta, tosse, dificuldade respiratória e irritação dos tecidos da boca, língua, do nariz e de toda a árvore brônquica. Vermelhidão na pele e nos olhos são associações frequentes, assim como alterações gástricas, como náuseas e vômitos, também podem estar relacionadas com esses quadros. Essas alterações geralmente afetam a voz de modo temporário, no entanto, a exposição prolongada pode piorar a condição vocal e dificultar o tratamento.

Embora, ao falarmos em poluição, a nossa associação imediata seja com a atmosférica, especificamente no que diz respeito à voz, não podemos nos esquecer da poluição auditiva. A exposição a ambientes ruidosos coloca em risco não somente a audição, que pode sofrer uma perda irreversível, como também a qualidade da vocal. Quando estamos em um local ruidoso, por um comportamento reflexo, imediatamente elevamos a voz para conseguirmos nos comunicar, tentando vencer o ruído de fundo, o que é chamado de Efeito Lombard. Essa resposta reflexa faz com que entremos em competição sonora, o que ocorre de modo automático e inconsciente, seja em festas, discotecas, no metrô ou no carro. É interessante ressaltar que, raramente, temos consciência da intensidade e do esforço vocal que empregamos nessas situações.

Trabalhadores expostos constantemente a ruídos elevados, como funcionários de aeroportos, construção civil (particularmente os que operam britadeiras), ou ainda praticantes de tiro ao alvo, devem, necessariamente, usar protetores auriculares – fones de ouvido – para impedir lesões auditivas irreversíveis. Nessas situações, é melhor limitar a conversação ao mínimo necessário, para que não se corra o risco de desenvolver também problemas de voz.

ALERGIAS

Alergia é uma sensibilidade elevada como resposta à exposição a determinadas substâncias. Um indivíduo alérgico é, portanto, um indivíduo hipersensível. É comum observarmos famílias inteiras de alérgicos, isso porque existe uma tendência genética à alergia. A reação alérgica pode ocorrer por algo que foi inalado, injetado, ingerido ou absorvido pela pele. O mecanismo da reação alérgica é extremamente complexo, e o grau de resposta alérgica varia enormemente.

Quanto à voz, tem-se maior interesse pelas alergias manifestadas nas vias respiratórias, como bronquite, asma, rinite e laringite. Indivíduos com reações alérgicas nessas regiões são mais propícios a desenvolverem problemas de voz, em relação direta com o grau da alergia. Observa-se tendência a edema (inchaço) das mucosas respiratórias, que dificulta a vibração livre das pregas vocais. Por outro lado, a presença constante de catarro pode levar a uma irritação direta da laringe.

Os agentes que desencadeiam crises alérgicas são chamados alérgenos. Um indivíduo pode ser alérgico a apenas um fator ou a vários deles. As crises alérgicas ocorrem quando o indivíduo entra em contato com essas substâncias alérgenas. Os principais alérgenos são: poeira, flores, perfumes, inseticidas, dedetizadores, alguns tipos de cosméticos ou, ainda, certos alimentos, como leite e enlatados. A instabilidade emocional também pode auxiliar no disparo de uma crise, pois torna o organismo mais sensível. O quarto de um indivíduo alérgico não deve ter carpetes ou tapetes; seu travesseiro deve ser envolto em plástico ou capas específicas para evitar que seu próprio suor produza mofo e seja inspirado durante a noite. O pó deve ser removido com um pano úmido, e não espanado; e as cortinas, quando necessárias ao ambiente, devem ser aspiradas frequentemente. As roupas, os sapatos e os tênis utilizados devem ser mantidos fora do quarto.

Indivíduos alérgicos que utilizam a voz profissionalmente devem seguir corretamente as orientações médicas, na tentativa de evitar as crises ou, pelo menos, reduzir a frequência de suas ocorrências, minimizando as manifestações nas vias aéreas.

Profissionais da voz alérgicos devem fazer todo o esforço para evitar o contato com as substâncias ou situações que desencadeiam suas crises, particularmente mofo, umidade, poeira, agasalhos de lã, perfumes fortes, inseticidas, desinfetantes, desodorantes de ambiente, tintas frescas e animais domésticos. Os efeitos da alergia são mais limitantes para o cantor, podendo ocasionar dificuldades para alcançar notas agudas, quebras no som e menor agilidade vocal.

Grande parte das salas de concerto e teatros não é muito ventilada. São comuns os bastidores com móveis antigos, poeira e mofo. Evidentemente, essas não são as condições ideais para a apresentação de um ator ou cantor alérgico, que pode ter o quadro agravado em tais ambientes, desenvolvendo uma crise aguda. Um problema adicional refere-se aos medicamentos utilizados no tratamento da alergia, como descongestionantes e anti-histamínicos, que apresentam efeito de ressecamento, prejudicando a produção da voz. Assim, os profissionais da voz podem apresentar uma limitação vocal, tanto por causa da alergia como em função do tratamento empregado.

É importante que a alergia seja controlada e, se possível, que o agente de disparo da reação – o alérgeno – seja identificado. O controle ambiental ainda é uma grande arma, sem efeitos secundários adversos.

ALIMENTAÇÃO INADEQUADA

O estado nutricional de um indivíduo é um dos fatores mais importantes em sua sobrevivência e para a definição de seu estado de saúde. No entanto, são raras as pessoas que observam, racionalmente, o que comem.

Muitos indivíduos estressados acabam buscando compensação na alimentação, atirando-se de forma indiscriminada e descontrolada sobre qualquer alimento. Isso é especialmente prejudicial se você usa sua voz profissionalmente. Por outro lado, dietas absurdas e modismos alimentares também podem colocar sua voz em risco.

Nosso organismo necessita basicamente de macronutrientes, micronutrientes e água. Os macronutrientes são os carboidratos, as proteínas e as gorduras, e os micronutrientes são as vitaminas e os sais minerais. A água é um componente primário de nosso organismo, nutriente essencial à vida. Praticamente todas as funções de nosso organismo necessitam de água. O ideal é bebermos diariamente dois litros de água pura para garantirmos um aporte líquido adequado. Sinais de uma hidratação insuficiente são urina escura, saliva viscosa e boca e garganta secas.

O Departamento de Agricultura dos Estados Unidos da América (Eating Right Pyramid, 2002) sugere uma distribuição diária dos alimentos, a chamada pirâmide alimentar, para uma dieta saudável. A base dessa pirâmide deve ser composta por grãos, devendo o consumo ser em torno de 40% (6 a 11 porções/dia), o que inclui pão, cereais, arroz e macarrão; em um segundo nível deve ficar a ingestão de frutas (2 a 4 porções/dia) e vegetais (3 a 5 porções/dia), correspondendo a cerca de 30% da quantidade de alimentos diários; o terceiro grupo é composto por carnes (incluindo frango e peixe), ovos e nozes (2 a 3 porções/dia), além de leite e derivados (iogurte, manteiga e queijos; 2 a 3 porções/dia) e devem contribuir com aproximadamente 20% de nossa alimentação. Finalmente, gorduras, doces e óleos devem ser consumidos esporadicamente, sendo ideal representarem, no máximo, 10% de nossa dieta. Profissionais da voz devem estar bastante atentos à alimentação.

Hábitos alimentares são difíceis de serem modificados, especialmente quando os indivíduos comem fora de casa. Porém, de modo geral, devemos compor nosso cardápio com um consumo elevado de carboidratos (grãos, vegetais, legumes e frutas), baixos níveis de gordura e muitas fibras.

Os carboidratos nos oferecem energia e são essenciais à assimilação dos alimentos. As proteínas (leite, queijo, carnes, ovos e legumes) são fundamentais ao crescimento e são as principais responsáveis por nossa massa muscular; proteínas dão força e vigor ao tônus muscular. A produção da voz é um processo de alto gasto energético e, portanto, se você usa a voz profissionalmente ou de forma intensa, deve consumir proteínas. Cantores líricos chegam a perder um quilo após um concerto, em razão das exigências energéticas do uso da voz.

Alimentos pesados ou muito condimentados lentificam a digestão e dificultam a movimentação livre do músculo diafragma, essencial à respiração. Grande parte da energia do nosso corpo passa a ser utilizada no processo digestivo e, portanto, a função vocal fica prejudicada. Deve-se evitar ficar sem se alimentar por longos períodos, ingerir excesso de cafeína (café, chá preto e refrigerante com "cola"), comer sanduíches com frequência, além de se alimentar tarde da noite, antes de dormir. O excesso de condimentos favorece, ainda, o refluxo gastresofágico, grande inimigo de uma boa voz, como explicaremos adiante.

Alimentos leves, verduras e frutas bem mastigadas, além de conterem nutrientes adequados, também relaxam a musculatura da mandíbula, língua e faringe, melhorando a dicção e dando sensação de leveza ao corpo.

Para as pessoas com predisposição a alterações vocais, sugerimos evitar o consumo exagerado de chocolate, leite e derivados antes do uso intensivo da voz. Esses alimentos aumentam a produção do muco no trato vocal, prejudicando a ressonância, além da consequente produção de pigarro. Sugerimos também que se evitem as bebidas gasosas, pois favorecem a flatulência (distensão gástrica ou intestinal por gases), prejudicando o controle da voz.

Convém esclarecer que balas, pastilhas e *sprays* podem atenuar sensações desagradáveis durante a emissão da voz, porém, acabam por mascarar a dor ou o esforço vocal, prejudicando ainda mais o estado das mucosas.

Para a limpeza do trato vocal, é indicada a maçã, que, por sua propriedade adstringente (diminui o excesso de secreção, limpa os dentes e contribui para proteger contra inflamações dos tecidos), auxilia a limpeza da boca e da faringe, favorecendo melhor produção da ressonância. Contudo, comer maçã não melhora um problema de voz e não deve ser visto como um tratamento. Por sua vez, os sucos cítricos, particularmente os de laranja e limão, auxiliam a absorção do excesso de secreção, mas podem provocar refluxo gastresofágico, se ingeridos em excesso. Goles de água fresca são recomendados para limpar o trato, principalmente quando se sente a garganta seca. Lubrificação é essencial para uma boa voz.

Alimentos e bebidas muito gelados podem ser nocivos, pois o choque térmico causa uma descarga imediata de muco e edema nas pregas vocais. Contudo, a maior parte das pessoas não sofre impacto negativo na voz por causa de gelados ou sorvetes. Alguns indivíduos referem maior sensibilidade e faringites frequentes com gelados, que devem ser, nesses casos, evitados. Uma sugestão é manter os primeiros goles de líquidos gelados ou as primeiras colheradas de sorvete na boca por alguns segundos antes de serem deglutidos, evitando assim uma mudança brusca de temperatura interna. Se você não tem nenhum problema com gelados, pode ingeri-los sem preocupação.

FALTA DE REPOUSO ADEQUADO

A produção da voz é uma função de enorme gasto energético. A energia necessária para colocar as pregas vocais em vibração e produzir a fala é muito grande e pode ocorrer fadiga vocal após uso excessivo (falar demais) ou uso de voz em grande intensidade (voz muito alta). Na situação de fadiga vocal, a voz sai mais fraca e baixa, com modulação restrita e com ar na emissão. O aparelho fonador não consegue mobilizar adequadamente suas estruturas para produzir uma qualidade vocal plena. A fadiga pode ser tão intensa que inclui também o cansaço corporal global. O indivíduo pode até parar de falar pelo grande esforço necessário para manter a emissão.

Geralmente, após uma noite bem dormida, os sintomas de fadiga vocal desaparecem e, no dia seguinte, a voz retorna às condições habituais. Caso as alterações persistam após repouso adequado, é indicada uma avaliação especializada para verificar a possibilidade da existência de lesões nas pregas vocais.

Nosso organismo precisa, em média, de 8 horas de sono por noite para recuperar as energias, mas esse número de horas pode ser reduzido a 6 ou 7 horas, de acordo com as características do indivíduo. A voz depende de um metabolismo altamente energético. Uma noite maldormida pode ocasionar uma voz com rouquidão discreta, mais pesada, fraca e com a presença de ar quando acordamos ou por toda a manhã. A dicção também pode ser prejudicada, com sons imprecisos e velocidade de fala mais lenta. Procure repousar de modo adequado, principalmente se tiver que usar a voz profissionalmente ou de forma intensiva no dia seguinte. Algumas pessoas acordam com a voz um pouco diferente da habitual, geralmente mais baixa, grossa e com fala mais lenta, o que é facilmente reconhecido pelas outras pessoas e motivo de brincadeira ao telefone. Geralmente de 15 a 45 minutos após o acordar a voz já está em seu padrão habitual, mas se houver necessidade de usar a voz profissionalmente logo após acordar, como dar aulas ou fazer uma apresentação, é importante exercitar os músculos da voz e da fala, fazendo um aquecimento vocal, com a orientação de um fonoaudiólogo.

Além do repouso corporal, devemos, também, considerar o repouso vocal. Após o uso intensivo de voz, é ideal que tenhamos um período de descanso ou de uso limitado que corresponda ao mesmo número de horas em que a voz foi utilizada. Nas situações em que o repouso vocal completo não é possível, recomendamos o repouso vocal relativo, ou seja, restringir a quantidade de fala e evitar a intensidade elevada. Assim, falar baixo, pausadamente, e com frases curtas pode ser uma ótima medida para conservar a voz.

O repouso vocal absoluto é obrigatório apenas em situações muito especiais, como nas laringites agudas infecciosas, em que a produção da voz é muito dolorida, nos quadros gripais severos e no pós-operatório de lesões laríngeas. Nessa última situação, a remoção cirúrgica de lesões deixa, na prega vocal, uma superfície cruenta a ser cicatrizada, que não deve ser submetida ao esforço e ao atrito causados pela produção vocal. Geralmente o repouso vocal recomendado após uma cirurgia de laringe é de 3 a 5 dias.

Resistência vocal é um aspecto da produção da voz com grandes variações individuais. Algumas pessoas naturalmente apresentam vozes mais resistentes, enquanto outras demonstram sinais de fadiga vocal após meia hora de uso contínuo de voz. A resistência vocal básica provavelmente é definida por fatores genéticos, neurológicos e comportamentais, podendo, porém, ser melhorada com o treinamento vocal. O uso consciente e saudável de voz, alternado com períodos de repouso vocal relativo, é uma excelente estratégia para aumentar a resistência vocal. A prática de exercícios de aquecimento vocal por cantores, atores, locutores e professores deve ser incentivada para reduzir o risco de lesões nas pregas vocais.

Finalmente, é bom lembrar que repouso vocal não é tratamento de voz. Embora o repouso seja indicado como auxiliar em algumas situações pós-abuso, o tratamento dos problemas vocais inclui todo um processo de mudança de comportamento vocal e de aprendizado das técnicas corretas de emissão. Fazer um repouso vocal completo ou reduzir a quantidade de fala e seu volume, quando se está com a voz cansada ou ruim, é uma atitude correta em relação à saúde, pois permite que os músculos se recuperem, evitando traumas adicionais e risco de lesões futuras, contudo, o repouso vocal não cura um problema de voz.

REFLUXO GASTRESOFÁGICO

O refluxo gastresofágico corresponde ao retorno do suco gástrico para o esôfago, que sobe em direção à boca. Esse retorno de líquido estomacal pode atingir a boca, o nariz, a cavidade interna do ouvido e também banhar a laringe e as pregas vocais. Apenas nas últimas décadas reconheceu-se a associação entre refluxo e problemas de voz. Episódios ocasionais de refluxo são ocorrências normais, mas, quando passam a ser frequentes, podem ser associados a uma série de problemas de saúde, como asma, lesões laríngeas, alterações no esmalte dos dentes, rinites e otites. É importante compreender que a laringe não está preparada para receber o líquido ácido que vem do estômago e pode ficar inflamada ou irritada quando o refluxo passa a ser frequente, o que pode ocasionar problemas vocais. Enquanto o esôfago tem um tecido resistente ao refluxo gástrico, os tecidos da laringe não foram configurados para suportar essa agressão.

O principal sintoma da doença do refluxo é uma queimação no esôfago (muitas vezes sentida como ardor no peito) e azia, mas nem todas as pessoas que têm refluxo apresentam esses sinais clássicos. Outros sinais da presença do refluxo são regurgitação de alimentos, presença de pigarro constante, sensação de corpo estranho ou bola na garganta, saliva viscosa, mau hálito e problemas digestivos. Muitas vezes é uma sensação de pressão no peito que faz o médico suspeitar de refluxo.

Quando o refluxo atinge a laringe, ele passa a ser chamado de refluxo laringofaríngeo e, nesse caso, o suco gástrico, altamente irritativo, produz lesões na delicada mucosa das pregas vocais e das outras estruturas da laringe. Pacientes com refluxo laringofaríngeo geralmente não têm os sintomas típicos de queimação e azia, mas podem apresentar rouquidão após as refeições e ao acordar. Os cantores com refluxo também apresentam dificuldades em aquecer suas vozes; muitas vezes, o próprio ato de cantar, com respiração profunda, estimula a ocorrência do refluxo. A laringe dos indivíduos com refluxo é de aparência avermelhada, podendo-se desenvolver várias lesões, dentre as quais o granuloma é a mais frequente. Há, ainda, uma teoria de que o câncer de laringe pode ser desenvolvido a partir de um processo inflamatório irritativo causado pelo refluxo laringofaríngeo.

O refluxo gastresofágico é favorecido por uma série de substâncias, como alimentos gordurosos e condimentados, cafeína, leite e achocolatados, refrigerantes, bebidas gasosas, álcool, frituras, produtos dietéticos e os cítricos. Desta forma, café, chá preto, refrigerantes da família da "cola" (Coca-Cola® e Pepsi®) e refrigerantes dietéticos (que também contêm cafeína), sucos de laranja e limonada devem ser consumidos em doses reduzidas se você tem tendência a azia, má digestão e refluxo gastresofágico. O café descafeinado pode ser um bom substituto; alguns indivíduos, porém, reagem negativamente ao produto, por sua maior acidez, e apresentam mais refluxo ainda com essa variante. O chá preto pode ser substituído pelo chá de frutas ou flores, como maçã, camomila ou rosas. Deve-se evitar, ainda, o excesso de líquidos e bebidas gasosas durante as refeições.

Além do controle alimentar, algumas medidas práticas podem ser tomadas para evitar que o refluxo atinja a laringe. Uma prática extremamente útil é a elevação da cabeceira da cama, o que pode ser feito com tijolos ou pedaços de madeira sob os pés da mesma. Usar um travesseiro mais alto ou mesmo dois travesseiros, geralmente não é efetivo, pois a pessoa, dormindo, sai da posição ideal. A melhor estratégia é nunca deitar com o estômago cheio, esperando o processamento da digestão por pelo menos três horas. Comer pequenas porções de alimentos também contribui para evitar o refluxo.

AR-CONDICIONADO

O limite de resistência ao ar-condicionado é individual. Algumas pessoas são sensíveis e podem sentir a garganta ressecada e a voz alterada em ambientes com ar-condicionado. O aparelho pode provocar uma agressão na mucosa das pregas vocais, pois o resfriamento do ambiente é acompanhado pela redução da umidade do ar, que provoca o ressecamento do trato vocal, induzindo a uma produção de voz com esforço e tensão. A maioria das pessoas, contudo, não refere problema vocal decorrente da utilização de ar-condicionado, presente na maioria dos edifícios comerciais e, ainda, muitas vezes, necessária dentro do carro por questões de segurança.

Medidas como colocar baldes de água ou plantas aquáticas em ambientes com ar-condicionado não são eficazes, uma vez que a evaporação da água é muito baixa e, portanto, não umedece suficientemente o ar. O alívio sentido, provavelmente, é mais psicológico. Um hábito importante a ser adotado é manter a limpeza da máquina e dos filtros do aparelho.

Se o uso de ar-condicionado for inevitável, aconselha-se aumentar a ingestão de água, ingerindo pequenos goles durante todo o dia. Convém lembrar que, se o sistema de ar-condicionado compreender aparelhos individuais, além do ressecamento do ambiente haverá a questão da competição sonora. Dessa forma, em locais de trabalho com ar-condicionado, observa-se a tendência de se falar mais alto e com maior tensão, o que pode favorecer a fadiga vocal.

Em alguns ambientes de trabalho são utilizados ventiladores de teto ou de pedestal, como em salas de aula. Alguns desses equipamentos são muito ruidosos, obrigando o professor a falar mais alto que seu tom habitual. Além disso, o próprio vento pode atuar negativamente, como fator de ressecamento do trato vocal. Veja se há a possibilidade de redirecionar a corrente de ar para longe de seu rosto ou se o aparelho pode ser substituído por um equipamento menos ruidoso. Beber alguns goles de água nessa situação também pode contribuir para que o ressecamento seja minimizado.

Nos locais de inverno rigoroso, quando se usa aquecimento por calefação ou estufa, encontramos o mesmo mecanismo de ressecamento do ar que ocorre com o uso do ar-condicionado, sendo também necessária a reposição de líquidos no organismo ingerindo-se goles de água ao longo do dia. Nesse caso, pequenos vasilhames ou vasos com água auxiliam na melhoria da umidade relativa do ar, por evaporação com o calor.

HIDRATAÇÃO

Para que a voz seja produzida, a vibração das pregas vocais é muito rápida, exigindo que a mucosa seja solta e flexível. Como já dissemos, o sistema nervoso comanda essa vibração, realizando tantos ciclos por segundos quanto os da frequência da voz. Assim, uma mulher com voz de frequência média ao redor da nota sol$_2$ realiza cerca de 220 ciclos por segundo de emissão. As cantoras líricas com vozes agudas, as sopranos, quando cantam ao redor da nota dó$_5$, realizam cerca de 1.024 ciclos vibratórios por segundo.

Para que essa vibração ocorra de modo livre e com atrito reduzido, é essencial que a laringe esteja bem hidratada. A água é um componente vital para todas as funções de nosso corpo, inclusive para a produção vocal. O ideal é bebermos, em média, 2 litros de água por dia, ou seja, 8 a 10 copos, para garantirmos a reposição das perdas pela urina e pela transpiração; contudo, já é sabido que a necessidade de líquido também é um aspecto que varia muito de acordo com o indivíduo. Particularmente para a saúde da voz, faz mais efeito beber goles de água enquanto se fala, principalmente por longos períodos.

Convém lembrar que o líquido não passa pela laringe e pelas pregas vocais, mas sim pela faringe e pelo esôfago, um tubo localizado imediatamente atrás da laringe, que levam os líquidos e alimentos para o estômago. Portanto, a hidratação acontece de maneira indireta, por meio da corrente sanguínea. Por outro lado, quando dormimos com a boca aberta, num quadro de gripe, resfriado ou rinite, acordamos com a boca e garganta secas e sentimos uma grande dificuldade para falar, a voz praticamente não sai, até que tomemos alguns goles de água. O sistema de ressonância também precisa de lubrificação para amplificar o som básico da laringe. Hidratar-se é essencial para que as pregas vocais vibrem com menor esforço e a voz seja produzida em melhores condições funcionais.

Indivíduos que usam suas vozes profissionalmente, como os cantores e atores, ou ocupacionalmente, como professores e vendedores, necessitam de uma hidratação mais constante, pois pertencem a grupos de alto risco para o desenvolvimento de problemas vocais. Aconselhamos que, em situações de uso intensivo de voz, por exemplo, antes de uma apresentação ou de uma conferência longa, o indivíduo beba pelo menos um copo de água e mantenha-se hidratado, ingerindo pequenos goles durante o uso continuado da voz.

O controle da hidratação pode ser monitorado por meio da urina, que deve ser praticamente transparente. Uma urina escura, amarelada, pode ser um indicativo de desidratação, podendo significar que a laringe não está em boas condições para o uso de voz. Quando é necessária uma hidratação imediata, uma boa opção é beber um copo de Gatorade®, composto isotônico que favorece a hidratação dos tecidos, ou ainda de água de coco, bebida que hidrata rapidamente.

Pode-se, também, auxiliar na lubrificação da laringe por via direta, aspirando gotículas de água pelo nariz (que deve estar desobstruído), com o auxílio de uma gaze ou um lenço de algodão, embebidos em água filtrada e posicionados próximo às narinas. Outro recurso de lubrificação direta é o da inalação de vapor d'água, que pode ser feita com o auxílio de diversos procedimentos: com o uso de um vaporizador; respirando-se o vapor pelo nariz e pela boca diretamente de um recipiente com água quente; ou, simplesmente, respirando-se o ar umedecido pela água quente e corrente do chuveiro. Sauna úmida é excelente para a saúde vocal, desde que você possua condições físicas para frequentá-la. Em todas essas situações de lubrificação por via direta, as gotículas de água são carregadas conjuntamente com o fluxo de ar e atingem as pregas vocais, oferecendo alívio imediato aos sintomas de ressecamento e de muco viscoso.

Quando estamos desidratados, temos mais dificuldades para manter o controle da voz e geralmente fazemos mais esforço para falar, podendo, ainda, haver pigarro persistente e saliva grossa, que podem prejudicar a produção vocal. Beba água!

MUDANÇAS DE TEMPERATURA

O clima frio e úmido pode afetar o trato respiratório, favorecendo inflamações e infecções que impedem a livre função vocal. O clima mais indicado para uma boa produção vocal é o frio e seco, desde que o indivíduo mantenha sua hidratação corporal e tome goles de água enquanto fala. Climas excessivamente secos podem favorecer a irritação da faringe e da laringe, fator de risco adicional para o desenvolvimento de um problema de voz, principalmente em cidades com altos índices de poluição.

As correntes de ar frio podem provocar um choque térmico e ser perigosas, sobretudo se o indivíduo estiver transpirando ou pouco agasalhado. As prevenções contra os resfriados nem sempre são eficazes; porém, os mínimos cuidados que devem ser tomados para evitá-los são: descanso, alimentação equilibrada, proteção contra exposição a mudanças bruscas de temperatura e evitar contato com pessoas gripadas.

Calor ou frio em excesso podem causar desconforto corporal e vocal. Em dias muito quentes ficamos mais lentos, com menos energia, e a produção da fala pode ser mais difícil e laboriosa; em dias muito frios ficamos mais contraídos e ingerimos menor quantidade de líquidos, prejudicando a hidratação. É importante usar roupas adequadas e estar preparado, sempre que possível, para mudanças de temperatura.

VESTUÁRIO

O vestuário pode interferir de três modos negativos na produção da voz: compressão, alergias e postura.

A compressão em região do pescoço e abdome são as piores para a produção vocal. Por isso, escolha roupas leves e folgadas, que permitam a movimentação livre do corpo. Recomenda-se não usar roupas ou adereços apertados na região do pescoço (golas, gravatas, colares ou lenços muito justos), onde está localizada a laringe, e na cintura (cintos, cintas elásticas e faixas), onde está localizado o músculo diafragma, importante para o apoio respiratório durante a fonação, principalmente em atividades profissionais.

As alergias, como vimos, são responsáveis por muitos problemas vocais. Por isso, se você apresenta sintomas alérgicos, prefira os tecidos compostos por fibras naturais e não por fibras sintéticas. Alguns indivíduos têm alergias a determinadas fibras, como, por exemplo, a lã, devendo evitar a utilização de roupas que as contenham. Além disso, os sabões e amaciantes empregados na lavagem das roupas também podem provocar reações alérgicas, uma associação que pode levar algum tempo para ser percebida.

A postura corporal inadequada também favorece os problemas vocais. Dessa forma, os sapatos devem ser preferencialmente baixos e de material natural, como o couro. Saltos altos provocam uma postura tensa, a fim de se manter o corpo ereto, e enrijecem a postura corporal, dificultando a emissão vocal. Mantenha o corpo ereto e a cabeça alinhada, sem rigidez, permitindo a movimentação corporal ampla enquanto fala, sem limitações por roupas ou acessórios.

ESPORTES

Atividades esportivas são sempre recomendadas para a manutenção da saúde geral do corpo e também para uma produção vocal mais energética e com maior resistência. Sabemos que indivíduos que possuem boa forma física e que se dedicam a algum esporte têm maiores chances de manter suas vozes jovens e sem sinais de envelhecimento ao longo dos anos.

Alguns esportes favorecem mais a produção vocal que outros. A natação e o caminhar são muito indicados, pois ativam todo o corpo e melhoram a respiração. Os exercícios que devem ser evitados e que, em certos casos de uso profissional da voz, podem ser até contraindicados são aqueles que exigem movimentos violentos de braços, como tênis, basquete, levantamento de peso, boxe, vôlei e musculação. Tais esportes centralizam a tensão muscular na região do pescoço, das costas, dos ombros e do tórax, e acabam por aumentar a tensão laríngea, favorecendo a produção de uma voz mais comprimida e tensa. Busque sempre a orientação de um professor de educação física e/ou fisioterapeuta especialista para desenvolver um treinamento físico sem riscos, principalmente em academias e, se, houver a utilização de aparelhos.

São aconselhados ioga e exercícios de estiramento muscular, como, por exemplo, o alongamento corporal, pois oferecem flexibilidade da musculatura e controle dos movimentos. A técnica de pilates também é indicada como um excelente recurso para o condicionamento físico. Técnicas de massagem e relaxamento podem auxiliar no equilíbrio da musculatura corporal, ajudam no conhecimento do próprio corpo e podem ser muito úteis para uma boa produção vocal.

Os exercícios de esforço muscular não devem ser associados à fala ou ao canto, como geralmente acontece durante as aulas de aeróbica, judô e caratê. Quando fazemos um exercício físico, respiramos de modo mais intenso e/ou profundo, em face das exigências energéticas do organismo; nessa situação, as pregas vocais tendem a se manter afastadas para a livre entrada e saída do ar, como já mostrado na Figura 1-2. Para falarmos ou cantarmos, as pregas vocais devem se posicionar exatamente em posição oposta, ou seja, muito próximas entre si. Dessa forma, fazer exercícios físicos associados à produção de voz gera uma sobrecarga no aparelho fonador.

O professor de academia de ginástica sofre risco elevado de desenvolver um problema de voz, pois geralmente explica um exercício enquanto o demonstra e depois acompanha o ritmo de sua execução, incentivando os alunos com palavras ou frases repetidas por inúmeras vezes. Sugerimos que, nesses casos, primeiramente se demonstre fisicamente o que se quer que seja feito, dando as instruções somente após ter realizado o exercício. Os alunos devem ser incentivados com o uso de palmas, que indicam o ritmo e a velocidade de execução, e não por meio de comandos verbais. A voz deve ser utilizada somente quando ele não estiver executando as manobras físicas. Se há um sistema de amplificação sonora individual, deve-se usar o microfone, falando de forma natural, sem exageros de modulação, que podem soar ridículos quando amplificados.

ALTERAÇÕES HORMONAIS

A influência dos hormônios na voz é inegável, embora muito complexa e não totalmente compreendida. A ação dos hormônios pode acontecer de diversas formas, determinadas por diferentes situações. Nossa voz modifica-se constantemente ao longo da vida, e os hormônios têm grande participação nessa mudança.

Crianças de ambos os sexos têm vozes semelhantes, sendo que podemos, facilmente, confundir o sexo ao telefone. A voz da criança muda na adolescência, de modo mais acentuado nos meninos, próximo aos 13 anos e meio, e a partir daí a identificação do sexo pela voz é bastante marcada. Essa mudança de voz, chamada de muda vocal, ocorre em função do crescimento das estruturas da laringe e das novas condições hormonais presentes na adolescência. A instabilidade vocal dura, em média, 6 meses, quando então a voz se estabiliza em uma nova faixa de frequência. Problemas relacionados com a muda vocal podem indicar alterações no crescimento ou fatores emocionais relacionados com dificuldades em assumir as responsabilidades ou os novos papéis sociais da nova faixa etária.

Convém lembrar que, também durante a menopausa, a queda dos hormônios femininos poderá produzir uma voz mais grave (grossa) na mulher, fator que, associado ao uso do cigarro, pode provocar a desagradável situação de ser confundida com um homem, principalmente ao telefone. Já os homens, na terceira idade, têm tendência a apresentar um aumento da frequência da voz, ou seja, a modificação para uma voz mais aguda (fina). Embora se acredite que apenas 12% da população idosa sofra de envelhecimento vocal, chamado de presbifonia e equivalente ao que acontece com a perda de visão decorrente da idade ("vista cansada"), quando as manifestações tornam-se muito evidentes, aconselha-se realizar um programa de reabilitação vocal, para tratamento com exercícios específicos visando melhorar a expressão vocal e evitar a piora dessa condição. Indivíduos em boa forma física ou que possuem vozes treinadas apresentam tendência a mantê-las joviais e saudáveis por mais tempo.

Distúrbios vocais também podem ser observados no período pré-menstrual, nos primeiros dias da menstruação e durante a gestação.

Geralmente mulheres que têm sinais de tensão pré-menstrual, conhecida como TPM, como irritabilidade, fadiga, tendência depressiva e agressividade, apresentam maior probabilidade de ter sinais vocais relacionados com o ciclo menstrual. Tais alterações manifestam-se por discreta rouquidão, voz grossa, ou simplesmente cansaço vocal e perda de potência da voz, em consequência do edema (inchaço) das pregas vocais provocado pelas alterações hormonais.

Ao final da gestação e ainda durante os primeiros meses após o parto, podem ser observadas alterações vocais, tanto por incoordenação na respiração como por questões hormonais. O crescimento do feto limita a movimentação livre do diafragma e faz com que a respiração seja mais curta. A rinite na gravidez pode ser uma situação bastante comum para algumas gestantes, e edema nas pregas vocais ocorre como parte de uma resposta global do organismo às alterações hormonais. Uma voz mais rouca, cansada, grave (grossa) e com tempo de emissão mais curto pode ser observada em algumas grávidas no final da gestação e nos primeiros meses após o parto. Mulheres que usam a voz profissionalmente devem organizar sua agenda para respeitarem esse período de limitação vocal.

Finalmente, ao contrário do que se acreditava anteriormente, as pílulas anticoncepcionais geralmente não produzem efeitos negativos sobre a qualidade vocal. Um recente estudo sugere, inclusive, que mulheres usuárias de contraceptivos orais têm uma produção vocal mais estável pela manutenção controlada dos níveis hormonais (Amir, Kishon-Rabin, 2004).

MEDICAMENTOS

Infelizmente a automedicação é uma prática corrente em nosso meio. As pessoas ingerem remédios receitados para seus amigos ou familiares, indicados por conhecidos ou, ainda, que foram receitados em um quadro anterior. Tal situação é extremamente perigosa e pode colocar em risco não somente a saúde vocal, mas também a saúde geral do indivíduo.

A automedicação indica um sério risco que aconselhamos que você não corra. Medicamentos são complexos químicos que podem comprometer decisivamente sua produção vocal quando administrados incorretamente. Remédios inadequados ou remédios corretos ingeridos de maneira inadequada podem representar uma ameaça à sua voz e à sua saúde.

Partindo-se do pressuposto que os medicamentos são administrados por seu médico e em circunstâncias especiais, listaremos alguns deles que devem ser evitados, principalmente por indivíduos que utilizam a voz profissionalmente ou de modo intensivo em ocupações profissionais. São eles:

- *Analgésicos:* são empregados para o alívio da dor, de modo geral, e para a dor de cabeça. Medicamentos com ácido acetilsalicílico (p. ex., Aspirina®) são taxativamente contraindicados pela Fundação de Voz Americana – The Voice Foundation, pelo risco potencial de favorecer uma hemorragia nas pregas vocais. Vários remédios vendidos livremente nas drogarias, tanto para a dor como para gripes e resfriados, contêm ácido acetilsalicílico. Leia a bula e opte por medicações que contenham paracetamol (Tylenol®) ou dipirona (Novalgina®).

- *Antibióticos:* são prescritos em estados infecciosos e devem ser tomados apenas na quantidade receitada e no número de dias indicado pelo médico. Antibióticos têm sua ação em quadros bacterianos e não servem para infecções virais. O leigo não tem condições de fazer essa diferenciação e nem sempre distingue entre uma inflamação séria, em que o uso do antibiótico não é indicado, e uma infecção. Contudo, o uso excessivo de antibióticos e a prática de repeti-los, porque funcionaram em situação anterior, é um hábito muito frequente e ruim. Profissionais da voz com dores de garganta podem se sentir tentados a tomar antibióticos na tentativa de melhorar suas vozes. Antibióticos errados podem piorar a infecção e causar uma série de efeitos colaterais indesejáveis, como reações alérgicas.

- *Sprays nasais:* devem ser utilizados ocasionalmente, durante crises alérgicas, rinites ou gripes que provocam o bloqueio da via respiratória nasal. Porém, o uso dessas substâncias não deve se estender por mais de cinco dias, a fim de evitar a dependência. O uso prolongado provoca o chamado "efeito rebote", que é um edema (inchaço) da mucosa quando a medicação é interrompida, provocando uma obstrução nasal ainda mais intensa. Deve-se lembrar, ainda, que os descongestionantes têm como efeito secundário um ressecamento da mucosa do nariz e também da laringe, dificultando a vibração livre das pregas vocais.
- *Medicações antitussígenas:* são supressoras da tosse, altamente irritativas para as pregas vocais; esses remédios geralmente causam ressecamento como efeito secundário negativo.
- *Descongestionantes, anti-histamínicos e corticosteroides:* empregados em alergias e inflamações, também devem ser utilizados excepcionalmente, pois provocam a diminuição das secreções de todo o trato respiratório, produzindo ressecamento do nariz, da boca e da laringe, além de reações colaterais indesejáveis, como insônia, irritabilidade, irritação gástrica e tremor, que pode ser percebido na voz. Em certos casos, os efeitos de ressecamento são piores para a voz do que a própria alergia ou inflamação apresentada. Gotas nasais não devem ser usadas habitualmente.
- *Antidiarreicos* de modo semelhante ao item anterior, também reduzem a produção das secreções e podem provocar ressecamento na laringe, dificultando uma boa emissão vocal.
- *Diuréticos:* devem ter sua utilização estritamente controlada. Os indivíduos que tomam diuréticos referem redução na saliva, ressecamento da boca e da garganta, produção de secreções densas e viscosas e pigarro persistente.
- *Vitamina C:* consumida em alta dosagem também pode produzir um efeito secundário de ressecamento do trato vocal e pode ocasionar refluxo gastresofágico.
- *Hormônios:* são medicações que podem causar profundas modificações na qualidade vocal, tanto por modificações nas estruturas do apa-

relho fonador como por alterações nos conteúdos dos fluidos do corpo. Os andrógenos têm efeito muito acentuado na voz feminina, podendo deixar a frequência muito grave, na faixa da voz masculina, ocorrendo um processo de virilização vocal. Embora muitas vezes usados no tratamento de disfunções da menopausa ou em alguns tipos de câncer, podem ocorrer mudanças vocais profundas e nem sempre reversíveis, que podem limitar o uso profissional da voz.
- *Tranquilizantes, calmantes e remédios para dormir:* devem ser de uso absolutamente excepcional e não rotineiro, em situações de estresse e grande sobrecarga. Embora tais medicamentos possam auxiliar o repouso e deixar o indivíduo em condições de melhor controle emocional, infelizmente sua ação no sistema nervoso central pode afetar, de modo evidente, o controle da produção da voz. Cantores e atores nunca devem tomar calmantes antes de suas apresentações, com o risco de não controlarem sua voz e sua fala e apresentarem uma emissão arrastada e imprecisa, como se estivessem intoxicados.
- *Hormônios esteroides anabolizantes:* usados principalmente para hipertrofia muscular, geram efeitos vocais irreversíveis, como agravamento da frequência fundamental e voz masculinizada, por possíveis modificações estruturais das pregas vocais, como edema e aumento da musculatura.

Os efeitos dos medicamentos e as reações colaterais variam enormemente em função de cada indivíduo. Toda a atenção é necessária para se tomar o medicamento correto, na dosagem certa para uma situação específica, procurando-se controlar os efeitos colaterais indesejáveis.

Dessa forma, os fatores de risco para a voz são variados, alguns relacionados com o comportamento vocal e outros externos, ou seja, relacionado com o ambiente. Um estudo realizado no Reino Unido (Fletcher, Drinnan, Carding, 2007) analisou a opinião de dez especialistas em voz sobre inúmeros aspectos que poderiam interferir na voz. Os especialistas entrevistados concordaram, sem nenhuma dúvida, sobre vários aspectos positivos e negativos para a voz. Foram considerados benéficos: ser feliz (emoções positivas são refletidas na voz), estar relaxado (o relaxamento geral do corpo tem efeito positivo no funcionamento dos músculos e na qualidade da voz), fazer repouso vocal quando a voz estiver cansada ou ruim (permite que os músculos em fadiga se recuperem, evitando traumas e lesões), aquecer a voz antes de falar (fazer exercícios vocais, principalmente antes de períodos prolongados de fala ou canto, protege o mecanismo), usar microfone (reduz a sobrecarga do mecanismo vocal) e fazer inalação de vapor (é uma fonte de hidratação e facilita a vibração das pregas vocais). Já os seguintes fatores foram avaliados como de influência negativa sobre a voz: tossir (provoca colisão entre as pregas vocais), ingerir bebidas alcoólicas (o álcool é irritante para a laringe e coloca os tecidos em risco de lesão), fumar (altamente irritante para a laringe, produzindo inflamação), sussurrar (pode aumentar a tensão entre as pregas vocais), gritar (provoca colisão entre as pregas vocais e exige esforço), pigarrear (produz atrito entre as pregas vocais, com grande força) e falar em ambientes ruidosos (o aumento de volume pode levar a maior tensão laríngea, trauma de pregas vocais e irritação).

Uma pesquisa brasileira (Moreti, Zambon, Behlau 2016) teve como objetivo desenvolver e validar um instrumento brasileiro de avaliação do conhecimento em saúde e higiene vocal, com base em informações de indivíduos com e sem queixas vocais, além de considerar também a opinião de especialistas em voz. A pesquisa contou com a participação de 1007 sujeitos, de 18 a 86 anos, e foi desenvolvida em três estudos, chegando-se à versão final validada do Questionário de Saúde e Higiene Vocal – QSHV, protocolo com 31 itens e apenas um escore total, calculado pela soma de um ponto para cada resposta correta do instrumento. O valor que separa indivíduos vocalmente saudáveis daqueles que têm problemas de voz é de 23 pontos, ou seja, quem responde é considerado saudável se a soma dos pontos das respostas ficar acima desse valor, o que indicar um bom conhecimento vocal. Os 11 itens do QSHV classificados como positivos para a voz são: ter a região do pescoço relaxada, falar sem esforço, fazer exercícios vocais, fazer exercícios de técnica vocal, usar microfone para dar aulas, dormir bem, realizar fonoterapia (terapia de voz), falar confortavelmente, fazer aquecimento vocal, ter hábitos vocais saudáveis e realizar exercícios para dicção (articulação da fala). Os dois itens considerados como neutros para a voz foram tomar ou comer babosa e mascar folha de bálsamo. Já os 18 itens considerados negativos para a voz foram estar em ambiente com poeira, gritar, cantar de forma inadequada, fazer abusos vocais, realizar preparação vocal inadequada, estar com cansaço vocal, incoordenar a fala com a respiração, falar sem pausas, usar anabolizantes (hormônios esteroides), falar durante exercícios físicos, ter alergias, cantar quando gripado, não consumir líquidos durante o dia, ter nariz entupido, falar em ambiente com barulho, estar em ambiente com mofo, ter sinusite e ter postura corporal inadequada.

As premissas conceituais, respostas corretas, bases de evidências e informações da literatura especializada dos 31 itens do QSHV podem ser vistas no Quadro 4-1.

O QSHV com suas orientações de aplicação e respostas corretas se encontra no Apêndice 3.

Não deixe de testar seus conhecimentos em saúde e higiene vocal com o Apêndice 4, além da leitura das dicas básicas para uma boa emissão, que se encontram no Apêndice 5. Vale lembrar que as causas dos problemas da voz são variadas e múltiplas; nem sempre a associação entre um determinado fator e o problema de voz é facilmente identificada. Para ajudá-lo a identificar um possível problema de voz, verifique suas respostas às afirmações do protocolo que está no Apêndice 6. Dificilmente apenas um aspecto será o responsável por um problema de voz e sim uma série de fatores combinados.

Quadro 4-1. Itens do QSHV com suas premissas conceituais, respostas corretas, bases de evidências e informações da literatura especializada

Itens do QSHV e Premissas	Resposta Correta	Bases de Evidência e Informações da Literatura
1	**Estar em ambiente com poeira** Poeira pode causar irritação do trato respiratório, bem como desencadear ou agravar crises alérgicas com impactos negativos sobre a voz	negativo	Existe uma relação positiva entre alergias transmitidas por suspensões no ar e desvantagem vocal, mesmo em sujeitos sem queixas específicas de voz (Randhawa *et al.*, 2010) Poeira e mofo, em contato com a mucosa da laringe, podem dificultar o bom funcionamento da voz, assim a laringe reage à poeira com sintomas sentidos e referidos pelos pacientes, nem sempre identificados pela avaliação médica (Geneid *et al.*, 2009)
2	**Ter a região do pescoço relaxada** Relaxamento da região cervical tem efeitos positivos para o melhor funcionamento da laringe e produção da voz	positivo	Em relato de caso de duas mulheres que apresentavam disfonia hiperfuncional, com a inclusão de uma escala autoadministrável de relaxamento, não houve melhoras clínicas, embora o relaxamento possa ser complementar ao tratamento deste tipo de disfonia (Blood, 1994) Relaxamento geral é, frequentemente, indicado objetivando cuidados com a voz (Martin, Lockhart, 2000; Boone, 1997; Mathieson, 2001) Existem evidências científicas que suportam a terapia manual laríngea, realizada de formas diversas, como um método útil para disfonia por tensão muscular por trabalhar com a musculatura da região do pescoço (Roy *et al.*, 1996; Roy *et al.*, 1997; Rubin *et al.*, 2000; Van Lierde *et al.*, 2004; Mathieson *et al.*, 2009; Mathieson, 2011) Kennard *et al.* (2015) compararam uma manipulação laríngea específica *versus* uma terapia manual postural em cantores sem queixas de voz e concluíram que a manipulação laríngea específica proporcionou melhores resultados

| 3 | **Falar sem esforço**
Pode apresentar efeitos positivos como forma de prevenção de problemas de voz, além de produzir maior economia vocal | positivo | O esforço e desconforto vocais podem estar associados ao uso incorreto da voz, tensão ao falar, aspectos psicológicos ou lesões laríngeas (Behlau, Madazio, 2015)

Em indivíduos vocalmente saudáveis, a fala requer esforço vocal insignificante (Ford Baldner *et al.*, 2015); no entanto, uma emissão vocal realizada crônica ou alteradamente com esforço, interferindo na comunicação, é fator importante para a procura por tratamento, existindo correlação positiva entre o esforço vocal percebido e o limiar de pressão fonatória (Chang, Karnell, 2004)

Falar sem esforço, com voz suave ou sem tensão é reconhecidamente benéfico no tratamento das disfonias, como por exemplo, a Terapia de Voz Confidencial (Colton, Casper, 1990) e a Terapia de Fonação Fluida (Sunberg, Gauffin, 1989), duas abordagens terapêuticas que possuem em sua premissa uma fala sem esforço

Alguns autores recomendam não se utilizar a voz tensa (Prater, Swift, 1984) e o uso da voz suave foi relatado como estratégia para se evitar problemas vocais em grupo de professores (Yiu, 2002)

Durante tarefa de esforço vocal máximo há maior pressão subglótica e fluxo de ar translaríngeo (Rosenthal *et al.*, 2014)

O esforço vocal causa aumento da frequência do tremor avaliado, podendo corresponder a mudanças de tecidos musculares da laringe, aumentando o risco de lesões (Boucher, 2008) |

(Continua)

Quadro 4-1. Itens do QSHV com suas premissas conceituais, respostas corretas, bases de evidências e informações da literatura especializada *(Cont.)*

	Itens do QSHV e Premissas	Resposta Correta	Bases de Evidência e Informações da Literatura
4	**Gritar** Gritar é a utilização do aparelho fonador em sua capacidade máxima, podendo gerar sobrecarga, tensão e edema pelo aumento da força de colisão entre as pregas vocais	negativo	Gritar é classificado como um dos abusos vocais mais comuns (Boone, 1997), com diferenças nas fases fechadas do ciclo glótico de acordo com as diferentes intensidades vocais emitidas (Mittal, Yegnanarayana, 2013), sendo bastante indicado evitar este ato (Johnson, 1985; Murry, Rosen, 2000; Casper, Murry, 2000; Mathieson, 2001), na medida em que é considerado o comportamento vocal de maior risco (Behlau, Madazio, 2015) Em professores de ensino fundamental e médio há associação positiva entre gritar e fadiga vocal (Ferreira *et al.*, 2010) Durante o grito, caso não ocorra uma grande passagem de fluxo de ar transglótico, ocorre aumento da aproximação das pregas vocais com golpes abruptos entre elas, aumentando a tensão cervical, sobrecarregando o aparelho fonador (Pinho, 2002)
5	**Cantar de forma inadequada** Cantar é uma atividade intensa que requer cuidados com a voz, como a forma de emissão, intensidade, registros utilizados e tonalidade. Desta forma, cantar de forma inadequada pode caracterizar-se como uma forma de abuso vocal	negativo	O ato de cantar é uma atividade que fornece energia e descontração durante o ensino da técnica em aulas de canto; proporcionando maior sensação de excitação em cantores profissionais (Grape *et al.*, 2003) Cantar de forma inadequada, como por exemplo, em forte intensidade, pode aumentar a percepção de fadiga vocal em cantores de karaokê (Yiu, Chan, 2003) Cantar sem preparo ou técnica pode ser prejudicial ao aparelho fonador, podendo até causar lesões orgânicas secundárias; em atividades de canto não profissionais nem sempre se tem este preparo vocal imprescindível, o que pode ser um agravante (Pinho, 2002; Pinho *et al.*, 2004) Alguns hábitos inadequados podem ser comumente observados no ato de cantar, como uso excessivo da movimentação de mandíbula, língua em posição muito posterior e/ou baixa, tentar manipular a voz com diferentes fluxos de ar (Murray, 2002)

| 6 | **Fazer abusos vocais** Abusos vocais, principalmente os cometidos de forma sistemática, podem gerar lesões laríngeas, desde as agudas até as crônicas | negativo | Genericamente, muitas vezes o abuso ou mau uso vocal são referidos ou associados à hiperfunção vocal, com lesões de massa como manifestações comuns presentes na mucosa das pregas vocais, como os nódulos (Ghassemi *et al.*, 2014) Diversas são as formas de abuso vocal: não hidratar o organismo, falar em ambientes secos e empoeirados, gritar sem suporte respiratório, tossir ou pigarrear constantemente, falar em ambientes ruidosos, utilizar tom grave ou agudo demais, falar excessivamente durante gripes e quadros alérgicos, praticar exercícios físicos falando, tabagismo e etilismo, rir alto, cantar inadequada ou abusivamente, dentre outros (Pinho, 2002; Pinho *et al.*, 2004) As lesões laríngeas por abuso vocal perturbam a produção da voz por meio do aumento da presença de ruído (Nieto *et al.*, 1996) O ato de pigarrear, assim como a tosse seca constante e sem secreção, quando realizados de forma recorrente, são considerados hábitos inadequados podendo contribuir para o aparecimento de alterações nas pregas vocais (Behlau, Pontes, 1993) O alto índice de quantidade de fala e intensidade vocal em falantes excessivos possui correlação com alterações de mucosa das pregas vocais, como nódulos, pólipos, ectasias vasculares e hemorragia (Bastian, Thomas, 2015). O abuso e mau uso da voz são verbetes muitas vezes confundidos entre si, sendo que a palavra abuso parece não ser a mais adequada para descrever o excesso quantitativo do uso da voz, que é diferente de seu uso indevido (Sarfati, Epron, 2003) Em professores de ensino fundamental e médio, a realização de comportamentos vocais abusivos como falar alto e excessivamente apresenta associação positiva à presença de fadiga vocal (Ferreira *et al.*, 2010) |

(Continua)

Quadro 4-1. Itens do QSHV com suas premissas conceituais, respostas corretas, bases de evidências e informações da literatura especializada *(Cont.)*

	Itens do QSHV e Premissas	Resposta Correta	Bases de Evidência e Informações da Literatura
7	**Tomar ou comer babosa** Não há crença ou informação nem a favor nem contra ao uso de babosa para a voz	neutro	Potencialmente um aspecto neutro para saúde e higiene vocal
8	**Realizar preparação vocal inadequada** Quando a preparação vocal é realizada de forma inadequada, pode se caracterizar como fonotrauma, prejudicando a voz e podendo causar lesões laríngeas	negativo	Uma técnica vocal inadequada pode destruir mesmo uma boa voz (Bennett, 2001) Pesquisa com 40 renomados especialistas na área de voz, 20 laringologistas e 20 fonoaudiólogos identificou os principais fatores relacionados com fonotrauma agudo, sendo citada a questão da técnica/preparação vocal inadequada por 20% dos participantes (Behlau, 2001) O treino vocal inadequado é indentificado como um aspecto individual que pode contribuir para o aparecimento de lesões em pregas vocais depois de um fonotrauma agudo (Sataloff *et al.*, 1994) O estudo de canto e técnica/preparação vocal adequada proporcionam mudanças nos padrões do perfil de extensão vocal (Pabon *et al.*, 2014)
9	**Estar com cansaço vocal** Sensação de voz cansada pode estar relacionada com fadiga vocal, aumento da demanda, abusos vocais ou ainda com lesões laríngeas	negativo	O cansaço vocal pode ter relação com fatores internos (ajuste postural e vocal, demanda e intensidade de voz) e externos (poeira, tabagismo, etilismo, umidade do ar); para reduzir o cansaço vocal após uso da voz, indica-se beber água e repouso vocal, limitando seu uso (Behlau, Madazio, 2015) A fadiga ou cansaço vocal podem causar alterações nas sensações físicas, perceptivas da qualidade vocal e esforço da produção da voz (Stemple, 2005) Diversos estudos avaliaram a associação positiva entre fadiga ou cansaço vocal e tarefas de leitura oral (Caraty, Montacié, 2014; Remacle *et al.*, 2012; Pellicani *et al.*, 2015) Repouso vocal específico pode auxiliar na recuperação de uma voz cansada (Boone, 1997)

10	**Fazer exercícios vocais** Exercícios para a voz possuem efeitos positivos para melhor controle vocal, redução de desvios de qualidade, desconforto e sintomas vocais	positivo	Exercícios vocais específicos favorecem o melhor fechamento glótico, sendo o som nasal /m/ o que apresenta melhores resultados em mulheres saudáveis (De Bodt et al., 2012) O tempo optimal de exercício de vibração de língua para mulheres disfônicas é de cinco minutos, com aumento de tensão e perda de qualidade vocal com sete minutos de exercício (Menezes et al., 2011). Para o exercício de trato vocal semiocluído com canudo de alta resistência, o tempo ideal para mulheres disfônicas é até três minutos, com melhora do esforço ao falar, aumento do tempo máximo de fonação e redução da variabilidade da frequência fundamental (Paes, Behlau, 2014) O método do Tubo Finlandês aumenta o conforto fonatório e vocal, sugerindo redução de hiperfunção em professores com disfonia (Paes et al., 2013) Para cantores de ópera, o exercício de vibração de lábios produz maior fechamento glótico quando comparado à vibração de língua (Cordeiro et al., 2012)
11	**Incoordenar a fala com a respiração** A incoordenação pneumofonoarticulatória pode ser um agravante para o desencadeamento ou manutenção de problemas vocais pela sobrecarga dos subsistemas envolvidos	negativo	Durante o processo de respiração habitual, as forças mioelásticas da laringe precisam estar em equilíbrio com as aerodinâmicas e caso a quantidade de ar inspirada não seja suficiente para a fonação, esta tende a ser mais aguda pela tensão e elevação laríngea (Behlau et al., 2001) Com relação à coordenação pneumofonoarticulatória, quando não há equilíbrio entre os sistemas de respiração, fonação e articulação envolvidos, pode haver sobrecarga de algum deles, podendo comprometer a inteligibilidade de fala e a qualidade vocal (Behlau et al., 2001) Parâmetros aerodinâmicos podem estar relacionados com variações da função vocal, sendo considerados formas efetivas e objetivas para se utilizar na avaliação vocal (Guo et al., 2012), podendo haver relação entre fenômenos aeroacústicos e os mecanismos dos distúrbios vocais (Mehta, Hillman, 2008)

(Continua)

Quadro 4-1. Itens do QSHV com suas premissas conceituais, respostas corretas, bases de evidências e informações da literatura especializada *(Cont.)*

Itens do QSHV e Premissas	Resposta Correta	Bases de Evidência e Informações da Literatura
12 **Fazer exercícios de técnica vocal** Quando realizados de forma correta, exercícios de técnica vocal auxiliam para uma voz preparada a demanda específica a que será submetida	positivo	A técnica vocal para a voz cantada propicia modificações no perfil de extensão vocal (Pabon *et al.*, 2014) e causa efeitos positivos na precisão vocal de cantores treinados (Larrouy-Maestri *et al.*, 2014b) Com uma boa técnica vocal o indivíduo é capaz de cantar por longos períodos sem tensão na voz e pouco esforço (Bennett, 2001) No canto lírico, a melodia impacta de forma limitada parâmetros acústicos vocais; diferentes perfis vocais estão relacionados com o emprego de diferentes técnicas vocais (Larrouy-Maestri *et al.*, 2014a) Em um grupo de cantores do Oriente Médio, a técnica vocal mais prevalente é a baseada na respiração torácica, caracterizada por tensão, voz brilhante e hipernasal, com correlação positiva entre postura e tensão (Hamdan *et al.*, 2008) O conhecimento de técnicas vocais é imprescindível à manutenção de uma boa qualidade vocal em profissionais da voz (Souza, Ferreira, 2000)
13 **Usar microfone para dar aulas** O uso de amplificação reduz a necessidade da utilização da voz em forte intensidade, aliviando a sobrecarga dos sistemas envolvidos, evitando a hiperfunção	positivo	Estudos mostram que a amplificação sonora individual é útil para professores com problemas vocais (Roy *et al.*, 2002; Roy *et al.*, 2003), reduzindo o esforço vocal em sala de aula de professores de música (Morrow, Connor, 2011), mostrando-se como estratégia efetiva para prevenção de alterações vocais (Bovo *et al.*, 2013) O uso de microfone individual reduz o nível de intensidade vocal do interlocutor, com menor dose de vibração das pregas vocais (Gaskill *et al.*, 2012), apesar do aumento do nível de pressão sonora na parte de trás da sala de aula (McCormick, Roy, 2002) Quando comparada a exercícios de voz, a amplificação sonora individual mostrou-se eficaz como uma medida preventiva, resultando em melhor autopercepção da disfonia em professores (Teixeira, Behlau, 2015) Um artigo apresenta informações que colocam em dúvida se a amplificação sonora individual é mais benéfica que higiene vocal ou nenhum tratamento em grupo de professores (Dworkin *et al.*, 2004)

14	**Dormir bem** Um corpo relaxado e descansado tende a funcionar melhor, o que também se aplica à produção da voz	positivo	Existe relação entre a qualidade vocal e o sono; um sono deficiente ou insuficiente pode causar a sensação de voz pesada, frequência grave e até rouca (Behlau, Madazio, 2015) Em estudo com voz e privação de sono, a avaliação perceptivo-auditiva das vozes de sujeitos com privação do sono indicou comprometimento da qualidade do desempenho vocal, soando como mais cansadas, ásperas e menos brilhantes; a análise acústica revelou redução da média da frequência fundamental da voz (Bagnall *et al.*, 2011) A privação de sono causa uma redução significativa na utilização da entonação apropriada da voz, com o uso de voz mais monótona, além de alterações de padrões de fala, como a manutenção de palavras dentro de uma mesma categoria semântica durante o discurso (Harrison, Horne, 1997) Professores de ensino fundamental e médio apresentam associação positiva entre dormir 6 ou menos horas de sono diárias com rouquidão e fadiga vocal, sendo que quase 50% de um total de 422 sujeitos dormem menos de 6 horas diárias; destes, mais de 40% acordam durante a noite e quase 30% não acordam, sentindo-se reabastecidos após uma noite de sono (Ferreira *et al.*, 2010)
15	**Falar sem pausas** Falar sem pausas pode-se caracterizar como um abuso vocal pelo aumento da sobrecarga do sistema associado à incoordenação pneumofonoarticulatória, além de dificultar a troca de turno em um diálogo	negativo	Em estudo com futuros fonoaudiólogos, 12% dos indivíduos apresentaram, dentre outras questões, problemas com uso vocal excessivo (Gottliebson *et al.*, 2007) Indivíduos durante episódios depressivos apresentaram maior tempo de pausa quando comparados à sujeitos saudáveis (Greden *et al.*, 1981) A respiração está ativamente envolvida na troca de turno em um diálogo (Rochet-Capellan, Fuchs, 2014)

(Continua)

Quadro 4-1. Itens do QSHV com suas premissas conceituais, respostas corretas, bases de evidências e informações da literatura especializada *(Cont.)*

Itens do QSHV e Premissas	Resposta Correta	Bases de Evidência e Informações da Literatura
16 **Realizar fonoterapia (terapia de voz)** Há evidências de que a terapia vocal, quando corretamente indicada e com métodos e objetivos direcionados, proporciona melhoria da voz e/ou oferece condicionamento vocal	positivo	O clínico deve advogar a favor da terapia de voz para pacientes diagnosticados com disfonia que cause redução da qualidade de vida relacionada com a voz, com forte recomendação baseada em revisões sistemáticas e ensaios clínicos randomizados (Schwartz *et al.*, 2009) A fonoterapia é eficaz para rouquidão ao longo da vida (Benninger *et al.*, 1998; Ramig, Verdolini, 1998; Anderson, Sataloff, 2002; Speyer *et al.*, 2002; ASHA, 2005; Thomas, Stemple, 2007) Abordagens de higiene vocal concentram-se na eliminação de comportamentos considerados prejudiciais ao mecanismo da voz; abordagens sintomáticas possuem o objetivo de modificar diretamente os recursos vocais; métodos fisiológicos abordam a questão de forma holística, objetivando o treino e reequilíbrio dos subsistemas respiratório, fonatório e ressonantal (Schwartz *et al.*, 2009) Alguns programas e métodos para reabilitação de pacientes disfônicos e condicionamento vocal produziram evidências científicas ao longo dos anos: • O programa dos EFV (Stemple *et al.*, 1994) é uma abordagem terapêutica holística de voz que tem se mostrado eficaz para indivíduos com distúrbios vocais e condicionamento da voz normal (Stemple, 2005). Para professores com disfonia, o programa dos EFV (Stemple *et al.*, 1994) mostrou-se eficaz no tratamento dos distúrbios de voz, com melhoras no grau geral do desvio vocal e autopercepção do impacto do problema de voz (Roy *et al.*, 2001; Teixeira, Behlau, 2015) • O Programa Integral de Reabilitação Vocal – PIRV (Behlau *et al.*, 2013) é uma abordagem eclética que associa trabalho corporal, fonte glótica, ressonância, coordenação e respiração, além de conhecimentos sobre higiene vocal e comportamento comunicativo, com base em uma abordagem que tem sido utilizada há mais de 20 anos no tratamento das disfonias comportamentais (Behlau *et al.*, 2013)

		• Em profissionais da voz com disfonia, tanto os EFV (Stemple et al., 1994) quanto o PIRV (Behlau et al., 2013) produziram resultados positivos nos desfechos avaliados (protocolos de autoavaliação, avaliação perceptivo-auditiva vocal e visual laríngea) pós-terapia vocal fonoaudiológica, com o PIRV (Behlau et al., 2013) produzindo maiores tamanhos de efeito nestes desfechos (Pedrosa et al., 2016) • Terapia vocal e condicionamento com os exercícios de trato vocal semiocluído (vibração de lábios ou língua, fricativos bilabiais, sons nasais e fonação em tubos e canudos melhoram a interação fonte e filtro; já a adução das pregas vocais e estreitamento do tubo epilaríngeo podem proporcionar uma voz mais eficiente e econômica em termos de colisão dos tecidos (Titze, 2006) • O *Accent Method* (Kotby et al., 1993) mostrou efeitos positivos sobre a frequência fundamental e nível de pressão sonora (Kotby et al., 1993) • O *Lee Silverman Voice Treatment* – LSVT (Ramig et al., 1988; Ramig et al., 1994; Ramig et al., 1995) proporcionou um aumento de 8 decibéis no nível de pressão sonora da voz de pacientes com doença de Parkinson; após seis meses, o aumento permaneceu em 6 decibéis, mostrando ser um método eficaz para o tratamento de voz e fala de pacientes com doença de Parkinson (Ramig et al., 2001)
	positivo	Maior tensão avaliada e autorreferida, projeção vocal e intensidade foram encontradas em emissões vocais de atores em condição de máxima projeção, quando comparadas com emissões vocais confortáveis, com forte correlação positiva entre a avaliação de tensão e dados acústicos de *long-term average spectra* (Pinczower, Oates, 2005)
17	**Falar confortavelmente** Falar de forma confortável implica em uma emissão vocal suave, sem tensão, o que pode ser positivo para a prevenção de problemas de voz pela redução da demanda de utilização	

(Continua)

Quadro 4-1. Itens do QSHV com suas premissas conceituais, respostas corretas, bases de evidências e informações da literatura especializada *(Cont.)*

Itens do QSHV e Premissas	Resposta Correta	Bases de Evidência e Informações da Literatura
18 **Fazer aquecimento vocal** Exercícios de aquecimento contribuem para maior rendimento da voz, mostrando efeitos positivos para melhor desempenho e qualidade vocal na fala e/ou no canto	positivo	O aquecimento vocal pode ser comparado ao alongamento corporal para a prática de exercícios físicos (Sataloff, 1991), com o objetivo de preparar os sistemas envolvidos para a atividade específica, sendo vital para melhor desempenho, apesar das poucas evidências científicas (Bishop, 2003; Motel *et al.*, 2003) Especificamente para a voz cantada, o aquecimento vocal proporciona mudanças de frequência (Motel *et al.*, 2003), maior extensão vocal em semitons e intensidade da voz (Assanti *et al.*, 2012) Os programas de aquecimento vocal customizados mostram efeitos positivos por atuarem exatamente na demanda que o indivíduo apresenta (Blaylock, 1999; Behlau *et al.*, 2014), com grande variabilidade dos resultados intrassujeitos (Elliot *et al.*, 1995) e melhores respostas para as mulheres quando o programa de aquecimento vocal possui um componente aeróbico conjugado (McHenry *et al.*, 2009) Em mulheres estudantes de Fonoaudiologia, o aquecimento vocal proporcionou melhora do rendimento vocal, menor intensidade de voz e aumento da frequência fundamental (Van Lierde *et al.*, 2011)

19	**Usar anabolizantes (hormônios esteroides)** Os anabolizantes, usados principalmente para hipertrofia muscular, geram efeitos vocais irreversíveis, como agravamento da frequência fundamental e voz masculinizada	negativo	Os hormônios corporais têm efeitos importantes sobre a qualidade do som da voz; a laringe é extremamente responsiva aos hormônios sexuais (Kadakia *et al.*, 2013), podendo deixar a voz com frequência mais grave e diminuir a flexibilidade vocal (Behlau, Madazio, 2015) Os hormônios esteroides anabolizantes podem causar alterações corporais, muitas vezes irreversíveis, em decorrência do mau uso, como acne, hirsutismo irreversível e agravamento da frequência fundamental da voz (Nieschlag, Vorona, 2015) Os anabolizantes, utilizados por alguns atletas, devem ser evitados, principalmente por indivíduos do sexo feminino, pois geram alterações irreversíveis nas pregas vocais, como aumento da massa muscular e edema da mucosa de cobertura, acarretando em uma voz mais grave (Pinho, 2002) Os esteroides anabolizantes tópicos, presentes em alguns produtos cosméticos, como creme para celulite, também podem causar efeitos adversos, como agravamento da frequência fundamental da voz (Wollina *et al.*, 2007) Há relato de caso de um homem com 47 anos fumante que apresentou estridor progressivo e rouquidão sendo diagnosticado com laringite intensa com modificações estruturais da laringe como consequência de abuso de esteroides anabolizantes por dois anos (Ray *et al.*, 2008)
20	**Mascar folha de bálsamo** Não há crença ou informação nem a favor nem contra mascar folha de bálsamo para a voz	neutro	Potencialmente um aspecto neutro para saúde e higiene vocal

(Continua)

Quadro 4-1. Itens do QSHV com suas premissas conceituais, respostas corretas, bases de evidências e informações da literatura especializada *(Cont.)*

Itens do QSHV e Premissas	Resposta Correta	Bases de Evidência e Informações da Literatura
21 **Falar durante exercícios físicos** Exercícios físicos requerem maior gasto energético de determinadas regiões do corpo. Falar durante a prática de exercícios físicos pode gerar hiperfunção vocal, podendo causar desde fadiga vocal até lesões laríngeas	negativo	O uso vocal durante exercícios físicos extenuantes pode causar aumento da tensão e esforço na voz (Behlau, Madazio, 2015) Exercícios de esforço muscular não devem ser realizados associados à fala e fonação para que não haja sobrecarga do aparelho fonador, devendo ser evitados exercícios que exijam movimentos violentos de braços por causarem tensão muscular em pescoço, costas, ombros e tórax (Behlau, Pontes, 1993; Behlau, Pontes, 2009), devendo-se manter a respiração livre durante as práticas físicas evitando-se grunhir durante os exercícios (Behlau *et al.*, 1997) A prática de exercícios físicos juntamente com a fonação deve ser evitada, pois durante o exercício ocorre aumento na força da coaptação glótica, que associada à vocalização pode gerar sobrecarga em todo o aparelho fonador (Pinho, 2002; Pinho *et al.*, 2004) Esportes vigorosos, por sua natureza, podem ocasionar abusos vocais quando realizados juntamente com a fonação, pois pode haver aumento da pressão intratorácica com envolvimento laríngeo e, muitas vezes, com fechamento forçado da glote (Colton, Casper, 1996) Exercícios esportivos associados à vocalização devem ser evitados uma vez que fazem com que ocorra abuso de adução glótica durante fonação (Domanico, 1997) A fonação simultânea a levantamento de peso está associada a aumento da resistência aérea na laringe caracterizada por aumento da pressão e compressão medial das pregas vocais (Orlikoff, 2008)

| 22 | **Ter alergias**
Alergias podem irritar todo o trato respiratório, podendo causar edema, dificuldade de respiração, rouquidão e fadiga vocal, além do aumento de secreção | negativo | As alergias dependem de uma sensibilidade individual a determinadas substâncias alergênicas; sujeitos com reações alérgicas em vias aéreas estão mais predispostos ao desenvolvimento de problemas de voz, possivelmente com manifestações associadas, como espirros, edema e nariz entupido (Behlau et al., 2005). As alergias podem influenciar no aumento de tempo da terapia vocal, sendo que alguns pacientes associam o início de sua alteração de voz com abuso vocal concomitante a um quadro alérgico (Behlau et al., 2001)
As alergias causam edema de estruturas do aparelho fonador, podendo gerar maior esforço durante o uso da voz, além da secreção na região retronasal (Behlau, Madazio, 2015), que podem ser agravados por suspensões presentes no ar, com consequente desvantagem vocal, mesmo em indivíduos vocalmente saudáveis (Randhawa et al., 2010)
Sujeitos com alergias respiratórias são mais suscetíveis ao desenvolvimento ou agravamento de problemas vocais, com relação direta ao grau da alergia (Behlau, Pontes, 2009)
As crises alérgicas podem vir acompanhadas de obstrução nasal e até rouquidão; usar a voz em excesso nestas situações pode causar danos intensos, muitas vezes irreversíveis, à mucosa das pregas vocais (Pinho, 2002; Pinho et al., 2004)
Uma recente revisão de literatura destacou a probabilidade de as alergias estarem realmente associadas à disfonia, de acordo com as evidências científicas avaliadas no estudo (Roth, Ferguson, 2010) |
|---|---|---|---|

(Continua)

Quadro 4-1. Itens do QSHV com suas premissas conceituais, respostas corretas, bases de evidências e informações da literatura especializada *(Cont.)*

Itens do QSHV e Premissas	Resposta Correta	Bases de Evidência e Informações da Literatura
23 **Cantar quando gripado** Durante gripes e resfriados a resistência do corpo pode estar mais baixa. Além disso, comumente pessoas gripadas apresentam aumento de secreção, ressecamento e edema de vias aéreas, que pode incluir a laringe	negativo	Apesar das alterações serem localizadas, podem-se encontrar marcadores inflamatórios em diversas regiões do sistema respiratório durante uma gripe ou resfriado, podendo ocorrer leve edema de laringe em uma infecção viral nasal, além de secura ou irregularidade de borda livre das pregas vocais, com efeitos diversos na voz e possível presença de tosse (Michael, Goding, 2012) Durante quadros gripais pode haver momentos de rouquidão e nariz entupido pelo edema da mucosa do sistema respiratório; falar em excesso sobre um tecido edemaciado pode causar lesões na mucosa das pregas vocais (Pinho 2002; Pinho *et al.*, 2004) Há relatos de indivíduos que associam o início de sua alteração de voz com abuso vocal em cima de um quadro de resfriado e/ou gripe (Behlau *et al.*, 2001)
24 **Ter hábitos vocais saudáveis** Manter hábitos vocais saudáveis reflete-se em maior cuidado com a voz e seu uso, sendo benéfico para a prevenção e manutenção de uma voz sem alterações	positivo	O conhecimento sobre hábitos vocais, saudáveis ou prejudiciais, auxiliam na identificação de fatores relacionados com possíveis alterações vocais (Souza, Thomé, 2006; Ribeiro *et al.*, 2012) A formação específica, seja em profissionais da voz cantada, como cantores populares e líricos, ou da voz falada, como locutores, proporciona maior conhecimento em relação a hábitos vocais saudáveis, que podem auxiliar na promoção da saúde destes profissionais (Dassie-Leite *et al.*, 2011, Molin *et al.*, 2014) Hábitos vocais inadequados podem dificultar a produção vocal, prejudicando a atuação profissional; assim, o fonoaudiólogo é o responsável pelo desenvolvimento de ações de promoção à saúde e prevenção de alterações vocais, priorizando questões relacionadas com hábitos saudáveis de uso vocal e condições laborais em teleoperadores (Ferreira *et al.* 2008) Hábitos como manter estilo de vida saudável com a prática de exercícios físicos, alimentação adequada e manter-se hidratado, além de dosar tempo de fala, tom de voz e intensidade vocal, são considerados como atitudes positivas que objetivam instaurar ou manter hábitos vocais saudáveis (Behlau *et al.*, 2001; Behlau *et al.*, 2005; Santos *et al.*, 2015)

| 25 | **Não consumir líquidos durante o dia**
A desidratação causa o ressecamento do trato respiratório, dificultando a vibração saudável das pregas vocais, além do aumento da viscosidade da secreção, podendo aumentar o pigarro | negativo | Uma laringe com a mucosa das pregas vocais em desidratação está mais suscetível ao aparecimento de alterações orgânicas secundárias pelo próprio atrito de uma prega vocal contra a outra (Pinho, 2002; Pinho *et al.*, 2004)

Existem evidências científicas que sustentam a indicação de hidratação sistêmica com melhores resultados vocais (Verdolini *et al.*, 1994; Solomon, DiMattia, 2000), com benefício terapêutico no tratamento de pacientes com nódulos ou pólipos (Verdolini-Marston *et al.*, 1994)

A hidratação sistêmica, associada ao repouso vocal, proporcionou melhor rendimento e uso da voz por mais tempo em cantores de karaokê, sendo esta associação uma estratégia útil para preservação da voz e qualidade vocal durante atividade de canto (Yiu, Chan, 2003)

Idealmente, o indicado é o consumo de pequenos goles de água durante todo o dia para uma adequada hidratação sistêmica; em dias e/ou ambientes muito secos, a inalação com vapor de água atua como forma mais direta de hidratação (Behlau, Madazio, 2015)

Na desidratação sistêmica existe dificuldade para se manter o controle da voz, geralmente com mais esforço ao falar (Behlau, Pontes, 2009), podendo ocasionar aumento do limiar de pressão fonatória (Verdolini *et al.*, 2002); em professores do ensino fundamental e médio, a desidratação foi associada à presença de sintomas vocais e rouquidão (Ferreira *et al.*, 2010)

Em laringes caninas excisadas, a desidratação superficial pode originar uma variação complexa da prega vocal, sendo que a análise da área glótica e da onda mucosa apresentam maiores diferenças nos diferentes graus de desidratação (Li *et al.*, 2015); o aumento da viscosidade do fluido, por prejudicar o movimento de vibração das pregas vocais, como pesquisado em outro estudo com laringes caninas excisadas, pode estar envolvido na causa ou manutenção de rouquidão (Nakagawa *et al.*, 1998) |

(Continua)

Quadro 4-1. Itens do QSHV com suas premissas conceituais, respostas corretas, bases de evidências e informações da literatura especializada (Cont.)

Itens do QSHV e Premissas		Resposta Correta	Bases de Evidência e Informações da Literatura
26	**Ter nariz entupido** Nariz entupido obriga o indivíduo a respirar pela boca, aumentando o ressecamento do trato vocal, maior viscosidade da secreção e pigarro, além da sobrecarga vocal pelo desequilíbrio ressonantal	negativo	A respiração nasal umedece, aquece e filtra impurezas suspensas no ar que podem ser irritantes ao trato respiratório e vocal (Wiesmiller *et al.*, 2003) Ter o nariz entupido obriga o indivíduo a respirar pela boca, fator que pode ser um agravante para o ressecamento do trato vocal, pois o ar inalado deixa de ser aquecido, umidificado e filtrado pelas narinas (Pinho, 2002; Pinho *et al.*, 2004) Existe uma possível associação entre a respiração oral e a predisposição a algumas patologias vocais (Sivasankar, Fisher, 2002), sendo indicada a respiração nasal (Sataloff, 1987) Alterações de voz oriundas da respiração oral são devido à obstrução nasal, dentre outros fatores relacionados com alterações musculares e de postura (Tavares, Silva, 2008)
27	**Falar em ambiente com barulho** Ambientes ruidosos fazem o indivíduo perder parte ou a totalidade do monitoramento auditivo para controlar sua própria intensidade vocal, ocasionando aumento do volume da voz, uso de voz hiperfuncional, aumentando a tensão e podendo gerar lesões laríngeas	negativo	Quando se está em ambiente com barulho, imediatamente eleva-se a voz e o esforço para se comunicar (Behlau, Pontes, 1993) Em ambientes ruidosos, a voz é produzida de forma mais intensa pela perda do monitoramento auditivo da própria voz (Pinho, 2002; Pinho *et al.*, 2004) Há maior tensão vocal percebida em situações de uso da voz em ambientes com ruído (Ternström *et al.*, 2002) Usar a voz em ambientes ruidosos é fator de risco para desenvolvimento ou agravamento da disfonia, principalmente em indivíduos que possuem nódulos vocais (Aronsson *et al.*, 2007), sendo que as mulheres apresentam maior vulnerabilidade à sobrecarga vocal em ambientes ruidosos (Södersten *et al.*, 2005)

28	**Estar em ambiente com mofo** O mofo, principalmente para pessoas alérgicas, pode gerar uma irritação do trato vocal e respiratório, desencadeando pigarro e tosse, podendo gerar edema e lesões laríngeas	negativo	Indivíduos em geral, principalmente os profissionais da voz, que são alérgicos devem evitar contato com fatores alergênicos que desencadeiam suas crises, particularmente mofo, umidade, dentre outros (Behlau, Pontes, 2009) A presença de mofo, fungos, bactérias, vírus, dentre outros, podem produzir ressecamento da garganta, tosse, sinusite (Bueno, 1992) Irritantes da mucosa, como mofo e poeira, em contato com a laringe podem prejudicar o funcionamento do mecanismo vocal (Geneid *et al.*, 2009) O crescimento microbiano em indivíduos expostos a ambientes com danos causados pela umidade podem gerar sintomas típicos como irritação de vias respiratórias, problemas de voz, aumento da produção de muco, dispneia e irritação de olhos (Ruoppi, 2009)

(Continua)

Quadro 4-1. Itens do QSHV com suas premissas conceituais, respostas corretas, bases de evidências e informações da literatura especializada (Cont.)

	Itens do QSHV e Premissas	Resposta Correta	Bases de Evidência e Informações da Literatura
29	**Realizar exercícios para dicção (articulação da fala)** Uma fala mais articulada gera maior abertura do trato vocal, aumentando a precisão articulatória e inteligibilidade de fala, além de maior projeção vocal, podendo reduzir a sobrecarga dos sistemas envolvidos na fonação	positivo	As técnicas mastigatória e de abertura de boca estão classificadas dentro do método de órgãos fonoarticulatórios para terapia vocal: a técnica mastigatória objetiva o equilíbrio da produção e modificação da qualidade vocal e a técnica de abertura de boca diminui a tensão glótica, favorece maior volume e projeção vocal, equilibrando a ressonância (Behlau et al., 2005) Em professores de ensino fundamental e médio a limitação de abertura de mandíbula tem associação positiva à rouquidão, garganta seca e fadiga vocal (Ferreira et al., 2010) Há muitos anos, estudo relatou que motoristas de ônibus que mastigavam chiclete eram mais suscetíveis a terem vozes sem alterações (Fröeschels, 1943), possivelmente pela associação a um exercício mastigatório constante O treino articulatório não só aumenta a projeção vocal, como também descentraliza o trabalho da laringe durante a fonação (Santos, Assencio-Ferreira, 2001) A articulação trabalha e modifica os sons produzidos pelas pregas vocais, transformando-os em vogais e consoantes para a fala (Nunes, 1976) A precisão articulatória apresenta correlação positiva com a percepção de projeção vocal e loudness (Myers, Finnegan, 2015) Parece haver uma relação entre abertura de mandíbula e adução laríngea, com possíveis explicações neurológicas e biomecânicas para estes achados (Cookman, Verdolini, 1999), o que justificaria forte conectividade entre os sistemas neurais que ligam a mandíbula com a laringe e sistema respiratório (McClean, Tasko, 2002) A postura aberta de mandíbula possui associação positiva com parâmetros vocais, como maior frequência fundamental, clareza vocal e estabilidade fonatória (Mautner, 2015)

30	**Ter sinusite** Sinusite, principalmente quando o indivíduo apresenta o nariz entupido, obriga o sujeito a respirar pela boca, aumentando o ressecamento do trato vocal, maior viscosidade da secreção e pigarro, além da sobrecarga vocal pelo uso de uma voz hiponasal	negativo	As rinossinusites comumente apresentam quatro sintomas principais: obstrução nasal, secreção nasal, dor facial e perda de olfato, além de sintomas secundários como tosse, espirros, dor de garganta, mudanças vocais, lacrimejamento, febre, efeitos psicológicos e fadiga (Eccles, 2011) A relação entre sinusite e disfonia não é claramente descrita na literatura, com poucos estudos com número de sujeitos não suficiente para generalizar conclusões, mas com desenhos metodológicos adequados para o objetivo, com avaliação de laringe e voz de indivíduos com e sem sinusite crônica (Cecil *et al.*, 2001)
31	**Ter postura corporal inadequada** Uma postura corporal inadequada gera o desalinhamento das cadeias musculares e ósseas, o que também ocorre nas estruturas laríngeas, podendo ocasionar uma produção vocal tensa e não saudável	negativo	Posturas corporais inadequadas geralmente possuem correlação com emissão vocal prejudicada (Behlau, Pontes, 2009), sendo que existe correlação positiva entre a presença de disfonia e alterações posturais mensuradas por meio de medidas eletromiográficas e achados clínicos (Nelli, 2006) A postura corporal impacta na qualidade da voz, sendo que uma postura corporal inadequada pode dificultar a respiração, causar tensão laríngea, consequentemente, comprometendo a emissão vocal (Behlau, Madazio, 2015) A postura em pé e ereta durante o uso da voz possui associação à melhora na recuperação vocal (Vintturi *et al.*, 2001) Disfônicos apresentam maior comprimento da curvatura torácida e índice de cifose que indivíduos vocalmente saudáveis; medidas posturais podem trazer informações importantes à avaliação do indivíduo disfônico (Franco *et al.*, 2014); a reabilitação da disfonia pode causar melhoras no sistema proprioceptivo corporal (Bruno *et al.*, 2009) e mulheres com disfonia apresentam maior disfunção craniocervical que indivíduos saudáveis (Bigaton *et al.*, 2010) Abordagens não tradicionais, como Técnica de Alexander, Feldenkrais, Qi Gong, objetivando exercícios posturais e corporais de forma holística com o foco no indivíduo como um todo, podem auxiliar no tratamento de certos distúrbios vocais (Emerich, 2003)

PERIGOS DAS SOLUÇÕES CASEIRAS

Todos conhecemos pelo menos uma receita de solução caseira para aliviar dor de garganta ou voz rouca. As soluções vão desde chá de alho, passando por gengibre moído, pastilhas várias, como balas de própolis, mel com limão, vinagre com sal, gema de ovo com conhaque, chá de romã ou de cravo, refrigerante com azeite e até gargarejos com uísque ou água quente com aspirina. Nenhuma dessas combinações apresenta ação direta sobre a laringe, pois os alimentos e líquidos ingeridos não passam pela árvore respiratória e sim pelo esôfago, que faz parte do sistema digestório.

É importante ressaltar que não existe nenhum estudo controlado e científico acerca da eficácia dessas substâncias sobre a voz, embora haja indícios de que o mel seja lubrificante das caixas de ressonância superiores e que o própolis ofereça ação anti-inflamatória e lubrificante para boca e faringe. Se você gosta de experimentar as receitas caseiras, seja crítico e analise os efeitos produzidos em sua voz; porém, evite tais testes antes de situações de uso importante da voz, para não ter surpresas desagradáveis.

Muitas dessas substâncias podem, até mesmo, irritar a boca e a faringe, dificultando a emissão vocal!

Crenças populares e soluções caseiras na prevenção e no tratamento das alterações vocais foram estudadas por Viola (1998), que concluiu que as principais mudanças observadas devem-se à crença no procedimento sugerido, aos rituais envolvidos em seu uso e ao desejo de o indivíduo controlar a própria saúde.

Comentários Finais

As normas de higiene vocal geralmente são simples de serem seguidas, devendo, portanto, ser respeitadas, para que se evite o surgimento ou a piora de problemas de voz e contribua para o bem-estar vocal do indivíduo. Além disso, algumas estratégias para uma boa emissão são sugeridas no Apêndice 5 e podem ser consideradas dicas básicas para falar melhor.

Caso observe voz alterada, persistente por mais de 15 dias, dor ao falar, sensação de esforço, aperto, ardor, queimação ou cansaço vocal, procure um médico otorrinolaringologista ou um fonoaudiólogo. Problemas de voz podem colocar sua profissão e, até mesmo, sua vida em risco, mas são facilmente tratados, quando precoce e corretamente identificados. Se você está descontente com sua voz, saiba que existe treinamento específico para melhorá-la.

Um câncer de laringe pode começar com uma rouquidão semelhante a de um resfriado. Infelizmente, a cidade de São Paulo apresenta uma das maiores estatísticas mundiais de câncer de laringe. Se o sintoma de rouquidão fosse levado a sério, teríamos condições de realizar um diagnóstico precoce e oferecer tratamento menos agressivo, evitando a retirada total da laringe. Portanto, qualquer rouquidão persistente por mais de duas semanas deve ser adequadamente avaliada.

O médico otorrinolaringologista é um médico especialista nas afecções do ouvido, do nariz e da garganta, cujo título de especialista é conferido pela Academia Brasileira de Otorrinolaringologia — ABORL, após concurso de título. Quando existe sintoma ou queixa de voz, o médico realiza uma avaliação completa, que, além do exame de rotina do ouvido, do nariz e da garganta, inclui a visualização da laringe e a da movimentação das pregas vocais. Hoje, com o avanço tecnológico e com o uso das fibras ópticas na rotina clínica, há dois métodos básicos de se realizar esse exame: a nasofibrolaringoscopia e a telelaringoscopia, apresentados na Figura 1.

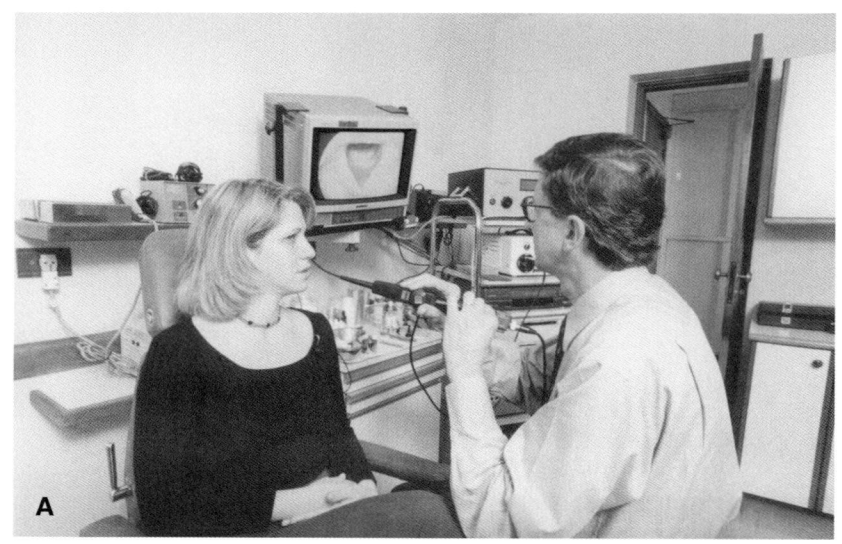

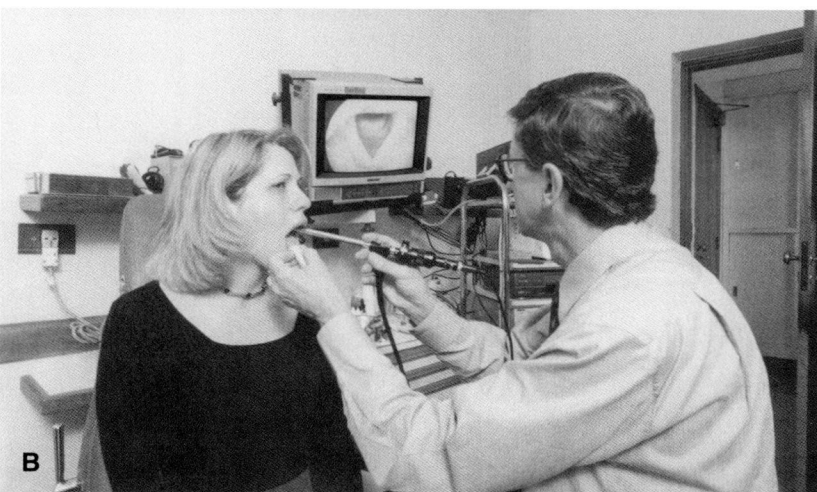

Fig. 1. Exames da laringe. (**A**) Exame por nasofibrolaringoscopia — a laringe e as pregas vocais são vistas por meio de um fino tubo flexível, composto por fibras ópticas, introduzido pelo nariz. (**B**) Exame por telelaringoscopia — a laringe e as pregas vocais são vistas através da imagem captada por meio de um tubo rígido, mais largo, com fibras ópticas, colocado no fundo da cavidade da boca.

A nasofibrolaringoscopia utiliza uma fibra flexível passada pelo nariz, que ilumina a laringe e capta a imagem das pregas vocais, transferindo-a a um monitor, para análise detalhada. A telelaringoscopia é realizada por um tubo rígido, introduzido pela boca, que também ilumina a laringe e transfere sua imagem para análise posterior. A possibilidade de se documentar o exame e gravar a imagem em uma fita de videocassete permite o arquivamento e a análise por vários profissionais, o que oferece melhores possibilidades de diagnóstico e tratamento do indivíduo. O médico diagnostica e pode indicar tratamento clínico medicamentoso, reabilitação vocal, cirurgia ou, ainda, a combinação de alguns desses tipos de tratamento, o que é bastante frequente.

O fonoaudiólogo é um profissional da área da saúde que estuda a comunicação humana e seus distúrbios. O Conselho Federal de Fonoaudiologia – CFFa confere o título de especialista em voz, obtido por uma série de pré-requisitos, que incluem formação específica e experiência na área. O fonoaudiólogo realiza uma avaliação cujo objetivo é descrever a função vocal da laringe e do trato vocal, analisar o comportamento vocal do indivíduo e verificar a influência do uso da voz no desenvolvimento do problema apresentado. Também com o avanço da tecnologia, sistemas computadorizados para a análise acústica da voz, os chamados laboratórios de voz (Fig. 2), passaram a fazer parte da rotina clínica fonoaudiológica, possibilitando a avaliação e o registro dos diferentes parâmetros vocais da emissão de um indivíduo. Tais procedimentos oferecem uma análise

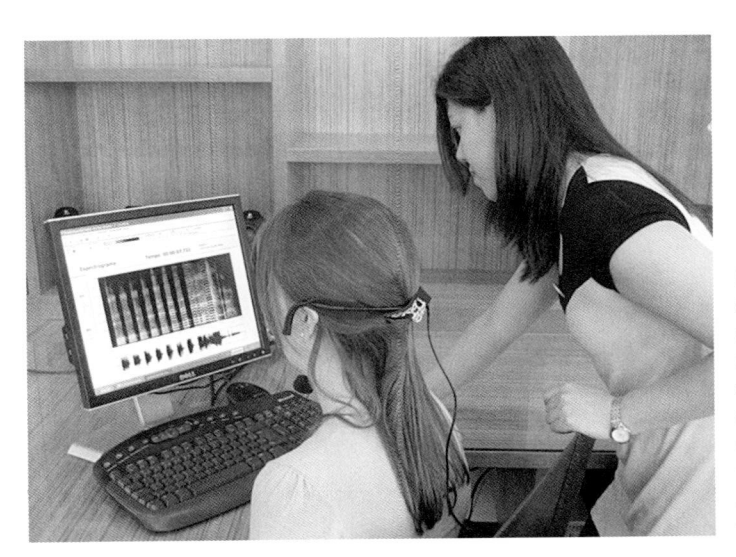

Fig. 2. Laboratório computadorizado de voz. Foto de uma avaliação computadorizada de voz: a emissão é captada através do microfone para a análise acústica da voz.

concreta dos resultados obtidos com um programa de desenvolvimento vocal ou através de um tratamento clínico ou cirúrgico, o que pode ser acompanhado e comprovado pelo próprio indivíduo (Fig. 3).

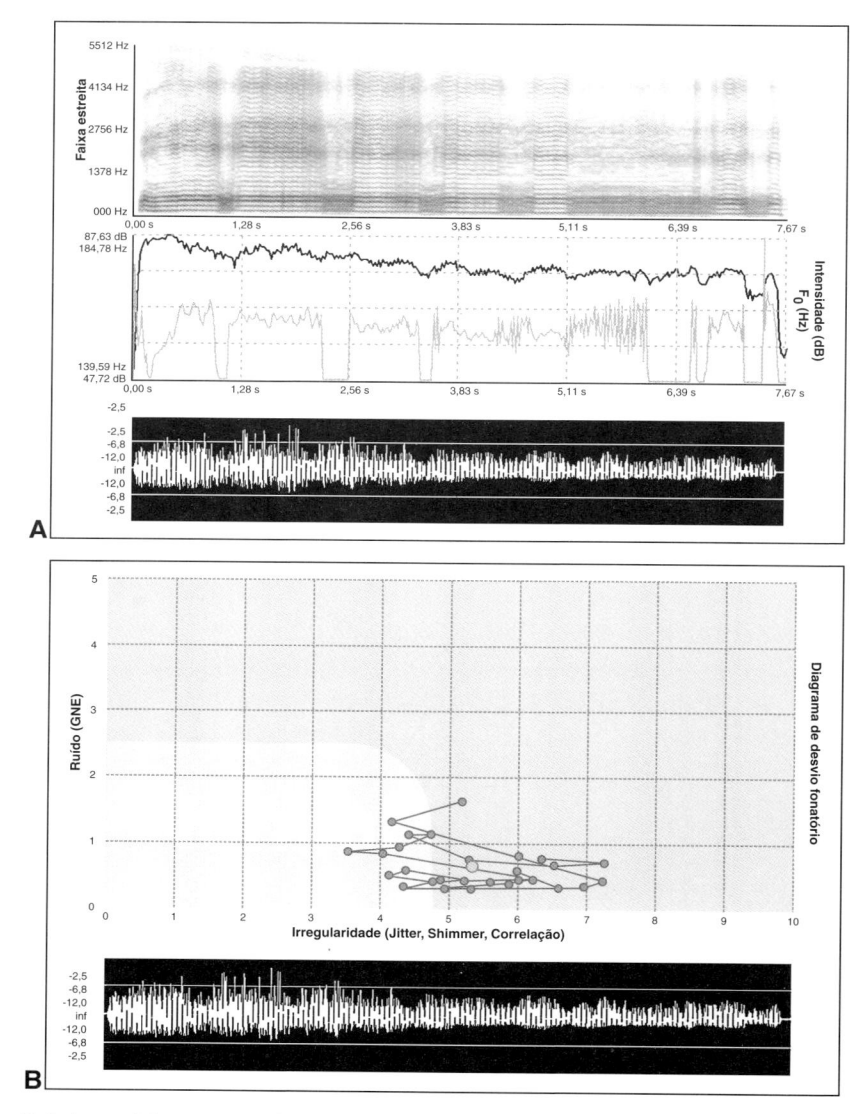

Fig. 3. Laboratório computadorizado de voz. Gráficos mostrando os dados de uma avaliação acústica (CTS Informática). (**A**) Espectrografia acústica, curva de frequência e intensidade da vogal "é" prolongada de uma senhora com queixa de voz instável (programa Vox Metria, CTS Informática). (**B**) Diagrama de desvio fonatório da mesma emissão, mostrando instabilidade na emissão, que ora está dentro da marca de normalidade e ora fora dela (programa Vox Metria, CTS Informática).

Estatísticas
(de 0,00 s até 7,67 s)

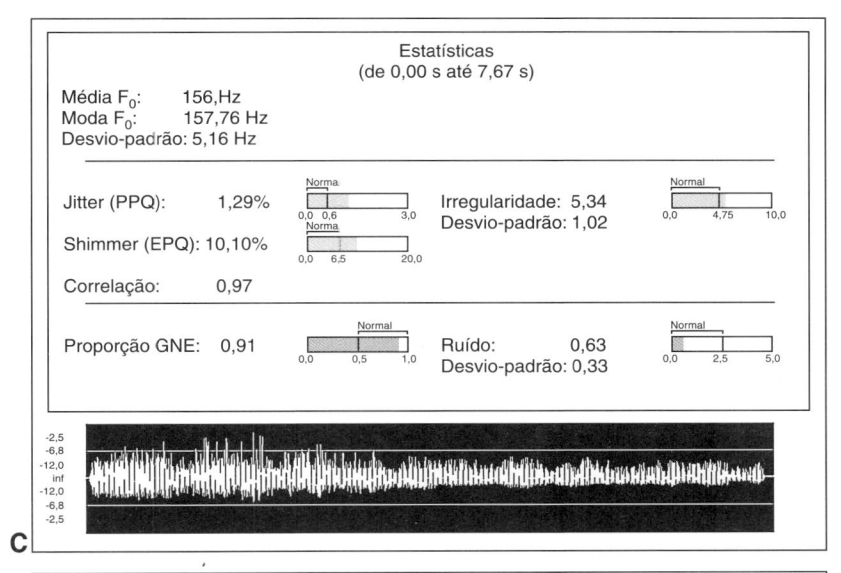

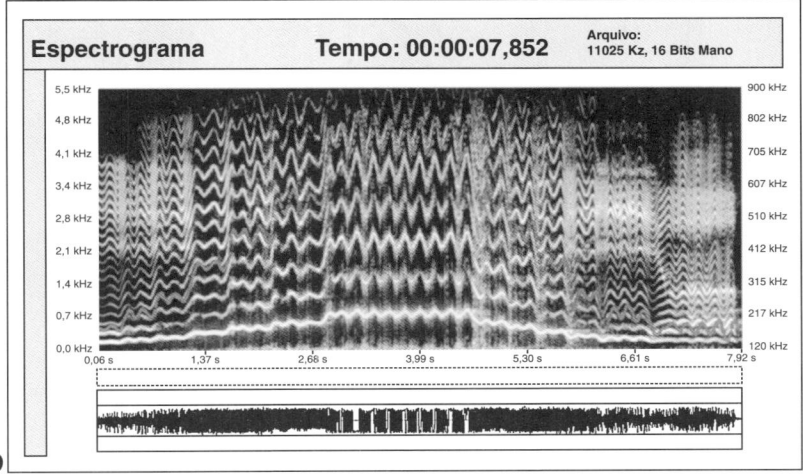

Média F_0: 156,Hz
Moda F_0: 157,76 Hz
Desvio-padrão: 5,16 Hz

Jitter (PPQ): 1,29%
Shimmer (EPQ): 10,10%

Irregularidade: 5,34
Desvio-padrão: 1,02

Correlação: 0,97

Proporção GNE: 0,91

Ruído: 0,63
Desvio-padrão: 0,33

C

Espectrograma Tempo: 00:00:07,852   Arquivo: 11025 Kz, 16 Bits Mano

D

Fig. 3. Laboratório computadorizado de voz. *(Cont.)* (**C**) Estatísticas sobre os parâmetros acústicos da vogal "é" analisada (programa Vox Metria, CTS Informática). (**D**) Espectrograma acústico de uma cantora lírica fazendo um glissando com vibrato, facilmente observado no deslocamento do traçado (programa Fono View, CTS Informática). *(Continua.)*

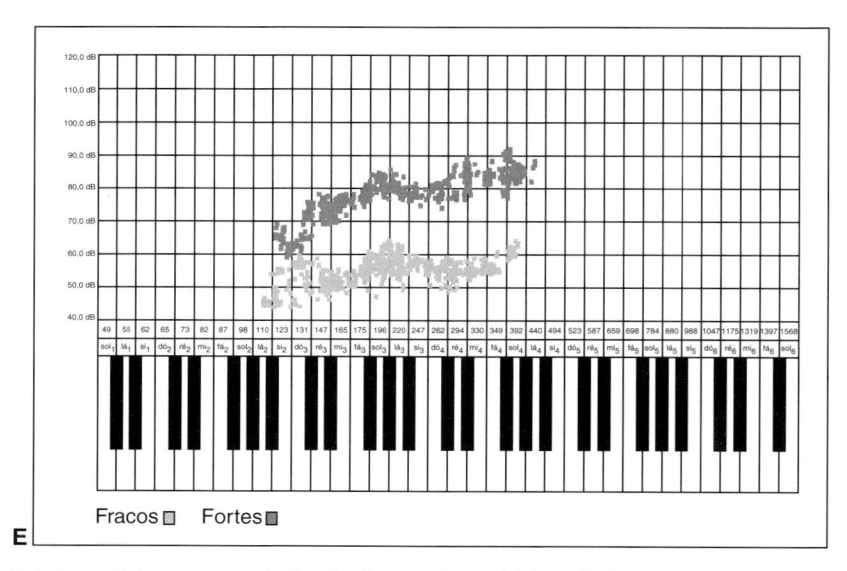

Fig. 3. Laboratório computadorizado de voz. *(Cont.)* (**E**) Perfil de extensão vocal de um cantor popular mostrando a curva dos sons fracos e dos fortes (programa Vocalgrama, CTS Informática).

O trabalho em equipe, com a colaboração do médico laringologista e do fonoaudiólogo especialista em voz, é essencial para o bom atendimento e o correto tratamento do paciente com um problema de voz. Esses profissionais discutem, trocam dados de suas avaliações e decidem conjuntamente a conduta para o caso, fazendo reavaliações periódicas durante o tratamento. Muitas vezes, a partir do momento em que um sintoma vocal pode representar o início de uma série de doenças de outras partes do corpo, faz-se necessária a inclusão de outros profissionais para a correta compreensão do quadro de voz, como: neurologista, psicólogo, cirurgião de cabeça e pescoço, psiquiatra, endocrinologista e professor de técnica vocal.

Profissionais da voz devem fazer um controle vocal anual, mesmo sem sintomas vocais, pelo fato de necessitarem de uma voz saudável em sua atuação profissional. Professores de pré-escola, de ensino médio e de ensino fundamental representam a categoria profissional com maiores riscos de desenvolver problemas de voz, particularmente os nódulos vocais, chamados popularmente de calos (Fig. 4). Problemas de voz também são a causa mais frequente de afastamento do trabalho e readaptação funcional no ensino. Essa situação pode ser revertida com a atenção às normas de higiene vocal e com o desenvolvimento de programas específicos de prevenção.

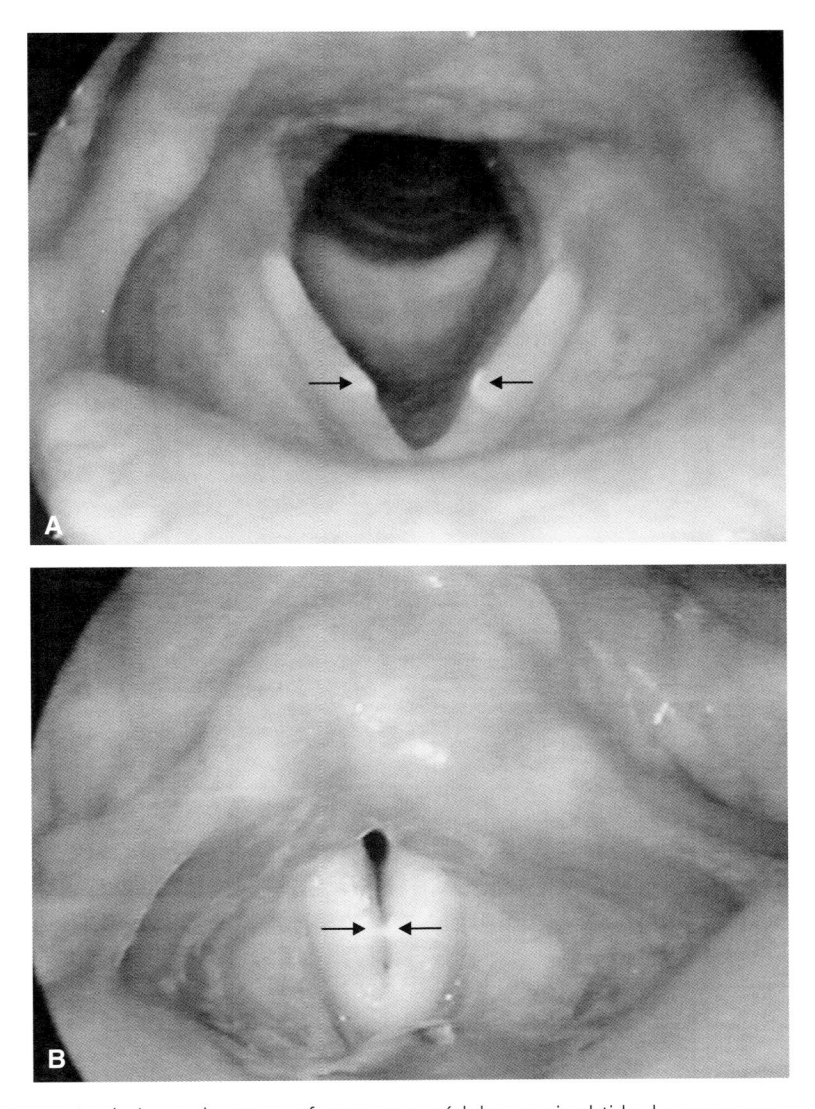

Fig. 4. Imagem laríngea de uma professora com nódulos vocais obtida de exame por telelaringoscopia.

Finalmente, reforçamos mais uma vez que o diagnóstico precoce de um problema de laringe e voz é a chave para se evitar limitações vocais futuras. Cuide de sua voz!

Vale a pena lembrar que o importante trabalho de conscientização e ações populacionais sobre a importância da voz e alertar a população para possíveis distúrbios são os objetivos principais do Dia Mundial da

Voz, que é comemorado anualmente em 16 de abril. A iniciativa desta data comemorativa e de ações surgiu em 1999, pela extinta Sociedade Brasileira de Laringologia e Voz – SBLV, no Brasil, e rapidamente espalhou-se pelo mundo todo, possibilitando que este conhecimento seja difundido aumentando a consciência pública da voz humana, por meio de palestras, ações, eventos, triagens de laringe e voz, dentre inúmeras atividades com este mesmo objetivo (Švec, Behlau 2007).

APÊNDICE 1

Descubra seu Perfil de Comportamento Vocal

O uso correto da voz, sem abusos frequentes, é a melhor garantia para sua saúde vocal. Comportamentos vocais negativos, chamados de abuso e mau uso da voz, colocam em risco a integridade vocal.

As situações de abuso vocal ocorrem quando o uso da voz ultrapassa os limites saudáveis, mesmo com a utilização de uma boa técnica. Exemplos típicos de abuso vocal são falar demais ou falar em intensidade excessivamente forte (muito alto). Já as situações de mau uso vocal são caracterizadas por desvios dos padrões corretos da emissão, seja por desconhecimento das normas básicas da produção vocal, seja por imitação de um modelo vocal inadequado. Um exemplo de mau uso vocal é falar em frequência grave ou aguda demais (tom muito grosso ou muito fino), com emissão não compatível com as características anatômicas do aparelho fonador ou com sua constituição física.

Quando um indivíduo realiza atos de abuso vocal, os motivos envolvidos nesses comportamentos devem ser analisados. Geralmente encontra explicação na esfera psicológica. Assim, pessoas que falam forte demais (muito alto) podem ter a necessidade de demonstrar autoridade, comando ou simplesmente revelam uma tendência exibicionista. Já nos atos de mau uso vocal, geralmente a questão é mais fisiológica e o indivíduo utiliza a voz de forma errada por desconhecimento da técnica vocal correta, como, por exemplo, quando uma pessoa fala com tensão ou não inspira antes de falar.

Apesar dessa diferenciação, os conceitos de abuso e mau uso vocal se entrelaçam e, muitas vezes, é

HIGIENE VOCAL – CUIDANDO DA VOZ

impossível separar onde termina um e começa o outro. De qualquer forma, o fato importante é reconhecermos os comportamentos inadequados e modificá-los. Apresentamos, a seguir, uma lista de comportamentos que incluem situações de abuso e mau uso vocal e condições adversas à saúde vocal, como o tabagismo, o consumo de álcool e o refluxo gastresofágico.

Leia os itens a seguir e marque a pontuação relativa a cada afirmação, somando os pontos segundo a tabela. O valor final indica seu tipo na classificação do comportamento vocal. Na dúvida, consulte um especialista!

Raramente ocorre	0
Ocorre às vezes	1

Ocorre muitas vezes	2
Ocorre sempre	3

Lista de situações de abuso e mau uso vocal e condições adversas à saúde vocal (adaptada de Villela, Behlau, 2000)

SITUAÇÕES DE VIDA DIÁRIA				
1. Fala em grande intensidade (voz forte)	0	1	2	3
2. Fala durante muito tempo	0	1	2	3
3. Fala agudo demais (muito fino)	0	1	2	3
4. Fala grave demais (muito grosso)	0	1	2	3
5. Fala sussurrando	0	1	2	3
6. Fala com os dentes travados (boca fechada)	0	1	2	3
7. Fala com esforço	0	1	2	3
8. Fala sem respirar	0	1	2	3
9. Fala enquanto inspira o ar	0	1	2	3
10. Usa o ar até o final	0	1	2	3
11. Fala rápido demais	0	1	2	3
12. Fala junto com os outros	0	1	2	3
13. Fala durante muito tempo sem se hidratar	0	1	2	3
14. Fala sem descansar	0	1	2	3
15. Articula exageradamente as palavras	0	1	2	3
16. Fala muito ao telefone	0	1	2	3
17. Fala muito ao ar livre	0	1	2	3

SITUAÇÕES DE VIDA DIÁRIA *(Cont.)*				
18. Fala muito no carro, metrô ou ônibus	0	1	2	3
19. Pigarreia constantemente	0	1	2	3
20. Tosse demais	0	1	2	3
21. Ri demais	0	1	2	3
22. Chora demais	0	1	2	3
23. Grita demais	0	1	2	3
24. Trabalha em ambiente ruidoso	0	1	2	3
25. Vive em ambiente familiar ruidoso	0	1	2	3
26. Vive com pessoas com problema de audição	0	1	2	3
27. Mantém rádio, som ou TV ligados enquanto fala	0	1	2	3
28. Imita vozes dos outros	0	1	2	3
29. Imita vários sons	0	1	2	3
30. Usa a voz em posturas corporais inadequadas	0	1	2	3
31. Pratica esportes que usam a voz	0	1	2	3
32. Torce em competições esportivas	0	1	2	3
33. Participa de grupos religiosos com grande uso de voz	0	1	2	3
34. Tem alergias	0	1	2	3
35. Usa a voz normalmente quando resfriado	0	1	2	3
36. Toma pouca água	0	1	2	3
37. Permanece em ambiente com ar-condicionado	0	1	2	3
38. Vive em cidade de clima muito seco	0	1	2	3
39. Vive em cidade com ar muito poluído	0	1	2	3
40. Permanece em ambiente empoeirado, com mofo ou pouca ventilação	0	1	2	3
41. Expõe-se a mudanças bruscas de temperatura	0	1	2	3
42. Toma bebidas geladas constantemente	0	1	2	3
43. Toma café ou chá em excesso	0	1	2	3
44. Come alimentos gordurosos ou excessivamente condimentados	0	1	2	3
45. Come alimentos achocolatados em excesso	0	1	2	3
46. Fuma	0	1	2	3
47. Vive em ambiente de fumantes	0	1	2	3
48. Toma bebidas alcoólicas destiladas	0	1	2	3

(Continua)

SITUAÇÕES DE VIDA DIÁRIA *(Cont.)*				
49. Usa drogas	0	1	2	3
50. Faz automedicação quando tem problemas de voz	0	1	2	3
51. Dorme pouco	0	1	2	3
52. Canta demais	0	1	2	3
53. Canta fora de sua extensão vocal	0	1	2	3
54. Canta em várias vozes	0	1	2	3
55. Usa roupas apertadas no pescoço, no tórax ou na cintura	0	1	2	3
56. Apresenta azia	0	1	2	3
57. Apresenta má digestão	0	1	2	3
58. Tem refluxo gastresofágico	0	1	2	3
59. Tem vida social intensa	0	1	2	3

SOME SEUS PONTOS: _____

Veja a seguir a sua classificação de acordo com seu número total de pontos.

CLASSIFICAÇÃO DO COMPORTAMENTO VOCAL

Tipo 1. *Até 15 pontos* – O cuidadoso vocal

Você não tem propensão para desenvolver um problema de voz por hábitos e alterações na comunicação. Parabéns, pois você respeita os limites do organismo! Siga assim e estará contribuindo para a sua longevidade vocal. Contudo, se apesar dessa classificação você estiver apresentando um problema de voz, tal como voz rouca ou esforço para falar, consulte um especialista, pois pode-se tratar de um quadro orgânico, ou seja, independente do comportamento vocal, o que requer uma avaliação detalhada.

Tipo 2. *De 16 a 30 pontos* – Pequeno risco vocal

Você tem tendência para desenvolver um problema de voz e, talvez, já apresente alguns sinais e sintomas de alteração vocal — a chamada disfonia. Você está em uma situação em que um acontecimento estressante adicional ou o simples aumento do uso da voz na atividade profissional podem levá-lo a um risco vocal. Você deve procurar um especialista.

Procure verificar em seu ambiente de trabalho, familiar e social quais mudanças podem ser introduzidas para melhorar as condições de comunicação. Conscientize-se da importância de sua voz e reduza a ocorrência dos comportamentos negativos assinalados.

Tipo 3. *De 31 a 50 pontos* – Médio risco vocal

Você tem-se arriscado demais e pode comprometer um dos maiores bens que possui — sua voz! Talvez você já apresente uma disfonia e já tenha recorrido a um especialista. Siga corretamente a orientação e o tratamento indicados. Procure refletir sobre o modo como você se comunica com as pessoas, em diferentes situações, caracterizando os principais focos de tensão e estresse de seu dia a dia, e reúna condições para reverter esse quadro. Pense no quanto sua vida irá se tornar difícil se você tiver de conviver com uma limitação vocal constante. Reaja!

Tipo 4. *Acima de 51 pontos* – Grande risco vocal

De duas, uma: ou você sofre de um problema de voz crônico ou apresenta uma resistência vocal excepcional, acima do normal, se você apresenta essa quantidade de abusos vocais e sua voz está normal! Se você tem um problema de voz, sabe o quanto essa situação interfere negativamente em sua vida e como esse fato representa uma sobrecarga adicional em casa e no trabalho. Conscientize-se da necessidade imediata de desenvolver comportamentos vocais adequados e saudáveis. Melhore seu ambiente de comunicação! Se você ainda não consultou um especialista, é melhor buscar orientação! Por outro lado, se apesar dessa quantidade de desvios no uso da voz ela ainda se apresenta saudável, você pertence a esse raro tipo de indivíduo com resistência vocal a toda prova. Contudo, cuide-se, pois os limites do organismo mudam constantemente com a idade e com as condições gerais de saúde. Além disso, seu comportamento vocal pode estar sendo invasivo para seus interlocutores, representando também um modelo vocal inadequado, principalmente para as crianças. Que tal mudar?

Autoavaliação do Grau de Quantidade de Fala e Intensidade Vocal

APÊNDICE 2

INSTRUÇÃO

Circule onde você se encontra nas escalas adiante, assinalando um número de 1 a 7. Na avaliação do GRAU DE QUANTIDADE DE FALA marque sua tendência natural de falar. Em outras palavras, qual sua necessidade inata de falar (pouco ou muito) quando lhe é dada uma oportunidade e não por causa de seu trabalho. Na avaliação da INTENSIDADE VOCAL, assinale como é o volume de sua voz (baixo ou alto). Não existe certo ou errado e nem bom ou mau nesta avaliação.

GRAU DE QUANTIDADE DE FALA HABITUAL	GRAU DE INTENSIDADE VOCAL HABITUAL
1. Pessoa quieta, não falante	1. Pessoa que fala muito baixo
2	2
3	3
4. Pessoa que fala moderadamente	4. Pessoa que fala em volume médio
5	5
6	6
7. Pessoa extremamente falante	7. Pessoa que fala muito alto

Agora preencha novamente pensando em sua necessidade de quantidade de fala e intensidade vocal durante seu trabalho.

GRAU DE QUANTIDADE DE FALA LABORAL	GRAU DE INTENSIDADE VOCAL LABORAL
1. Pessoa quieta, não falante	1. Pessoa que fala muito baixo
2	2
3	3
4. Pessoa que fala moderadamente	4. Pessoa que fala em volume médio
5	5
6	6
7. Pessoa extremamente falante	7. Pessoa que fala muito alto

Fonte: Bastian, Thomas, 2015, adaptado por Mara Behlau.

Uma pessoa que tenha respondido grau 4 para quantidade e volume de voz provavelmente tem uma comunicação adequada e não se submete a muitos esforços vocais. Os graus abaixo de 4 sugerem que a pessoa é introvertida, introspectiva, e provavelmente corre menos risco potencial de desenvolver problemas de voz, mas pode precisar de ajuda para aperfeiçoar a sua comunicação, se sua profissão exigir. Os graus 6 e 7 não indicam que você faça algo errado. Na verdade, você provavelmente tem uma personalidade mais extrovertida, e a comunicação é um aspecto central em sua vida, sendo o centro das festas e dificilmente passando despercebido, só que isso representa também uma personalidade de grande gasto vocal, com risco potencial de desenvolver um problema de voz. Muitos atores e cantores se avaliam com graus 6 e 7.

Estudo desenvolvido em 2010 com 1.831 sujeitos da população economicamente ativa brasileira, entre 18 e 70 anos, foram entrevistados com o objetivo de se avaliar a autopercepção de quantidade de fala e intensidade vocal no uso cotidiano e profissional da voz e teve como conclusão que as mulheres têm maior demanda de quantidade de fala e intensidade vocal (quantidade de fala habitual = 5,1 e profissional 5,4, $p < 0,001$; intensidade vocal habitual 4,5 e profissional 4,7, $p < 0,001$) que os homens (quantidade de fala habitual = 4,6 e profissional 5,0, $p < 0,001$; Intensidade vocal habitual = 4,4 e profissional = 4,6, $p < 0,001$). Assim, sujeitos naturalmente mais comunicativos e com vozes mais intensas tendem a buscar profissões de maior demanda vocal (Munhoz, Behlau, 2010).

Questionário de Saúde e Higiene Vocal – QSHV

APÊNDICE 3

INSTRUÇÃO

Abaixo existem 31 itens que compõe o QSHV, relacionados à saúde e higiene vocal. Para cada item, assinale se você acredita que ele é POSITIVO, NEUTRO ou NEGATIVO para a sua voz. Queremos conhecer sua opinião.

Nome: _____

Sexo: (Fem) (Masc) **DN:** ____/____/_____ **Idade:** _____

Para cada item, assinale se você acredita que ele é POSITIVO, NEUTRO ou NEGATIVO para a sua voz.

1	Estar em ambiente com poeira	positivo	neutro	negativo
2	Ter a região do pescoço relaxada	positivo	neutro	negativo
3	Falar sem esforço	positivo	neutro	negativo
4	Gritar	positivo	neutro	negativo
5	Cantar de forma inadequada	positivo	neutro	negativo
6	Fazer abusos vocais	positivo	neutro	negativo
7	Tomar ou comer babosa	positivo	neutro	negativo
8	Realizar preparação vocal inadequada	positivo	neutro	negativo
9	Estar com cansaço vocal	positivo	neutro	negativo
10	Fazer exercícios vocais	positivo	neutro	negativo
11	Incoordenar a fala com a respiração	positivo	neutro	negativo
12	Fazer exercícios de técnica vocal	positivo	neutro	negativo
13	Usar microfone para dar aulas	positivo	neutro	negativo
14	Dormir bem	positivo	neutro	negativo
15	Falar sem pausas	positivo	neutro	negativo

(Continua)

16	Realizar fonoterapia (terapia de voz)	positivo	neutro	negativo
17	Falar confortavelmente	positivo	neutro	negativo
18	Fazer aquecimento vocal	positivo	neutro	negativo
19	Usar anabolizantes (hormônios esteroides)	positivo	neutro	negativo
20	Mascar folha de bálsamo	positivo	neutro	negativo
21	Falar durante exercícios físicos	positivo	neutro	negativo
22	Ter alergias	positivo	neutro	negativo
23	Cantar quando gripado	positivo	neutro	negativo
24	Ter hábitos vocais saudáveis	positivo	neutro	negativo
25	Não consumir líquidos durante o dia	positivo	neutro	negativo
26	Ter nariz entupido	positivo	neutro	negativo
27	Falar em ambiente com barulho	positivo	neutro	negativo
28	Estar em ambiente com mofo	positivo	neutro	negativo
29	Realizar exercícios para dicção (articulação da fala)	positivo	neutro	negativo
30	Ter sinusite	positivo	neutro	negativo
31	Ter postura corporal inadequada	positivo	neutro	negativo

Escore total = um ponto para cada resposta correta

Respostas corretas:
- **Itens positivos:** 2, 3, 10, 12, 13, 14, 16, 17, 18, 24, 29
- **Itens neutros:** 7, 20
- **Itens negativos:** 1, 4, 5, 6, 8, 9, 11, 15, 19, 21, 22, 23, 25, 26, 27, 28, 30, 31

Valor de corte: 23 pontos para o escore total do QSHV

Resultado:

Indivíduos com alterações vocais possuem pontuação abaixo de 23 pontos, quando comparados com sujeitos vocalmente saudáveis (Moreti *et al.* 2016). Caso você tenha apresentado tal pontuação, fique atento, pois pouco conhecimento em saúde e higiene vocal pode estar relacionado com risco para uma alteração de voz. Se se sentir inseguro com suas respostas, procure um fonoaudiólogo ou médico para esclarecer suas dúvidas.

REFERÊNCIA

Moreti F, Zambon F, Behlau M. Questionário de Saúde e Higiene Vocal – QSHV (Vocal Health and Hygiene Questionnaire): Development, Validation, and Cutoff Value. *J Voice* 2016 submited.

APÊNDICE 4

Teste seus Conhecimentos sobre Saúde e Higiene Vocal

INSTRUÇÃO

Teste seus conhecimentos sobre saúde e higiene vocal com este divertido *quiz*. Veja as respostas corretas ao final do teste.

1. **Por que beber água é bom para a voz?**
   - (a) Porque limpa as cordas vocais.
   - (b) Porque os tecidos bem hidratados ajudam a produzir uma voz melhor.
   - (c) Porque limpa os pulmões, melhorando o fluxo de ar para produção da voz.
   - (d) Porque higieniza a boca e deixa a voz mais clara.

2. **Qual a informação correta sobre a influência, na voz de comer maçã?**
   - (a) Deixa a voz melhor, mais bonita e reduz a rouquidão.
   - (b) É um tratamento vocal alternativo, recomendado por nutricionistas.
   - (c) Limpa o trato vocal por suas propriedades adstringentes e pode ajudar na ressonância vocal.
   - (d) Promove melhor vibração das pregas vocais e, com isso, pode-se falar mais rápido e ter menos falhas na voz.

3. **Estar em ambientes com ar-condicionado:**
   - (a) Faz mal para a voz pela baixa temperatura do ar, que dificulta a vibração das pregas vocais e deixa o corpo mais tenso.
   - (b) Faz bem para a voz por se respirar um ar mais fresco e filtrado.

(c) Geralmente não se observa relação com a qualidade da voz, mas não há estudos científicos controlados.
(d) Geralmente faz mal porque as alergias nasais disparam nesse ambiente e fica mais difícil projetar a voz com o barulho da máquina.

4. Qual das alternativas abaixo é um fator comprovadamente negativo para a voz?
(a) Falar em ambiente com ar-condicionado.
(b) Beber água gelada rapidamente.
(c) Fazer exercícios vocais.
(d) Fumar.

5. Qual das alternativas abaixo é um fator comprovadamente positivo para a voz?
(a) Falar em ambiente com ar-condicionado.
(b) Beber água gelada rapidamente.
(c) Fazer exercícios vocais.
(d) Fumar.

6. Como aquecer corretamente a voz?
(a) Falando ou cantando alto, movimentando o corpo conjuntamente.
(b) Realizando exercícios de voz.
(c) Realizando exercícios respiratórios para liberar o apoio da voz.
(d) Bebendo água morna ou fazendo gargarejo com chá quente antes do seu uso.

7. Comer chocolate é prejudicial para a voz?
(a) Eventualmente pode ser, por deixar a voz mais rouca e fraca.
(b) Eventualmente pode ser, por deixar a voz baixa e soprosa, já que a energia do corpo está direcionada à digestão.
(c) Raramente pode ser prejudicial, podendo inclusive manter uma voz energizada, pelo açúcar e aporte calórico.
(d) Eventualmente pode ser, por deixar a secreção da garganta mais espessa e poder causar desconforto e pigarro.

8. Aula de canto pode ser tratamento para quem tem problema de voz?
(a) Não, pois aula de canto trabalha com o desenvolvimento da voz e a terapia reabilita os aspectos de saúde e qualidade vocal.

(b) Não, porque quando se tem um problema de voz deve-se interromper imediatamente o canto, mesmo em casa.
(c) Sim, pois as aulas de canto são compostas de exercícios controlados de variação de frequência e intensidade.
(d) Sim, pois os vocalizes técnicos do canto propiciam a correção das habilidades de fonação e respiração comprometidas na presença de um problema de voz.

9. Para que servem as aulas de técnica vocal no canto:
(a) Para os indivíduos que desejam aperfeiçoamento vocal para cantar.
(b) Como substitutas de terapia vocal quando o indivíduo preferir essa opção.
(c) Para cantores que não nasceram com o dom de cantar e querem dominar essa arte.
(d) Para aprender leitura musical e ser um cantor profissional.

10. Ingerir café em grandes quantidades:
(a) Pode prejudicar a voz, pois a pigmentação escura é lesiva aos tecidos do corpo.
(b) Pode prejudicar a voz, pois a cafeína possui propriedades desidratantes.
(c) Não prejudica a voz, pois deixa o indivíduo mais atento e com maior agilidade vocal.
(d) Não prejudica a voz por ser uma bebida quente e feita com água filtrada.

Resultados

1. (b) 2. (c) 3. (c) 4. (d) 5. (c) 6. (b) 7. (d) 8. (a) 9. (a) 10. (b)

APÊNDICE 5

Dicas Básicas para uma Boa Emissão

HIGIENE VOCAL – CUIDANDO DA VOZ

Podemos desenvolver hábitos e atitudes positivas para termos uma boa produção vocal. Observe algumas sugestões:

1. Mantenha-se sempre hidratado, bebendo goles de água em situações de uso da voz.
2. Evite o álcool e o fumo; fumo e uso de voz profissional são incompatíveis. Modere também o consumo de cafeína (café e chá preto).
3. Evite alimentos pesados e excessivamente condimentados, principalmente à noite, antes de dormir.
4. Reduza o uso da voz quando em condições de saúde limitadas, especialmente nos quadros gripais, resfriados ou alergias de vias respiratórias.
5. Monitore sua voz para verificar se você não está falando mais forte (alto) que o necessário para o ambiente.
6. Evite usar voz muito grave (grossa) ou muito aguda (fina), fora de seu tom habitual.
7. Evite excessivas e longas ligações telefônicas, principalmente quando há ruídos de fundo.
8. Evite conversas longas em ambientes ruidosos; feche portas e janelas, abaixe o volume do rádio e da televisão para reduzir a competição sonora.
9. Evite falar rapidamente por longo período de tempo.
10. Evite falar enquanto faz exercícios físicos ou carrega peso.
11. Articule corretamente as palavras, abrindo bem a boca para amplificar os sons.
12. Aqueça a voz com exercícios específicos, antes de usá-la de forma intensiva.

13. Reconheça e procure reduzir situações de esforço vocal, como ardor, tensão no pescoço e falta de ar durante a fala.
14. Deixe o corpo movimentar-se livremente, acompanhando a fala com gestos e expressões faciais.
15. Use roupas confortáveis, que não apertem a região do pescoço, tórax e abdome.
16. Permaneça o menor tempo possível em lugares com muita poluição atmosférica, fumaça, pouca ventilação, poeira ou mofo.
17. Evite mudanças bruscas de temperatura e vista-se sempre adequadamente ao clima.
18. Reduza sua permanência em locais com ar-condicionado.
19. Faça um período de repouso vocal após o uso intensivo da voz.
20. Nunca se automedique.

Índice de Desvantagem Vocal 10 – IDV-10

APÊNDICE 6

O IDV-10 (Costa *et al.* 2013) é a versão validada para o português brasileiro do *Voice Handicap Index* 10 – VHI-10 (Rosen *et al.* 2004).

INSTRUÇÃO

As afirmações abaixo são usadas por muitas pessoas para descrever suas vozes e o efeito de suas vozes na vida. Circule a resposta que indica o quanto você compartilha da mesma experiência.

Para obter o resultado, some as respostas de cada questão:
0 = nunca / 1 = quase nunca / 2 = às vezes /
3 = quase sempre / 4 = sempre

1. As pessoas têm dificuldade para me ouvir por causa da minha voz.
   0   1   2   3   4

2. As pessoas têm dificuldade para me entender em lugares barulhentos.
   0   1   2   3   4

3. As pessoas perguntam: "O que você tem na voz?"
   0   1   2   3   4

4. Sinto que tenho que fazer força para a minha voz sair.
   0   1   2   3   4

5. Meu problema de voz limita minha vida social e pessoal.
   0   1   2   3   4

HIGIENE VOCAL – CUIDANDO DA VOZ

6. Não consigo prever quando minha voz vai sair clara.
0 1 2 3 4

7. Eu me sinto excluído nas conversas por causa da minha voz.
0 1 2 3 4

8. Meu problema de voz me causa prejuízos econômicos.
0 1 2 3 4

9. Meu problema de voz me chateia.
0 1 2 3 4

10. Minha voz faz com que eu me sinta em desvantagem.
0 1 2 3 4

Total = _____ Pontos

Resultado:
Indivíduos com alteração vocal possuem pontuação acima de 7,5 pontos (Behlau *et al.* 2016). Caso você tenha apresentado tal pontuação, fique atento, pois pode estar em risco para uma alteração vocal. Se se sentir inseguro com suas respostas, procure um fonoaudiólogo ou médico para esclarecer suas dúvidas.

REFERÊNCIAS
Behlau M, Madazio G, Moreti F *et al.* Efficiency and cutoff values of self-assessment instruments on the impact of a voice problem. *J Voice* 2016;30(4):506.e9-506.e18.

Costa T, Oliveira G, Behlau M. Validation of the voice handicap index: 10 (VHI-10) to the Brazilian Portuguese. *CoDAS* 2013;25(5):482-85.

Rosen CA, Lee AS, Osborne J *et al.* Development and validation of the voice handicap index-10. *Laryngoscope* 2004;114(9):1549-56.

Fontes Consultadas

American Speech-Language-Hearing Association. *The use of voice therapy in the treatment of dysphonia.* 2005. Disponível em: <http://www.asha.org/policy/TR2005-00158/>

Amir O, Kishon-Rabin L. Association between birth control pills and voice quality. *Laryngoscope* 2004;114(6):1021-26.

Anderson T, Sataloff RT. The power of voice therapy. *Ear Nose Throat J* 2002;81(7):433-34.

Aronsson C, Bohman M, Ternström S et al. Loud voice during environmental noise exposure in patients with vocal nodules. *Logoped Phoniatr Vocol* 2007;32(2):60-70.

Assanti L, Moreti F, Madazio G et al. Variabilidade de semitons na extensão vocal de cantores populares pré e pós-aquecimento vocal. Apresentado no XX Congresso Brasileiro de Fonoaudiologia; 2012 Set 31 – Nov 03; Brasília, DF. Disponível em: <http://www.sbfa.org.br/portal/anais2012/trabalhos_select.php?tt=Busca&id_artigo=2228>

Bagnall AD, Dorrian J, Fletcher A. Some vocal consequences of sleep deprivation and the possibility of "fatigue proofing" the voice with Voicecraft® voice training. *J Voice* 2011;25(4):447-61.

Bastian RW, Thomas JP. Do Talkativeness and vocal loudness correlate with laryngeal pathology? A Study of the Vocal Overdoer/Underdoer Continuum. *J Voice* 2015. [Epub ahead of print].

Behlau M, Dragone ML, Ferreira AE et al. *Manual de higiene vocal infantil – Informações básicas.* São Paulo: Lovise, 1997.

Behlau M, Madazio G, Feijó D et al. Aperfeiçoamento vocal e tratamento fonoaudiológico das disfonias. In: Behlau M. (Ed.). *Voz: O livro do especialista.* Rio de Janeiro: Revinter, 2005. p. 409-564, vol. 2.

Behlau M, Madazio G, Feijó D et al. Avaliação da Voz. In: Behlau M. (Ed.). *Voz: o livro do especialista.* Rio de Janeiro: Revinter, 2001. p. 83-245, vol. 1.

Behlau M, Madazio G, Moreti F et al. Efficiency and cutoff values of self-assessment instruments on the impact of a voice problem. *J Voice* 2016;30(4):506.e9-506.e18.

Behlau M, Madazio G. *Voz – Tudo o que você queria saber sobre fala e canto – Perguntas e respostas.* Rio de Janeiro: Revinter, 2015.

Behlau M, Moreti F, Pecoraro G. Customized vocal conditioning for singing professional voice users – Case report. *Rev CEFAC* 2014;16(5):1713-22.

Behlau M, Pontes P, Vieira VP et al. Presentation of the Comprehensive Vocal Rehabilitation Program for the treatment of behavioral dysphonia. *CoDAS* 2013;25(5):492-96.

Behlau M, Pontes P. *Avaliação e tratamento das disfonias*. São Paulo: Lovise, 1995.

Behlau M, Pontes P. *Higiene vocal – Cuidando da voz*. 4. ed. Rio de Janeiro: Revinter, 2009.

Behlau M, Pontes P. *Higiene vocal: informações básicas*. São Paulo: Lovise, 1993.

Behlau M. Vocal rehabilitation of acute vocal trauma. *Fono Atual* 2001;5(18):8-12.

Benninger MS, Ahuja AS, Gardner G et al. Assessing outcomes for dysphonic patients. *J Voice* 1998;12(4):540-50.

Bigaton DR, Silvério KCA, Berni KCS et al. Craniocervical posture in dysphonic women. *Rev Soc Bras Fonoaudiol* 2010;15(3):329-34.

Bishop D. Warm up II: performance changes following active warm up and how to structure the warm up. *Sports Med* 2003;33(7):483-98.

Blaylock TR. Effects of systematized vocal warm-up on voices with disorders of various etiologies. *J Voice* 1999;13(1):43-50.

Blood GW. Efficacy of a computer-assisted voice treatment protocol. *Am J Speech Lang Pathol* 1994;3:57-66.

Boone D. *Is your voice telling on you?* 2nd ed. London: Whurr, 1997.

Boone D. *Sua voz está traindo você? Como encontrar sua voz natural*. Porto Alegre: Artes Médicas, 1993.

Boucher VJ. Acoustic correlates of fatigue in laryngeal muscles: findings for a criterion-based prevention of acquired voice pathologies. *J Speech Lang Hear Res* 2008;51(5):1161-70.

Bovo R, Trevisi P, Emanuelli E et al. Voice amplification for primary school teachers with voice disorders: a randomized clinical trial. *Int J Occup Med Environ Health* 2013;26(3):363-72.

Brown LR. (Ed.). *Salve o planeta! Qualidade de vida 1990*. São Paulo: Globo, 1990.

Bruno E, De Padova A, Napolitano B et al. Voice disorders and posturography: variables to define the success of rehabilitative treatment. *J Voice* 2009;23(1):71-75.

Bueno M. *El gran libro de la casa sana*. Martínez Roca, 1992.

Caraty MJ, Montacié C. Vocal fatigue induced by prolonged oral reading: Analysis and detection. *Comput Speech Lang* 2014;28(2):453-66.

Casper JK, Murry T. Voice therapy methods in dysphonia. *Otolaryngol Clin N Am* 2000;33(5):983-1002.

Cecil M, Tindall L, Haydon R. The relationship between dysphonia and sinusitis: a pilot study. *J Voice* 2001;15(2):270-77.

Chang A, Karnell MP. Perceived phonatory effort and phonation threshold pressure across a prolonged voice loading task: a study of vocal fatigue. *J Voice* 2004;18(4):454-66.

Colton R, Casper J. *Understanding voice problems: a physiological perspective for diagnosis and treatment*. Baltimore: Williams & Wilkins, 1990.

Colton RR, Casper JK. *Compreendendo os problemas de voz: uma perspectiva fisiológica ao diagnóstico e ao tratamento*. Porto Alegre: Artes Médicas, 1996.

Cookman S, Verdolini K. Interrelation of mandibular laryngeal functions. *J Voice* 1999;13(1):11-24.

Cordeiro GF, Montagnoli AN, Nemr NK et al. Comparative analysis of the closed quotient for lip and tongue trills in relation to the sustained vowel/å/. *J Voice* 2012;26(1):e17-22.

Costa T, Oliveira G, Behlau M. Validation of the voice handicap index: 10 (VHI-10) to the Brazilian Portuguese. *CoDAS* 2013;25(5):482-85.

Dassie-Leite AP, Duprat AC, Busch R. A comparison between vocal habits of lyric and popular singers. *Rev CEFAC* 2011;13(1):123-31.

De Bodt MS, Clement G, Wuyts FL et al. The impact of phonation mode and vocal technique on vocal fold closure in young females with normal voice quality. *J Voice* 2012;26(6):818.e1-4.

Domanico CT. *Quais os tipos de exercícios físicos que podem causar prejuízos à voz?* [monografia]. São Paulo (SP): Centro de Especialização em Fonoaudiologia Clínica, 1997.

Dworkin JP, Abkarian GG, Stachler RJ et al. Is voice amplification for teachers with dysphonia really beneficial? *J Speech Lang Hear Res* 2004;47(2):353-57.

Eating Right Pyramid 2002. Acesso em: 30 Junho 2008. Disponível em: <http://www.eat-online.net/english/education/food_pyramid.htm. Hyattsville, US Dept. of Agriculture, 1992>

Eccles R. Mechanisms of the symptoms of rhinosinusitis. *Rhinology* 2011;49(2):131-38.

Elliot N, Sundberg J, Gramming P. What happens during vocal warm-up? *J Voice* 1995;9(1):37-44.

Emerich KA. Nontraditional tools helpful in the treatment of certain types of voice disturbances. *Curr Opin Otolaryngol Head Neck Surg* 2003;11(3):149-53.

Ferreira LP, Akutsu CM, Luciano P et al. Vocal production condition of telemarketing operators: correlation between health issues and vocal habits and symptoms. *Rev Soc Bras Fonoaudiol* 2008;13(4):307-15.

Ferreira LP, de Oliveira Latorre M do R, Pinto Giannini SP et al. Influence of abusive vocal habits, hydration, mastication, and sleep in the occurrence of vocal symptoms in teachers. *J Voice* 2010;24(1):86-92.

Fletcher HM, Drinnan MJ, Carding PN. Voice care knowledge among clinicians and people with healthy voices or dysphonia. *J Voice* 2007;21(1):80-91.

Ford Baldner E, Doll E, van Mersbergen MR. A review of measures of vocal effort with a preliminary study on the establishment of a vocal effort measure. *J Voice* 2015;29(5):530-41.

Franco D, Martins F, Andrea M et al. Is the sagittal postural alignment different in normal and dysphonic adult speakers? *J Voice* 2014;28(4):523.e1-8.

Fröeschels E. Hygiene of the voice. *Arch Otolaryngol* 1943;38:122-33.

Gaskill CS, O'Brien SG, Tinter SR. The effect of voice amplification on occupational vocal dose in elementary school teachers. *J Voice* 2012;26(5):667.e19-27.

Geneid A, Rönkkö M, Airaksinen L et al. Pilot study on acute voice and throat symptoms related to exposure to organic dust: preliminary findings from a provocation test. *Logoped Phoniatr Vocol* 2009;34(2):67-72.

Geneid A, Rönkkö M, Airaksinen L et al. Pilot study on acute voice and throat symptoms related to exposure to organic dust: preliminary findings from a provocation test. *Logoped Phoniatr Vocol* 2009;34(2):67-72.

Ghassemi M, Van Stan JH, Mehta DD et al. Learning to detect vocal hyperfunction from ambulatory neck-surface acceleration features: initial results forvocal fold nodules. *IEEE Trans Biomed Eng* 2014;61(6):1668-75.

Gottliebson RO, Lee L, Weinrich B et al. Voice problems of future speech-language pathologists. *J Voice* 2007;21(6):699-704.

Grape C, Sandgren M, Hansson LO et al. Does singing promote well-being?: An empirical study of professional and amateur singers during a singing lesson. *Integr Physiol Behav Sci* 2003;38(1):65-74.

Greden JF, Albala AA, Smokler IA et al. Speech pause time: a marker of psychomotor retardation among endogenous depressives. *Biol Psychiatry* 1981;16(9):851-59.

Guo YQ, Lin SZ, Xu XL et al. Role of aerodynamic parameters in voice function assessment. *Zhonghua Er Bi Yan Hou Tou Jing Wai Ke Za Zhi* 2012;47(10):858-60.

Hamdan AL, Deeb R, Tohme RA et al. Vocal technique in a group of Middle Eastern singers. *Folia Phoniatr Logop* 2008;60(4):217-21.

Harrison H, Horne JA. Sleep deprivation affects speech. *Am Sleep Disord Assoc Sleep Res Soc* 1997;20(10):871-77.

Johnson TJ. *Vocal abuse reduction program*. San Diego: College-Hill, 1985.

Kadakia S, Carlson D, Sataloff RT. The effect of hormones on the voice. *J Singing* 2013;69(5):571-74.

Kennard EJ, Lieberman J, Saaid A et al. A preliminary comparison of laryngeal manipulation and postural treatment on voice quality in a prospective randomized crossover study. *J Voice* 2015;29(6):751-54.

Kotby MN, Shiromoto O, Hirano M. The accent method of voice therapy: effect of accentuations on F_0, SPL, and airflow. *J Voice* 1993;7(4):319-25.

Larrouy-Maestri P, Magis D, Morsomme D. Effects of melody and technique on acoustical and musical features of western operatic singing voices. *J Voice* 2014a;28(3):332-40.

Larrouy-Maestri P, Magis D, Morsomme D. The effect of melody and technique on the singing voice accuracy of trained singers. *Logoped Phoniatr Vocol* 2014b;39(3):126-29.

Li Lin, Zhang Yu, Maytag AL et al. Quantitative Study for the Surface Dehydration of Vocal Folds Based on High-Speed Imaging. *J Voice* 2015;29(4):403-9.

Martin S, Lockhart M. *Working with voice disorders*. Bicester, UK: Winslow, 2000.

Mathieson L, Hirani SP, Epstein R et al. Laryngeal manual therapy: a preliminary study to examine its treatment effects in the management of muscle tension dysphonia. *J Voice* 2009;23(3):353-66.

Mathieson L. *Greene and Mathieson's The voice and its disorders*. 6th ed. London: Whurr, 2001.

Mathieson L. The evidence for laryngeal manual therapies in the treatment of muscle tension dysphonia. *Curr Opin Otolaryngol Head Neck Surg* 2011;19(3):171-76.

Mautner HD. An acoustic and electroglottographic study of the aging voice with and without an open jaw posture. *J Voice* 2015;29(4):518.e1-11.

McClean MD, Tasko SM. Association of orofacial with laryngeal and respiratory motor output during speech. Exp Brain Res. 2002;146(4):481-9.

McCormick CA, Roy N. The ChatterVox™ portable voice amplifier: a means to vibration dose reduction? *J Voice* 2002;16(4):502-8.

McHenry M, Johnson J, Foshea B. The effect of specific versus combined warm-up strategies on the voice. *J Voice* 2009;23(5):572-76.

Mehta DD, Hillman RE. Voice assessment: updates on perceptual, acoustic, aerodynamic, and endoscopic imaging methods. *Curr Opin Otolaryngol Head Neck Surg* 2008;16(3):211-15.

Menezes MH, Ubrig-Zancanella MT, Cunha MG et al. The relationship between tongue trill performance duration and vocal changes in dysphonic women. *J Voice* 2011;25(4):e167-75.

Michael DD, Goding GS. Dispelling vocal myths. Part 3: "Sing Over Your Cold". *J Singing* 2012;68(4):419-25.

Mittal VK, Yegnanarayana B. Effect of glottal dynamics in the production of shouted speech. *J Acoust Soc Am* 2013;133(5):3050-61.

Molin PD, Silva M, Chuproski AP et al. Characterization of habits and vocal symptoms of radio presenters. *Distúrb Comum* 2014;26(1):86-94.

Moreti F, Zambon F, Behlau M. Questionário de Saúde e Higiene Vocal – QSHV (Vocal Health and Hygiene Questionnaire): Development, Validation, and Cutoff Value. *J Voice* 2016 submited.

Morrow SL, Connor NP. Voice amplification as a means of reducing vocal load for elementary music teachers. *J Voice* 2011;25(4):441-46.

Motel T, Fisher KV, Leydon C. Vocal warm-up increases phonation threshold pressure in soprano singers at high pitch. *J Voice* 2003;17(2):160-67.

Munhoz FM, Behlau M. Quantidade de fala e intensidade vocal no uso cotidiano e profissional da voz. Apresentado no 18º Congresso Brasileiro de Fonoaudiologia; 2010 Set 22-25; Curitiba, PR. Disponível em: <http://www.sbfa.org.br/portal/anais2010/anais_select.php?op=buscaresultado&cid=2916&tid=1>

Murray D. Vocal technique: a guide to finding your real voice. Milwaukee – WI (United States): Hal Leonard 2002. p. 24-44, cap. 4.

Murry T, Rosen CA. Vocal education for the professional voice user and singer. *Otolaryngol Clin N Am* 2000;33(5):967-82.

Myers BR, Finnegan EM. The effects of articulation on the perceived loudness of the projected voice. *J Voice*. 2015;29(3):390.e9-15.

Nakagawa H, Fukuda H, Kawaida M et al. Lubrication mechanism of the larynx during phonation: an experiment in excised canine larynges. *Folia Phoniatr Logop* 1998;50(4):183-94.

Nelli EA. *Estudo sobre a postura corporal de indivíduos portadores de disfonia*. [Tese] Bauru: Hospital de Reabilitação de Anomalias Craniofaciais, Universidade de São Paulo, 2006.

Nieschlag E, Vorona E. Mechanisms in endocrinology: medical consequences of doping with anabolic androgenic steroids: effects on reproductive functions. *Eur J Endocrinol* 2015;173(2):R47-58.

Nieto A, Cobeta I, Gamboa FJ et al. Harmonic/noise ratio and spectrographic analysis in vocal abuse pathology. *Acta Otorrinolaringol Esp* 1996;47(5):370-76.

Nunes L. *Manual de voz e dicção*. 2. ed. Rio de janeiro: Serviço Nacional do Teatro, 1976.

Orlikoff RF. Voice production during a weightlifting and support task. *Folia Phoniatr Logop* 2008;60(4):188-94.

Pabon P, Stallinga R, Södersten M et al. Effects on vocal range and voice quality of singing voice training: the classically trained female voice. *J Voice* 2014;28(1):36-51.

Paes SM, Behlau M. Efeito do tempo de realização do exercício de canudo de alta resistência em mulheres. Apresentado no 22º Congresso Brasileiro de Fonoaudiologia; 2014 Out 8-11; Joinville, SC. Disponível em: <http://sbfa.org.br/portal/anais2014/trabalhos_select.php?tt=Busca&id_artigo=5115>

Paes SM, Zambon F, Yamasaki R et al. Immediate effects of the Finnish resonance tube method on behavioral dysphonia. *J Voice*. 2013;27(6):717-22.

Pedrosa V, Pontes A, Pontes P et al. The effectiveness of the comprehensive voice rehabilitation program compared with the vocal function exercises method in behavioral dysphonia: a randomized clinical trial. *J Voice* 2016;30(3):377.e11-377.e19.

Pellicani AD, Ricz HM, Ricz LN. Phonatory function after prolonged voice use in brazilian woman. *CoDAS* 2015;27(4):392-99.

Pinczower R, Oates J. Vocal projection in actors: the long-term average spectral features that distinguish comfortable acting voice from voicing with maximal projection in male actors. *J Voice* 2005;19(3):440-53.

Pinho SMR, Jarrus ME, Tsuji DH. *Manual de saúde vocal infantil*. Rio de Janeiro: Revinter, 2004.

Pinho SMR. *Manual de higiene vocal para profissionais da voz*. 3. ed. Carapicuiba: Pró-Fono, 2002.

Prater RJ, Swift RW. *Manual of voice therapy*. Austin, TX: Pro-ed, 1984.

Ramig L, Countryman S, Thompson L et al. Comparison of two forms of intensive speech treatment for Parkinson disease. *J Speech Hearing Res* 1995;38(6):1232-51.

Ramig L, Mead C, Scherer R et al. *Voice therapy and Parkinson's disease: a longitudinal study of efficacy*. Paper presented at the Clinical Dysarthria Conference; 1988. San Diego, CA: 1988.

Ramig LO, Bonitati CM, Lemke JH et al. Voice treatment for patients with Parkinson disease: development of an approach and preliminary efficacy data. *J Med Speech Lang Pathol* 1994;2(3):191-209.

Ramig LO, Sapir S, Fox C et al. Changes in vocal loudness following intensive voice treatment (LSVT) in individuals with Parkinson's disease: a comparison with untreated patients and normal age-matched controls. *Mov Disord* 2001;16(1):79-83.

Ramig LO, Verdolini K. Treatment efficacy: voice disorders. *J Speech Lang Hear Res* 1998;41(1):S101-16.

Randhawa PS, Nouraei S, Mansuri S et al. Allergic laryngitis as a cause of dysphonia: a preliminary report. *Logoped Phoniatr Vocol* 2010;35(4):169-74.

Ray S, Masood A, Pickles J et al. Severe laryngitis following chronic anabolic steroid abuse. *J Laryngol Otol* 2008;122(3):230-32.

Remacle A, Finck C, Roche A et al. Vocal impact of a prolonged reading task at two intensity levels: objective measurements and subjective self-ratings. *J Voice* 2012;26(4):e177-86.

Ribeiro VV, Santos AB, Bonki E et al. Identification of vocal problems experienced by church singers. *Rev CEFAC* 2012;14(1):90-96.

Rochet-Capellan A, Fuchs S. Take a breath and take the turn: how breathing meets turns in spontaneous dialogue. *Philos Trans R Soc Lond B Biol Sci* 2014;369(1658):20130399.

Rosen CA, Lee AS, Osborne J et al. Development and validation of the Voice Handicap Index-10. *Laryngoscope* 2004;114(9):1549-56.

Rosenthal AL, Lowell SY, Colton RH. Aerodynamic and acoustic features of vocal effort. *J Voice* 2014;28(2):144-53.

Roth DF, Ferguson BJ. Vocal allergy: recent advances in understanding the role of allergy in dysphonia. *Curr Opin Otolaryngol Head Neck Surg* 2010;18(3):176-81.

Roy N, Bless DM, Heisey D et al. Manual circumlaryngeal therapy for functional dysphonia: an evaluation of short- and long-term treatment outcomes. *J Voice* 1997;11(3):321-31.

Roy N, Ford CN, Bless DM. Muscle tension dysphonia and spasmodic dysphonia: the role of manual laryngeal tension reduction in diagnosis and management. *Ann Otol Rhinol Laryngol* 1996;105(11):851-56.

Roy N, Gray SD, Simon M et al. An evaluation of the effects of two treatment approaches for teachers with voice disorders: a prospective randomized clinical trial. *J Speech Lang Hear Res* 2001;44(2):286-96.

Roy N, Weinrich B, Gray SD et al. Three treatments for teachers with voice disorders: a randomized clinical trial. *J Speech Lang Hear Res* 2003;46(3):670-88.

Roy N, Weinrich B, Gray SD et al. Voice amplification versus vocal hygiene instruction for teachers with voice disorders: a treatment outcomes study. *J Speech Lang Hear Res* 2002;45(4):625-38.

Rubin JS, Lieberman J, Harris TM. Laryngeal manipulation. *Otolaryngol Clin North Am* 2000;33(5):1017-34.

Ruoppi P. Mold problem in the work environment—an otorhinolaryngologist's view. *Duodecim* 2009;125(9):983-89.

Santos ACM, Borrego MCM, Behlau M. Effect of direct and indirect voice training in Speech-Language Pathology and Audiology students. *CoDAS* 2015;27(4):384-91.

Santos FMR, Assencio-Ferreira VJ. Phonearticulators technics for the voice professional. *Rev CEFAC* 2001;3(1):53-64.

Sarfati J, Epron JP. Evaluation of vocal abuse by the patient and correlation with vocal cords lesions. *Rev Laryngol Otol Rhinol* (Bord) 2003;124(5):345-48.

Sataloff RT, Spiegel JR, Heuer RJ. Singing dysfunction following vocal fold hemorrhage: the need for caution. *Ear Nose Throat J* 1994;73(10):717.

Sataloff RT. *Professional voice: the science and art of clinical care*. New York, NY: Raven, 1991.

Sataloff RT. The professional voice: part I. Anatomy, function, and general health. *J Voice* 1987;1(1):92-104.

Schwartz SR, Cohen SM, Dailey SH et al. Clinical practice guideline: hoarseness (dysphonia). *Otolaryngol Head Neck Surg* 2009;141(3 Suppl 2):S1-S31.

Sivasankar M, Fisher KV. Oral breathing increases Pth and vocal effort by superficial drying of vocal fold mucosa. *J Voice* 2002;16(2):172-81.

Södersten M, Ternström S, Bohman M. Loud speech in realistic environmental noise: phonetogram data, perceptual voice quality, subjective ratings, and gender differences in healthy speakers. *J Voice* 2005;19(1):29-46.

Solomon NP, DiMattia MS. Effects of a vocally fatiguing task and systemic hydration on phonation threshold pressure. *J Voice* 2000;14(3):341-62.

Souza CL, Thomé CR. Vocal complaints by casting professionals. *RBSP* 2006;30(2):272-83.

Souza TMT, Ferreira LP. Um século de cuidados com a voz profissional falada: a contribuição da fonoaudiologia. In: Ferreira LP, Costa HO. *Voz ativa: falando sobre o profissional da voz*. São Paulo: Roca, 2000.

Speyer R, Weineke G, Hosseini EG et al. Effects of voice therapy as objectively evaluated by digitized laryngeal stroboscopic imaging. *Ann Otol Rhinol Laryngol* 2002;111(10):902-8.

Stemple JC, Lee L, D'Amico B et al. Efficacy of vocal function exercises as a method of improving voice production. *J Voice* 1994;8(3):271-78.

Stemple JC. A holistic approach to voice therapy. *Semin Speech Lang* 2005;26(2):131-37.

Sunberg J, Gauffin J. Spectral correlates of glottal voice source waveform characteristics. *J Speech Hear Res* 1989;32(3):556-65.

Švec JG, Behlau M. April 16th: the world voice day. *Folia Phoniatr Logop* 2007;59:53-54.

Tavares JG, Silva EHAA. Theoretical considerations on the relationship between mouth breathing and dysphonia. *Rev Soc Bras Fonoaudiol*.2008;13(4):405-10.

Teixeira LC, Behlau M. Comparison between vocal function exercises and voice amplification. *J Voice* 2015;29(6):718-26.

Ternström S, Södersten M, Bohman M. Cancellation of simulated environmental noise as a tool for measuring vocal performance during noise exposure. *J Voice* 2002;16(2):195-206.

Thomas L, Stemple J. Voice therapy: does science support the art? *Commun Disord Rev* 2007;1(1):49-77.

Titze IR. Voice training and therapy with a semi-occluded vocal tract: rationale and scientific underpinnings. *J Speech Lang Hear Res* 2006;49(2):448-59.

Van Lierde KM, D'haeseleer E, Baudonck N et al. The impact of vocal warm-up exercises on the objective vocal quality in female students training to be speech language pathologists. *J Voice* 2011;25(3):e115-21.

Van Lierde KM, De Ley S, Clement G et al. Outcome of laryngeal manual therapy in four Dutch adults with persistent moderate-to-severe vocal hyperfunction: a pilot study. *J Voice* 2004;18(4):467-74.

Verdolini K, Min Y, Titze IR et al. Biological mechanisms underlying voice changes due to dehydration. *J Speech Lang Hear Res* 2002;45(2):268-81.

Verdolini K, Titze IR, Fennell A. Dependence of phonatory effort on hydration levels. *J Speech Hear Res* 1994;37(5):1001-7.

Verdolini-Marston K, Sandage M, Titze IR. Effect of hydration treatment on laryngeal nodules and polyps and related voice measures. *J Voice* 1994;8(1):30-47.

Villela AC, Behlau M. O perfil do abuso, mau uso vocal e hábitos nocivos à saúde vocal de fonoaudiólogos. In: Behlau M. (Ed.). *A Voz do especialista*. Rio de Janeiro: Revinter, 2000, vol. 1.

Vintturi J, Alku P, Lauri ER et al. The effects of post-loading rest on acoustic parameters with special reference to gender and ergonomic factors. *Folia Phoniatr Logop* 2001;53(6):338-50.

Viola IC. Estudo descritivo das crenças populares no tratamento das alterações vocais em profissionais da voz. In: Ferreira LP. (Ed.). *Dissertando sobre a voz*. Carapicuíba: Pró-Fono, 1998, vol. 2.

Wiesmiller K, Keck T, Leiacker R et al. The impact of expiration on particle deposition within the nasal cavity. *Clin Otolaryngol* 2003;28(4):304-7.

Wollina U, Pabst F, Schönlebe J et al. Side-effects of topical androgenic and anabolic substances and steroids. A short review. *Acta Dermatovenerol Alp Pannonica Adriat* 2007;16(3):117-22.

Yiu EM, Chan RM. Effect of hydration and vocal rest on the vocal fatigue in amateur karaoke singers. *J Voice* 2003;17(2):216-27.

Yiu EM. Impact and prevention of voice problems in the teaching profession: embracing the consumers' view. *J Voice* 2002;16(2):215-28.

Zambon F, Behlau M. *Bem-estar vocal – Uma nova perspectiva de cuidar da voz*. 3. ed. São Paulo: SINPRO-SP e CEV, 2016.

Endereços Úteis

SBFa – Sociedade Brasileira de Fonoaudiologia
Alameda Jaú, 684 – Conj. 71 – 7º andar, Bairro Jd Paulista, São Paulo – SP – CEP 01420-002
Tel./Fax: 3873-4211/3672-7599
www.sbfa.org.br

ABORL-CCF – Sociedade Brasileira de Otorrinolaringologia e Cirurgia Cérvico-Facial
Av. Indianópolis, 1287, Planalto Paulista, São Paulo, SP, CEP 04063-002
Tels.: 0800 771 0821 e (11) 5053-7500
Fax: (11) 5053-7512
WhatsApp: (11) 95266-1614
www.aborlccf.org.br

CFFa – Conselho Federal de Fonoaudiologia
SRTVS, Quadra 701– Bloco E, Palácio do Rádio II, Salas 624 e 630, Brasília, DF, CEP 70340-902
Tels.: (61) 3323-5065, (61) 3322-3332 e (61) 3321-7258
www.fonoaudiologia.org.br

CFM – Conselho Federal de Medicina
SGAS 915 Lote 72, Brasília, DF, CEP 70390-150
Tel.: (61) 3445-5900
Fax: (61) 3346-0231
www.cfm.org.br

CEV – Centro de Estudos da Voz
Rua Machado Bittencourt, 361 – 10º andar, Vila Mariana, São Paulo, SP, CEP 04044-001
Tel.: (11) 5575-1710
www.cevfono.com

INLAR – Instituto da Laringe
Rua Sena Madureira, 151 – Conj. 602, São Paulo, SP, CEP 04021-050
Tel.: (11) 5549-2188
www.inlar.com.br

SINPRO-SP – Sindicato dos Professores de São Paulo
Rua Borges Lagoa, 208, Vila Clementino, São Paulo, SP,
CEP 04038-000
Tel.: (11) 5080-5988
www.sinprosp.org.br

ABP – Associação Brasil Parkinson
Avenida Bosque da Saúde, 1155, São Paulo, SP, CEP 04142-092
Tel.: (11) 2578-8177
www.parkinson.org.br